中国电力行业年度发展报告

中国电力企业联合会　编著

中国建材工业出版社

图书在版编目（CIP）数据

中国电力行业年度发展报告．2020/中国电力企业联合会编著．--北京：中国建材工业出版社，2020.8

ISBN 978-7-5160-2995-4

Ⅰ．①中…　Ⅱ．①中…　Ⅲ．①电力工业－研究报告－中国－2020　Ⅳ．①F426.61

中国版本图书馆 CIP 数据核字（2020）第 127294 号

中国电力行业年度发展报告 2020

Zhongguo Dianli Hangye Niandu Fazhan Baogao 2020

中国电力企业联合会　编著

出版发行：中国建材工业出版社

地　　址：北京市海淀区三里河路 1 号

邮　　编：100044

经　　销：全国各地新华书店

印　　刷：北京天恒嘉业印刷有限公司

开　　本：889mm×1194mm　1/16

印　　张：23

字　　数：450 千字

版　　次：2020 年 8 月第 1 版

印　　次：2020 年 8 月第 1 次

定　　价：498.00 元

本社网址：www.jccbs.com，微信公众号：zgjcgycbs

请选用正版图书，采购、销售盗版图书属违法行为

举报信箱：zhangjie@tiantailaw.com　　举报电话：（010）68343948

本书如有印装质量问题，由我社市场营销部负责调换，联系电话：（010）88386906

《中国电力行业年度发展报告2020》编委会人员组成

主　　　编　刘振亚

常务副主编　杨　昆

副　主　编　于崇德　魏昭峰　王志轩

编　　　委　（以姓氏笔画为序）

于崇德　王志轩　王益烜　江宇峰

刘永东　刘振亚　安洪光　许光滨

许松林　沈维春　李　斌　张天光

张志锋　杨　昆　周　霞　黄成刚

潘　荔　魏昭峰

前　言

中国电力企业联合会（以下简称“中电联”）自2006年以来，以电力行业统计与调查数据为依托，以企业和相关机构提供的资料为补充，按年度组织编制和第一时间发布《中国电力行业年度发展报告》，力求全面、客观、准确地反映电力行业发展与改革情况及行业数据，是具有鲜明品牌特征的、权威性的行业工具书之一，为政府、企业、社会提供了重要信息。

《中国电力行业年度发展报告2020》（以下简称“《报告2020》”）共分14章，全面反映2019年电力相关政策、电力消费、电力投资与建设、电力生产与供应、电力改革与市场建设、电力新业态、电力安全生产和可靠性、电力标准化、电力绿色发展、电力科技与信息化、电力企业发展与经营、国际交流与合作，并对电力发展进行展望，同时在附录列出了2019年电力行业大事记以及行业发展运行、电价、电力生产建设、大型电力企业发展经营等相关数据。

为深入、系统、专业地展示电力行业各专业领域发展情况，中电联还组织编撰了国际合作、标准化、可靠性、造价管理、电力工程建设质量、行业人才、电气化等专业领域的年度系列报告，以进一步满足各专业领域读者的需求。

我们真诚希望《报告2020》及其系列报告能够成为服务会员单位和社会各界的重要载体，成为电力从业人员和所有关心电力事业的读者了解中国电力发展现状的重要参考资料。

编委会

2020年6月

目 录

附录

第一章 综 述

2019年是中华人民共和国成立70周年，是决胜全面建成小康社会关键之年。我国电力行业以习近平新时代中国特色社会主义思想为指引，遵循“四个革命、一个合作”的能源安全发展新战略，构建清洁低碳、安全高效的能源体系，坚持以供给侧结构性改革为主线，加大电力结构调整力度，着力推进煤炭清洁高效利用，大力发展可再生能源；加快建设能源互联网，提高终端能源电气化水平；深化电力体制改革，加快推进电力市场建设；电力科技创新全领域推进，标准化建设取得显著成效；积极应对气候变化，电力绿色低碳发展水平不断提高；构建全球能源互联网达成广泛共识，电力国际合作进一步深化。全年全国电力生产平稳运行，电力供需总体平衡，部分省（区、市）出现错峰用电，电力系统运行安全可靠，电力高质量发展取得新进展。

2019年，我国经济运行总体平稳，发展质量稳步提升。根据国家统计局数据，2019年，国内生产总值99.0865万亿元，比上年增长6.1%。其中，第一产业增加值7.0467万亿元，比上年增长3.1%；第二产业增加值38.6165万亿元，比上年增长5.7%；第三产业增加值53.4233万亿元，比上年增长6.9%。第一产业增加值占国内生产总值比重为7.1%，第二产业增加值比重为39.0%，第三产业增加值比重为53.9%。全国规模以上工业增加值比上年实际增长5.7%，增速缓中趋稳。全年社会消费品零售总额41.1649万亿元，比上年增长8.0%。全年全国固定资产投资（不含农户）55.1478万亿元，比上年增长5.4%。分产业看，第一产业投资1.2633万亿元，比上年增长0.6%；第二产业投资16.3070万亿元，增长3.2%；第三产业投资37.5775万亿元，增长6.5%。民间固定资产投资31.1159万亿元，增长4.7%。基础设施投资增长3.8%。六大高耗能行业投资增长4.7%。

2019年，全国一次能源生产总量[①]39.7亿吨标准煤，比上年增长5.1%。其中，原煤38.5亿吨，比上年增长4.0%；原油1.91亿吨，比上年增长0.9%；天然气1761.7亿立方米，比上年增长10%。全国能源消费总量48.6亿吨标准煤，比上年增长3.3%。煤炭消费量增长1.0%，原油消费量增长6.8%，天然气消费量增长8.6%，电力消费量增长4.5%。煤炭消费量占能源消费总量的57.7%，比

① 来源于国家统计局发布的2019年国民经济和社会发展统计公报。

上年下降1.5个百分点；天然气、水电、核电、风电等清洁能源消费量占能源消费总量的23.4%，上升1.3个百分点；全国万元国内生产总值二氧化碳排放量下降4.1%。

一、电力消费与生产供应

2019年，全国全社会用电量72486亿千瓦时①，比上年增长4.4%，增速比上年回落4.0个百分点；全国人均用电量5186千瓦时/人，比上年增加241千瓦时/人；全国电力供需形势总体平衡，东北和西北区域电力供应能力富余，部分省级电网在局部时段采取了有序用电措施。

截至2019年年底，全国全口径发电装机容量201006万千瓦，比上年增长5.8%。其中，水电35804万千瓦，比上年增长1.5%（抽水蓄能3029万千瓦，比上年增长1.0%）；火电118957万千瓦，比上年增长4.0%（煤电104063万千瓦，比上年增长3.2%；气电9024万千瓦，比上年增长7.7%）；核电4874万千瓦，比上年增长9.1%；并网风电20915万千瓦，比上年增长13.5%；并网太阳能发电20418万千瓦，比上年增长17.1%。

2019年，全国全口径发电量为73269亿千瓦时，比上年增长4.7%，增速比上年降低3.6个百分点。其中，水电13021亿千瓦时，比上年增长5.7%（抽水蓄能319亿千瓦时，比上年下降3.0%）；火电50465亿千瓦时，比上年增长2.5%（煤电45538亿千瓦时，比上年增长1.6%；气电2325亿千瓦时，比上年增长7.9%）；核电3487亿千瓦时，比上年增长18.2%；并网风电4053亿千瓦时，比上年增长10.8%；并网太阳能发电2240亿千瓦时，比上年增长26.6%。

截至2019年年底，初步统计全国电网35千伏及以上输电线路回路长度193.5万千米，比上年增长3.4%；全国电网35千伏及以上变电设备容量65.3亿千伏安，比上年增长7.6%；全国跨区输电能力达到14815万千瓦（跨区网对网输电能力13481万千瓦；跨区点对网送电能力1334万千瓦）。

二、电力投资与建设

2019年，全国新增发电装机容量10500万千瓦，比上年少投产2285万千瓦。其中，新增水电445万千瓦（新增抽水蓄能30万千瓦）；新增火电4423万千瓦（新增煤电3236万千瓦，新增气电630万千瓦）；新增核电409万千瓦；新增并网风电和太

① 2019年电力数据均来自中电联2019年度统计数据（简称年报数据），数据因四舍五入的原因存在总计与分项合计不等的情况，后同。

阳能发电装机容量分别为2572万千瓦和2652万千瓦。

2019年，全年新增交流110千伏及以上输电线路长度和变电设备容量分别为57935千米和31915万千伏安，分别比上年增长1.7%和2.9%。全年新投产4条特高压输电线路，其合计输电线路长度和变电容量分别为5432千米和2700万千伏安。

2019年，全国电力工程建设完成投资8295亿元①，比上年增长1.6%。全国电源工程建设完成投资3283亿元，比上年增长17.8%。其中，水电完成投资839亿元，比上年增长19.8%；火电完成投资634亿元，比上年下降19.4%（煤电506亿元，比上年下降21.4%；气电104亿元，比上年下降26.4%）；核电完成投资382亿元，比上年下降14.5%；风电完成投资1244亿元，比上年增长92.6%。全国电网工程建设完成投资5012亿元，比上年下降6.7%。其中，直流工程249亿元，比上年下降52.1%；交流工程4411亿元，比上年下降4.4%，占电网总投资的88.0%。

三、电力绿色发展

截至2019年年底，全国全口径非化石能源发电装机容量84410万千瓦，比上年增长8.8%，占总装机容量的42.0%，比重比上年提高1.2个百分点。2019年，非化石能源发电量23930亿千瓦时，比上年增长10.6%，占总发电量的32.7%，比重比上年提高1.7个百分点。

2019年，初步统计，全国完成跨区送电量0.5万亿千瓦时，比上年增长12.2%；跨省送电量1.4万亿千瓦时，比上年增长11.4%。2019年，国家电网经营区域新能

① 本报告中电力投资（含电源投资、电网投资）均为主要电力企业电力工程建设投资。其中，全国主要电网企业指国家电网有限公司（以下简称“国家电网”）、中国南方电网有限责任公司（以下简称“南方电网”）、内蒙古电力（集团）有限责任公司（以下简称“内蒙古电力”）、陕西省地方电力（集团）有限公司（以下简称“陕西地电”）；全国主要发电企业指中国华能集团有限公司（以下简称“中国华能”）、中国大唐集团有限公司（以下简称“中国大唐”）、中国华电集团有限公司（以下简称“中国华电”）、国家能源投资集团有限责任公司（以下简称“国家能源集团”）、国家电力投资集团有限公司（以下简称“国家电投”）、中国长江三峡集团有限公司（以下简称“中国三峡集团”）、中国核工业集团有限公司（以下简称“中核集团”）、中国广核集团有限公司（以下简称“中国广核”）、广东省能源集团有限公司（以下简称“广东能源”）、浙江省能源集团有限公司（以下简称“浙能集团”）、北京能源集团有限责任公司（以下简称“京能集团”）、申能股份有限公司（以下简称“申能股份”）、河北省建设投资集团有限责任公司（以下简称“河北建投”）、华润电力控股有限公司（以下简称“华润电力”）、国投电力控股股份有限公司（以下简称“国投电力”）、新力能源开发有限公司（以下简称“新力能源”）、甘肃省电力投资集团有限责任公司（以下简称“甘肃省投”）、安徽省皖能股份有限公司（以下简称“安徽皖能”）、江苏省国信集团有限公司（以下简称“江苏国信”）、江西省投资集团公司（以下简称“江西省投”）、广州发展集团股份有限公司（以下简称“广州发展”）、深圳能源集团股份有限公司（以下简称“深圳能源”）、山西国际电力集团有限公司（以下简称“山西国际电力”）。全国主要电建企业指中国电力建设集团有限公司（以下简称“中国电建”）、中国能源建设集团有限公司（以下简称“中国能建”）。

源利用率为96.8%，比上年提高2.7个百分点，新能源发电量及其利用率比上年双提升；调峰弃水电量比上年减少12.1%。南方电网经营区域弃风率、弃光率均为0.2%；云南弃水电量减少90%。新能源消纳情况持续好转。

2019年，全年累计完成替代电量2065.55亿千瓦时①，比上年增长32.6%。其中，全国工（农）业生产制造领域完成替代电量1303.0亿千瓦时，约占总替代电量的63.1%；居民取暖、交通运输、能源生产供应与消费等领域电能替代也在快速推广，约占总替代电量的31.9%，替代电量逐年提高。

2019年，全国6000千瓦及以上火电厂供电标准煤耗306.4克/千瓦时，比上年降低1.2克/千瓦时；全国6000千瓦及以上电厂厂用电率4.67%，比上年下降0.02个百分点（水电0.24%，比上年下降0.01个百分点；火电6.01%，比上年上升0.06个百分点）；全国线损率5.93%，比上年下降0.34个百分点。全国火电厂单位发电量耗水量1.21千克/千瓦时，比上年下降0.02千克/千瓦时；粉煤灰、脱硫石膏综合利用率分别为72%、75%，均比上年提高1个百分点，综合利用量持续增加。

2019年，全国电力烟尘、二氧化硫、氮氧化物排放量分别约为18万吨、89万吨、93万吨，分别比上年下降约12.2%、9.7%、3.1%；单位火电发电量烟尘、二氧化硫、氮氧化物排放约0.038克/千瓦时、0.187克/千瓦时、0.195克/千瓦时，分别比上年下降0.006克/千瓦时、0.024克/千瓦时、0.011克/千瓦时。单位火电发电量废水排放为54克/千瓦时，比上年下降3克/千瓦时。截至2019年年底，达到超低排放限值的煤电机组约8.9亿千瓦，约占全国煤电总装机容量86%。

2019年，全国单位火电发电量二氧化碳排放约838克/千瓦时，比上年下降3克/千瓦时；单位发电量二氧化碳排放约577克/千瓦时，比上年下降15克/千瓦时。以2005年为基准年，从2006年到2019年，通过发展非化石能源、降低供电煤耗和线损率等措施，电力行业累计减少二氧化碳排放约159.4亿吨，有效减缓了电力行业二氧化碳排放总量的增长。其中，供电煤耗降低对电力行业二氧化碳减排贡献率为37.0%，非化石能源发展贡献率为61.0%。

四、电力安全生产与可靠性

2019年，全国未发生重大以上电力人身伤亡事故，没有发生水电站大坝漫坝、垮坝事故以及对社会有较大影响的电力安全事件。电力安全生产事故起数连续三年下降，电力建设领域安全状况明显好转，电力设备事故总量显著减少，大部分监管区域安全状况稳定。

① 数据来源为国家电网和南方电网统计口径。

2019 年，全国电力可靠性继续保持较高水平。发电方面，纳入电力可靠性统计的各类发电机组等效可用系数均达到 90% 以上。其中，燃煤机组等效可用系数 92.79%，比上年提高 0.53 个百分点；燃气-蒸汽联合循环机组等效可用系数 92.37%，比上年降低 0.1 个百分点；水电机组等效可用系数 92.58%，比上年提高 0.28 个百分点；核电机组等效可用系数 91.01%，比上年降低 0.83 个百分点。输变电方面，架空线路、变压器、断路器三类输变电主要设施的可用系数分别为 99.453%、99.641%、99.873%，架空线路可用系数比上年提高 0.125 个百分点，变压器和断路器可用系数比上年降低 0.100 和 0.035 个百分点。直流输电系统合计能量可用率 86.165%，比上年降低 5.983 个百分点，合计能量利用率 46.44%，比上年提高 2.33 个百分点。供电方面，全国平均供电可靠率 99.843%，比上年提高 0.023 个百分点；用户平均停电时间 13.72 小时/户，比上年降低 2.03 小时/户；用户平均停电频率 2.99 次/户，比上年降低 0.29 次/户。

五、电力企业经营

截至 2019 年年底，根据国家统计局统计，全国规模以上电力企业资产总额 151253 亿元，比上年增长 5.4%，增速比上年提高 2.8 个百分点。其中，电力供应企业资产总额比上年增长 9.9%；发电企业资产总额比上年增长 2.2%（火电企业资产总额比上年下降 0.3%）。

2019 年，规模以上电力企业负债总额 87989 亿元，比上年增长 1.8%，增速比上年提高 1.1 个百分点。其中，电力供应企业负债总额比上年增长 6.3%；发电企业负债总额比上年下降 0.5%（火电、水电企业负债总额分别比上年下降 3.8%、3.7%）。规模以上电力企业资产负债率为 58.2%，比上年降低 2.0 个百分点。其中，电力供应企业资产负债率为 48.1%，比上年降低 2.2 个百分点；发电企业资产负债率为 65.8%，比上年降低 1.8 个百分点。2019 年，规模以上电力企业利润总额 3834 亿元，比上年增长 18.1%。

2019 年，各方继续落实国家一般工商业平均电价再降低 10% 的要求，全年降低企业用电成本 846 亿元。电力供应企业利润总额持续下降，在上年下降 24.3% 的基础上再下降 4.9%，亏损企业亏损额为 145 亿元，比上年增长 22.6%。

中国沿海电煤采购价格指数（CECI 沿海指数）显示，2019 年全年综合价平均价格 576 元/吨，比上年降低 19 元/吨，但仍然超过绿色区间上限。在市场化交易规模持续扩大、国家推进降电价等形势下，大型发电集团煤电业务继续总体亏损，煤电企业亏损面仍接近 50%。风电、太阳能发电利润增速分别为 3.5% 和 7.3%，但多数企业由于补贴不及时、不到位，企业账面利润短期内难以转化为现金流，导致资金周转困难。

六、电力市场化改革

2019年，国家发展和改革委员会出台了《关于深化电力现货市场建设试点工作的意见》，提出合理设计电力现货市场建设方案、统筹协调电力现货市场衔接机制、建立健全电力现货市场运营机制、强化提升电力现货市场运营能力、规范建设电力现货市场运营平台和建立完善电力现货市场配套机制，电力现货市场顶层设计进一步完善。八个试点省（区、市）开展试运行，其他省（区、市）上报了电力现货建设方案和时间表。

2019年，全国各电力交易中心组织完成市场交易电量①28344亿千瓦时，比上年增长37.2%。其中，全国电力市场电力直接交易电量②合计21771.4亿千瓦时，占全社会用电量的30.0%，占电网企业销售电量的36.8%。全国电力市场化交易规模再上新台阶。

截至2019年年底，北京电力交易中心举行增资协议签约仪式，共引入10家投资者，新增股东持股占比30%。此外，国家电网区域24家省级交易机构均已出台股份制改革方案，22家增资扩股实施方案已报国务院国资委审批，6家交易机构增资方案获得国务院国资委批复，实现进场挂牌。我国电力交易机构股权结构进一步多元化。

2019年，国家发展和改革委员会修订颁布了《输配电定价成本监审办法（试行)》，在强化成本监审约束和激励作用、细化成本监审审核方法和规范成本监审程序要求三个方面进行了完善，助推电网企业加强内部管理、降本增效；对全国除西藏以外的30个省（区、市）省级电网和华北、华东、东北、西北、华中5个区域电网全面开展第二监管周期输配电成本监审，全面提升监审的科学化、规范化水平。

2019年，国家密集出台了加快推进增量配电业务改革的多项政策与措施，取消了前三批不具备试点条件的项目，公布了第四批试点项目名单，开启了第五批试点项目申报程序；就项目业主确定、增量和存量范围界定、做好增量配网规划工作、规范增量配电网的投资建设与运营等一系列共性问题给出了指导性意见。

2019年，国务院、国家发展和改革委员会、国家能源局等出台了一系列政策文

---

① 指电力交易中心组织开展的各品类交易电量的总规模，分为省内交易和省间交易，其中省内交易包括省内电力直接交易、发电权交易、抽水蓄能交易和其他交易；省间交易包括省间电力直接交易、省间外送交易（网对网、网对点）、发电权交易和其他交易。以交易的结算口径统计。

② 指符合市场准入条件的电厂和终端购电主体通过自主协商、集中竞价等直接交易形式确定的电量规模，包括省内电力直接交易电量和省间电力直接交易（外受）电量。当前仅包括中长期交易电量，以交易的结算口径统计。

件，内容涉及建立以信用为基础的新型监管机制、完善失信联合惩戒“认定—发布—推送—惩戒—修复”全流程闭环管理制度、推动公共信用综合评价落地等多个方面，进一步健全社会信用工作机制，积极有效引导行业企业共同构建诚信营商环境。2019 年全国 340 家企业参与涉电领域信用评价工作，199 家企业取得了电力行业 AAA 信用等级。

七、电力标准化和科技成效

2019 年，经有关政府部门下达中电联归口的电力标准计划 503 项，批准发布中电联归口的电力标准共 321 项；中电联发布团体标准 111 项。截至 2019 年年底，电力标准共有 3578 项（电力国家标准 552 项，电力行业标准 2787 项，中电联标准 239 项）。在火电领域，重点开展设备技术条件和性能试验，化学检验及金属检测技术，电力工程施工验收及调试、设备及系统的运行和维护，技术监督、火电厂环境保护和垃圾发电等方面的标准化工作。在水电领域，重点开展了施工工艺、施工设备、材料应用、试验检验等领域的标准化工作。在核电常规岛和 BOP 领域，形成了基本满足核电企业实际需求的标准体系，大量标准在核电工程设计、建设与运营中得到了广泛应用，为核电的发展提供了保障。在新能源领域，重点开展了风力发电、太阳能发电、微电网及储能、垃圾发电等标准化工作。在电网领域，电力设备状态监测等领域取得较大突破，电力应急、安全工器具、噪声控制等领域得到重视，能源互联网、三维设计、北斗、先进计算、综合能源和电力市场等领域发展迅速。在电动汽车充电设施领域，大功率充电技术、无线充电技术、充放电双向互动技术、小功率直流充电技术日趋成熟，结合清洁能源发电技术和储能技术，电动汽车、智能交通与智慧能源的联系将越来越紧密，更加智能、便捷、开放、共享的充电基础设施网络将在新能源汽车产业创新发展中发挥出更重要的作用。

2019 年，主要电力企业科技投入资金 746. 7 亿元，其中，电网企业 389. 9 亿元，发电企业 139. 1 亿元，电建企业 217. 7 亿元。主要电力企业申请国内专利 40108 项，授权 28872 项，有效 153784 项；申请涉外专利 1406 项，授权 904 项，有效 3253 项。水电领域，我国在水电工程施工技术、水电开发生态环境保护技术、水电工程滑坡预测和防治关键技术等方面达到世界先进水平。火电领域，煤电技术整体达到国际先进水平，部分技术国际领先；燃气轮机发电技术实现冷端部件制造国产化，部分中小型燃机、航改型燃机实现完全国产化。核电领域，小型堆、四代堆等新一代核能系统研发水平与国际基本同步，高温气冷堆、快堆、小型堆等商业示范工程有序推进。新能源发电领域，光伏电池产业化技术处于世界领先水平，钙钛矿等新型高效电池技术方面与世界齐头并进；风电机组整机关键技术、设计施工运维技术基本与国外同步；太阳能热发电技术世界领先。电网领域，我国大电网安全与控制整体处于国际领先水平，实现了大电网调度运营决策的模型、方法、理论与核心技术的重大创新；成功研制了±800千伏柔性直流换流阀，攻克特高压GIL技术多项世界难题，实现±1100千伏特高压直流输电技术、装备等多方面突破，进一步巩固了我国在输电技术领域的领先地位。

八、电力国际合作

自成立以来，全球能源互联网发展合作组织发挥专业优势和平台作用，推进“一带一路”电力互联示范项目落地和中非能源合作机制创新，世界多个国家和地区不同程度地实现了电网互联互通。

向IEC申报《配电网接纳分布式电源承载能力评估导则》等2项国际标准提案并获得通过。截至2019年年底，共完成321项电力标准英文版翻译工作，初步形成了工程建设标准英文版体系，基本满足电力企业在国外工程建设中所需中国标准英文版的需求。

截至2019年年底，中国主要电力企业境外累计实际投资总额878.5亿美元，对外工程承包新签合同额累计2848.5亿美元。2019年，中国主要电力企业对外直接投资项目共32个，投资金额42.6亿美元，比上年下降26.4%；中国主要电力企业年度新签合同项目129个，合同金额240.9亿美元，比上年减少20.2%。

九、电力发展展望

2020年是全面建成小康社会和“十三五”规划收官之年。受全球新冠肺炎疫情冲击，综合考虑国内外经济形势对电力的影响，预计全国电力供需总体平衡，局部地区高峰时段电力供应偏紧。预计2020年全年全社会用电量7.38～7.45万亿千瓦时，增长2%～3%。非化石能源发电新增装机成为新增发电装机主体，电力结构绿色低碳化特征明显。预计2020年全国基建新增发电装机容量1.3亿千瓦左右。预计到2020年年底，非化石能源发电装机将达到9.3亿千瓦左右，占总装机容量比重上升至43.6%。电力投资企稳回升，特高压投资占比继续提高，新能源汽车充电桩成为投资新增长点。

展望未来，中国经济长期向好的基本面和内在向上的趋势没有改变，经济内在韧性强劲，工业化、城镇化持续推进，电力行业服务经济、社会发展任务依然艰巨。2020—2035年是我国基本实现社会主义现代化时期，电气化进程加速发展。新旧动能转换，传统用电行业增速下降，高技术及装备制造业和现代服务业将成为用电增长的主要推动力量；新型城镇化建设推动电力需求刚性增长，未来西部地区用电比重将有所提高，东中部地区仍是我国的用电负荷重心；预计“十四五”期间电能替代规模超过5000亿千瓦时；加快建设能源互联网，提高电网互济能力，共享备用资源，减缓最高负荷增速，可以带来巨大的经济社会效益。这一时期，通过有序发展水电、加快发展抽水蓄能、适度加快发展气电、安全发展先进核电、合理发展新能源发电、用好煤电托底保供和调节作用，电源结构更加优化，电力系统更加安全。预计2035年我国非化石能源发电装机比重超过60%，发电能源占一次能源消费比重超过57%，电能占终端能源消费比重超过38%。通过统筹源网荷储发展，推进发展集中式与分布式相结合的清洁能源供能方式，进一步增强能源资源的市场化配置能力，电力可持续保供能力将不断提升。

（本章主要撰稿人为中电联行业发展与环境资源部石丽娜、刘亮）

第二章　电力相关政策

第一节　电力发展政策

一、《政府工作报告》有关精神

2019 年 3 月，十三届全国人大二次会议表决通过了关于政府工作报告的决议。报告回顾了 2018 年工作，深入阐述了 2019 年经济社会发展总体要求和政策取向，提出了 2019 年政府工作任务。

2019 年《政府工作报告》部署与能源电力相关的主要政府工作任务见表 2 – 1。

表 2 – 1　2019 年《政府工作报告》部署的与能源电力相关的主要政府工作任务

重点工作	主要内容
以改革推动降低涉企收费	深化电力市场化改革，清理电价附加收费，降低制造业用电成本，一般工商业平均电价再降低 10%
持续推进污染防治	巩固扩大蓝天保卫战成果，全年二氧化硫、氮氧化物排放量要下降 3%，重点地区细颗粒物（$PM_{2.5}$）浓度继续下降。持续开展京津冀及周边、长三角、汾渭平原大气污染治理攻坚，加强燃煤大污染源治理。做好北方地区清洁取暖工作，确保群众温暖过冬
壮大绿色环保产业	坚持源头治理，加快火电行业超低排放改造，实施重污染行业达标排放改造。调整优化能源结构。推进煤炭清洁化利用。大力发展可再生能源，加快解决风、光、水电消纳问题。改革完善环境经济政策，加快发展绿色金融，培育一批专业化环保骨干企业，提升绿色发展能力
加快国资国企改革	依法处置“僵尸企业”。深化电力等领域改革，自然垄断行业要根据不同行业特点实行网运分开，将竞争性业务全面推向市场

二、中央经济工作会议有关精神

2019年12月10日至12日，中央经济工作会议在北京举行。会议总结2019年经济工作，分析了经济形势，部署了2020年经济工作。会议强调，2020年的工作要坚持稳中求进工作总基调，坚持新发展理念，坚持以供给侧结构性改革为主线，坚持以改革开放为动力，推动高质量发展，坚决打赢三大攻坚战，全面做好“六稳”工作，统筹推进稳增长、促改革、调结构、惠民生、防风险、保稳定，保持经济运行在合理区间。

根据中央经济工作会议部署要求，2019年12月16日召开的全国能源工作会议强调，2020年我国能源电力工作要遵循“四个革命、一个合作”能源安全新战略，大力推进能源治理体系和治理能力现代化，加快发展现代能源经济，奋力推动能源高质量发展再上新台阶。要强统筹、重执行，切实抓好能源战略规划编制实施；要稳基础、优产能，切实抓好煤炭兜底保障；要补短板、稳增长，切实抓好油气安全保障；要优布局、盯重点，切实抓好清洁能源发展和消纳；要攻难关、迎小康，切实抓好脱贫攻坚各项工作；要保民生、促持续，切实抓好污染防治攻坚任务；要建机制、强创新，切实抓好重大技术装备攻关和示范；要谋共赢、善斗争，切实抓好“一带一路”能源合作；要抓示范、谋突破，切实抓好能源领域重要改革。

三、能源电力发展有关政策

2019年，国家发展和改革委员会、财政部、生态环境部、工业和信息化部、国家能源局等政府部门坚持稳中求进工作总基调，坚持新发展理念，坚持推动高质量发展，坚持以供给侧结构性改革为主线，坚持深化市场化改革总体发展要求，多措并举，推动了能源电力发展目标的顺利完成，为经济社会发展、生态环境保护、民生改善提供了坚强有力的能源保障。

1. 提质量，持续优化能源结构

为继续坚持以供给侧结构性改革为主线，国家发展和改革委员会、国家能源局等有关国家部委印发系列通知，要求巩固化解煤电过剩产能成果，持续推进煤电超低排放和节能改造，积极推进风电、光伏发电无补贴平价上网，优化可再生能源消纳政策机制，大力推进储能技术与产业发展，稳步推进跨区输电通道建设，促进能源高质量发展。

持续优化能源结构政策见表2－2。

表 2－2 持续优化能源结构政策

文件名称	主要内容
关于做好 2019 年重点领域化解过剩产能工作的通知（发改运行〔2019〕785 号）	继续大力淘汰关停不达标落后煤电机组，依法依规做好违规建设煤电项目的清理整顿工作，严控新增产能规模，按需安排应急备用电源和应急调峰储备电源。统筹推进燃煤电厂超低排放和节能改造工作
关于 2019 年风电、光伏发电项目建设有关事项的通知（国能发新能〔2019〕49 号）	积极推进平价上网项目建设。严格规范补贴项目竞争配置，优先建设补贴强度低、退坡力度大的项目。全面落实电力送出和消纳条件。优化投资建设营商环境
关于建立健全可再生能源电力消纳保障机制的通知（发改能源〔2019〕807 号）	按省级行政区域设定可再生能源电力消纳责任权重，即可再生能源电量在电力消费中的占比目标，分两个层次对消纳责任权重完成情况进行监测评价和考核
关于印发《贯彻落实〈关于促进储能技术与产业发展的指导意见〉2019—2020 年行动计划》的通知（发改办能源〔2019〕725 号）	调整抽水蓄能电站选点规划并探索研究海水抽水蓄能电站建设。推进储能与分布式发电、集中式新能源发电联合应用
中共中央、国务院印发《长江三角洲区域一体化发展规划纲要》	加快区域电网建设，完善电网主干网架结构，提升互联互通水平，提高区域电力交换和供应保障能力。协同推动新能源设施建设，鼓励新能源龙头企业跨省投资建设新能源，推动绿色化能源变革

专栏 2－1 政策解读：《关于建立健全可再生能源电力消纳保障机制的通知》

《关于建立健全可再生能源电力消纳保障机制的通知》（以下简称《通知》），以《可再生能源法》为依据，提出建立健全可再生能源电力消纳保障机制，核心是确定各省级区域的可再生能源电量在电力消费中的占比目标，即“可再生能源电力消纳责任权重”，目的是促使各省级区域优先消纳可再生能源，加快解决弃水、弃风、弃光问题，同时促使各类市场主体公平承担消纳责任，形成可再生能源电力消费引领的长效发展机制。

可再生能源电力消纳责任权重是指按省级行政区域对电力消费规定应达到的可再生能源电量比重，包括可再生能源电力总量消纳责任权重和非水电可再生能源电力消纳责任权重。《通知》明确了政府部门、电网企业、各类市场主体的责任。

《通知》要求各省级能源主管部门对照 2018 年消纳责任权重开展自我核查，2019 年模拟运行并对市场主体进行试考核。自 2020 年 1 月 1 日起，全面进行监测评价和正式考核。

——来源：国家能源局

2. 优服务，拓展服务领域惠民生

为加快实施北方地区冬季清洁取暖，引导各领域开展电能替代，指导用能单位实现节约、环保、绿色、智能、有序用电，进一步加大扶贫工作力度，促进地方经济社会发展和脱贫致富，国家有关部委、地方政府机构先后颁布了《京津冀及周边地区 2019—2020 年秋冬季大气污染综合治理攻坚行动方案》《关于完善风电供暖相关电力交易机制扩大风电供暖应用的通知》《工业领域电力需求侧管理工作指南》《2019 年脱贫攻坚工作要点的通知》和《关于做好水电开发利益共享工作的指导意见》多项政策举措，能源服务惠民生。

拓展服务领域惠民生政策见表 2－3。

表 2－3　拓展服务领域惠民生政策

文件名称	主要内容
关于印发《京津冀及周边地区 2019—2020 年秋冬季大气污染综合治理攻坚行动方案》的通知（环大气〔2019〕88 号）	对已完成超低排放改造的电力企业，各地要重点推进无组织排放控制等监督工作。对稳定达到超低排放要求的电厂，不得强制要求治理“白色烟羽”。完善采暖用电销售侧峰谷电价，支持具备条件的地区建立采暖用电的市场化竞价采购机制。落实好差别电价政策，对限制类企业实行更高价格
关于完善风电供暖相关电力交易机制扩大风电供暖应用的通知（国能发新能〔2019〕35 号）	深入研究电力与热力协同调度运行机制以及保障对应风电项目并网消纳的技术措施，进一步完善风电供暖相关电力交易机制
关于印发《工业领域电力需求侧管理工作指南》的通知（工信部运行〔2019〕145 号）	指导用能单位开展电力需求侧管理工作，实现节约、环保、绿色、智能、有序用电
关于印发 2019 年脱贫攻坚工作要点的通知（国能发规划〔2019〕32 号）	以“三区三州”等深度贫困地区为重点，进一步完善贫困地区能源基础设施建设，优先支持贫困地区能源资源开发

专栏2-2　政策解读：《京津冀及周边地区2019—2020年秋冬季大气污染综合治理攻坚行动方案》

《京津冀及周边地区2019—2020年秋冬季大气污染综合治理攻坚行动方案》（以下简称《方案》）是落实《打赢蓝天保卫战三年行动计划》“开展重点区域秋冬季攻坚行动”要求制定的，今年重点工作与去年一脉相承，对过去行之有效的、好的经验和做法持续予以推进，保持工作的连续性。方案总体思路是一贯的，坚持稳中求进总基调，聚焦影响秋冬季区域环境空气质量的主要矛盾和关键问题，立足于产业结构、能源结构、运输结构和用地结构调整优化，有效应对重污染天气，强调标本兼治、综合施策，同时强化组织保障，严格监督执法，确保责任落实。

措施的主要变化体现在以下几方面：

一是更加强化依法依规。坚决反对“一刀切”，《方案》中，强制性错峰生产、大范围停工停产等要求一律没有涉及，坚决反对“一律关停”“先停再说”等敷衍应对做法，严格依法依规，做好秋冬季大气污染防治各项工作。二是更加突出科学施策。实施差异化应急管理，有效应对重污染天气。各地根据《关于加强重污染天气应对夯实应急减排措施的指导意见》，进一步完善重污染天气应急预案，夯实应急减排措施，实施企业分类分级管控，达到A级的企业重污染天气应急期间可不采取减排措施，B级企业适当少采取减排措施。三是更加注重因地制宜。分类施策，推动工业企业深度治理，加强对地方和企业的差别化指导，结合本地产业特征、发展定位等，确定治理方案。

——来源：生态环境部

3. 增动力，加速推进创新发展

为贯彻落实坚持新发展理念，坚持以改革开放为动力，推动高质量的能源发展战略，2019年，国家有关部委、政府机构聚焦行业改革开放重大问题，为深化电力体制改革，适应行业发展新形势，推动绿色生态文明建设，颁发了系列政策法规、指导意见和行动纲要。

加速推进创新发展政策见表2-4。

表 2－4　加速推进创新发展政策

文件名称	主要内容
关于规范优先发电优先购电计划管理的通知（发改运行〔2019〕144 号）	深化电力体制改革，建立完善优先发电、优先购电制度，完善政府公益性、调节性服务功能。优先发电价格按照"保量保价"和"保量限价"相结合的方式形成，优先购电计划由电网企业按照政府定价向优先购电用户保障供电，同时建立优先发电计划指标转让机制
关于构建市场导向的绿色技术创新体系的指导意见（发改环资〔2019〕689 号）	加快生态文明体制改革，推动环境治理从末端应对向全生命周期管理转变。激发创新活力，促进成果转化应用。加强绿色技术创新国际交流合作
关于加快推进工业节能与绿色发展的通知（工信厅联节〔2019〕16 号）	以长江经济带、京津冀及周边地区、长三角地区、汾渭平原等地区为重点，发挥绿色金融手段对工业节能与绿色发展的支撑作用，重点在工业能效提升、清洁生产改造、资源综合利用、绿色制造体系建设领域予以支持

专栏 2－3　政策解读：《关于规范优先发电优先购电计划管理的通知》

为认真贯彻落实中央关于深化电力体制改革的要求，在充分总结近几年放开发用电计划实践的基础上，国家发展和改革委员会、国家能源局印发了《关于规范优先发电优先购电计划管理的通知》（以下简称《通知》）。

《通知》坚持以供给侧结构性改革为主线，以促进电力清洁低碳、安全高效运行为导向，对优先发电、优先购电计划编制、执行、流程、监管等方面做了具体规范。

《通知》强调优先发电、优先购电计划需严格界定适用范围，科学编制。明确编制优先发电计划重点是保障清洁能源消纳、电网安全和民生供暖等方面工作，编制优先购电计划重点是做好居民生活用电及重要公用事业、公益性服务用电的保障。《通知》指出要有效完善政策体系，切实执行优先发电、优先购电计划。

《通知》的印发，将进一步发挥优先发电、优先购电工作的作用，使市场在电力资源配置中起决定性作用的同时，更好地促进有效市场和有为政府相结合，为推动经营性发用电计划全面放开奠定了基础。

——来源：国家发展和改革委员会

（本节主要撰稿人为中电联行业发展与环境资源部杨丹）

第二节　电力改革政策

2019年，国家发展和改革委员会、国家能源局围绕全面深化电力体制改革出台了一系列政策，主要涉及增量配电业务改革、输配电价成本监审、电力现货市场建设、有序放开发用电计划、燃煤发电上网电价改革等多个方面。各省级地方政府主管部门结合各地实际，积极制定及践行电力改革和市场化交易试点方案，有效推进了电力市场建设进程，促进了能源清洁发展和电力资源优化配置进程。

一、增量配电业务改革

2019年，电力投资体制改革主要表现为增量配电业务改革。为了保证改革稳步有序推进，2019年国家密集出台了多项针对增量配电业务改革的政策，通报了前三批试点项目的执行情况、公布了第四批试点项目名单、启动了第五批试点项目申报程序，并且对于改革过程中的共性问题提出指导性意见，取消了不具备试点条件的项目。国家发展和改革委员会、国家能源局在保持政策连续性和稳定性的同时，根据现实情况不断调整和完善现有政策体系，改革平稳推进。

增量配电业务改革相关政策文件见表2－5。

表2－5　增量配电业务改革相关政策文件

文件名称	主要内容
《关于进一步推进增量配电业务改革的通知》（发改经体〔2019〕27号）	电网企业已获批并开工但在核准或备案文件有效期内实际完成投资不足10%的项目，可纳入增量配电业务试点，电网企业可将该项目资产通过资产入股等方式参与增量配电网建设。 各地可以根据需要，开展正常方式下仅具备配电功能的规划内220（330）千伏增量配电业务试点，可不限于用户专用变电站和终端变电站。 尚未确定业主的试点项目，地方政府部门不得直接指定试点项目业主，任何企业不得强行要求获取试点项目控股权，不建议电网企业或当地政府投资平台控股试点项目。已确定业主的试点项目可维持项目各投资方股比不变
《关于规范开展第四批增量配电业务改革试点的通知》（发改运行〔2019〕1097号）	确定甘肃酒泉核技术产业园等84个项目，作为第四批增量配电业务改革试点
《关于取消部分地区增量配电业务改革试点的通知》（发改办体改〔2019〕948号）	在增量配电业务改革试点工作推进过程中，部分项目由于前期负荷预测脱离实际、未与地方电网规划有效衔接、受电主体项目没有落地等原因，不再具备试点条件。经评估认定，国家发展和改革委员会、国家能源局同意24个增量配电业务改革试点项目取消试点资格

二、电价制度改革

2019年，电价制度改革主要涉及三个方面：一是推出降低一般工商业电价的相关措施；二是完善输配电定价成本监审的相关制度；三是深化改革燃煤发电上网电价形成机制。

电价制度改革相关政策文件见表2－6。

表2－6　电价制度改革相关政策文件

文件名称	主要内容
《关于开展第二监管周期电网输配电定价成本监审的通知》（发改价格〔2019〕165号）	成本监审对象：省级电网。除西藏外30个省（区、市）的省级电网；区域电网。包括华北、华东、东北、西北、华中5个区域电网。 监审范围：监审对象为使用其经营范围内共用网络的用户提供输配电服务的成本费用支出。监审期间：监审对象第一监审周期后一年度至2018年度
《关于电网企业增值税税率调整相应降低一般工商业电价的通知》（发改价格〔2019〕559号）	电网企业增值税税率由16%调整为13%后，省级电网企业含税输配电价水平降低的空间全部用于降低一般工商业电价，原则上自2019年4月1日起执行
《关于降低一般工商业电价的通知》（发改价格〔2019〕842号）	重大水利工程建设基金征收标准降低50%形成的降价空间（市场化交易电量除外），全部用于降低一般工商业电价。 适当延长电网企业固定资产折旧年限，将电网企业固定资产平均折旧率降低0.5个百分点；增值税税率和固定资产平均折旧率降低后，重新核定的跨省跨区专项工程输电价格，专项工程降价形成的降价空间在送电省、受电省之间按照1∶1比例分配。 因增值税税率降低到13%，省内水电企业非市场化交易电量、跨省跨区外来水电和核电企业（三代核电机组除外）非市场化交易电量形成的降价空间，全部用于降低一般工商业电价。 积极扩大一般工商业用户参与电力市场化交易的规模，通过市场机制进一步降低用电成本
《输配电定价成本监审办法》（发改价格规〔2019〕897号）	办法适用于政府制定或者调整省级电网、区域电网、跨省跨区专项工程（以下简称专项工程）输配电价过程中，对提供输配电服务的电网经营企业（以下简称电网企业）实施定价成本监审的行为

续表

文件名称	主要内容
《关于深化燃煤发电上网电价形成机制改革的指导意见》（发改价格规〔2019〕1658号）	为稳步实现全面放开燃煤发电上网电价目标，将现行燃煤发电标杆上网电价机制改为“基准价＋上下浮动”的市场化价格机制。基准价按当地现行燃煤发电标杆上网电价确定，浮动幅度范围为上浮不超过10%、下浮原则上不超过15%。 现执行标杆上网电价的燃煤发电电量，具备市场交易条件的，具体上网电价由发电企业、售电公司、电力用户等市场主体通过场外双边协商或场内集中竞价（含挂牌交易）等市场化方式在“基准价＋上下浮动”范围内形成，并以年度合同等中长期合同为主确定；暂不具备市场交易条件或没有参与市场交易的工商业用户用电对应的电量，仍按基准价执行。 燃煤发电电量中居民、农业用户用电对应的电量仍按基准价执行。 燃煤发电电量中已按市场化交易规则形成上网电价的，继续按现行市场化规则执行。 燃煤发电上网电价形成机制改革后，现行煤电价格联动机制不再执行

专栏2－4　政策解读：《关于深化燃煤发电上网电价形成机制改革的指导意见》

深化燃煤发电上网电价形成机制改革是推进电价市场化改革的必然要求，平稳有序放开燃煤发电上网电价，将有力推动电力交易市场建设发展，加快形成能够有效反映电力供求变化、体现煤电功能作用的价格信号。2019年10月，国家发展和改革委员会印发了《关于深化燃煤发电上网电价形成机制改革的指导意见》。

国家发展和改革委员会有关负责人在答记者问时将此次燃煤发电上网电价改革的积极影响概括为“四个有利于”：一是有利于加快确立市场在电力资源配置中的决定性作用、更好发挥政府作用，促进电力资源进一步优化配置；二是有利于促进电力市场加快发展；三是有利于煤电及上下游行业平稳健康发展；四是有利于促进降低企业用电成本。

改革后各类用户的用电成本将呈现“三不变，一降低”。一是居民、农业用户电价水平不变，由电网企业保障供应，销售电价继续执行各地目录电价。二是已参与电力市场化交易的用户电价水平不变，继续按现行市场规则形成价格。三是不具备市场交易条件或没有参与市场交易的工商业用户电价水平不变，可继续执行各地目录电价。四是采用“基准价＋上下浮动”方式参与市场的用户电价水平有所降低。改革为现未参与市场交易的电力用户增加了一种选择，且明确2020年暂不上浮，确保工商业平均电价只降不升。

——来源：国家发展和改革委员会

三、电力市场建设

2019年，我国电力市场建设进一步加快，电力中长期交易规范开展，市场交易规模大幅提高，电力现货市场建设试点稳步推进。新出台的改革政策中，针对电力市场建设出台的政策措施主要涉及放开发用电计划、深化现货市场建设、完善中长期交易机制三个方面。

电力市场建设相关政策文件见表2－7。

表2－7 电力市场建设相关政策文件

文件名称	主要内容
《关于全面放开经营性电力用户发用电计划的通知》（发改运行〔2019〕1105号）	经营性电力用户的发用电计划原则上全部放开。除居民、农业、重要公用事业和公益性服务等行业电力用户以及电力生产供应所必需的厂用电和线损之外，其他电力用户均属于经营性电力用户
《关于深化电力现货市场建设试点工作的意见》（发改办能源规〔2019〕828号）	科学论证电力市场模式。因地制宜、科学合理选择电力市场模式，确保市场模式有良好的开放性、兼容性和可扩展性。 合理选择现货市场价格形成机制。根据各电力现货试点地区的电网结构和阻塞情况，可选择采用节点边际电价、分区边际电价和系统边际电价等价格机制。 建立健全现货市场运营工作制度。市场运营机构应加强相关工作制度建设，不断提升市场运营水平
《关于做好2020年电力中长期合同签订工作的通知》（发改运行〔2019〕1982号）	各地主管部门要高度重视2020年电力中长期合同签订工作，做好省内和跨省跨区电力中长期交易（含优先发电）合同签订的组织协调。认真分析研究存在的问题，组织市场主体开展协商洽谈和集中交易，明确合同细节，尽快在2019年末或2020年初完成签订工作。 鼓励签约各方自主约定电力负荷曲线或电力负荷曲线形成方式，并在交易合同中明确；探索直接带电力负荷曲线开展平台集中交易，确保发用双方电力负荷曲线一致，促进中长期交易的及时完整交割

专栏2－5 政策解读：《关于全面放开经营性电力用户发用电计划的通知》

2018年7月，国家发展和改革委员会、国家能源局联合印发了《关于积极推进电力市场化交易进一步完善交易机制的通知》，试点在煤炭、钢铁、有色、建材4个重点行业全面放开电力用户发用电计划。实践表明，发用电由计划逐步向市场过渡，大大促进了改革红利释放和实体经济发展，充分发挥了市场在资源优化配置中的决定性作用。2019年6月，国家发展和改革委员会印发《关于全面放开经营性电力用户发用电计划的通知》（以下简称《通知》），明确经营性电力用户发用电计划全面放开。

《通知》一方面明确全面放开经营性电力用户发用电计划的范围、原则和保障措施，除城乡居民生活用电、公共服务及管理组织、农林牧渔等行业电力用户以及电力生产所必需的厂用电和线损之外，其他大工业和一般工商业电力用户原则上均属于经营性电力用户范畴，均应该全面放开；另一方面继续完善优先发电、优先购电制度。要求进一步落实规范优先发电、优先购电管理有关要求，加强分类施策，抓紧研究保障优先发电、优先购电执行的措施，统筹做好优先发电、优先购电计划规范管理工作。

《通知》对全面放开经营性发用电计划后的价格形成机制进行了明确。对于已按市场化交易规则执行的电量，价格仍按照市场化规则形成。鼓励电力用户和发电企业自主协商签订合同时，以灵活可浮动的形式确定具体价格，价格浮动方式由双方事先约定。

——来源：国家发展和改革委员会

专栏2－6　政策解读：《关于深化电力现货市场建设试点工作的意见》

2019年6月底，全国8个电力现货市场建设试点已全部启动模拟试运行，从试点情况来看，试点地区有关方在一些重点共性问题存在分歧，普遍希望国家层面尽快出台指导性意见。为此，国家发展和改革委员会、国家能源局组织相关专家和企业代表开展专题研究，并于2019年8月印发了《关于深化电力现货市场建设试点工作的意见》（以下简称《意见》）。

国家发展和改革委员会、国家能源局有关负责人在答记者问时指出，此次出台的《意见》，一方面坚持和继承了电改配套文件《关于推进电力市场建设的实施意见》的有关表述，如电力市场模式、中长期市场与电力现货市场关系等；另一方面按照问题导向和目标导向，紧紧围绕电力现货市场试点工作中面临的重点和共性问题，组织分析研究后给出具体政策意见，内容更加细化，注重对电力现货市场试点工作的指导性。

下一步，《意见》要求电力现货试点地区明确工作分工，有关各方协同做好以下四项工作：一是加快研究制定现货市场建设方案和运营规则，加快开发建设现货市场相关技术支持系统；二是配套制定包括市场模拟在内的市场试运行方案，提前发现问题，及时完善市场规则和技术支持系统；三是加强市场运行跟踪分析、监测和预警，持续完善规则和系统，保障现货市场平稳可持续运行；四是提前制定市场应急预案，防范潜在风险，科学有序处置突发情况，确保电力安全可靠供应。

——来源：国家能源局

四、电力市场监管改革

2019年，我国电力市场监管工作有序推进，市场秩序进一步规范，用电营商环境进一步优化，电力企业运营效率进一步提升，监管工作的规范化水平也进一步提高。

电力市场监管改革相关政策文件见表2-8。

表2-8 电力市场监管改革相关政策文件

文件名称	主要内容
《关于明确涉电力领域失信联合惩戒对象名单管理有关工作的通知》（国能综通资质〔2019〕33号）	各单位对违法违规的市场主体实施行政处罚程序后，应启动失信对象重点关注名单（以下简称重点关注名单）或失信联合惩戒对象名单的认定工作。根据《能源行业市场主体信用行为清单（2018版）》，市场主体的违法违规行为属于较重失信行为的，应列入重点关注名单；属于严重失信行为的，应列入“黑名单”
《关于加强电力中长期交易监管的意见》的通知（国能发监管〔2019〕70号）	市场主体按照市场交易规则等有关规定进入和退出电力市场、向电力交易机构提交市场交易合同、参与市场交易，严禁不正当竞争、串通报价等违规交易行为。 电网企业要为参与市场交易的市场主体提供公平的输配电和电网接入服务，按照市场结算规则提供计量、抄表等服务。 拥有配电网运营权的售电企业，其配电业务与参与市场的售电业务应当实现财务分离
《关于实施电力业务许可信用监管的通知》（国能发资质〔2019〕79号）	按照“依法依规、分类有序、标准统一、协同共治”的原则实施电力业务许可信用监管，严格遵循相关法律法规和规章制度要求，按监管对象信用等级实施分类监管，监管措施实行全国统一标准，构建政府监管、行业自律、企业自治的协同共治模式

（本节主要撰稿人为中电联行业发展与环境资源部刘旭龙）

第三章　电力消费

第一节　用电量与负荷

一、用电量

（一）全国情况

1. 全社会用电

受宏观经济运行稳中趋缓、上年用电量增速基数偏高、夏季气温比上年偏低和冬季气温比上年偏高等因素的综合影响，全社会用电量实现稳定增长。2019 年，全国全社会用电量 72486 亿千瓦时，比上年增长 4.4%，增速比上年下降 4.0 个百分点。2019 年，全国人均用电量 5186 千瓦时/人，较上年增加 241 千瓦时/人。

2010—2019 年全国全社会用电量及其增速见图 3－1。

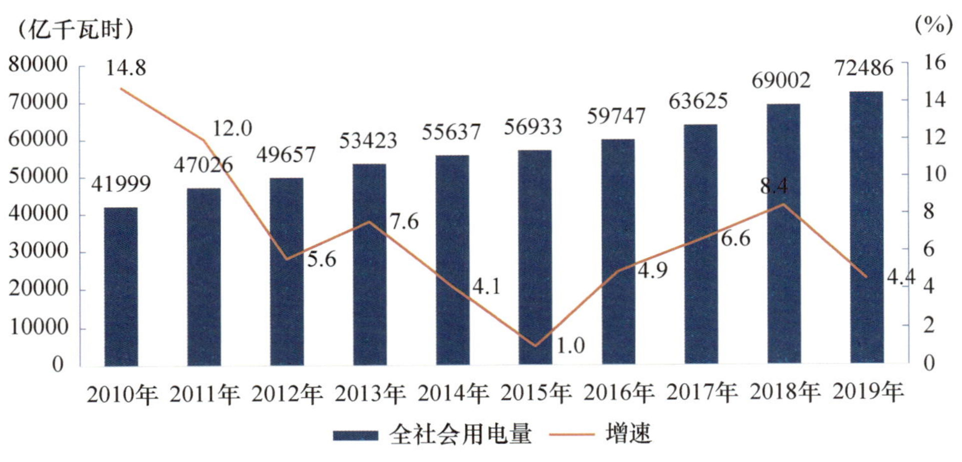

图 3－1　2010—2019 年全国全社会用电量及其增速

分季度看，一、二、三、四季度全社会用电量增速分别为 5.5%、4.5%、3.4%和 4.7%，增速逐季回落，但四季度有所反弹。随着信息服务业等新兴产业的持续快速增长以及电能替代力度的加大，第三产业用电量增速实现较快增长，增速为 9.4%，对全社会用电量增长的拉动作用不断增强。第二产业用电量增速相对平稳，增速为 3.1%，各季度用电量对当期全社会用电量增长的拉动力分别为 2.0 个、2.3 个、1.8 个和 2.5 个百分点。

2010—2019 年分季度全社会用电量增速见图 3-2，2019 年分季度、分产业用电量增长对全社会用电量增长的拉动见图 3-3。

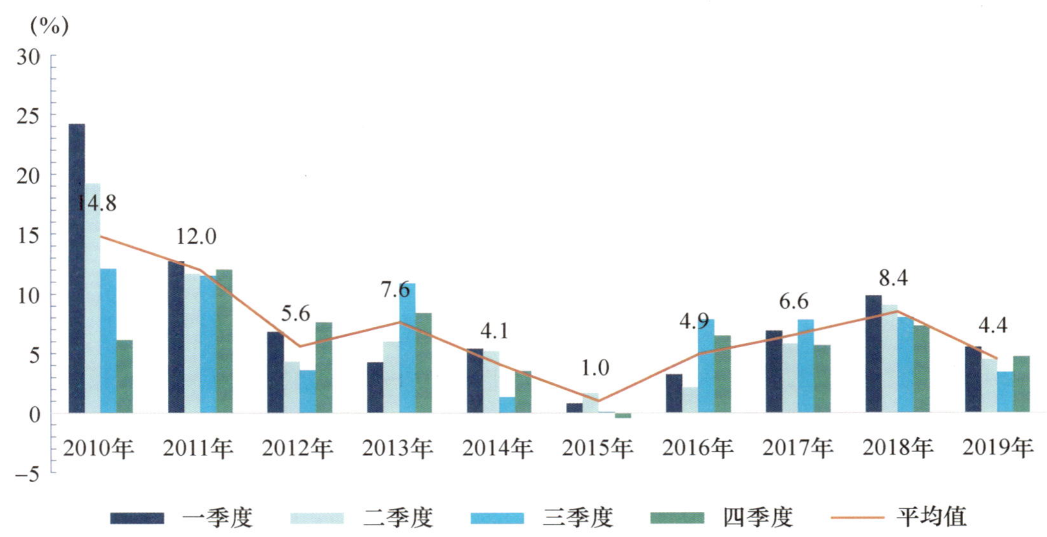

图 3-2 2010—2019 年分季度全社会用电量增速

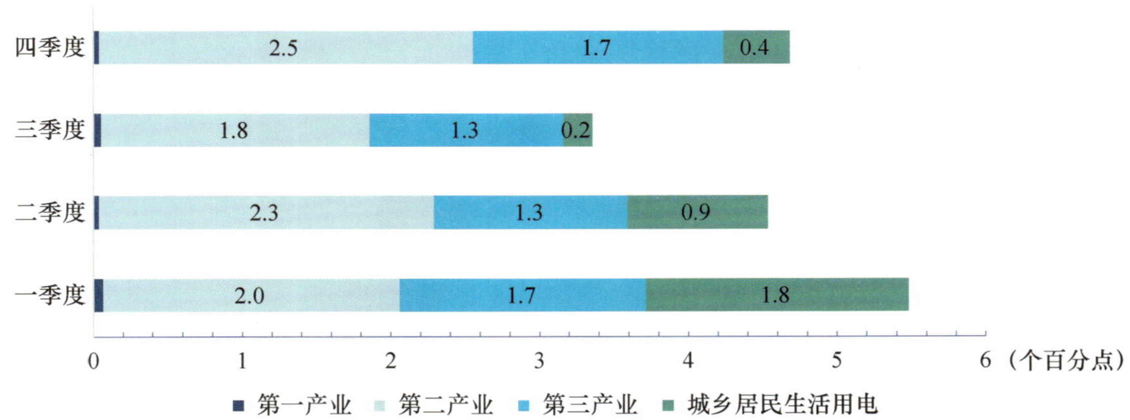

图 3-3 2019 年分季度、分产业用电量增长对全社会用电量增长的拉动

分月份看，受上年基数、气温因素以及国内外经济形势等综合影响，上半年各月用电量增长起伏相对较大。受夏季高温提前的因素影响，6 月用电增速波动较大。

2018 年、2019 年分月份全社会用电量及其增速见图 3-4。

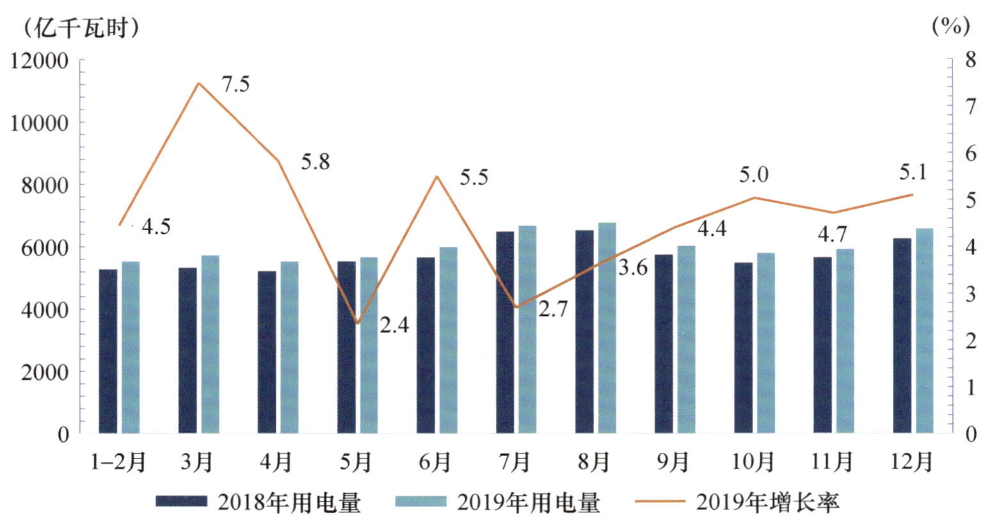

图 3－4　2018 年、2019 年分月份全社会用电量及其增速

注：本书图中 1—2 月用电量是指 1—2 月合计用电量的平均值；1—2 月增速是指 1—2 月合计用电量增速。

2. 用电结构

电力消费结构持续优化。2019 年第一、第二、第三产业和城乡居民生活用电量占全社会用电量的比重分别为 1. 1%、68. 4%、16. 4%和 14. 1%。与上年相比，第三产业和城乡居民生活用电量占比分别提高 0. 7 个和 0. 1 个百分点；第二产业用电量占比降低 0. 8 个百分点。

2018 年、2019 年全国电力消费结构见图 3－5。

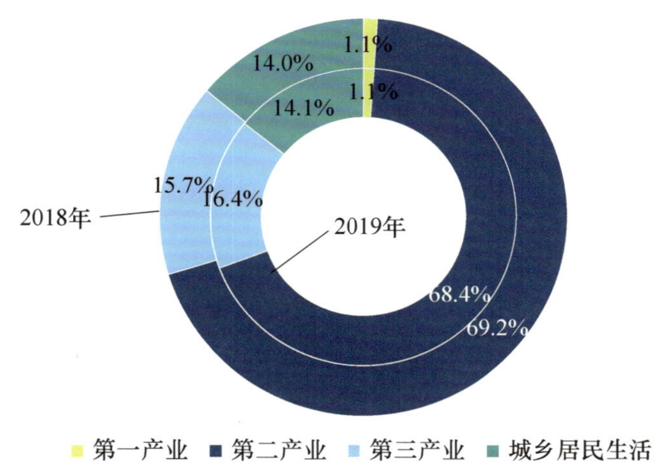

图 3－5　2018 年、2019 年全国电力消费结构

（1）各产业及城乡居民生活用电。

第二产业用电量依然是拉动全社会用电量增长的主力，拉动全社会用电量增长 2. 1 个百分点，比上年回落 2. 8 个百分点；第三产业和城乡居民生活用电量保持较快增长，对全社会用电量增长的拉动力分别为1.5个和0.8个百分点，比上年回落0.5个和0.6个百分点。

2019年各产业及城乡居民生活用电情况见图3－6。

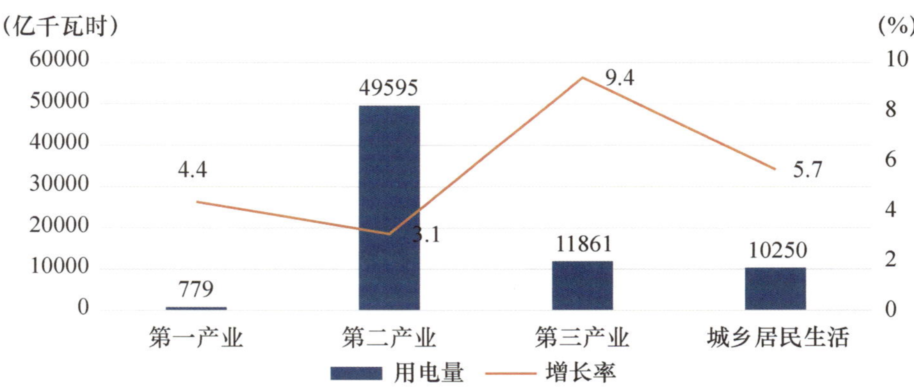

图3－6 2019年各产业及城乡居民生活用电情况

（2）工业及其重点行业用电。

1）**工业** 全国工业用电量48705亿千瓦时，比上年增长2.9%，拉动全社会用电量增长2.0个百分点，占全社会用电量比重67.2%。

与上年相比，工业用电量占全社会用电量比重回落0.9个百分点，其中代表高技术及装备制造业等新兴产业的医药制造业、金属制品业、通用设备制造业、专用设备制造业、汽车制造业、铁路/船舶/航空航天和其他运输设备制造业、电气机械和器材制造业、计算机/通信和其他电子设备制造业、仪器仪表制造业用电量合计占比与去年基本持平。

2019年工业用电量构成见图3－7。

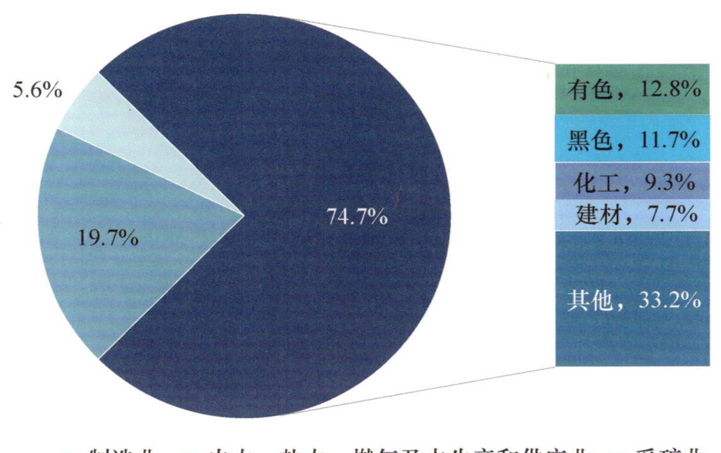

图3－7 2019年工业用电量构成

2）**制造业** 制造业用电量为36383亿千瓦时，同比增长2.9%，贡献率为33.1%，拉动全社会用电增长1.5个百分点，占全社会用电量的50.2%。各季度增速分别为3.4%、3.4%、2.7%和2.4%，分别拉动各季全社会用电量增长1.7个、1.8个、1.3个和1.2个百分点。

分行业看，31个制造业行业中，只有仪器仪表制造业、金属制品/机械和设备修理业、化学原料和化学制品制造业、有色金属冶炼和压延加工业、纺织服装/服饰业、皮革/毛皮/羽毛及其制品和制鞋业及铁路/船舶/航空航天/其他运输设备制造业用电量负增长，分别下降10.6%、6.4%、1.0%、0.9%、0.7%、0.5%和0.4%；制造业中共有17个行业用电量增速高于制造业平均用电量增速（2.9%）。

2019年制造业中用电量大于400亿千瓦时的行业用电量及其增速见图3－8。

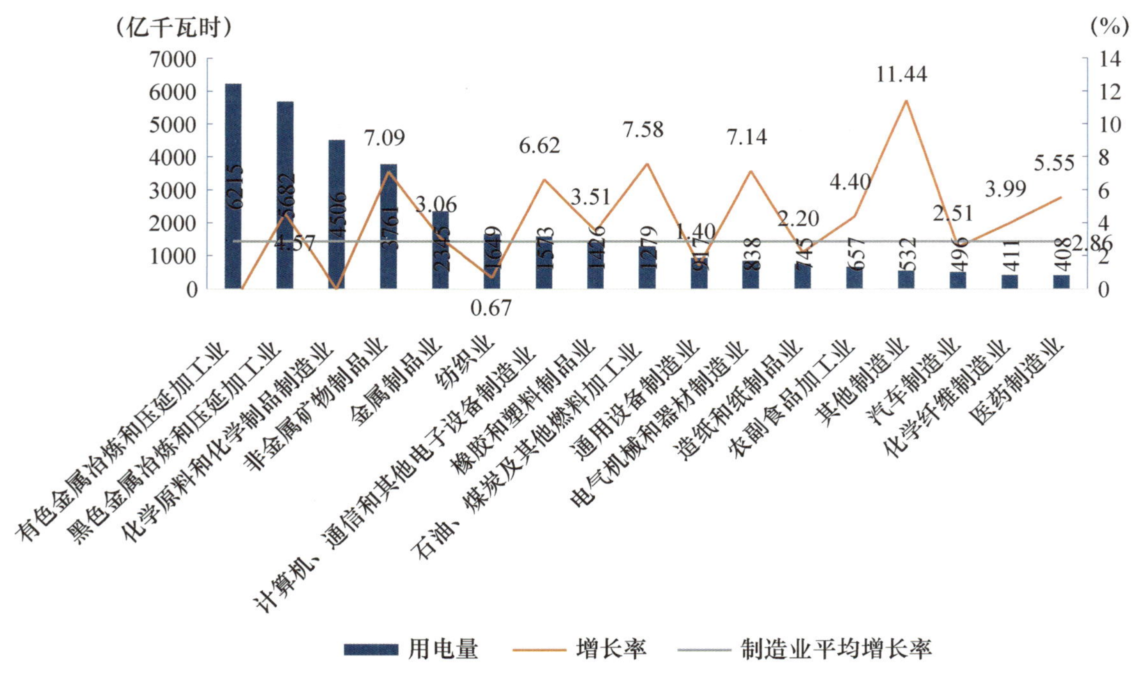

图3－8 2019年制造业中用电量大于400亿千瓦时的行业用电量及其增速

3）**重点行业** 化学原料及化学制品制造业（以下简称“化工”）、非金属矿物制品业（以下简称“建材”）、黑色金属冶炼及压延加工业（以下简称“黑色”）、有色金属冶炼及压延加工业（以下简称“有色”）四大高载能行业合计用电量为20164亿千瓦时，比上年增长2.0%，增速比上年回落4.0个百分点，拉动全社会用电量增长0.6个百分点；四大高载能行业用电量占全社会用电量比重27.8%，比上年回落0.5个百分点。

化工		建材	
用电量	4506亿千瓦时	用电量	3761亿千瓦时
增长率	-1.0%	增长率	7.1%
占比	6.2%	占比	5.2%
贡献率	0.0%	贡献率	8.1%
拉动力	0.0个百分点	拉动力	0.4个百分点

黑色		有色	
用电量	5682亿千瓦时	用电量	6215亿千瓦时
增长率	4.6%	增长率	-0.9%
占比	7.8%	占比	8.6%
贡献率	8.1%	贡献率	-1.9%
拉动力	0.4个百分点	拉动力	-0.1个百分点

四大高载能行业用电增长的季度走势有所分化，其中，化工行业的下游需求一般，行业价格整体逐步回落，用电增速逐季回落；建材工业随着“稳投资”措施及项目逐步落地，生产总体平稳，行业效益进一步增长，建材行业用电量增速比上年有所提高；钢铁行业继续深入推进供给侧结构性改革，巩固去产能成果，企业效益明显改善，促进黑色行业用电量较快增长；有色行业由于价格持续振荡回落，效益延续下滑走势，导致用电增速逐季回落。

2019 年四大高载能行业各季度用电增长率见图 3－9。

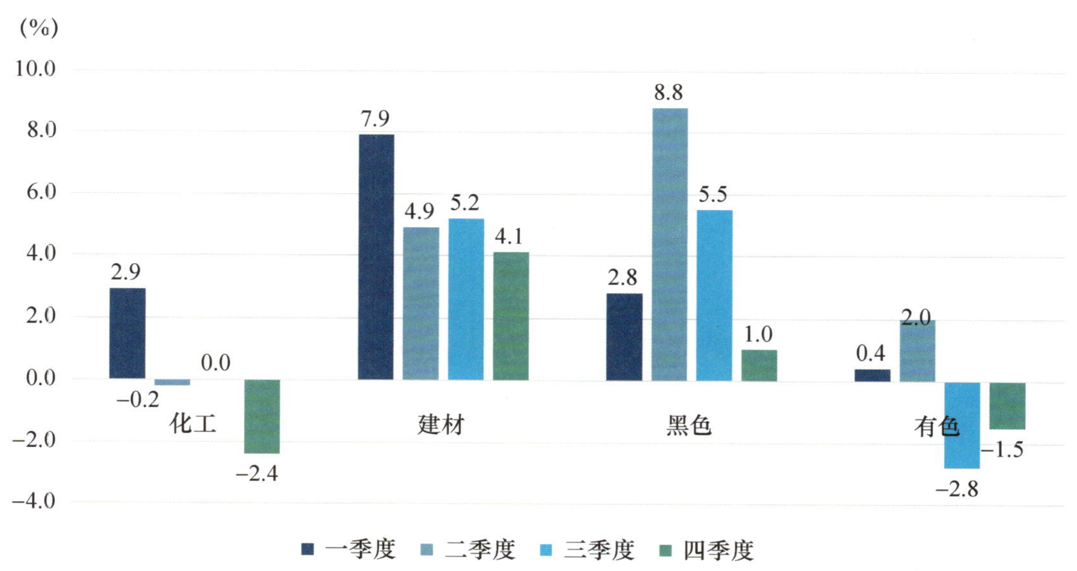

图 3－9　2019 年四大高载能行业各季度用电增长率

（二）分区域、分省（区、市）情况

1. 分区域用电

（1）全社会用电。

2019年，华北、华东、华中和南方区域全年全社会用电量均超过10000亿千瓦时，四个区域合计用电量占全社会用电量的82.2%。华北和南方区域全社会用电增速高于全国平均水平，均拉动全社会用电量增长1.1个百分点；各区域用电量增长对全社会用电量增长的拉动力比上年均有不同程度回落，其中，华北、华东和华中区域对全社会用电量增长的拉动力比上年分别回落1.1个、1.0个和1.0个百分点。

2018年、2019年分区域用电量及其增速见图3－10。

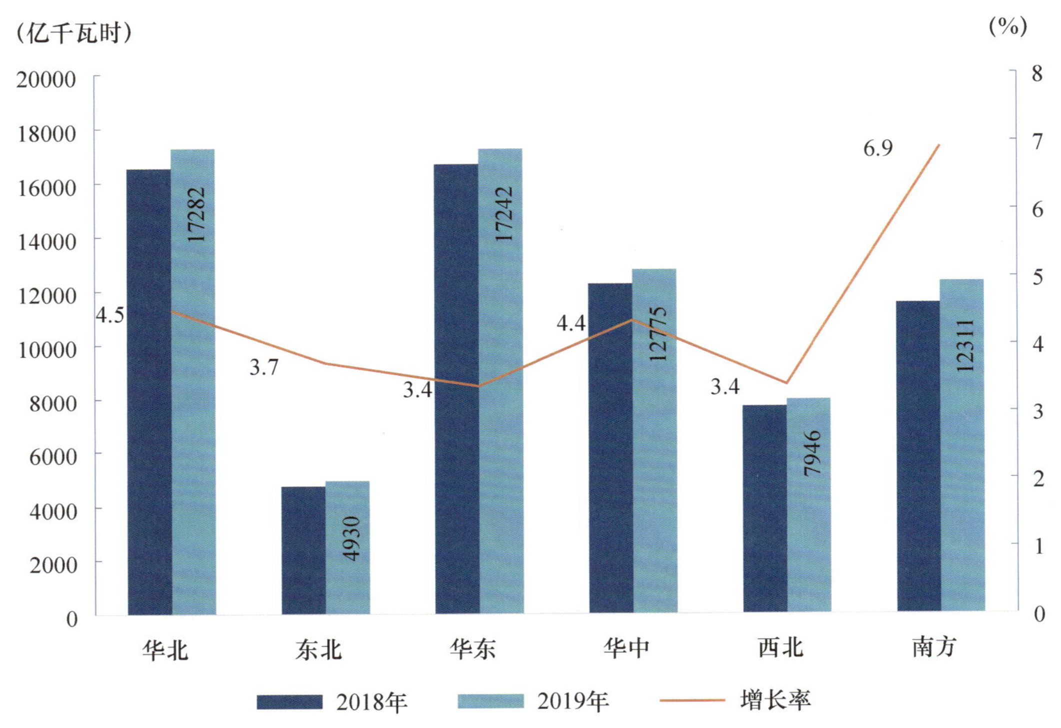

图3－10　2018年、2019年分区域用电量及其增速

（2）分产业用电。

从拉动力看，南方、华北和东北区域主要是第二产业用电拉动用电量增长；西北、华中和华东区域主要是第二和第三产业拉动，但华东区域第二产业用电拉动力相较其他区域偏弱；南方区域城乡居民生活用电拉动力明显高于其他区域。

2019年各产业用电量增长对本区域用电量增长的拉动见图3－11。

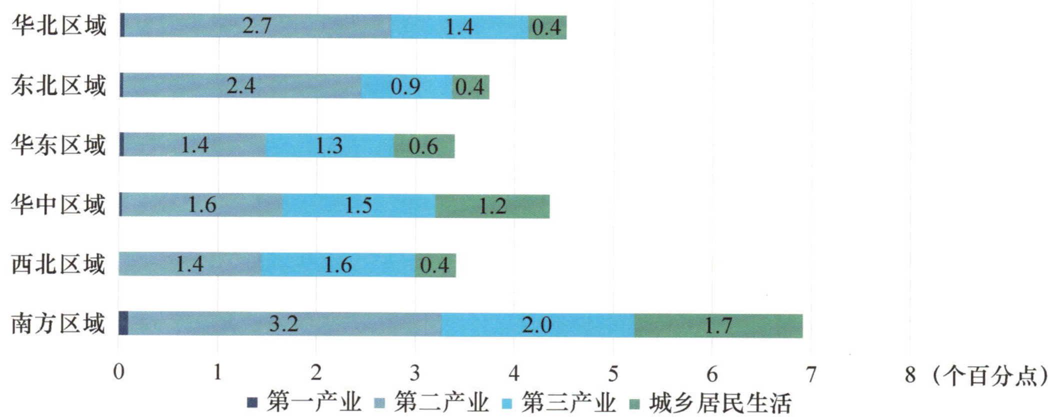

图3－11　2019年各产业用电量增长对本区域用电量增长的拉动

从产业结构看，华北和西北区域第二产业用电量占比超过70%，西北区域城乡居民生活用电量比重最低，低于全国平均水平6.8个百分点。与上年相比，各区域第二产业用电量占比均有不同程度的降低，其中南方、华中和华东区域第二产业用电量占比分别回落1.4个、1.0个和0.9个百分点；各区域第三产业用电量占比均比上年提高，其中南方、华中和华东区域第三产业占比比上年分别提高0.9个、0.8个和0.7个百分点，用电结构持续优化。

2019年各区域分产业用电量占比见图3－12。

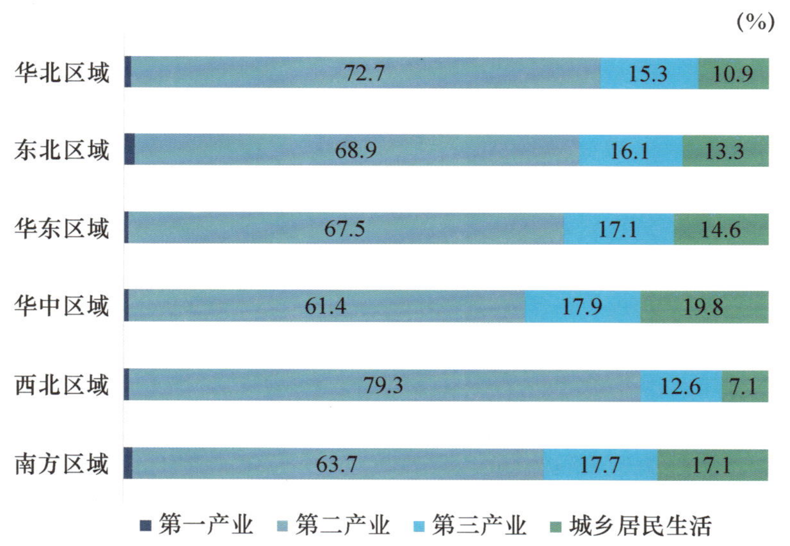

图3－12　2019年各区域分产业用电量占比

（3）重点行业用电。

除华东区域高载能行业用电增速与上年持平外，其他区域增速均比上年回落。华北、华东、东北和南方区域高载能行业用电增速高于全国高载能用电平均增速

(2.0%)，其中南方区域高载能行业用电增速高于全国全社会用电量增速2.0个百分点，高于全国高载能行业平均增速4.4个百分点。

2019年分区域四大高载能行业合计用电量及增速见图3-13。

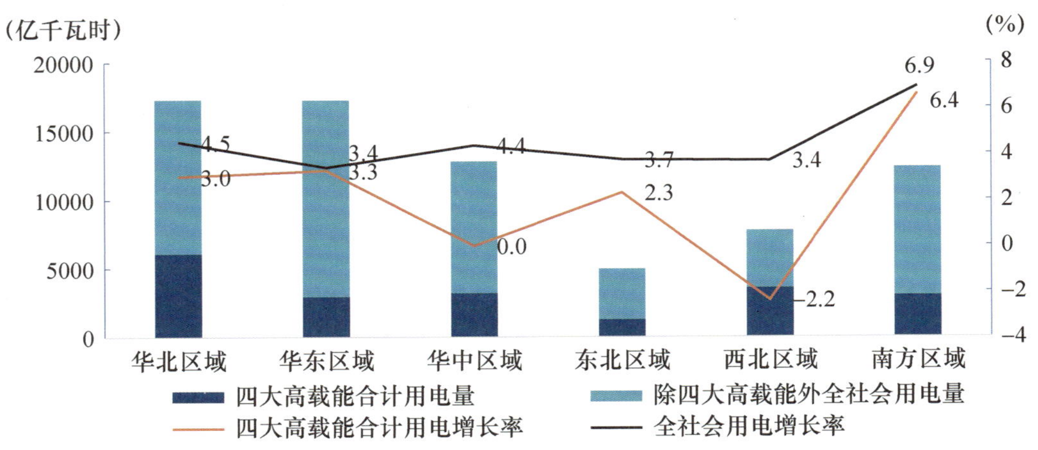

图3-13 2019年分区域四大高载能行业合计用电量及增速

从各区域四大高载能行业合计用电量占本区域全社会用电量比重看，西北和华北区域占比分别为45.9%和35.2%，高于全国平均水平(27.8%)；华东区域由于多数省(区、市)产业结构调整较早，呈现多元化态势，高载能产业用电量仅占该区域全社会用电量比重的17.1%。

华北区域黑色和有色行业用电量各占本区域四大高载能行业合计用电量1/3左右，华东区域化工和黑色行业用电各占该区域四大高载能行业合计用电量1/3左右，华中区域四大高载能行业用电占比相当，西北区域有色行业用电占该区域四大高载能行业合计用电量的比重超过一半。

2019年分区域四大高载能行业用电量占比见图3-14。

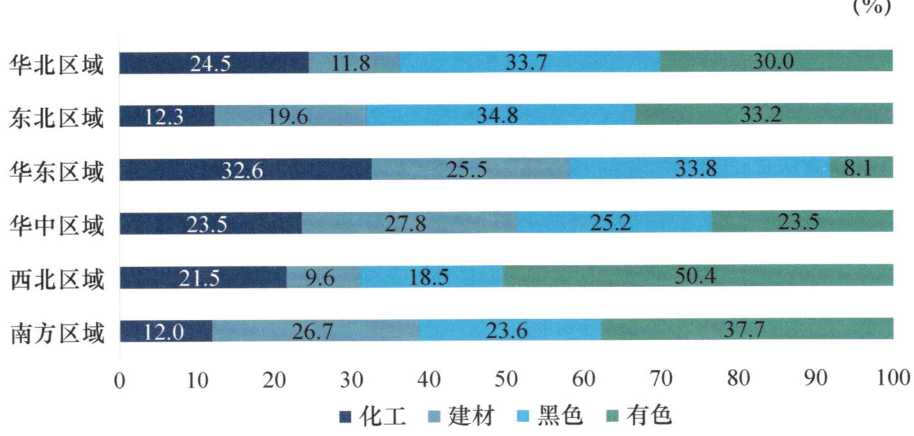

图3-14 2019年分区域四大高载能行业用电量占比

化工行业　主要分布在华北和华东区域，两个区域合计化工行业用电量占该行业全国用电量的54.4%。东北、华中和西北区域化工行业用电实现正增长，且均高于该行业全国用电量增速，其中，东北区域化工行业用电量增速最高，达到6.2%。从对当地拉动力看，南方区域化工行业用电拉动力相较其他区域偏弱；华中和华东区域化工行业用电拉动力最高，均为0.2个百分点。

建材行业　是四大高载能行业中用电量占比最小的行业，主要分布在华中、南方、华东和华北区域，四个区域合计建材行业用电量约占该行业全国用电量的84.1%。西北和华北区域建材行业用电增速高于该行业全国增速。与2018年相比，华北、华东和西北区域建材行业用电增速比上年提高。从对当地拉动力看，南方区域建材行业用电拉动力相较其他区域偏弱；西北区域建材行业用电拉动力最高，为2.3个百分点。

黑色行业　华北区域黑色行业用电量占该行业全国用电量的36.1%。除西北区域外，其他区域黑色行业用电均有不同程度增长，其中，华北区域增长最多，达到9.4%；从对当地拉动力看，西北区域黑色行业用电拉动力相较其他区域偏弱；华北区域黑色行业用电拉动力最高，为1.1个百分点。

有色行业　主要分布在华北和西北区域，两个区域合计用电量占该行业全国用电量的59.0%。华中、西北和华北区域用电增速比上年下降，分别为-9.8%、-5.4%和-2.9%；与上年相比，华东和南方区域增速有所提高，其中，南方区域有色行业用电增速最高，达到17.0%。从对当地拉动力看，华中和西北区域有色行业用电拉动力相较其他区域偏弱；南方区域有色行业用电拉动力最高，为2.6个百分点。

2019年四大高载能行业分区域用电量占全国同行业用电量比重、增速分别见图3－15和图3－16。

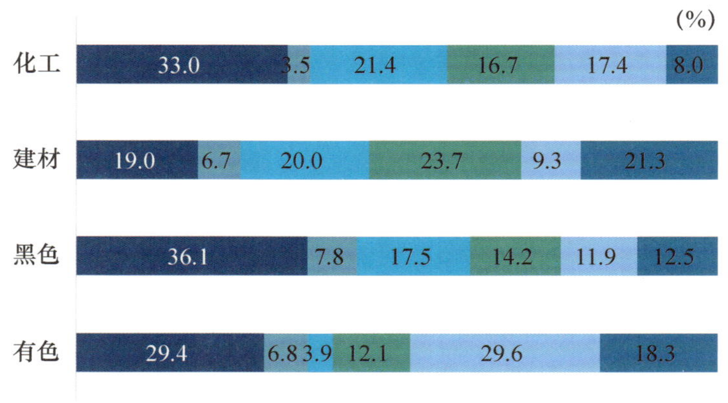

图3－15　2019年四大高载能行业分区域用电量占全国同行业用电量比重

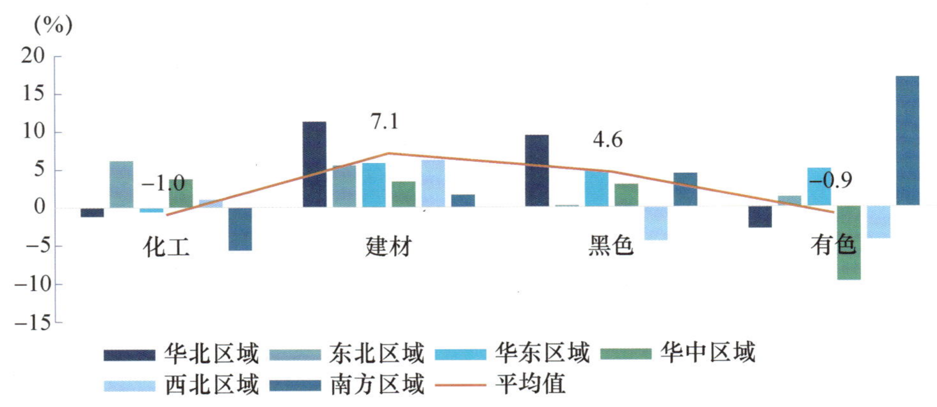

图3－16　2019年四大高载能行业分区域用电量增速

2. 分省（区、市）用电

全国有广东、江苏、山东、浙江、河北、内蒙古、河南、新疆、四川、福建、辽宁、安徽、山西和湖北14个省（区、市）全社会用电量超过2000亿千瓦时，14省合计用电量51842亿千瓦时，比上年增长4.4%，占全国全社会用电量的71.5%；对全国用电量增长的贡献率为71.7%，拉动全社会用电增长3.2个百分点。

2019年分省（区、市）全社会用电量及增速见图3－17。

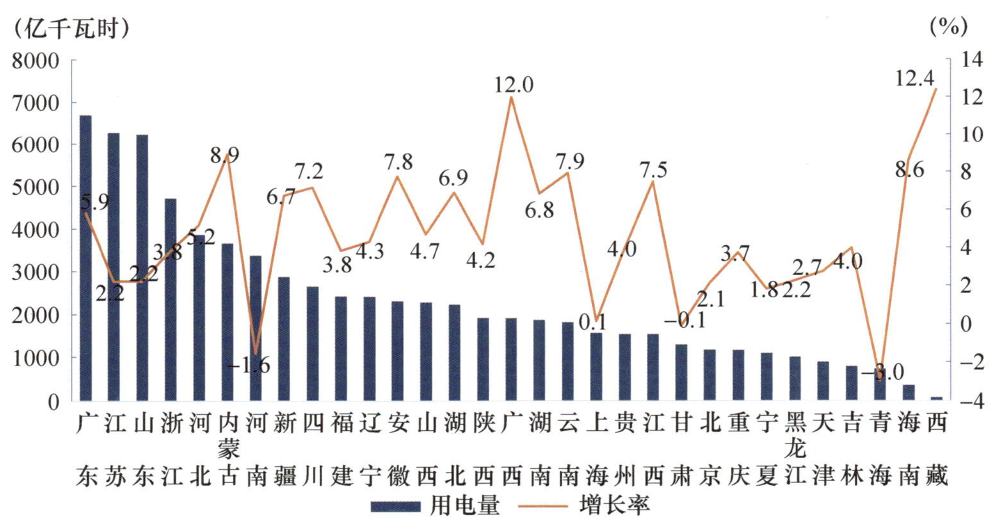

图3－17　2019年分省（区、市）全社会用电量及增速

除青海、河南和甘肃外，其他省（区、市）的全社会用电量均实现正增长。14个省（区、市）的用电增速高于全国平均水平（4.4%），分别是西藏（12.4%）、广西（12.0%）、内蒙古（8.9%）、海南（8.6%）、云南（7.9%）、安徽（7.8%）、江西（7.5%）、四川（7.2%）、湖北（6.9%）、湖南（6.8%）、新疆（6.7%）、广东（5.9%）、河北（5.2%）和山西（4.7%）。

二、统调最高用电负荷

根据国家电力调度控制中心数据，2019 年，在加大优化调度和需求侧响应等措施的情况下，全国电网统调最高用电负荷比上年增长 6.0%，增速比上年提高 0.2 个百分点。分区域看，除南方区域外，其他各区域统调最高用电负荷增速均比上年有不同程度的回落，华北、华东、华中、西南和南方区域最大用电负荷均出现在夏季，东北和西北电网最大负荷出现在冬季。

2019 年分区域最高用电负荷及增速见图 3－18，2018 年、2019 年分月份最高用电负荷及增速见图 3－19。

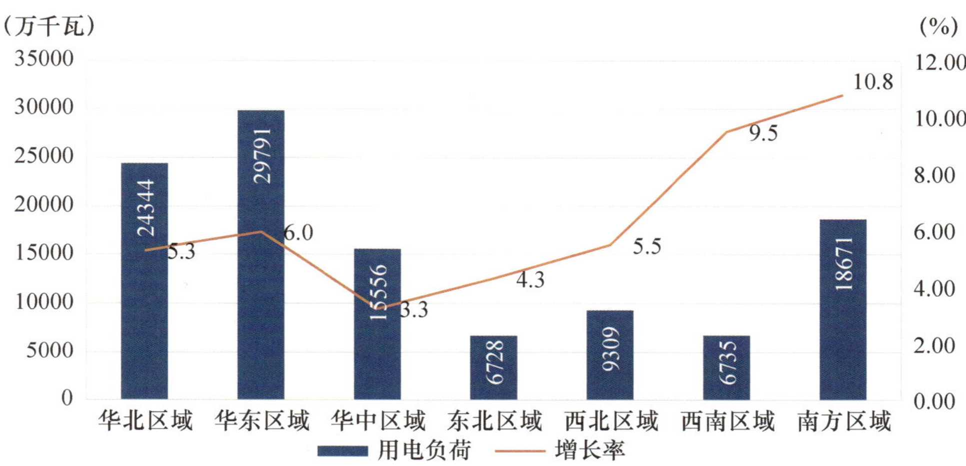

图 3－18　2019 年分区域最高用电负荷及增速

注：数据来源于国家电力调度控制中心旬报。

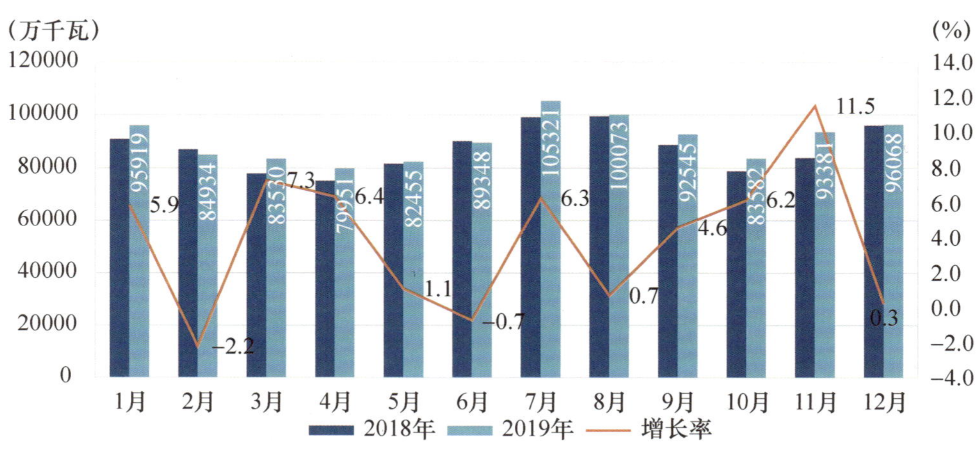

图 3－19　2018 年、2019 年分月份最高用电负荷及增速

注：数据来源于国家电力调度控制中心旬报。

（本节主要撰稿人为中电联电力统计与数据中心庄严）

第二节 电力供需

2019 年，经济运行总体平稳，发展水平迈上新台阶，发展质量稳步提升。全国电力供需形势总体平衡，东北和西北区域电力供应能力富余，部分省级电网在局部时段采取了有序用电措施。

一、影响因素

（一）宏观经济

经济运行总体平稳 2019 年，根据国家统计局初步核算，全年国内生产总值[①] 990865 亿元，比上年增长 6.1%，各季度增速分别为 6.4%、6.2%、6.0% 和 6.0%。

2015—2019 年国内生产总值及其增速见图 3－20，2015—2019 年三次产业增加值占国内生产总值比重情况见图 3－21。

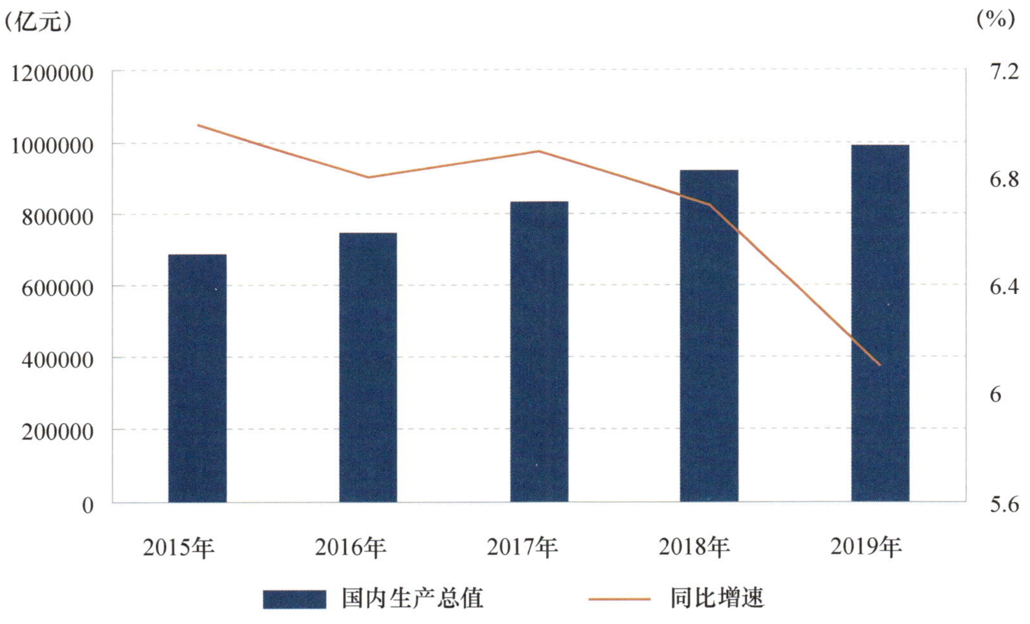

图 3－20 2015—2019 年国内生产总值及其增速

① 国内生产总值、各产业增加值和人均国内生产总值绝对数按现价计算，增长速度按不变价格计算。

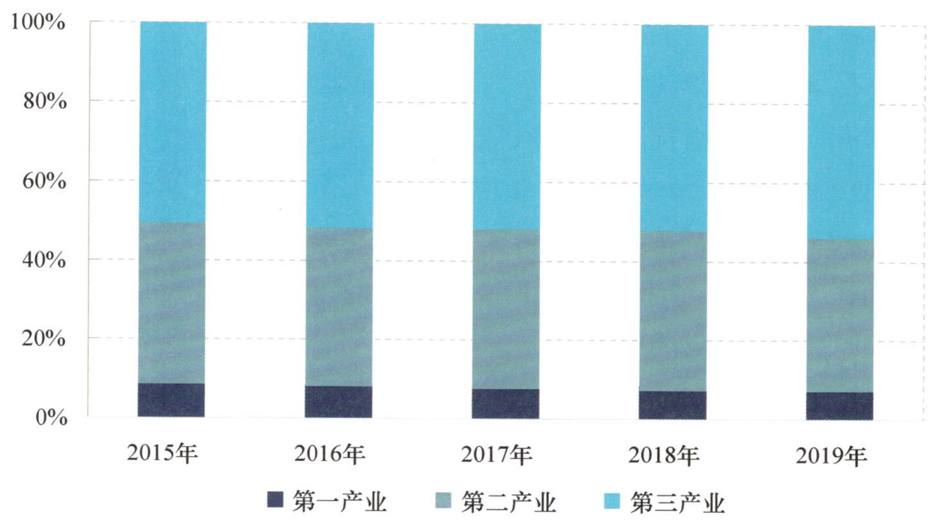

图 3－21　2015—2019 年三次产业增加值占国内生产总值比重情况

新动能保持较快发展　2019 年，规模以上工业中，战略性新兴产业①增加值比上年增长 8.4%，增速高于规模以上工业 2.7 个百分点。高技术制造业增加值增长 8.8%，占规模以上工业增加值的比重为 14.4%，较上年提高 0.5 个百分点，对工业经济稳定增长的支撑作用进一步增强。装备制造业增加值增长 6.7%，占规模以上工业增加值的比重为 32.5%。2019 年工业战略性新兴产业、高技术制造业、装备制造业增加值增速情况见图 3－22。

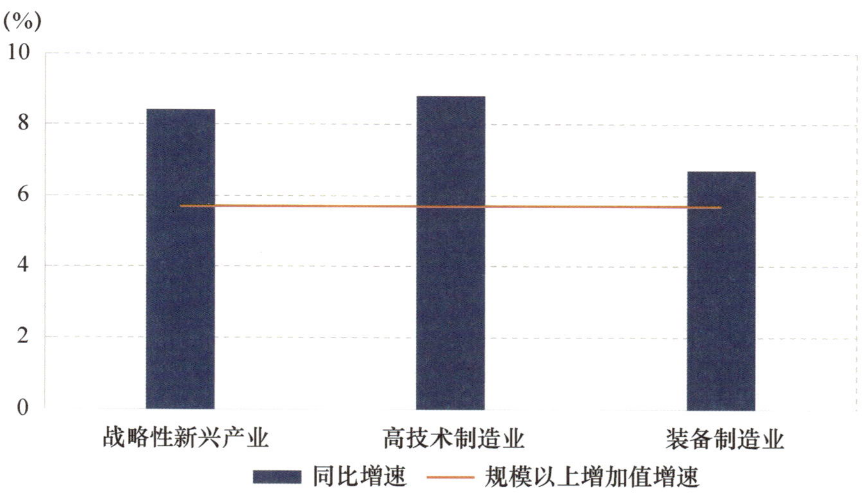

图 3－22　2019 年工业战略性新兴产业、高技术制造业、装备制造业增加值增速情况

① 工业战略性新兴产业、高技术制造业、装备制造业统计口径依照国家统计局规范。

投资持续平稳增长，中部地区投资增速领先各区域 2019年，全社会固定资产投资[①]560874亿元，比上年增长5.1%。其中，固定资产投资（不含农户）551478亿元，增长5.4%。分区域看，东部地区投资比上年增长4.1%，中部地区投资增长9.5%，西部地区投资增长5.6%，东北地区投资下降3.0%。2019年各地区投资增速情况见图3-23。

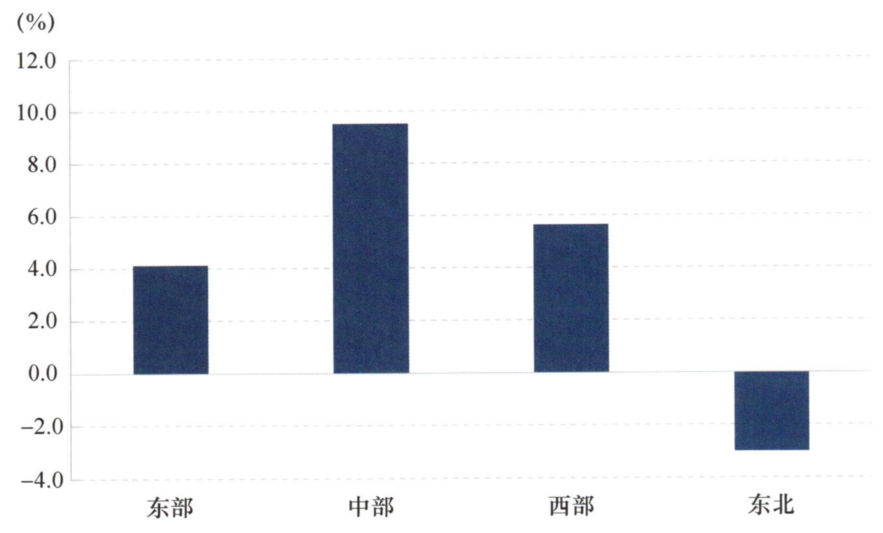

图3-23 2019年各地区投资增速情况

乡村消费保持较快增长，网上零售比重持续提高 2019年，社会消费品零售总额411649亿元，比上年增长8.0%。按经营地统计，城镇消费品零售额351317亿元，增长7.9%；乡村消费品零售额60332亿元，增长9.0%，保持较快增长。全年实物商品网上零售额85239亿元，按可比口径计算，比上年增长19.5%，占社会消费品零售总额的比重为20.7%，比上年提高2.3个百分点。

进出口总额稳步增长，贸易结构不断优化 2019年，货物进出口总额315505亿元，比上年增长3.4%。其中，出口172342亿元，增长5.0%；进口143162亿元，增长1.6%。对“一带一路”沿线国家进出口总额92690亿元，比上年增长10.8%。其中，出口52585亿元，增长13.2%；进口40105亿元，增长7.9%。

（二）发电燃料

1. 电煤

电力燃料供应由紧平衡转向总体平衡，地区性时段性偏紧 从供应端看，2019

---

① 根据第四次全国经济普查、统计执法检查和统计调查制度的规定，对2018年固定资产投资数据进行修订，2019年增速按可比口径计算。

年，全国原煤产量38.5亿吨，比上年增长4.0%；煤炭进口量3.0亿吨，比上年增长6.3%，对保障国内电煤供需平衡起到至关重要的作用。一季度，受安全事故、煤矿复产进度偏慢、煤管票限制等因素影响，原煤产量总体微增；进入二季度后，优质产能释放、保障供应能力进一步提高，全国原煤产量、进口煤量较快增长，供应紧张局面得到缓解；下半年，原煤产量保持稳定增长，11月中旬后进口煤到岸量下降较多。从消费端看，根据国家统计局初步核算，煤炭消费量增长1.0%，煤炭消费量占能源消费总量的57.7%，比2018年下降1.5个百分点；根据中电联统计，全国发电及供热消耗原煤23.1亿吨，占全国原煤消费总量的60%，比上年增长3.6%。全社会重点电厂及环渤海港口库存稳步积累，电厂电煤库存处于高位，年底全国统调电厂存煤1.35亿吨，比上年增长2.7%，存煤可用20天。全国除一、四季度东北等少数地区电煤供应偏紧外，其他时段电煤供需总体平衡。2019年全国规模以上工业原煤分月产量情况见图3-24。

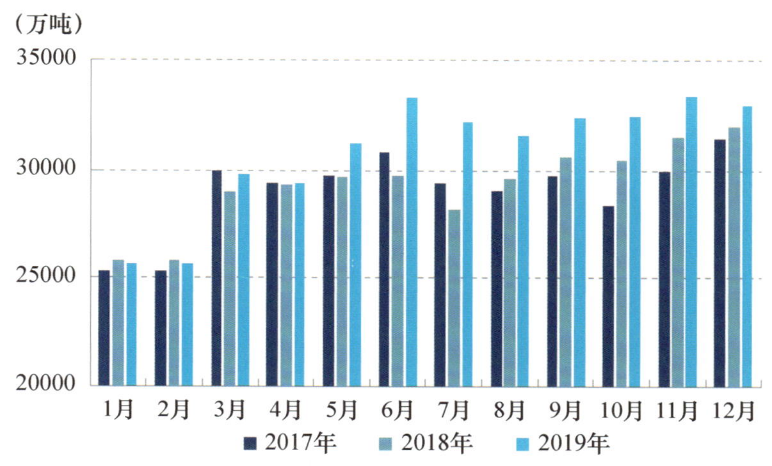

图3-24　全国规模以上工业原煤分月产量情况

注：数据来源于国家统计局。

电煤价格前高后低，全年综合价超过绿色区间上限　2019年初受煤矿事故、节后主要产煤省复工率较低等因素影响，电煤供应偏紧，电煤价格持续处于高位；进入二季度以后，随着供需关系相对缓和，电煤价格波动回落；11月后，已进入《关于印发平抑煤炭市场价格异常波动的备忘录的通知》（发改运行〔2016〕2808号）规定的绿色区间（500~570元/吨）。中国沿海电煤采购价格指数（CECI沿海指数）显示，5500大卡（1大卡=1000卡=4186.8焦）现货成交价全年最高为3月中旬的635元/吨，最低为12月末的547元/吨，全年波动幅度较上年收窄95元/吨；从反映电煤采购综合成本的综合价看，前10个月，各期CECI沿海指数综合价均超过绿色区间上限（570元/吨），全年综合价平均价格576元/吨，比2018年降低19元/

吨，但仍然高于绿色区间上限。2019 年中国电煤采购价格指数（CECI 沿海指数）周价格见图 3 – 25。

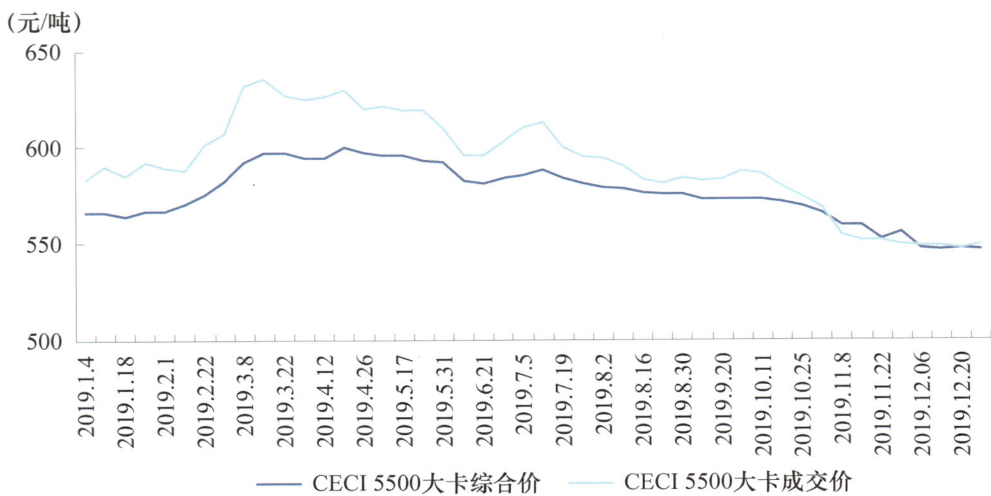

图 3 – 25　2019 年中国电煤采购价格指数（CECI 沿海指数）周价格

注：综合价为根据当期 5500 千卡/千克（1 大卡 =4186. 8 焦）所有样本北方港平仓价综合加权编制，反映北方港平仓综合采购价格水平；成交价为根据当期所有现货采购样本北方港平仓价加权编制，反映当期市场现货采购真实成交价格水平。

2. 天然气

天然气市场供需整体平衡，季节性供需矛盾持续好转，发电用天然气总体有保障　从供应端看，国内天然气供应能力进一步提升，根据国家统计局统计，天然气产量 1736 亿立方米，比上年增长 9. 8%，增量 155 亿立方米，创历史新高；天然气进口量 9656 万吨，比上年增长 6. 9%。从消费端看，2019 年全国天然气表观消费量 3067 亿立方米，比上年增长 9. 4%，比 2018 年回落 8. 5 个百分点，其中，城市气化率提高拉动城市燃气、居民、公共服务等用气需求稳健增长；煤改气拉动采暖气快速增长；受宏观经济放缓影响，工业用气增长放缓。全国天然气市场供需整体平衡，绝大部分燃机发电供气总体有保障。

（三）气候

秋、冬季气温偏高，夏季气温比上年偏低　根据 2019 年中国气候公报，2019 年全国平均气温 10. 3℃，较常年偏高 0. 8℃，为 1951 年以来第 5 暖年。全国极端高温事件站次比为 0. 38，较常年和 2018 年分别偏多 0. 26 和 0. 20。全国共有 348 站日最高气温达到极端事件监测标准，其中云南元江（43. 1℃）等 64 站日最高气温突破历史极值，主要分布在云南、贵州和四川等地。全国平均高温（日最高气温不小于 35. 0℃）日数 11. 8 天，较常年偏多 4. 1 天，为历史次多，与 2018 年基本持平，仅少于 2017 年。全国 31 个省（区、市）气温均偏高，其中，云南、广东、河南、海南 4 省为历史最高。冬季（2018 年 12 月—2019 年 2 月），全国平均气温-3.1℃，较常年同期偏高 0.2℃；秋季（9—11 月），全国平均气温 11.0℃，较常年同期偏高 1.0℃，为历史第三高，秋、冬季气温偏高，影响到用电负荷及电量增长。夏季（6—8 月），全国平均气温 21.5℃，较常年同期偏高 0.5℃，但比 2018 年同期（21.9℃）偏低 0.4℃，影响到夏季用电负荷及电量增长。

全年降水量多于常年但少于 2018 年，年底全国重点流域水电厂蓄能值比上年减少　根据 2019 年中国气候公报，2019 年全国平均降水量 645.5 毫米，比常年偏多 2.5%，比 2018 年偏少 4.2%。分月份看，1—4 月、7—8 月、10 月和 12 月降水量均偏多，其中 2 月偏多 32%；9 月和 11 月降水量偏少，其中 11 月偏少 28%；5 月和 6 月接近常年同期。七大江河流域中，松花江流域降水量偏多 32%，黄河流域和辽河流域均偏多 5%，珠江流域偏多 4%，长江流域接近常年，海河流域偏少 13%，淮河流域偏少 24%。2019 年年底，国家电网经营区重点水电厂蓄能值 275 亿千瓦时，比上年减少 11.9 亿千瓦时；南方电网经营区水电蓄能 361 亿千瓦时，比上年减少 144.4 亿千瓦时。

二、电力供需状况

2019 年，全国电力供需总体平衡。华北、华东、华中、南方区域电力供需总体平衡，其中，蒙西、冀北、辽宁、浙江、江西、湖北、海南等省级电网在局部时段执行了有序用电措施；东北、西北区域电力供应能力富余。

电力供需总体平衡

华北　蒙西电网从电力供应富余转为电力供应偏紧，部分月份高峰时段执行有序用电措施；冀北电网在用电高峰时段执行有序用电措施。

华东　浙江部分时段出现少量错避峰。

华中　1 月受寒潮天气等因素影响，江西、湖北执行有序用电措施。湖北在迎峰度夏用电高峰时段执行有序用电措施。

南方　5 月海南受持续高温天气以及省内多台燃煤机组异常影响，执行有序用电措施。

电力供应能力富余

东北　电力供应能力富余，辽宁在用电高峰时段采取了有序用电措施。

西北　电力供应能力总体富余。

（本节主要撰稿人为中电联电力统计与数据中心吴立强、叶静）

第三节　电能替代

一、总体情况

电能替代是我国终端能源清洁利用途径之一。2019 年，在各级政府大力支持下，相关部门积极贯彻落实并完善电能替代相关配套政策，电能替代得到持续推进，全年累计完成替代电量 2065.55① 亿千瓦时，比上年增长 32.58%，相当于减少燃煤 8344 万吨，减少二氧化碳排放 2.06 亿吨，减少二氧化硫、氮氧化物以及粉尘排放 772.81 万吨。电能替代各领域新技术不断发展，替代成效显著。

二、相关政策

（一）国家政策

2019 年国家发布的有关电能替代的主要政策见表 3－1。

表 3－1　2019 年国家关于电能替代的相关政策

文件名称	主要内容
生态环境部等国家十部委联合印发京津冀及周边地区、长三角地区、汾渭平原 2019—2020 年秋冬季大气污染综合治理攻坚行动方案	要求进一步推进燃煤锅（窑）炉整治、散煤治理、新能源车船替代。国家发改委发文要求“加快淘汰关停不达标 30 万千瓦以下煤电机组”，下达各省淘汰落后产能的目标，将有力推动自备电厂关停替代
国家发改委印发《绿色生活创建行动总体方案》	通过开展节约型机关、绿色家庭、绿色学校、绿色社区、绿色出行、绿色商场、绿色建筑等创建行动，广泛宣传推广简约适度、绿色低碳、文明健康的生活理念和生活方式，建立完善绿色生活的相关政策和管理制度，推动绿色消费，促进绿色发展
交通运输部等部委陆续下发了《进一步共同推进船舶靠港使用岸电工作的通知》、《港口和船舶岸电管理办法》等文件	提出推动岸电规模化发展、常态化使用

① 数据来源为国家电网和南方电网统计口径。

（二）地方政策

2019 年，地方政府关于电能替代的相关政策持续推行和推进实施，保障了电能替代，尤其是清洁供暖领域的进一步发展，见表 3－2。

表 3－2 2019 年地方政府关于电能替代的相关政策

序号	省市	出台文件	发布单位	政策解读
1	北京	《关于本市清洁采暖用电用气价格的通知》	北京市发展和改革委员会	完成“煤改电”改造任务的村庄，住户在晚 20：00—次日 8：00 享受 0.3 元/度的低谷电价，同时市、区两级财政再各补贴 0.1 元/度，补贴后用户取暖用电 0.1 元/度，补贴用电限额为每个取暖季每户 1 万度
2	天津	《关于煤改电采暖用电价格有关问题的通知》	天津市发展和改革委员会	实施“煤改电”工程涉及的居民家庭冬季采暖用电实行统一的峰谷分时电价政策。农村地区以村为单位通过煤改电采暖或热泵等电辅助加热取暖用电，应单独挂表计量，采暖用电与居民“煤改电”采暖执行同样的峰谷分时价格政策。“煤改电”采暖期不再执行阶梯电价
3	河北	《关于清洁供暖有关价格政策的通知》	河北省发展和改革委员会	延长供暖期居民采暖用电谷段时间。供暖期居民采暖用电价格执行阶梯电价一档标准，非供暖期用电按现行居民阶梯电价政策执行。明确清洁供暖设施用电支持政策
4	山西	《关于我省清洁采暖用电价格及有关事项的通知》	山西省发展和改革委员会	对居民电采暖用户试行多种计价方式，由用户自主选择：一是峰谷时段计价方式，二是用电量计价方式。电采暖用电实行单表计量，并由供电部门抄表到户的“煤改电”居民用户，试行按用电量计价的电价政策，由用户向当地供电部门申请执行。具备条件的居民合表用户可参照上述条件执行，由各市发展改革委会同当地供电部门组织实施
5	山东	《关于居民峰谷分时电价政策有关事项的通知》	山东省物价局、山东省经济和信息化委员会	要求国网山东省电力公司直接抄表、收费到户的城乡居民用户，即“一户一表”用户。采暖期峰段由 14 小时减少至 12 小时。在现行阶梯电价标准上，峰段电价每千瓦时提高 0.03 元（含税，下同）；谷段电价降低 0.17 元

续表

序号	省市	出台文件	发布单位	政策解读
6	河南	《关于转发〈国家发展和改革委员会关于印发北方地区清洁供暖价格政策意见的通知〉的通知》	河南省发展和改革委员会	在全省范围内全面推行居民峰谷分时电价政策，鼓励利用谷段低价电采暖。电价标准：每日22：00—次日8：00在分档电价的基础上每千瓦时降低0.12元，8：00—22：00时在分档电价的基础上每千瓦时提高0.03元。实行供暖期阶梯电价政策，探索集中式清洁供暖用电电力市场化交易。对以村（自然村）、社区（小区）为单位统一实施的“煤改电”集中供暖的电量，纳入电能替代“打包交易”，交易电量输配电价暂按平移价差的模式执行
7	辽宁	《关于对居民电采暖用户试行峰谷分时电价政策的通知》	辽宁省物价局	居民电采暖用户每年从11月1日至次年3月31日的采暖电量执行居民峰谷分时电价政策，不再执行居民阶梯电价政策，年内其他月份电量仍执行居民阶梯电价政策。分时电价标准为“一户一表”的居民电采暖用户在现行居民生活电价基础上，峰时段上调0.02元/千瓦时，谷时段下调0.10元/千瓦时；原执行合表用户电价的居民电采暖用户谷段到户电价为0.40元/千瓦时，峰段到户电价为0.52元/千瓦时
8	吉林	《关于进一步明确我省清洁供暖价格政策有关问题的通知》	吉林省物价局	鼓励利用谷段低价电供暖，提高电能利用效率，降低用电成本。具体来看，分户式居民电采暖用电价格，在采暖期间执行居民峰谷分时电价，峰时（8：00—21：00）电价为每千瓦时0.562元、谷时（21：00—次日8：00）电价为每千瓦时0.329元
9	黑龙江	《关于清洁供暖电价有关问题的通知》	黑龙江省物价监督管理局	实行单表计量、单独计价，执行峰谷分时电价，其中居民用户电采暖电价峰时段为每千瓦时0.645元，谷时段为每千瓦时0.2898元
10	内蒙古	《关于蒙东地区清洁供暖电价有关问题的通知》	内蒙古自治区发展和改革委员会	对电采暖用户实行单独的电价政策。电采暖用电实行分表计量，单独计价。电采暖电价实行峰谷分时电价政策。蓄热式电锅炉、地源热泵等集中式电采暖用户，平时段用电价格为现行实际对应用电分类及电价水平，峰时段用电价格在平时段电价的基础上上浮50%，谷时段用电价格在平时段电价基础上下降50%。其中，负荷在315kW以上的电采暖用户执行大工业电价

续表

序号	省市	出台文件	发布单位	政策解读
11	陕西	《陕西调整居民生活用电峰谷时段划分》	陕西物价局	陕西省居民生活用电峰段由原来的每日8：00—22：00时调整为每日8：00—20：00，峰段时间缩短2小时，加价标准仍维持原水平每千瓦时0.05元；居民生活用电谷段由原来的每日22：00—次日8：00调整为每日20：00—次日8：00，谷段时间延长2小时，降价标准维持原水平每千瓦时0.2元
12	甘肃	《甘肃省冬季清洁取暖总体方案（2017—2021年）》	甘肃省发展和改革委员会、省建设厅、省环保厅、省农牧厅	优化居民用电阶梯价格，明确村级“煤改电”电价。支持蓄热、储能集中供暖采用“大工业峰谷分时电价＋直购电交易”模式，支持风电、光伏发电企业与电蓄热、储能企业开展直接交易，鼓励清洁能源供暖电量参与电力市场。加快推进供热计量收费。积极探索按市场化原则确定区域清洁供暖价格。要加强对供热企业成本监审和价格监管，探索“准许成本＋合理收益”的供热价格形成机制
13	青海	《关于我省清洁供暖价格政策有关事宜的通知》	青海省发展和改革委员会	对省内尚不具备集中供暖条件、执行阶梯电价政策的居民用户，在供暖期内的第三档电量用电价格按第一档电价执行。在供暖期内以电锅炉、电热泵、电热膜等以电为基础能源的集中供热设施用电价格按照我委下发的《关于青海电网销售电价有关问题的复函》（青发改函〔2016〕7号）确定的电锅炉电价标准执行
14	宁夏	《关于我区清洁供暖用电价格有关问题的通知》	宁夏自治区物价局	对自治区居民生活用电实行峰谷分时价格政策，鼓励利用谷段低价电供暖，提高电力系统利用效率，降低“煤改电”用电成本。对区内不具备集中供暖条件，采用电锅炉、热泵、电热隔膜、碳晶电暖气等方式取暖的工商业用户，经用户申请和供电企业认定后，每年11月1日至次年3月31日采暖期间，用电价格按照对应工商业电价标准执行。年内其他月份峰平谷时段划分执行现行政策，用电价格按照对应工商业电价标准执行
15	新疆	《关于我区电供暖项目直接交易输配电价的通知（试行）》	新疆维吾尔自治区发展和改革委员会、自治区经济和信息化委员会、国家能源局新疆监管办公室	电供暖项目直接交易输配电价分为分散式电供暖和集中式电供暖，执行平谷分时电价政策，用电低谷时段为12小时（23：00—9：00；14：00—16：00）；其余时间为平段12小时。分散式电供暖（发热电缆、碳晶、电热膜、石墨烯、小型户用电锅炉等）和热泵技术等供热方式直接交易输配电价平段为0.224元/千瓦时、谷段为0.112元/千瓦时。集中式电供暖（直热式、蓄热式电锅炉且供暖面积在1万平方米以上）直接交易输配电价平段为0.18元/千瓦时；谷段为0.09元/千瓦时

三、技术发展

终端用能电气化技术的迅速发展为扩大电能替代推广领域和深度提供了驱动力。

工（农）业生产制造领域：中高频冶金电炉、数字电热隧道窑、蒸汽电（蓄）锅炉、高温空气源热泵等技术进步显著，不断向绿色化、智能化、数字化方向发展，持续改善钢铁冶炼、建材烧制、农产加工等生产工艺水平，大幅提升产品质量和附加值，进一步增强了工（农）业领域替代内生动力。

建筑供冷供暖领域：磁悬浮中央空调、低温空气源热泵、干热岩地热供能等技术装备创新突破，“空气源热泵＋光热”等集成技术快速发展，供冷（暖）能效水平不断提高、用能成本有效降低，进一步形成竞争优势。

交通运输领域：磷酸铁锂、三元锂等动力电池能量密度、循环寿命显著提高，电动车（船）寿命周期内综合成本降低明显，推动进一步扩大公交、环卫、物流等专用电车替代市场，电动重卡具备大规模推广潜力，电动运输船、电动采砂船、电动渡轮、全自动集装箱卡车等试点示范效果显著。

城乡居民生活电气化领域：等离子电火焰灶、智能家电等技术快速发展，将培育新型绿色电力消费习惯，推动深入拓展全电厨房、全电卫浴、智能物联网家电等全电化产品市场空间，全面提升城乡居民生活电气化水平。

四、替代电量

电能替代主要集中在居民采暖、工（农）业生产制造、交通运输、电力供应与消费及其他重要领域。其中，工（农）业生产制造领域替代潜力巨大，2019 年，该领域替代电量规模占总替代量比重为 63.1%。

1. 居民采暖领域

截至 2019 年年底，全国居民采暖领域完成替代电量 149.7 亿千瓦时，约占总替代电量的 7.2%。

2019 年全国居民采暖领域替代电量完成情况见表 3－3。

表 3－3　2019 年全国居民采暖领域替代电量完成情况

替代领域	技术类型	替代电量（亿千瓦时）	所占比重（%）
替代电量小计		149.7	7.2
居民采暖领域	分散电采暖	33.0	1.6
	电（蓄）热锅炉	44.2	2.1
	热泵	72.5	3.5

2. 工（农）业生产制造领域

截至2019年年底，全国工（农）业生产制造领域完成替代电量1303.0亿千瓦时，约占总替代电量的63.1%。

2019年全国工（农）业生产制造领域替代电量见表3－4。

表3－4　2019年全国工（农）业生产制造领域替代电量

替代领域	技术类型	替代电量（亿千瓦时）	所占比重（%）
替代电量小计		1303.0	63.1
工（农）业生产制造领域	工业电锅炉	262.4	12.7
	建材电窑炉	188.2	9.1
	冶金电炉	412.8	20.0
	辅助电动力	268.8	13.0
	矿山采选	99.4	4.8
	农业电排灌	50.4	2.4
	农业辅助生产	19.2	0.9
	农产品加工	1.9	0.1

3. 交通领域

截至2019年年底，全国交通领域完成替代电量169.9亿千瓦时，约占总替代电量的8.2%。

2019年全国交通领域替代电量见表3－5。

表3－5　2019年全国交通领域替代电量

替代领域	技术类型	替代电量（亿千瓦时）	所占比重（%）
替代电量小计		169.9	8.2
交通运输领域	电动车	30.7	1.5
	轨道交通	125.5	6.1
	港口岸电	10.7	0.5
	机场桥载APU替代	3.0	0.1

4. 电力供应与消费领域

截至2019年年底，全国电力供应与消费领域完成替代电量341.6亿千瓦时，约占总替代电量的16.5%。

2019年全国电力供应与消费领域替代电量见表3－6。

表3－6　2019年全国电力供应与消费领域完成替代电量

替代领域	技术类型	替代电量（亿千瓦时）	所占比重（%）
替代电量小计		341.6	16.5
电力供应与消费领域	燃煤自备电厂、地方电厂替代	240.4	11.6
	油田钻机油改电	12.9	0.6
	油气管线电力加压	20.3	1.0
	电（蓄）冷空调	50.7	2.5
	大型公共建筑热泵	17.4	0.8

5. 其他领域

截至2019年年底，全国其他领域完成替代电量101.4亿千瓦时，约占总替代电量的4.9%。

专栏3－1　国家电网2019年电能替代案例

北方清洁取暖“煤改电”　国家电网圆满完成去冬今春420万户“煤改电”居民供暖保电工作，顺利完成2019年新增372万户居民“煤改电”确村确户和配套电网改造工程，开展专项督导检查，全力保障今冬明春群众温暖度冬。积极取得国家能源局、生态环境部的大力支持，印发文件明确要求各地方政府因地制宜推广集中（蓄热）电采暖技术路线。

长江港口岸电全覆盖建设　落实习总书记“共抓大保护、不搞大开发”重要指示，国家电网积极推进长江沿线港口岸电全覆盖建设，重点打造三峡坝区岸电试验区，高质量建成并投运茅坪港游轮客运码头等4个三峡坝区岸电示范项目，在技术标准创新、运营服务提升等方面探索了可复制、可推广的成功经验，取得了积极成效。

（本节主要撰稿人为中国电力科学院研究有限公司苗博）

第四节　电力需求侧管理

2019年，全国电力生产运行平稳，电力供需总体平衡，部分省（区、市）在用电高峰时段采取了有序用电措施，东北、西北区域电力供应能力富余。地方政府部门、行业协会、电力企业进一步推进电力需求侧管理发展，积极探索、推进电力需求响应，电力需求响应负荷类型和手段均呈现出新的特点。主要电网企业圆满完成国家考核任务；江苏、上海等地持续深入推进电力需求响应工作，河南、山东等地在电力需求响应方面取得了实质性进展。

一、电力需求侧管理

2019 年，电力行业积极配合国家发展和改革委员会、工信部以及各地主管部门深入开展电力需求侧管理市场化服务，在电力需求侧管理指南编制及相关研究、第三方评价评审、产品技术推广、电能服务产业培育和培训宣传等方面取得了显著成效。

（一）工业领域电力需求侧管理专项行动

为贯彻落实国家能源生产和消费革命战略（2016—2030）的部署，根据《工业领域电力需求侧管理专项行动计划（2016—2020 年）》工作安排，不断完善“政府引导、企业主体、专业服务”的工作体系，积极引导工业企业转变能源消费方式，促进电力需求侧与供给侧良性互动，推动工业领域实现能源消费革命。

1. 公布第三批电力需求侧管理参考产品（技术）目录

根据《工业领域电力需求侧管理产品（技术）推广暂行办法》，工信部组织开展了第三批全国工业领域电力需求侧管理参考产品（技术）目录征集工作，28 项产品（技术）入选。全国工业领域电力需求侧管理参考产品（技术）第三批目录分类统计见表 3－7。

表 3－7　全国工业领域电力需求侧管理参考产品（技术）第三批目录分类统计

类别	子类别	第三批数量	累计数量
电力供需互动响应	电力需求侧管理系统	9	21
	电能监测终端	3	8
	需求响应终端	0	2
	智能微电网	0	1
能效电厂	电能质量治理	2	5
	余热余压利用	1	3
	节能设备	2	7
移峰填谷	电储、储能技术应用	5	11
其他	—	6	8
合计		28	66

2. 开展示范推广

中电联配合工信部以“践行能源消费革命、电力需求侧管理在行动”为主题组织了两期（华北和西南区域）工业领域电力需求侧管理示范推广活动，通过“宣、展、评、谈”等形式，总结推广经验发挥示范引领作用，参与活动代表近千人。

（二）电力需求侧管理基础服务

1. 电能服务产业培育

截至2019年年底，共有173家机构①通过评定，其中一级机构37家、二级机构136家。按主营业务背景分析，信息技术服务企业105家，综合节能服务企业29家，设备生产企业22家，开发建设企业10家，售电企业6家，研究院1家，见图3－26。

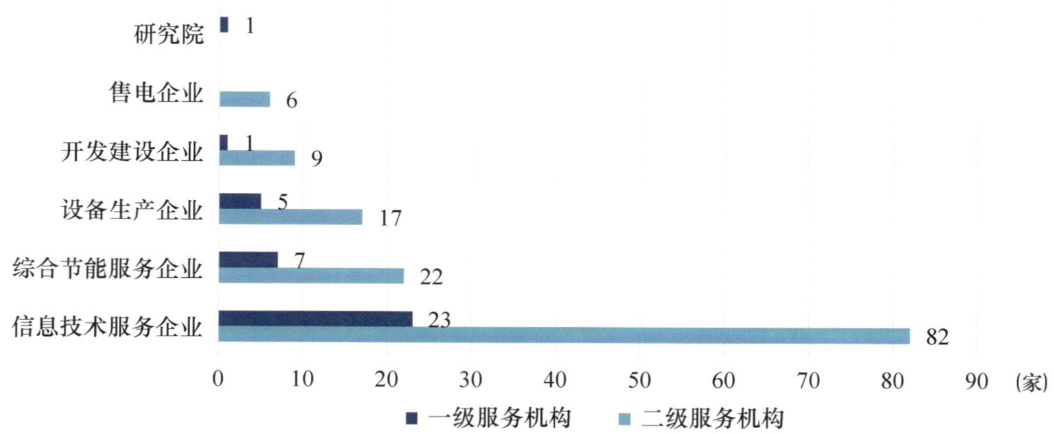

图3－26　2019年全国工业领域电力需求侧管理服务机构业务背景分析

2. 电力需求侧管理培训

2019年以电力需求侧管理、综合能源服务为主题组织三期专题培训1100余人，并于2019年10月28—31日首次创新开展电力需求侧管理网络培训，参训人员反馈效果良好。

二、电力需求响应

2019年，山东、江苏、上海、天津、浙江、河南、江西、重庆等累计组织实施电力需求响应25次，其中削峰响应17次，参与工业用户2112户、商业用户3294户、居民用户10.21万户，削减尖峰负荷703.77万千瓦，转移高峰电量8118.73万千瓦时；填谷响应8次，参与工业用户2861户、商业用户444户、居民用户288户，增加用电负荷543.55万千瓦，消纳低谷电量13300.24万千瓦时。

---

① 数据来源：中电联工业领域电力需求侧管理促进中心。

专栏3-2　2019年部分省（市）开展电力需求响应成效

1. 江苏省

2019年7月30日14:00—15:00，国网江苏省电力有限公司发起了“削峰”电力需求响应，共有普通用户452户和负荷集成商13家（涉及3142户）参与此次需求响应，实际减少用电负荷达402万千瓦，刷新了江苏电网2016年创下的单次削减负荷352万千瓦的历史纪录，单次需求响应负荷量再创历史新纪录。通过需求响应的实施，有效缓解江苏电网运行的压力，相当于少建一座400万千瓦的调峰电厂，可减少电厂和电网投资约340亿元。

2. 上海市

上海建成国际领先的在黄浦区面向200多栋楼宇建立总可控容量10万千瓦的国内首个负荷型虚拟电厂运营平台，部分楼宇可实现1分钟以内的自动需求响应功能。2019年4月28日13:00—14:00，上海市电力需求响应中心依托商业建筑虚拟电厂、智能有序充电平台、非工柔性空调系统、工业自动需求响应系统、综合能源云平台、居民需求响应系统等，同步开展了局部精准削峰响应试点，平均降低试点区域电网负荷15.06%。

3. 天津市

2019年2月6日—2月8日的0:00—6:00，聚焦春节期间负荷低谷时段，开展“填谷”电力需求响应。此次需求响应首次引入竞价模式，参与用户47户，响应电量603万千瓦时，补贴资金782万元。

4. 山东省

山东省电力公司成功实施首次实时需求响应。2019年8月8日14:00—16:00，依托山东省电力公司需求侧管理平台，具备负荷快速调节能力的4家企业和2家售电公司参与了实时需求响应，响应负荷共10.18万千瓦，圆满完成响应目标。截至目前，山东省累计竞价出清削峰响应量210万千瓦、填谷响应量83万千瓦，具备了占上年最大直调用电负荷3%的需求侧机动调峰能力，需求响应实施工作稳步发展。

5. 河南省

2019年7月15日—8月15日，在豫南、豫中东10个供电偏紧的地区，首次实施季节性电力需求响应，145家工业企业参与今年季节性电力需求响应，其中工业用户141户，商业用户4户，每一户根据自身生产和检修计划，在夏季负荷高峰期（7月15日—8月15日）选择适合本企业的需求响应具体日期，要求连续5天以上。本次季节性需求响应午高峰（10:00—14:00）最大削减负荷32.21万千瓦，晚高峰（18:00—22:00）最大削减负荷13.85万千瓦。

2019 年，电力需求响应负荷类型和手段均呈现出新的特点。储能资源首次参与需求响应，负荷侧资源成为一种良好的负荷双向调节资源参与电力市场交易。需求响应手段上，江苏、山东、天津创新采用市场竞价方式，将需求响应引入电力交易模式；河南省开展季节性电力需求响应，将正常检修主动转移至夏季用电高峰时段。

三、电网企业需求侧管理

2019 年，我国主要电网企业契合能源高质量发展目标，在完善电力供需平衡机制、优化能源消费结构、促进可再生能源消纳和提升智能用电水平等方面发挥了积极作用。

国家电网

2019 年全年节约电力 392.4 万千瓦、节约电量 146.2 亿千瓦时，其中社会节约电力 71.57 万千瓦，节约电量 28.3 亿千瓦时。

- 岸电建设——长江港口岸电全覆盖建设。重点打造三峡坝区岸电试验区，高质量建成并投运茅坪港游轮客运码头等 4 个三峡坝区岸电示范项目。
- 煤改电——完成 372 万户新增“煤改电”确村确户和配套电网改造工程。
- 充电设施建设——累计建成充电桩 9.5 万个，占社会公共充电桩总数的 17.9%，2019 年充电量 14.82 亿千瓦时，占全社会充电量 22.63%。
- 综合能源服务——2019 年 26 家省级公司累计实现综合能源服务业务收入 110 亿元，比上年增长 125%，全年收入来源于 4728 个项目。其中，综合能效服务、供冷供热供电多能服务、分布式清洁能源服务、专属电动汽车服务四大重点领域收入完成 27.9 亿元，比上年增长 69%。

南方电网

2019 年全年完成节约电力 67.01 万千瓦、节约电量 30.51 亿千瓦时，其中社会节约电力 25.52 万千瓦，节约电量 12.21 亿千瓦时。

- 在电锅炉、电窑炉、热泵、电蓄冷空调、农产品加工、农业电排灌、电动汽车、轨道交通、港口岸电、机场廊桥陆电、电磁厨房、燃煤自备电厂替代、家庭电气化 13 个重点领域全年累计完成电能替代项目 4524 个，实现替代电量 263 亿千瓦时。
- 岸电建设——投资建设珠海神华港、湛江港、广州南沙港等高压岸电项目以及三亚邮轮母港、防城港、中山港等低压岸电项目，累计建成岸电泊位 71 个，发挥了良好的示范引领作用。截至 2019 年 12 月底，在南方区域主要港口和船舶排放控制区内，在建或已建成 250 个具备向船舶供应岸电能力的专业化泊位。
- 综合能源服务——2019 年初，南方电网公司印发《关于明确公示综合能源服务发展有关事项的通知》，聚焦新能源、节能服务、能源综合利用、电能替代、储能、科技设备、创新服务、“互联网 +”八大业务版块。2019 年南网综合能源有限公司实现营业收入 15.18 亿元，比上年增长 24.5%。

内蒙古电力

2019 年全年完成节约电力 4.16 万千瓦、节约电量 4.03 亿千瓦时，其中社会节约电力 2.00 万千瓦，节约电量 1.08 亿千瓦时。

- 电能替代——2019 年自主研发对流式远红外线辐射电暖气，实施内蒙古高戒备监狱、呼和浩特市第九中学、呼和浩特市第二十二中学、呼和浩特市金河镇第二中心校、呼和浩特市黄河少镇政府等共计 21.8 万平方米的电供热改造项目；在系统内共改造电暖气 1004 组，折合改造采暖面积共计 346.8 万平方米。
- 电网节能改造——2018 年年底至 2019 年年底，共计改造线路 4131.66 千米，节约电量 2.87 亿千瓦时，更换高效变压器 506 台，节约电量 0.26 亿千瓦时。
- 综合能源服务——2019 年 7 月，由内蒙古电力集团综合能源公司承建的集团公司首个电力培训中心新能源“源—网—荷—储”协调优化示范项目通过验收，新能源年发电量可达 39 万千瓦时，节省电费近 20 万元。

陕西地电

2019 年全年完成节约电力 2.94 万千瓦，节约电量 1.31 亿千瓦时。

- 煤改电——2019 年安排煤改电配套电网专项工程 401 项、投资 13492 万元，涉及煤改电用户 45.85 万户。新建改造 10 千伏线路 295.01 千米，安装配变 1950 台/390.0 兆伏安。
- 智能电能表改造——2019 年安排智能计量改造投资 7.72 亿元，改造智能电能表 171 万户，完成全省户表改造及申请移交合表小区户表改造。
- 充电设施建设——2019 年投资约 1.7 亿元，建成（在建）充电设施 131 处、充电桩 799 个，充电功率 72.54 兆瓦，建成以来充电 3100 万千瓦时。
- 综合能源服务—2019 年 12 月 27 日，陕西地电集团正式注册成立陕西综合能源集团有限公司，推动综合能源服务业务发展。

2019 年，电网企业通过实施送变电系统节电和推动社会各领域企业节电等措施，合计完成节约电力 466.51 万千瓦，节约电量 182.05 亿千瓦时。如图 3－27 所示，国家电网全年节约电力 392.4 万千瓦、节约电量 146.2 亿千瓦时；南方电网节约电力 67.01 万千瓦、节约电量 30.51 亿千瓦时；内蒙古电力公司节约电力 4.16 万千瓦、节约电量 4.03 亿千瓦时；陕西地电节约电力 2.94 万千瓦、节约电量 1.31 亿千瓦时。

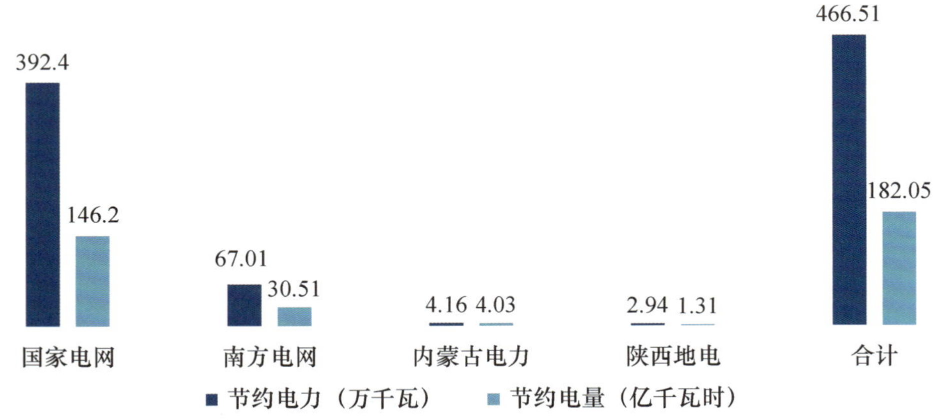

图3－27　2019年电网企业实施电能替代成效

（本节主要撰稿人为中电联电力评价咨询院罗诗卉）

第四章　电力投资与建设

2019 年，全国电力工程建设完成投资 8295 亿元，比上年增长 1.6%。电源工程完成投资 3283 亿元，比上年增长 17.8%。其中，水电和风电完成投资比上年增长，火电，核电和太阳能发电完成投资比上年下降。电网工程完成投资 5012 亿元，比上年下降 6.7%。

第一节　电源投资与建设

一、总体情况

2019 年，随着防范化解煤电产能过剩等工作持续推进，火电及其煤电投资持续下降。电力绿色发展不断推进，水电和风电项目处于建设高峰期、投资增加较多，受其影响，全国主要电力企业电源工程建设完成投资 3283 亿元，比上年增长 17.8%。

2011—2019 年电源工程建设完成投资及增速见图 4-1。

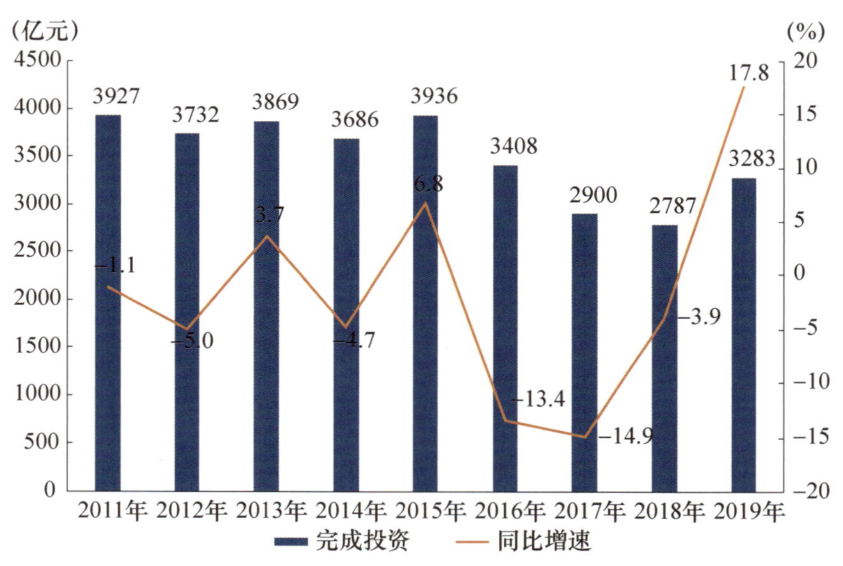

图 4-1　2011—2019 年电源工程建设完成投资及增速

全国发电新增装机容量 10500 万千瓦，比上年少投产 2285 万千瓦。其中，火电新增装机 4423 万千瓦（燃煤发电新增 3236 万千瓦，燃气发电新增 630 万千瓦）；非化石能源发电新增6469万千瓦，占全国新增容量的61.6%，其中，风电和太阳能发电等新能源发电新增5224万千瓦，占全国新增容量的49.7%。

2011—2019年全国新增发电装机容量见图4－2。

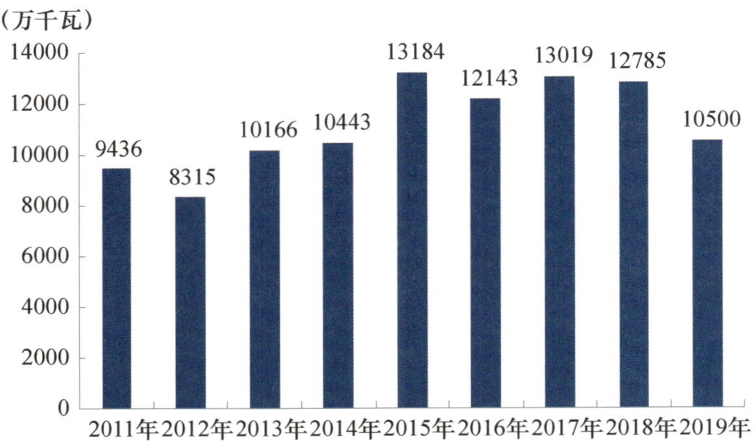

图4－2　2011—2019年全国新增发电装机容量

二、分类型情况

2019年，水电完成投资839亿元，比上年增长19.8%。火电完成投资634亿元，比上年下降19.4%，其中，燃煤发电完成投资506亿元，比上年下降21.4%；燃气发电完成投资104亿元，比上年下降26.4%。核电完成投资382亿元，比上年下降14.5%。风电完成投资1244亿元，比上年增长92.6%。太阳能发电完成投资184亿元，比上年下降11.1%。

2018年、2019年分电源类型工程建设完成投资及增速、完成投资占电源总投资比重分别见图4－3和图4－4。

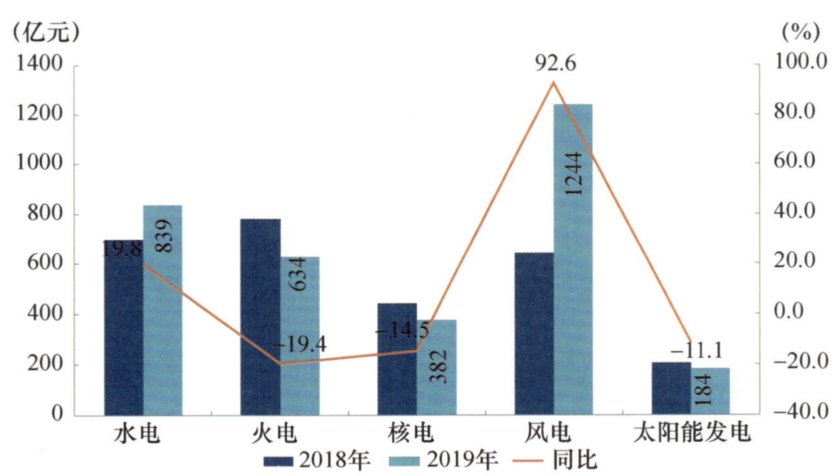

图4－3　2018年、2019年分电源类型工程建设完成投资及增速

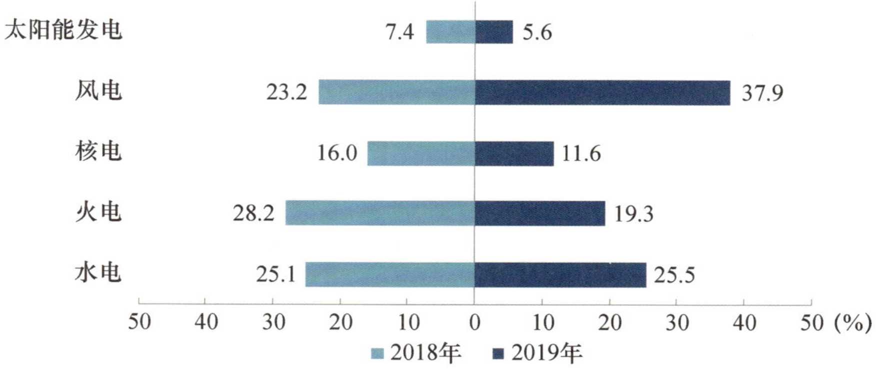

图 4－4　2018 年、2019 年分电源类型工程建设完成投资占电源总投资比重

2019 年，水电新增装机容量为 445 万千瓦，比上年下降 48.3%。火电新增装机容量 4423 万千瓦，比上年增长 1.0%，其中，燃煤发电新增装机容量为 3236 万千瓦，比上年增长 5.9%；燃气发电新增装机容量为 630 万千瓦，比上年下降 28.7%。核电新增装机容量为 409 万千瓦，比上年下降 53.8%。风电新增装机容量为 2572 万千瓦，比上年增长 20.9%。太阳能发电新增装机容量为 2652 万千瓦，比上年下降 41.4%。

2019 年全国分类型新增发电装机容量和 2018 年、2019 年全国分类型新增装机容量占比分别见图 4－5 和图 4－6。

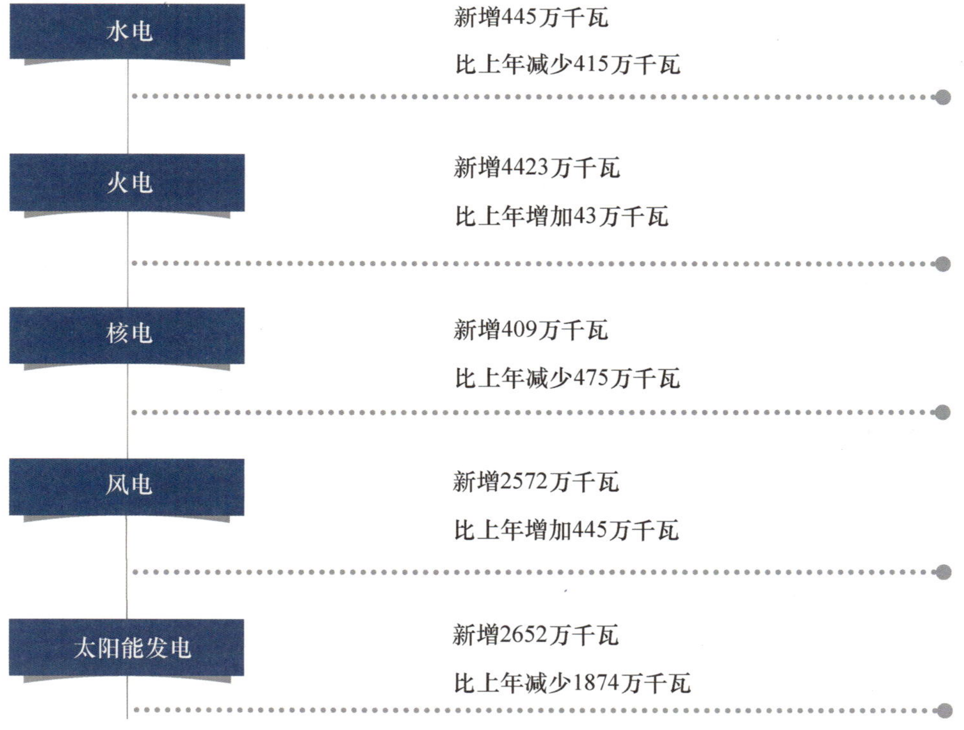

图 4－5　2019 年全国分类型新增发电装机容量

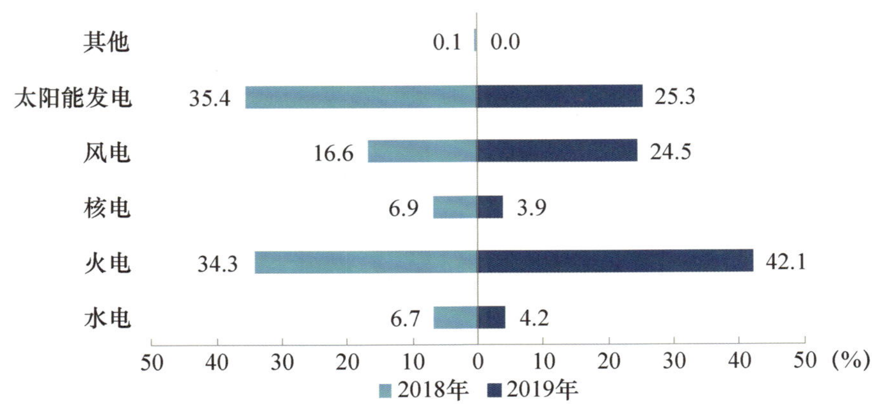

图4－6 2018年、2019年全国分类型新增装机容量占比

水电投资比上年增速提高，新投产规模持续减少 近年来，原有大型水电项目陆续投产，在建项目建设周期比较长，水电投产规模持续减少，投资比上年增长。2019年，在白鹤滩、乌东德水电站等大型水电站建设拉动作用下，水电完成投资839亿元，比上年增长19.8%，增速比上年提高7.1个百分点；全年抽水蓄能电站完成投资172亿元，比上年增长5.9%，是历年来抽水蓄能电站建设投资额最多的一年。

2019年，全国新投产水电装机容量445万千瓦，比上年少投产415万千瓦，比上年下降48.3%。新投产的主要常规水电项目有：云南乌弄龙水电站3台，合计74.25万千瓦；吉林丰满大坝水电站3台，合计60万千瓦。新投产抽水蓄电站是安徽绩溪抽水蓄能电站1台，30万千瓦。

2011—2019年水电工程建设完成投资、抽水蓄能投资占水电工程建设总投资比重、全国新增水电装机容量分别见图4－7～图4－9。

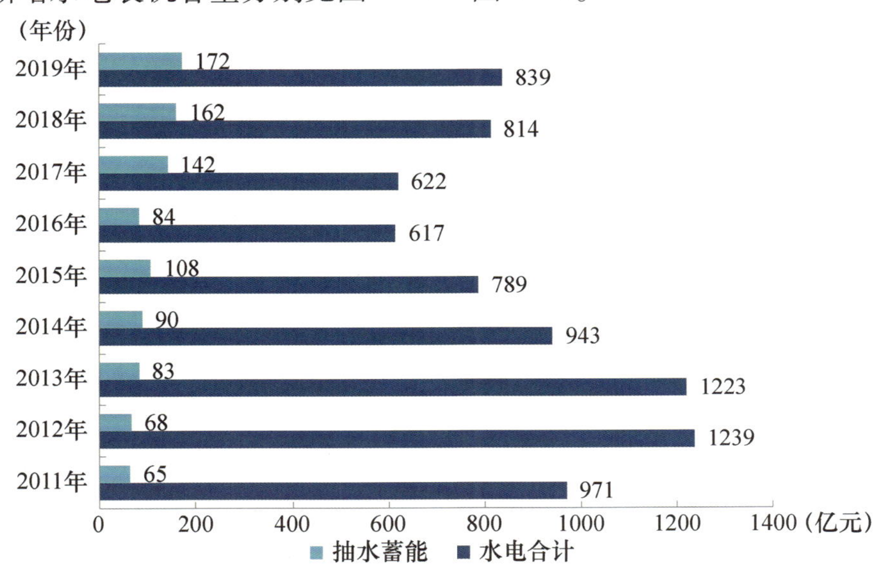

图4－7 2011—2019年水电工程建设完成投资

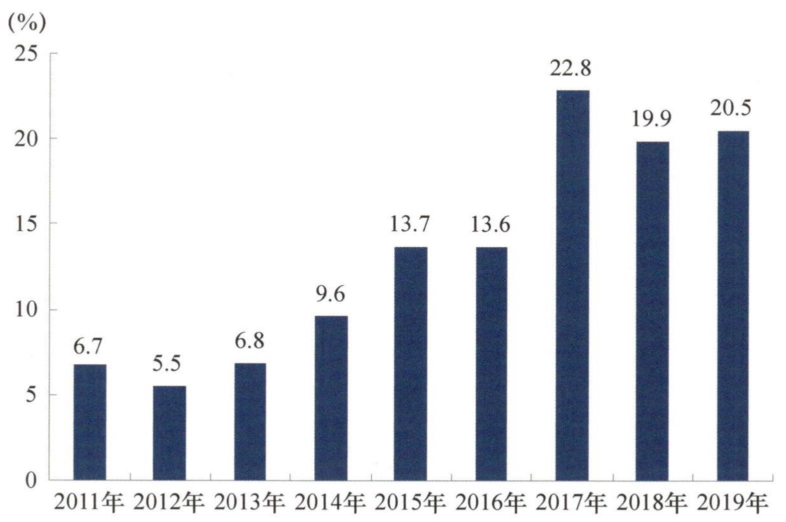

图 4－8　2011—2019 年抽水蓄能投资占水电工程建设总投资比重

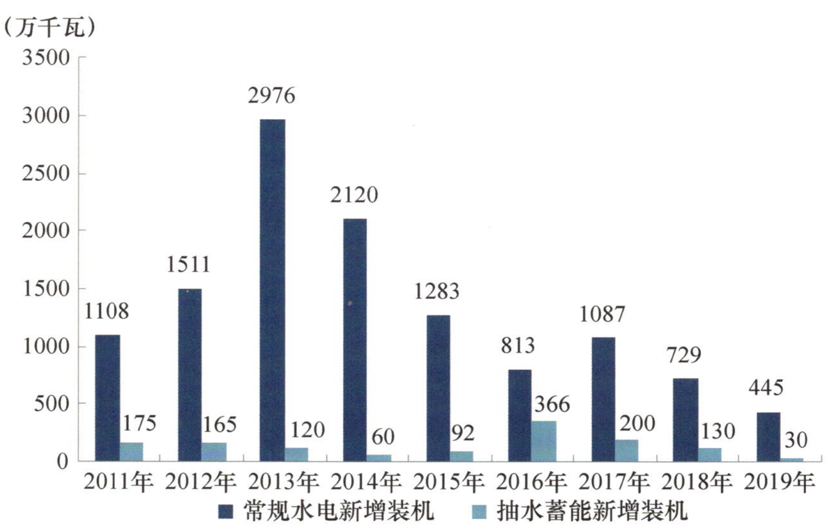

图 4－9　2011—2019 年全国新增水电装机容量

火电、煤电投资继续下降，新增装机不断减少　2019 年，国家发展和改革委员会、工业和信息化部、国家能源局联合发布《关于做好 2019 年重点领域化解过剩产能工作的通知》（发改运行〔2019〕785 号），要求稳妥推进煤电优化升级，淘汰关停不达标落后煤电机组，有序推动项目核准建设，严控新增产能规模，统筹推进燃煤电厂超低排放和节能改造工作，促进煤电清洁高效、高质量发展。火电完成投资 634 亿元，比上年下降 19.4%。其中，燃煤发电完成投资 506 亿元，比上年下降 21.4%；燃气发电完成投资 104 亿元，比上年下降 26.4%。

新增火电装机容量 4423 万千瓦、比上年增加 43 万千瓦。其中，新增燃煤发电装机容量 3236 万千瓦，比上年增加 180 万千瓦；新增燃气发电装机容量 630 万千瓦，比上年减少253万千瓦。全年新投产100万千瓦级火电机组14台，其中，华润电力有限公司曹妃岛电厂1台、中国华电江苏句容二期项目1台、华电集团安徽芜湖电厂二期项目1台、中国三峡集团鄂州电厂三期扩建工程项目2台、中国大唐广东大唐国际雷州发电有限责任公司2×100万千瓦“上大压小”工程项目1台、陕西榆能横山煤电高兴庄电厂1台、陕西能源赵石畔煤电有限公司1台、陕西清水川能源股份有限公司二期电厂2台、国家能源集团宁夏鸳鸯湖电厂二期工程1台、国家能源集团宁夏方家庄电厂（火电项目）2台，陆丰宝丽华新能源电力有限公司（甲湖湾电厂）1台。

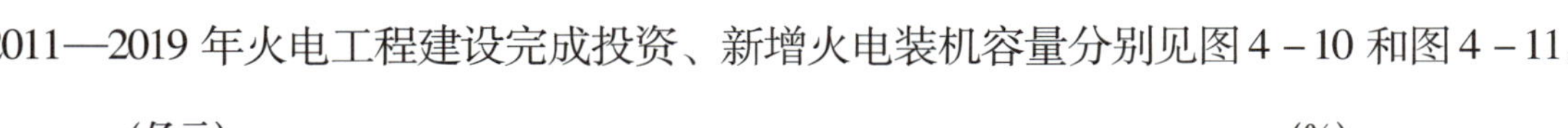

2011—2019年火电工程建设完成投资、新增火电装机容量分别见图4－10和图4－11。

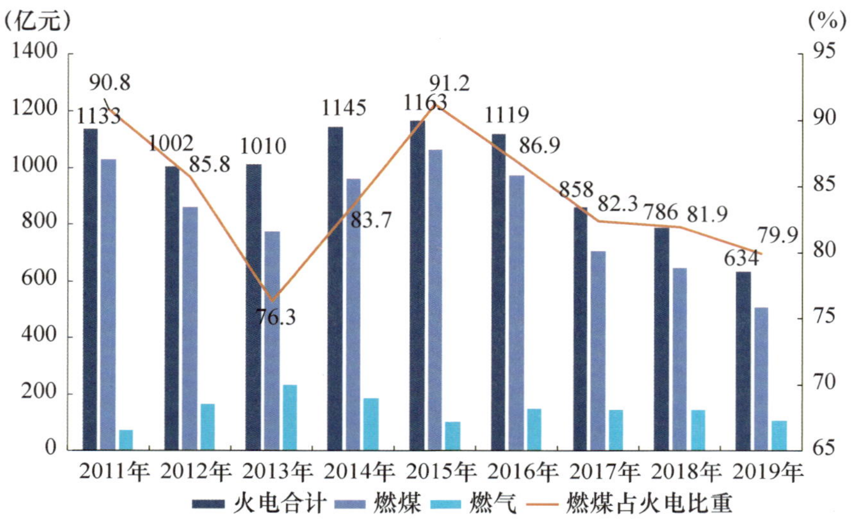

图4－10　2011—2019年火电工程建设完成投资

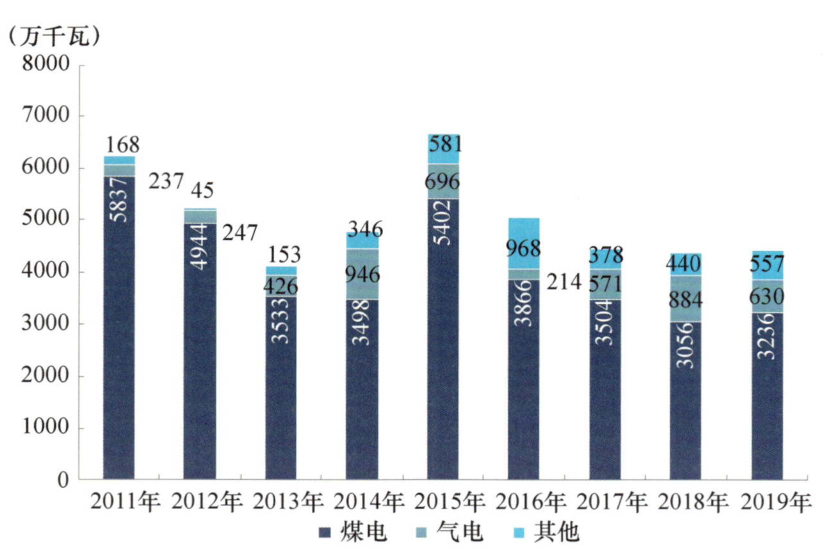

图4－11　2011—2019年新增火电装机容量

核电投资持续下降，新增装机比上年降低　受核电在建项目不断投产、新开工项目规模增长较少影响，核电在建规模逐年缩小（2019 年为 1420 万千瓦）。2019 年，核电完成投资 382 亿元，比上年下降 14.5%，为 2009 年以来的新低。全年投产核电机组 3 台，合计容量 409 万千瓦，较去年有所下降。其中，广东台山核电站一期工程 1 台，175 万千瓦；广东阳江核电站项目 1 台，109 万千瓦；山东海阳核电项目 1 台，125 万千瓦。

2011—2019 年全国新增核电装机容量见图 4－12。

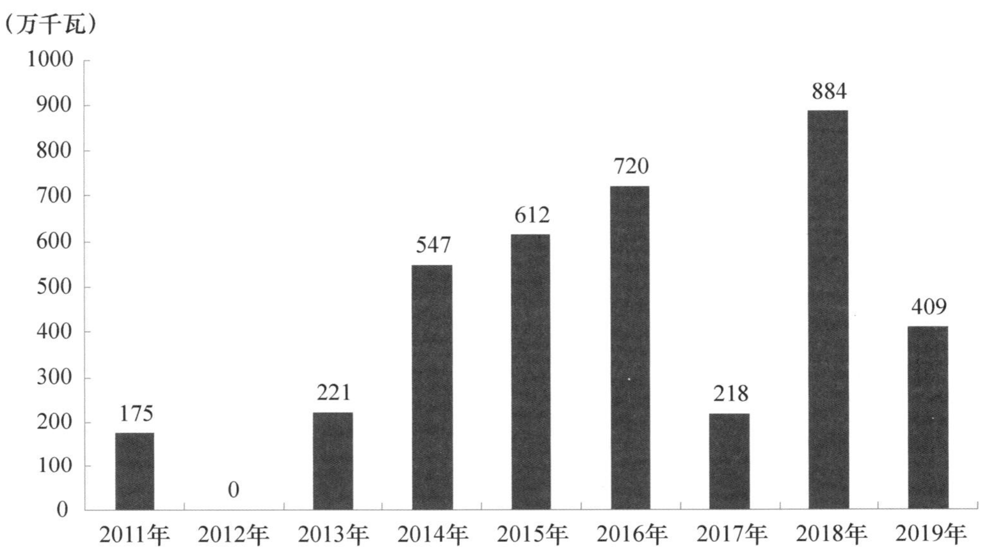

图 4－12　2011—2019 年全国新增核电装机容量

新能源发电投资比上年增长　受国家风电上网电价政策调整和上年基数较低的影响，2019 年新能源发电投资为 1482 亿元，比上年增长 67.4%。其中，2019 年风电集中投资较多，增长较快，风电投资 1244 亿元，比上年增长 92.6%；太阳能发电投资 184 亿元，比上年下降 11.1%。

新增新能源发电装机容量比上年下降　受太阳能发电新增装机下降较多影响，2019 年，全国新增新能源发电装机容量为 5224 万千瓦，比上年下降 21.5%。其中，新增风电装机容量 2572 万千瓦，比上年多投产 445 万千瓦，比上年增长 20.9%，占全国新增装机容量的 24.5%，比重比上年提高 7.9 个百分点；受光伏补贴退坡和上年新增装机容量基数较大影响，新增太阳能发电装机容量 2652 万千瓦，比上年下降 41.4%，占全国新增发电装机的 25.3%，比上年降低 10.1 个百分点。

2011—2019 年全国新增风电、太阳能发电装机容量见图 4－13。

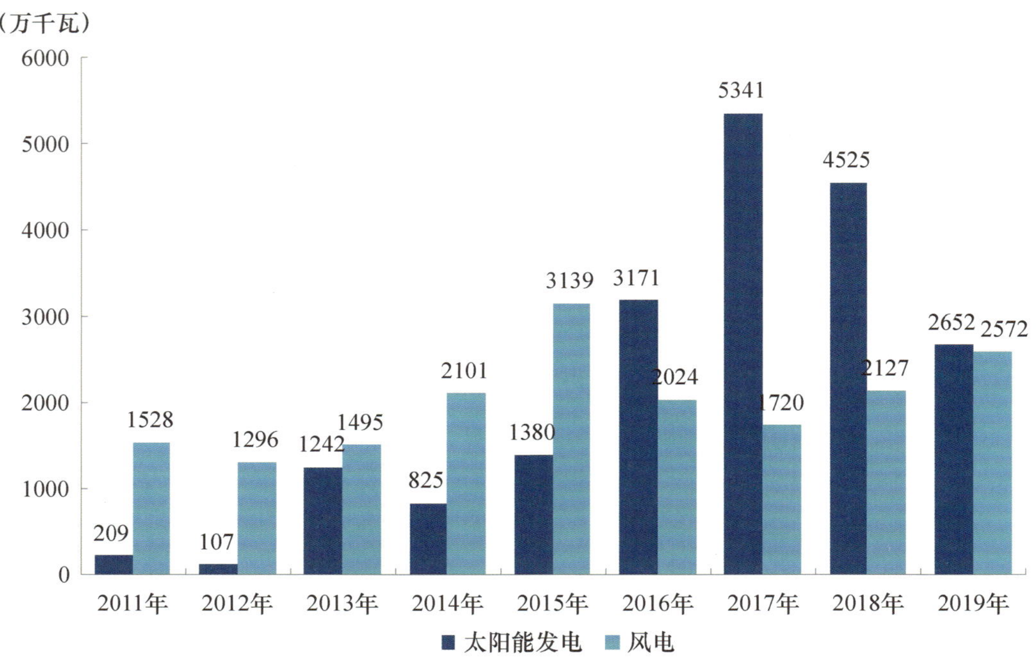

图 4－13　2011—2019 年全国新增风电、太阳能发电装机容量

三、分区域情况

分区域看，2019 年，南方、华东、华中和华北区域电源投资超过 600 亿元，分别占全国电源投资的 21.7%、20.4%、20.3% 和 19.4%。南方区域主要受水电和风电投资拉动影响，投资比上年增长 53.3%；西北区域受新能源发电投资拉动，投资比上年增长 40.1%；而东北区域受燃煤发电投资下降影响，投资比上年下降 5.3%；华东区域受燃煤发电和核电投资下降影响，投资比上年下降 4.4%。华北、西北区域新增装机容量超过 2000 万千瓦，分别占全国新增装机的 27.6%、21.7%；西北区域受火电、风电新增装机的拉动，新增装机容量比上年增长 24.7%；其他区域发电新增装机均比上年下降，其中，华东区域受火电、核电和太阳能发电新增装机下降的影响，新增装机比上年下降 45.5%。

华北区域　电源完成投资 638 亿元，以火电和风电投资为主，分别为 208 亿元和 296 亿元，占本区域投资的 32.7% 和 46.3%；区域内除核电外，其他类型发电投资均比上年增长。新增装机容量 2894 万千瓦，以火电（1159 万千瓦）和太阳能发电（807 万千瓦）为主，合计占本区域新增装机的 67.9%。其中风电新增装机容量（802 万千瓦）为各区域最多；另外，太阳能发电新增装机比上年下降 38.9%。

东北区域　电源投资和新增装机容量分别为 181 亿元和 388 万千瓦，均为全国各区域最小；以风电和核电投资为主，分别占本区域电源投资的39.3%和26.5%。电源新增装机以新能源发电为主，合计占本区域新增装机的60.2%；受去年基数和风电相关政策的影响，水电和风电新增装机容量比上年增长；另外，火电和太阳能发电比上年下降，其中，太阳能发电新增装机比上年下降66.9%。

华东区域 电源投资和新增装机容量分别为670亿元和1731万千瓦，均比上年下降，其中，新增装机容量比上年下降45.5%，是全国下降最多区域。电源投资以风电（343亿元）和核电（152亿元）投资为主，分别占本区域投资的51.3%和22.6%。风电和核电均是全国各区域最多的，其中，核电投资占全国核电总投资的39.6%；区域内除风电和水电分别比上年增长69.5%和5.8%外，其他发电类型的投资均比上年下降。新增装机以火电和太阳能发电为主，分别占本区域新增装机容量的46.3%和31.4%。

华中区域 电源投资为665亿元，比上年增长3.4%。以水电和风电投资为主，分别占本区域电源投资的58.8%和33.3%，其中，水电投资（371亿元）是全国各区域最多的，占全国水电总投资的44.3%；风电投资为222亿元，比上年增长77.7%。新增装机容量1749万千瓦，比上年下降26.8%，新增装机以火电和风电为主，分别占本区域新增装机容量的36.3%和35.4%。

西北区域 电源投资416亿元，比上年增长40.1%。以火电和风电投资为主，分别占本区域电源投资的37.3%和32.1%，其中，风电投资（133亿元）增长较快，比上年增长212.8%。新增装机容量2281万千瓦，比上年增长24.7%，是全国各区域增长最多的（其他区域均比上年下降），以火电和太阳能发电为主，合计占本区域新增装机的75.9%，其中，火电新增1094万千瓦，占本区域新增装机的48.0%。

南方区域 电源投资714亿元，比上年增长53.3%，以水电、风电和核电投资为主，合计占本区域投资的82.6%，受水电大型项目建设和风电电价政策影响，水电和风电投资比上年分别增长162.6%和170.5%，核电投资比上年增长9.0%，火电和太阳能发电投资均比上年下降。新增装机容量1458万千瓦，以火电和核电为主，合计占本区域新增装机容量的63.6%。其中，新增燃气发电装机容量为220万千瓦，占火电新增装机容量的34.3%，占全国燃气发电新增装机容量的35.0%；核电新增装机容量284万千瓦，占全国核电新增装机容量的69.4%。

2018年、2019年分区域电源工程投资及增速、占全国投资比重分别见图4－14和图4－15，2019年分区域分类型电源工程投资见图4－16。

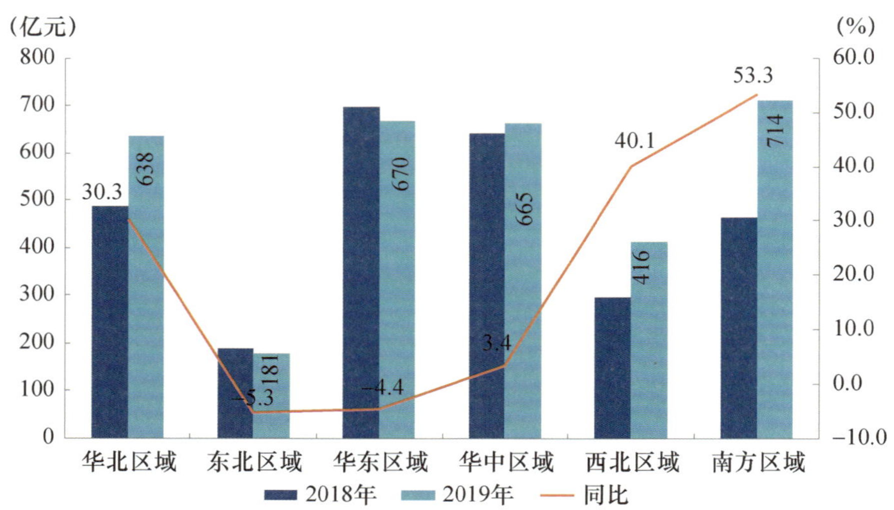

图 4－14　2018 年、2019 年分区域电源工程投资及增速

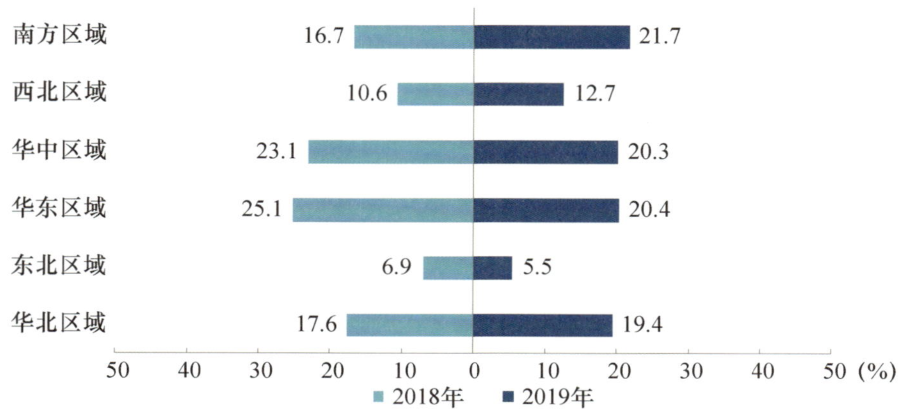

图 4－15　2018 年、2019 年分区域电源工程投资占全国投资比重

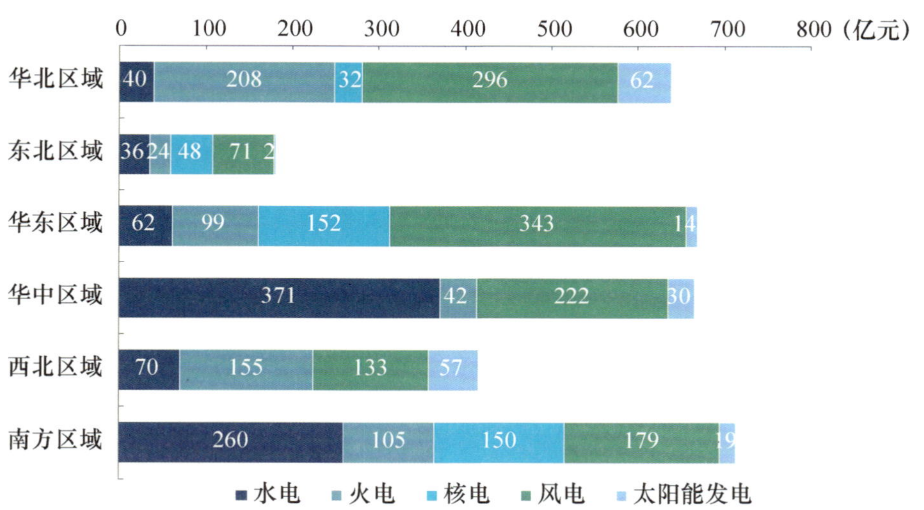

图 4－16　2019 年分区域分类型电源工程投资

2018 年、2019 年分区域新增装机容量及增速、分区域新增装机容量占全国的比重分别见图 4－17 和图 4－18，2019 年分区域分类型新增装机容量见图 4－19。

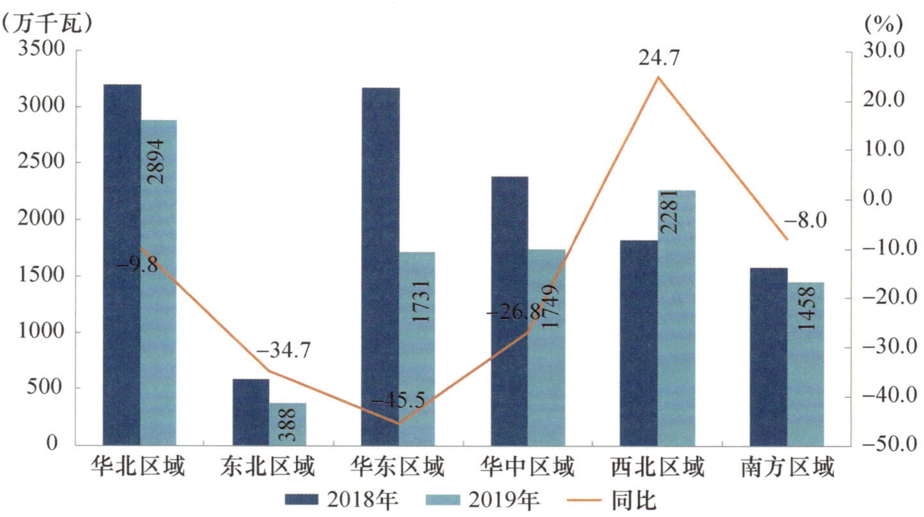

图 4－17　2018 年、2019 年分区域新增装机容量及增速

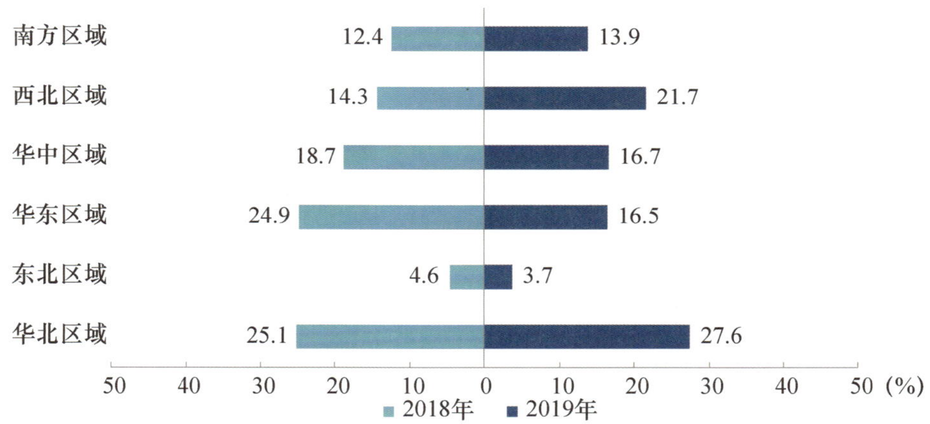

图 4－18　2018 年、2019 年分区域新增装机容量占全国的比重

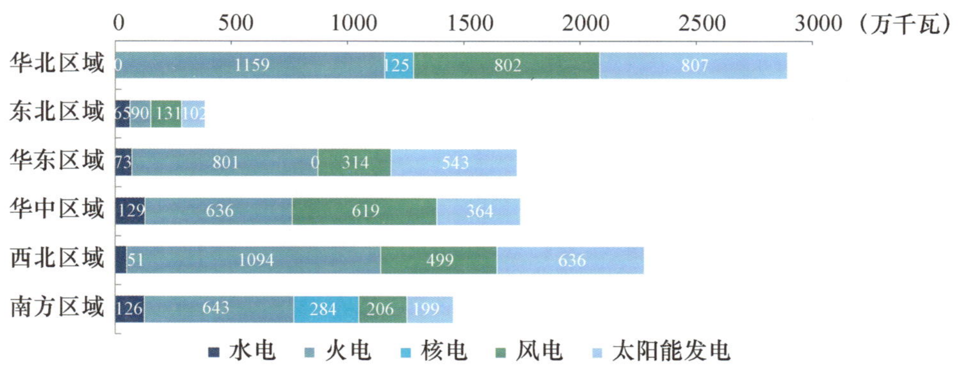

图 4－19　2019 年分区域分类型新增装机容量

四、分省（区、市）情况

2019年，四川、江苏、广东、云南、河北、福建、山东、内蒙古、陕西、河南、辽宁、广西、新疆13个省（区、市）电源投资均超过100亿元，合计投资占全国电源投资的77.2%。2019年，新增装机较多的9个省（区、市）为广东（898万千瓦）、山东（808万千瓦）、江苏（791万千瓦）、河北（780万千瓦）、陕西（740万千瓦）、河南（665万千瓦）、内蒙古（658万千瓦）、宁夏（600万千瓦）和湖北（531万千瓦），合计新增装机容量占全国新增装机容量的61.6%。

2019年全国分省（区、市）电源工程完成投资及增速、新增装机较多的9省（区、市）新增装机容量及占全国新增装机容量比重分别见图4-20和图4-21。

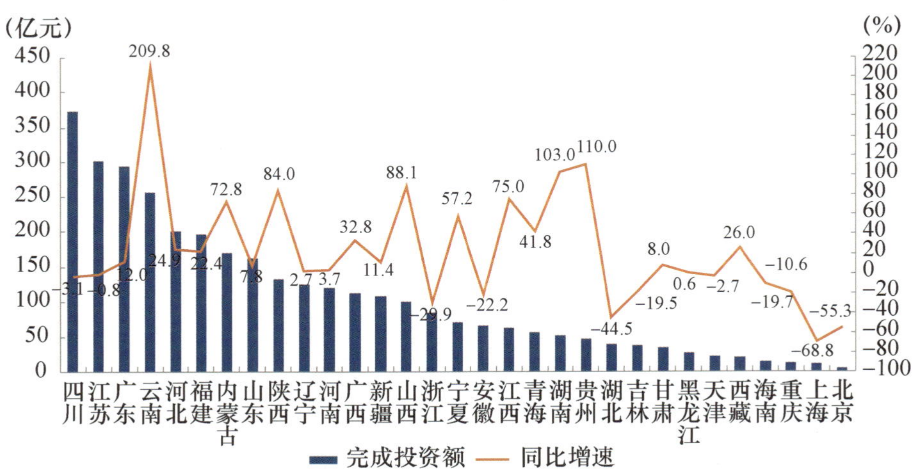

图4-20　2019年全国分省（区、市）电源工程完成投资及增速

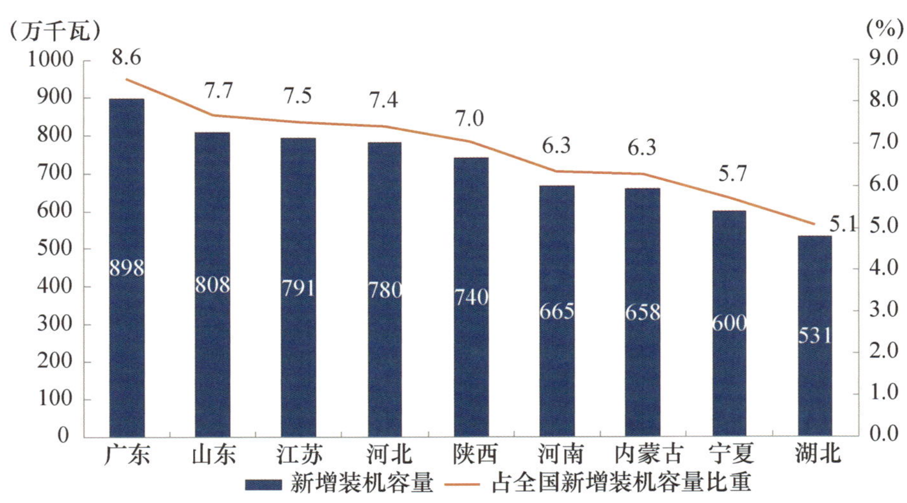

图4-21　2019年全国新增装机较多的9省（区、市）新增装机容量及占全国新增装机容量比重

水电投资主要集中在四川、云南　受白鹤滩和乌东德等大型水电站建设影响，2019 年，四川、云南水电分别完成投资 343 亿元和 238 亿元，两省投资合计占全国水电投资的 69.4%；浙江、河北、广东、安徽、山东和河南的抽水蓄能电站完成投资均超过 10 亿元，合计占全国抽水蓄能电站投资的 63.0%。

2019 年水电新投产机组规模比上年减少，分省（区、市）看，云南、吉林和四川新投产水电装机分别为 92 万千瓦、60 万千瓦和 51 万千瓦，合计占全国新增水电装机的 45.8%，其中，抽水蓄能项目仅安徽新投产 30 万千瓦。

2019 年全国主要新增水电装机省（区、市）新增水电装机及占全国比重见图 4－22。

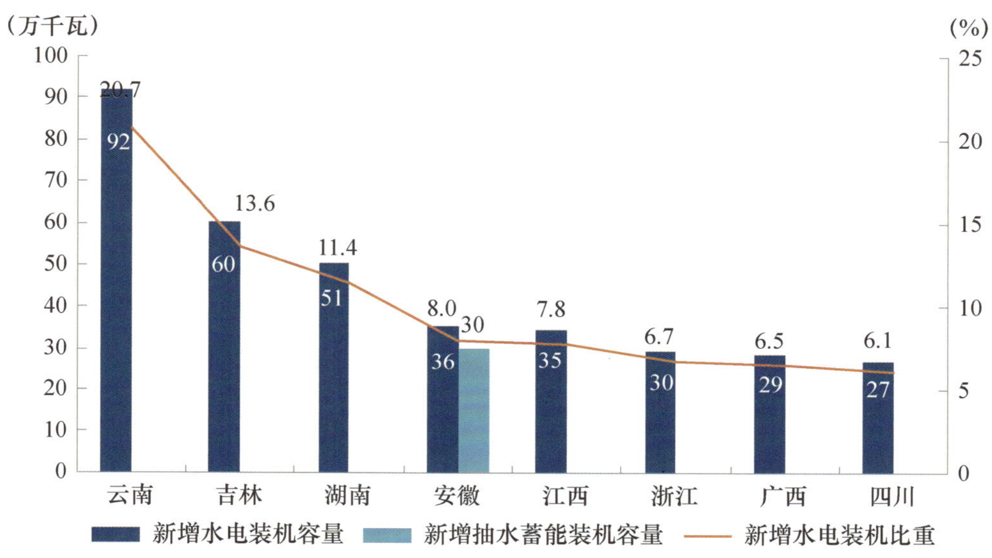

图 4－22　2019 年全国主要新增水电装机省（区、市）新增水电装机及占全国比重

火电投资省（区、市）相对集中　广东、山东、内蒙古、新疆和河北完成投资超过 50 亿元，5 省合计完成投资 325 亿元，占全国火电投资的 51.4%。全国共有 15 个省（区、市）煤电投资比上年下降，其中，吉林、河南、湖北、福建、江西和江苏均下降超过 50%；气电投资最多的 3 个省（区、市）分别是广东（59 亿元）、江苏（13 亿元）和海南（12 亿元），合计占全国气电投资的 81.2%。

广东、江苏、陕西等 14 个省（区、市）新增火电装机容量超过百万千瓦，合计新增火电装机容量 3918 万千瓦，占全国火电新增装机容量的 91.3%；陕西、内蒙古、宁夏等 11 个省（区、市）新增煤电装机容量超过或达到百万千瓦，合计新增煤电装机容量 2975 万千瓦，占全国煤电新增的 91.9%；广东新增燃气发电装机容量为 174 万千瓦，占新增火电装机容量的比重为 36.3%；江苏、上海和天津新增燃气发电装机容量分别为 111 万千瓦、99 万千瓦和 93 万千瓦。

2018 年、2019 年火电投资相对集中的 5 省（区、市）火电完成投资及占全国火电投资比重、2019 年全国分省（区、市）燃气发电投资、2019 年全国主要新增火电装机省（区、市）新增火电（煤电）装机容量及占全国比重分别见图 4－23 ~ 图 4－25。

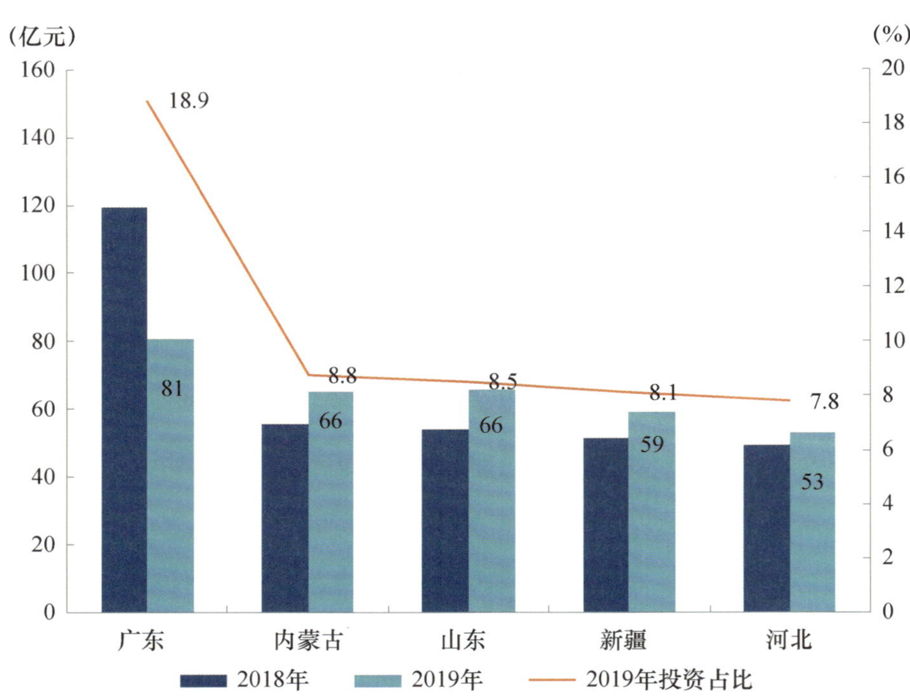

图 4－23　2018 年、2019 年火电投资相对集中的 5 省（区、市）火电完成投资及占全国火电投资比重

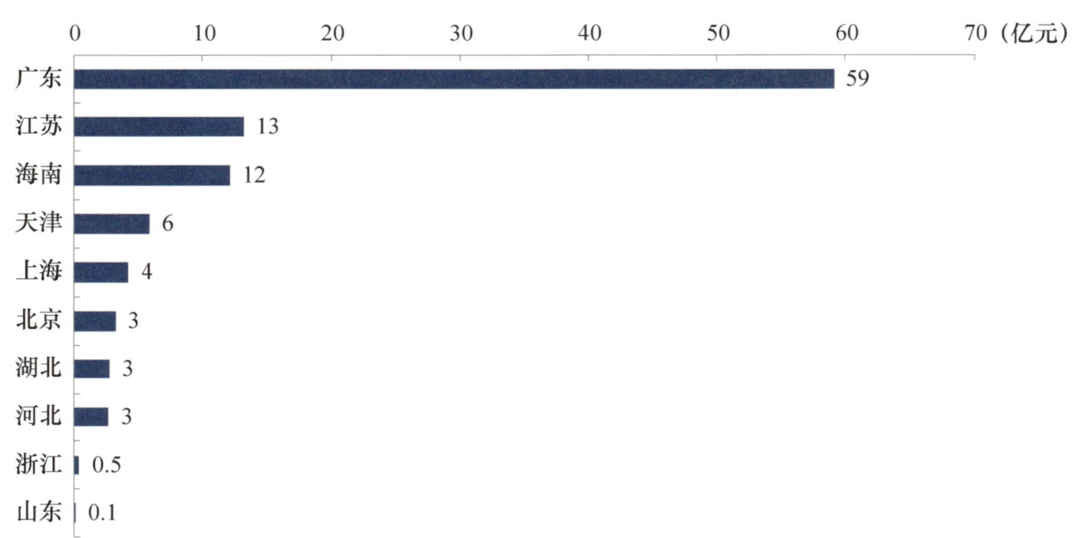

图 4－24　2019 年全国分省（区、市）燃气发电投资

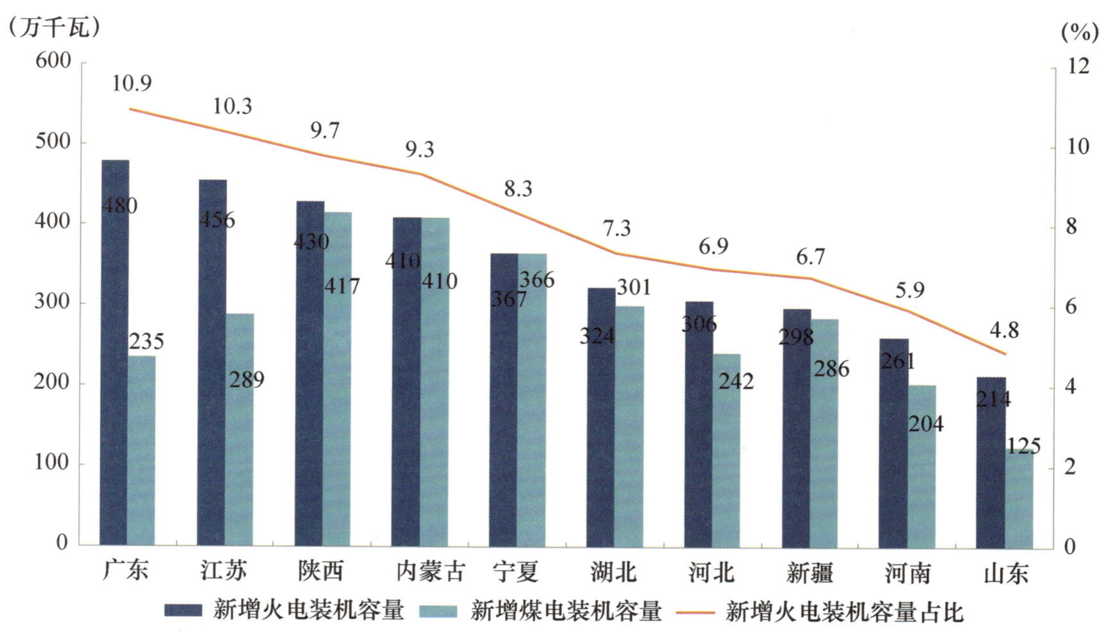

图4－25 2019年全国主要新增火电装机省（区、市）新增火电（煤电）装机容量及占全国比重

核电投资规模继续下降 2019年，在全国拥有核电的7个省（区、市）中，福建、广东和广西的核电投资比上年增加；福建、广东和广西3省（区、市）投资超过60亿元，合计占全国核电投资的63.6%。全国共有广东和山东有核电机组投产，分别为284万千瓦和125万千瓦。

2019年福建、广东等7省（区、市）核电投资、占全国核电投资比重及新增容量见表4－1。

表4－1 2019年福建、广东等7省（区、市）核电投资、占全国核电投资比重及新增容量

项目	福建	广东	广西	江苏	辽宁	山东	浙江
核电投资完成（亿元）	93	88	62	59	48	32	0
占全国核电投资比重（%）	24.3	23.1	16.2	15.3	12.6	8.5	0
新增核电装机容量（万千瓦）	0	284	0	0	0	0	125

东部、西部地区①风电完成投资额相对较高 受地区自然条件和风电上网电价

① 东、中部地区指我国大陆四大经济区域，即东部、中部、西部和东北地区。其中东部地区包括北京、天津、河北、山东、江苏、上海、浙江、福建、广东、海南10个省（市）；中部地区包括山西、安徽、江西、河南、湖北、湖南6个省；西部地区包括重庆、四川、贵州、云南、西藏、陕西、甘肃、青海、宁夏、新疆、内蒙古、广西12个省（区、市）；东北地区包括辽宁、吉林、黑龙江3个省。

政策影响，我国东部和西部地区风电完成投资相对较高，比上年分别增长77.2%和184.1%，东部、西部地区风电投资所占全国风电总投资的比重分别为47.8%和26.8%。特别是东部地区受海上风电拉动影响，风电完成投资595亿元，为全国风电投资最多的地区，其中，江苏、河北、广东、福建、山东和浙江风电投资超过30亿元，6个省（区、市）共计完成风电投资582亿元，占全国风电投资的47.1%。

太阳能发电投资增速持续放缓 2019年，全国31个省（区、市）中，有16个省（区、市）太阳能发电投资呈现负增长，占本省（区、市）电源投资比重下降。

西部地区新增新能源发电装机比上年提高 全国共有6个省（区、市）新增新能源发电装机超过300万千瓦，占全国新能源发电新增装机的45.7%，除青海外，其余省（区、市）都在东、中部地区。其中，河北新增装机最多（474万千瓦），比上年下降25.3%。

2019年，西、中和东部地区新增风电装机分别为884万千瓦、779万千瓦和778万千瓦，合计占全国新增风电装机的94.9%。受风电上网电价政策的影响，西部新能源新增发电增加为1760万千瓦，比上年增长6.7%。受太阳能发电新增装机增速下降的影响，除西部地区外，其他地区新增新能源发电增加均比上年下降，2019年，全国共有22个省（区、市）新能源发电新增装机比上年下降。

2018年、2019年分地区风电、太阳能发电投资占比分别见图4-26和图4-27。2019年新能源新增发电装机超过200万千瓦的省（区、市）情况见图4-28。

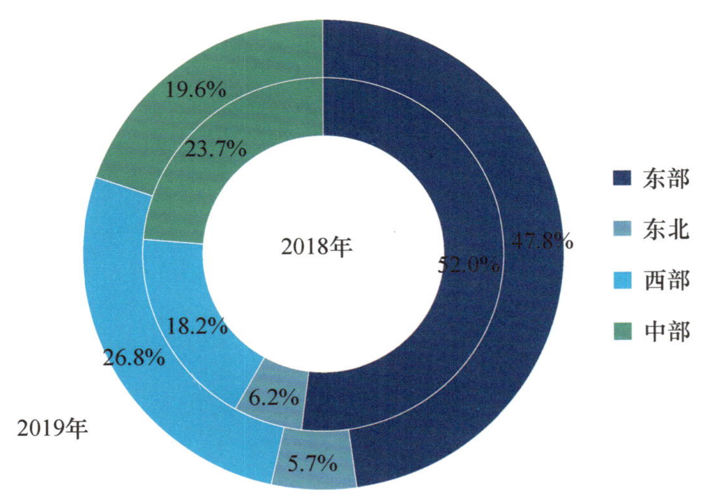

图4-26 2018年、2019年分地区风电投资占比

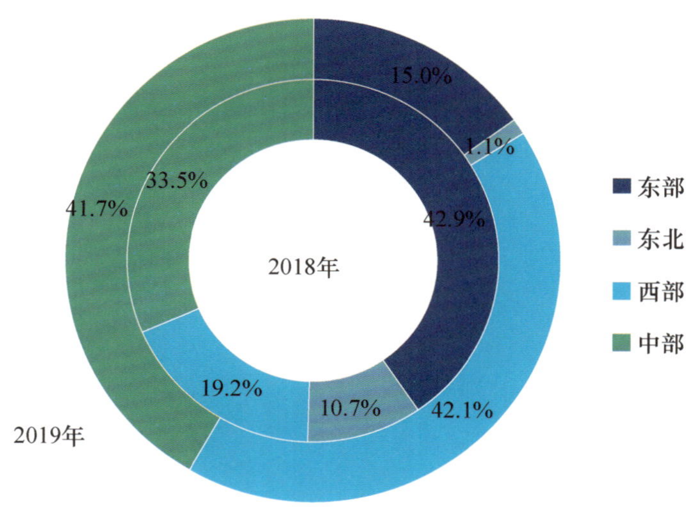

图 4 -27　2018 年、2019 年分地区太阳能发电投资占比

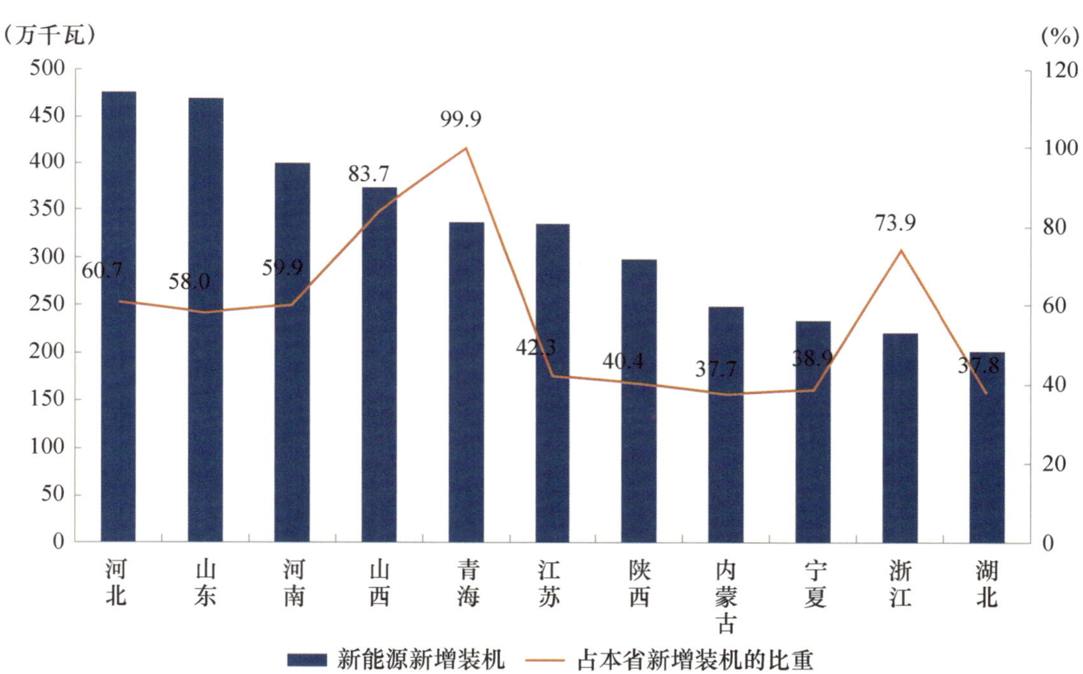

图 4 -28　2019 年新能源新增发电装机超过 200 万千瓦的省（区、市）情况

2019 年新能源新增发电装机占比较多的省（区、市）情况见表 4 -2。

表4-2　2019年新能源新增发电装机占比较多的省（区、市）情况

省（区、市）	新增风电装机容量（万千瓦）	新增太阳能发电装机容量（万千瓦）	新能源发电装机占比（%）
青海	195	142	99.9
辽宁	78	34	98.6
甘肃	12	81	85.9
山西	214	158	83.7
江西	61	99	82.1
重庆	18	22	78.8
浙江	15	205	73.9
广西	90	10	71.2
福建	82	22	67.0
湖南	71	40	61.3
河北	238	236	60.7
河南	327	72	59.9
四川	66	7	58.4
山东	213	256	58.0
贵州	78	45	52.8

五、投产重点项目

2019年电源工程投产重点项目见附录4。

专栏4-1　2019年电源工程投产重点项目

中国大唐广东雷州电厂2×100万千瓦“上大压小”工程

大唐国际雷州发电有限责任公司地处广东省湛江雷州市乌石镇，建设规模为2台100万千瓦超超临界二次再热燃煤发电机组（主机参数31MPa/600℃/620℃/620℃），同步建设1个10万吨专用卸煤码头和1个3000吨级重件码头，脱硫、脱硝、高效静电除尘、污水处理等环保措施与主机“三同时”，烟气污染物排放浓度优于国家环保标准。

工程于2017年6月开工建设，两台机组分别于2019年12月7日及2020年1月6日投产。

雷州发电公司成为“技术先进、指标领先、二次再热、集成创新、具有国内、国际一流水平”的百万千瓦机组标杆电厂，与同容量一次再热机组相比，具有高效率（发电厂总效率48.18%）、低能耗（发电标准煤耗255.29g/kWh，供电标准煤耗265.91g/kWh）的优势，每年可节约标煤量约7.48万吨，减少二氧化碳排放约20.6万吨，减少二氧化硫排放约23.3吨。锅炉采用的是π形炉，较之塔式炉，整体高度降低，减轻了基础载荷和钢构用量。在环保措施中，项目投入14亿元用于环境保护设施建设和生态环境保护措施的落实，尤其在公司煤码头建设中采用了由上海振华自主研发的额定出力为1500吨/时国内最大螺旋卸煤机，因其垂直臂取料装置和水平臂输送结构都采取全封闭结构，极大地降低了煤粉产生的扬尘污染。

中国华电江苏句容二期扩建工程

工程位于江苏省西南部的下属临港工业集中区，二期工程扩建两台100万千瓦超超临界、二次再热燃煤发电机组，采用最先进的火力发电技术，突出“高效、节能、环保、洁净”设计理念。

工程于2016年6月开工建设，两台机组分别于2018年12月16日和2019年9月23日投产。2019年投产的4号机组是全国第六台投运的二次再热百万机组，其成功投运标志着江苏华电句容二期2×1000兆瓦扩建工程设计任务圆满完成。

工程超超临界百万二次再热燃煤发电机组工程4号机组选用“哈尔滨锅炉+上海汽轮机+上海发电机”的“哈上上”组合，其主机、关键阀门、四大管道等均实现国产，是国内首次二次再热的百万机组实现全机组设备国产化的工程，是国内首次在二次再热百万机组采用单列立式蛇形管高加，简化了系统，可以降低汽机热耗2.0千焦/千瓦时，比双列U形管加热器节省约200万元，是国内首次二次再热的百万千瓦机组，真正实现了脱硫废水零排放，通过废水结晶蒸发工艺，实现了脱硫废水回收利用。该工程是国内首次在百万千瓦机组建设了脱碳示范工程，与《“十三五”国家科技创新规划》中科技创新2030——重大项目煤炭清洁高效利用、碳捕集利用与封存等核心关键技术研发相一致，与清洁高效能源技术，开展燃烧后二氧化碳捕集实现百万吨/年的规模化示范工程相吻合。

申能股份奉贤两台41万千瓦级燃气-蒸汽联合循环热电机组和配套区域热网工程

为贯彻落实《上海市清洁空气行动计划（2013—2017）》，申能股份有限公司在上海化工区奉贤分区建设2台40万千瓦级燃气-蒸汽联合循环热电机组及配套供热管网，旨在替代区域内星火热电、楚华热力等燃煤锅炉，改善本市环境质量，满足区域经济发展的热力和电力需求、提高能源利用效率。同时，项目为重型燃机国产化提供示范平台。

项目于2016年6月13日取得核准批复，2017年4月27日正式开工建设。星火应急热源及厂内启动锅炉分别于2017年12月12日和31日实现投产和替代供热，星火热电、楚华热力按期关停。主体工程于2018年第三季度基本完成土建和安装并开始调试，两台机组分别于2019年6月19日、6月27日完成168小时试运行后投入商业运行。

项目投产后，替代了周边32台燃煤（重油）小锅炉，一年可减排烟尘约538吨、二氧化硫约429吨。此外，结合低氮燃烧技术，全年可减排氮氧化物约427吨，为进一步优化“上海南翼—杭州湾北岸”居住和营商环境，拓展自贸区新片区辐射效应，助力“长三角一体化发展战略”有着可持续性的保障和推动作用。

中国广核阳江核电站2号机组工程

工程位于广东省台山市，共建设两台单机容量为175万千瓦的核电机组，其中，1号机组已于2018年12月13日实现商业运行。2019年9月7日，台山核电2号机组已顺利完成168小时示范运行，具备商业运行条件。台山1、2号机组建设有序推进，最终成为全球首台和第二台建成的EPR机组，EPR技术吸收了过去40年国际上积累的压水堆核电机组的运行经验反馈和技术进步，满足欧洲用户标准和国际原子能机构标准，也满足中国核安全法规的要求，进一步提高了核电机组运行的安全性。台山核电2号机组于2010年开工建设，2号机组充分吸收了1号机组的建设经验及反馈，项目大团队充分发挥大业主模式的优势，团结协作、步步为营，始终坚持“一快一停一慢”策略（响应异常要快、遇到疑问要停、处理新情况要慢），坚持“安全第一、质量第一、追求卓越”的基本原则，解决了稳压器加热器电缆更换、DEL冷冻机齿轮箱问题、APA泵叶轮问题、发电机油挡间隙问题等难题，最终顺利完成各项调试试验。台山1、2号机组建成后，预计每年可减少标煤消耗约803万吨，减少温室气体排放超过2109万吨，相当于造林5850公顷（1公顷＝10000平方米）。

中国三峡集团湖北鄂州电厂三期2×100万千瓦扩建工程

湖北能源集团鄂州发电有限公司位于武汉市和鄂州市之间的葛店经济技术开发区，公司总装机容量达3960兆瓦，三期工程2×1000兆瓦超超临界燃煤发电机组（主机参数28MPa/600℃/620℃）是湖北省“十三五”期间规划建设的大型清洁煤电项目，也是纳入国家“十三五”规划的重大项目，同步建设高效烟气脱硫、脱硝和除尘装置，烟气污染物排放浓度优于超低排放标准。它是国家能源局电力安全生产标准化一级达标企业及湖北区域火电装机规模最大、华中区域火电装机规模第二的火电企业。2015年6月23日取得湖北省发改委核准批复，2015年8月正式开工建设，两台机组分别于2019年4月、6月相继投产发电。该项目的建成投运，极大地满足了湖北省特别是鄂东江南地区电力负荷增长的需求，对提升湖北省电力保障能力意义重大。

六、新开工及在建工程情况

（一）新开工工程情况

2019年，全国主要发电企业新开工电源项目合计装机容量3899万千瓦，比上年增加120万千瓦；全国新开工项目装机容量超过100万千瓦的省（区、市）共有14个，合计开工容量占全国新开工容量的81.1%。水电新开工规模明显减少，特别是随着抽水蓄能电站规划项目已经开工建设，新一轮的抽水蓄能电站规划尚未完成。火电新开工装机容量636万千瓦，比上年减少1245万千瓦，其中，燃煤发电新开工372万千瓦，燃气发电新开工241万千瓦。新开工核电项目装机容量241万千瓦。风电新开工装机容量1980万千瓦，受风电电价政策和去年基数较低影响，比上年增加1240万千瓦；全国分省（区、市）看，内蒙古、河南、河北、江苏、广西和山西风电新开工装机容量超过100万千瓦。

2019年全国主要发电企业电源新开工规模见表4－3，2019年电源工程新开工重点项目见附录5。

表4－3　2019年全国主要发电企业电源新开工规模

单位：万千瓦

分类		容量	新开工规模最多的省（区、市）及容量					
全国总计		3899	内蒙古	广东	四川	河南	福建	河南
			534	361	359	309	221	100
水电	合计	641	四川	云南				
			336	153				

续表

分类		容量	新开工规模最多的省（区、市）及容量					
火电	合计	636	内蒙古	广东	海南	湖北	贵州	天津
			132	131	92	91	66	51
	其中：燃煤	371	内蒙古	贵州	广东			
			132	66	36			
风电	合计	1980	内蒙古	河南	河北	江苏	广西	山西
			380	208	164	136	113	109

（二）在建工程情况

截至2019年年底，全国主要发电企业电源工程在建项目合计装机容量18192万千瓦，比上年减少364万千瓦。全国有四川、云南、福建、广东、河北、山东和内蒙古7个省（区、市）在建项目装机容量超过1000万千瓦，合计占全国在建规模的56.2%。随着防范化解煤电产能过剩风险的指导意见出台，2019年要求各地区结合电力（热力）供需形势，电网调峰需求、项目建设实际等因素，统筹安排煤电投产项目和应急调峰储备电源，火电新投多台大型机组，火电在建规模继续下降，占全国在建规模的比重为29.7%，比上年降低11.2个百分点，火电在建项目主要集中在广东、山东、内蒙古、陕西、福建和河北。水电投产项目有所下降，大型水电项目仍处于在建状态，水电在建规模较上年有所增加，占全国在建规模的比重为46.5%，比上年提高3.7个百分点，在建项目主要集中在四川、云南、浙江、河北和山东5省，合计占全国水电在建规模的59.6%，其中，四川水电在建规模最大（2335万千瓦），占全国在建规模的27.6%。

2019年全国主要发电企业电源工程在建规模见表4－4，2019年年底在建电源工程重点项目见附录6。

表4－4　2019年全国主要发电企业电源工程在建规模

单位：万千瓦

分类		容量	在建规模最多的省（区、市）及容量							
全国合计		18192	四川	云南	福建	广东	河北	山东	内蒙古	
			2401	1489	1362	1346	1340	1181	1098	
水电	合计	8462	四川	云南	浙江	河北	山东	新疆	河南	吉林
			2335	1463	650	600	420	395	360	325
	其中：抽水蓄能	4140	浙江	河北	山东	河南	安徽	吉林	新疆	广东
			650	600	420	360	270	260	240	240

续表

分类		容量	在建规模最多的省（区、市）及容量					
火电	合计	5409	广东 636	山东 611	内蒙古 596	陕西 466	福建 464	广东 636
	其中：燃煤	4494	山东 604	内蒙古 596	陕西 466	福建 464	天津 375	宁夏 373
	其中：燃气	886	广东 500	海南 138	江苏 104	天津 65	河北 47	湖北 25
核电		1420	福建 474	广东 240	广西 238	辽宁 224	江苏 224	山东 20

（本节主要撰稿人为中电联电力统计与数据中心靳坤坤）

第二节　电网投资与建设

一、总体情况

2019 年，全国电网完成投资 5012 亿元，比上年下降 6.7%。其中，直流工程 249 亿元，比上年下降 52.1%；交流工程 4411 亿元，比上年下降 4.4%，占电网总投资的 88.0%。全年新增交流 110 千伏及以上输电线路长度和变电设备容量 57935 千米和 31915 万千伏安，分别比上年增长 1.7% 和 2.9%；没有新投产直流输电线路，投产换流容量 2200 万千瓦，比上年下降 31.3%。

2011—2019 年全国电网投资及增速见图 4－29。

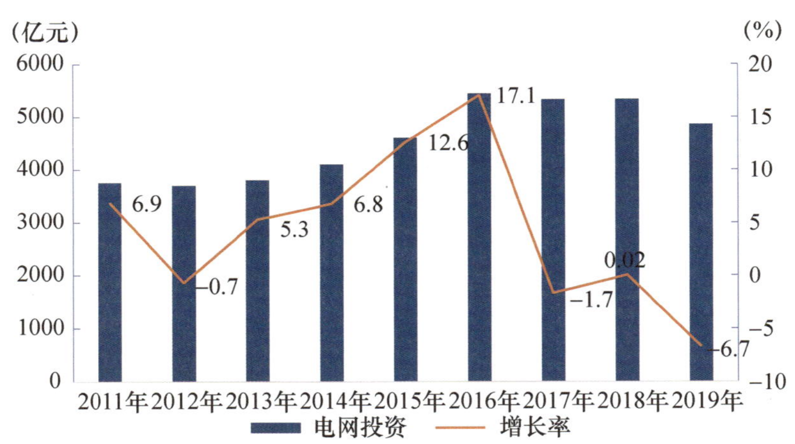

图 4－29　2011—2019 年全国电网投资及增速

二、分区域情况

华北区域　随着北京西—石家庄、蒙西—晋中、张北—雄安特高压交流工程的持续建设，电网工程建设投资额仅次于南方区域，达到1019亿元。由于区域内500千伏线路工程投产较多，带动新增110千伏及以上输电线路长度和变电设备容量比上年分别增长37.6%和59.4%。

东北区域　投资额为各区域最小（232亿元），比上年下降17.6%，新增输电线路长度和变电设备容量比上年分别下降70.6%和67.2%。

华东区域　投资规模为996亿元，比上年下降21.4%，新增输电线路长度和变电设备容量比上年分别增长7.3%和下降11.5%。

华中区域　投资额为978亿元，比上年小幅增长2.0%，新增输电线路长度和变电设备容量比上年分别增长22.8%和19.2%。

西北区域　投资额为498亿元，比上年增长2.1%，新增输电线路长度和变电设备容量比上年分别增长26.1%和10.0%。

南方区域　在乌东德水电站送电广东、广西特高压多端直流示范工程（简称“昆柳龙直流工程”）和滇西北至广东特高压直流输电工程持续建设的拉动下，电网投资额为各区域最高，达到1143亿元，比上年增长22.2%，由于电网投产项目较少，新增输电线路长度及变电设备容量比上年分别下降32.8%和43.2%。

受多条跨区特高压线路开工建设的影响，国家电网总部全年投资额为145亿元，比上年增长6.3%，国家电网总部电网投资占全国电网投资的比重为2.9%，比上年提高了0.4个百分点。

2018年、2019年分区域电网投资额占全国电网投资比重、投资额及增速分别见图4－30和图4－31，2019年分区域新增110千伏及以上交流输电线路长度及增速、变电设备容量及增速分别见图4－32和图4－33。

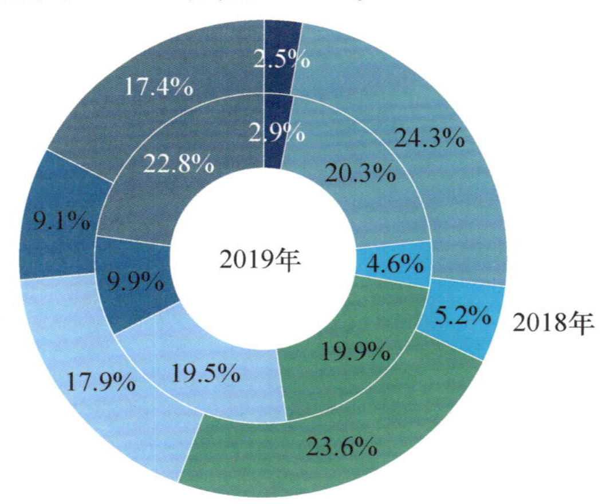

图4－30　2018年、2019年分区域电网投资额占全国电网投资比重

注：本书中跨区投资额纳入国家电网总部口径。

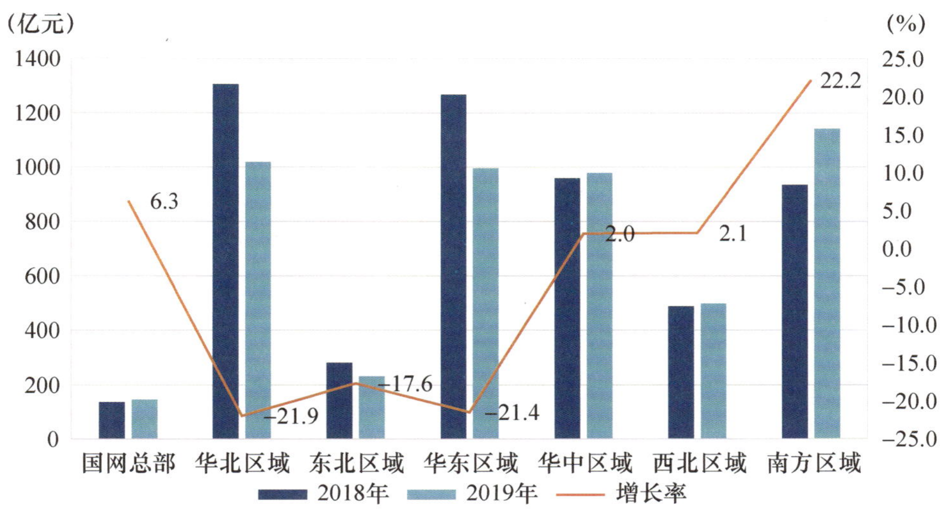

图 4－31　2018 年、2019 年分区域电网投资额及增速

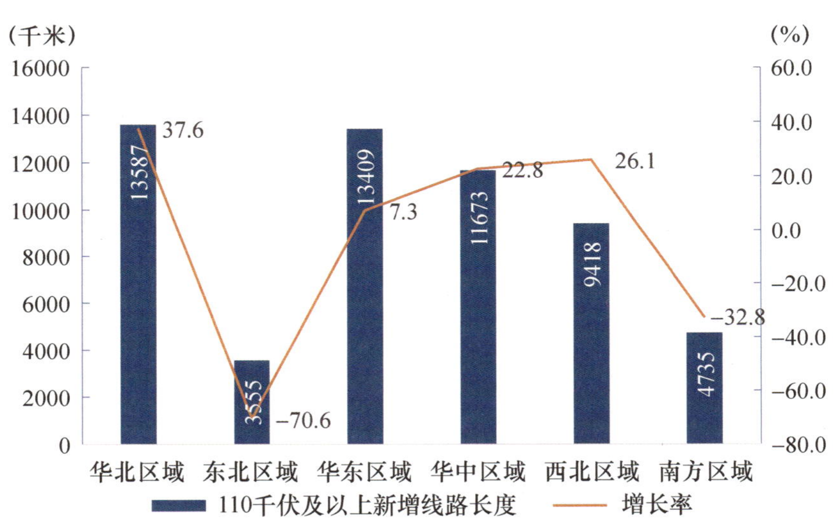

图 4－32　2019 年分区域新增 110 千伏及以上交流输电线路长度及增速

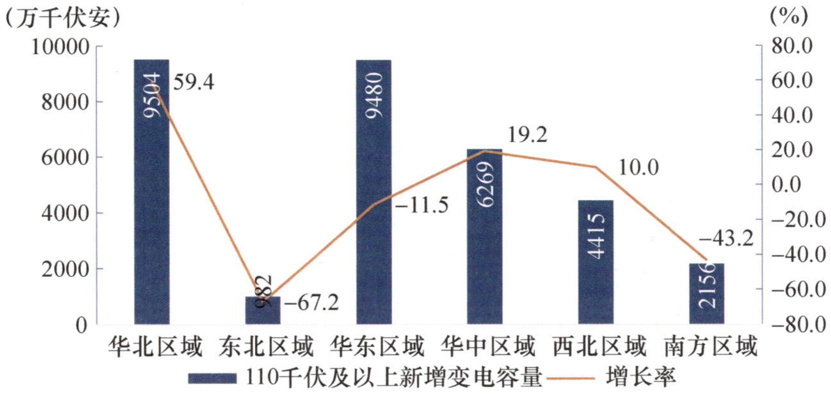

图 4－33　2019 年分区域新增 110 千伏及以上交流变电设备容量及增速

三、分电压等级情况

220 千伏及以上电压等级电网投资比上年下降。2019 年，220 千伏及以上电压等级电网完成投资 1523 亿元，比上年下降 6.2%；由于河西走廊第三回线加强工程和甘肃张掖输变电工程的投资加码，750 千伏电压等级电网工程完成投资 98 亿元，比上年增长 5.8%。

2018 年、2019 年全国分电压等级电网完成投资及增速见图 4－34，2019 年全国分电压等级电网完成投资占全国电网投资比重见图 4－35。

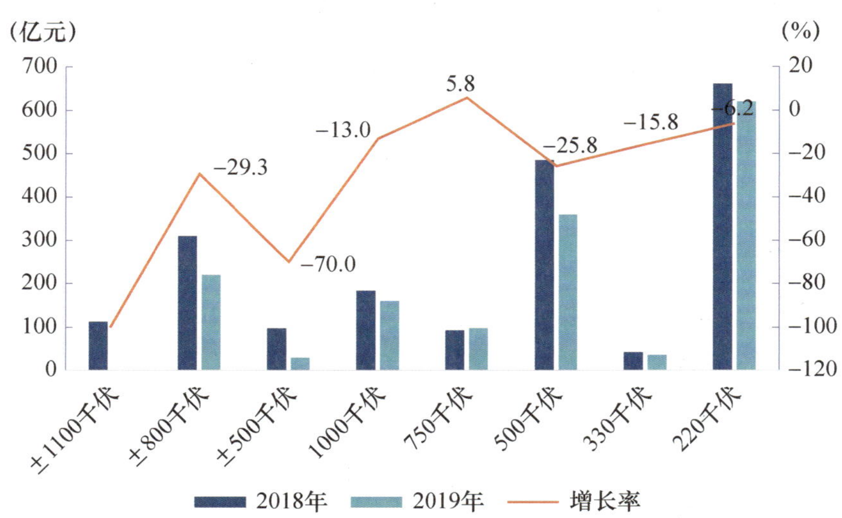

图 4－34　2018 年、2019 年全国分电压等级电网完成投资及增速

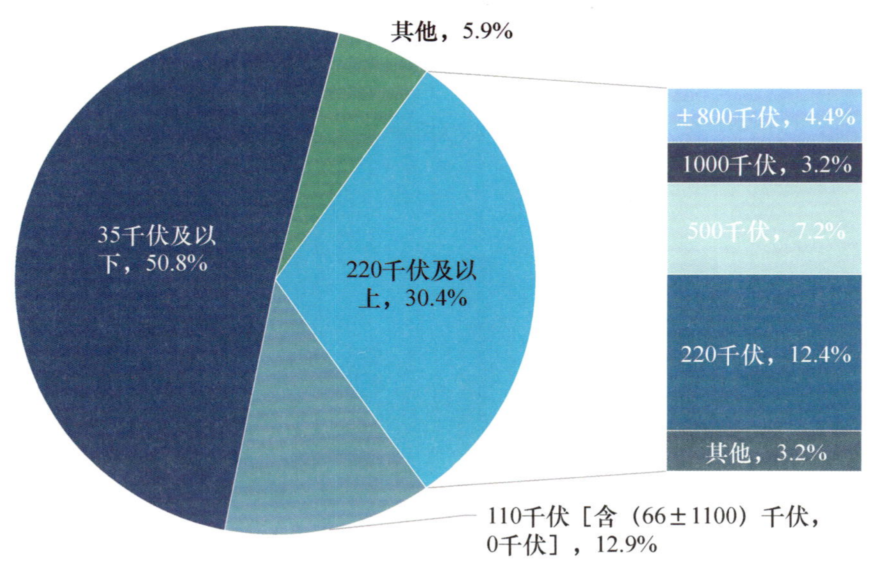

图 4－35　2019 年全国分电压等级电网完成投资占全国电网投资比重

2019 年投产的特高压直流工程有准东—皖南 ±1100 千伏工程，合计新增换流容量分别为 1200 万千瓦。

在交流工程中，500 千伏工程新增输电线路和变电设备容量比上年下降较多，分别减少 8945 千米和 2515 万千瓦；1000 千伏和 750 千伏工程新增输电线路分别比上年增加 1971 千米和 2833 千米，新增变电设备容量分别增加 600 万千瓦和 2105 万千瓦。

从新增规模分结构看，110 千伏（含 66 千伏）和 220 千伏合计新增输电线路长度和变电设备容量分别占全国新增 110 千伏及以上输电线路长度和变电设备容量的 72.2% 和 50.6%。

2018 年、2019 年全国新增 110 千伏及以上交流输电线路、交流变电设备容量分别见图 4－36 和图 4－37。

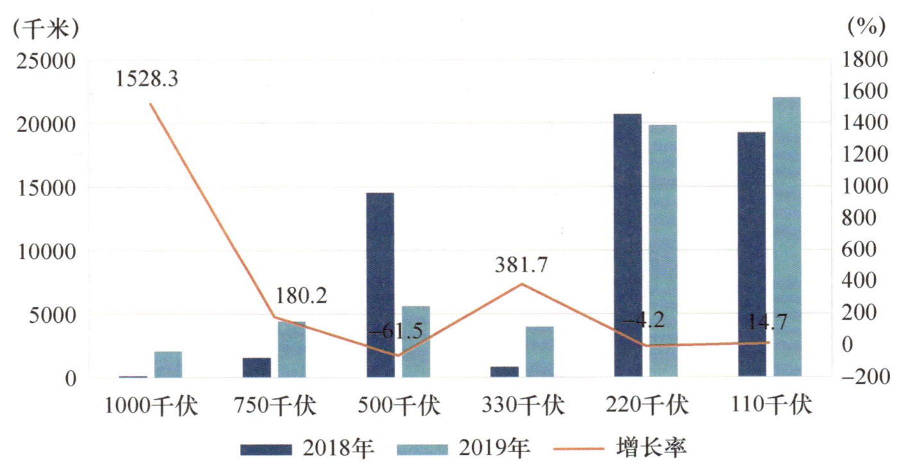

图 4－36　2018 年、2019 年全国新增 110 千伏及以上交流输电线路

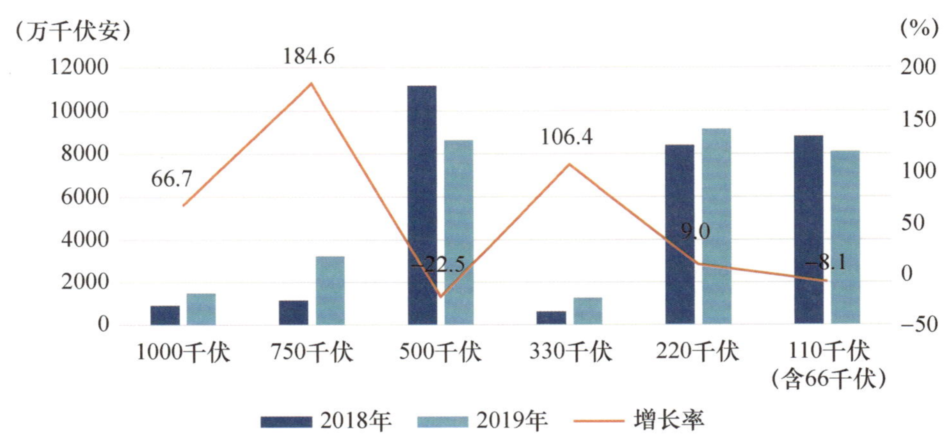

图 4－37　2018 年、2019 年全国新增 110 千伏及以上交流变电设备容量

配电网投资较快增长 国家持续推动配电网建设改造行动计划及新一轮农村电网改造升级，2019 年，全国完成配电网投资[①] 3149 亿元，比上年增长 1.7%。其中，110 千伏（含 66 千伏）配电网投资 646 亿元，比上年下降 0.5%；35 千伏及以下配电网投资 2502 亿元，比上年增长 2.3%，占全国电网投资比重为 49.9%，比上年提高 4.7 个百分点。

2011—2019 年配电网投资及其增速见图 4－38。

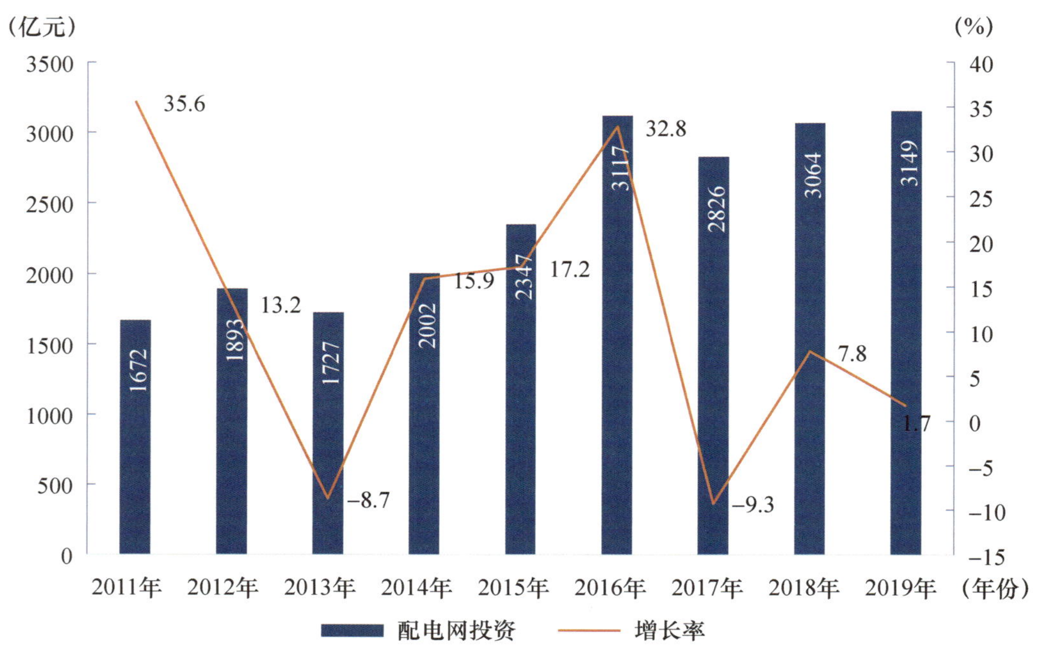

图 4－38　2011—2019 年配电网投资及其增速

全国农网改造投资情况 2019 年，国家电网农网改造完成 1605 亿元，比上年增长 7.2%；南方电网完成 468 亿元，比上年增长 16.2%；内蒙古电力公司和陕西地电分别完成 34 亿元和 25 亿元，比上年增速分别为－24.7% 和－32.6%。

四、投产重点项目

2019 年，投产特高压直流输电线路 1 条，输电线路长度 3324 千米，换流容量为 1200 万千瓦；投产特高压交流输电线路 3 条，输电线路长度 2108 千米，变电容量为 1500 万千伏安。

---

① 指 110 千伏及以下电压等级电网投资额。

2019年500千伏及以上电压等级电网工程投产重点项目见附录7。

（一）直流输电项目

专栏4－2　2019年投产500千伏及以上电压等级电网工程重点项目

准东—皖南±1100千伏特高压直流输电工程

工程西起新疆昌吉，止于安徽宣城，途经甘肃、宁夏、陕西、河南，线路全长3324千米，额定电压±1100千伏，输电容量1200万千瓦。

工程于2015年12月获国家核准，2016年1月开工建设，2019年9月全部投运，是目前世界上电压等级最高、输送容量最大、输电距离最远、技术水平最先进的输电工程。

该工程是国家实施“疆电外送”的第二条特高压输电通道，对于促进新疆经济社会发展、加快资源优势向经济优势转化，缓解华东地区能源供需矛盾、拉动安徽经济增长，带动电力装备制造业转型升级等均具有十分重要的意义。该工程投运后，具备年送电600～850亿千瓦时的能力，可使华东地区每年减少燃煤约3800万吨，减排二氧化碳7000万吨，二氧化硫70万吨。

（二）交流输电项目

专栏4－3　2019年投产500千伏及以上电压等级电网工程重点项目

潍坊—临沂—枣庄—菏泽—石家庄特高压交流工程

工程新建枣庄、菏泽变电站，扩建潍坊、济南、石家庄变电站，新增变电容量1500万千伏安；输电线路途经山东、河南、河北三省，跨越黄河，全线同塔双回路架设，总长度816千米，铁塔共计1632基。

工程于2017年10月获得国家发改委核准，2018年5月开工建设，2019年12月全部投运，成为华北特高压网架的重要组成部分。

该工程的投运将有力促进东北、内蒙等地区清洁能源的大规模开发和大范围消纳，全面降低电网短路电流水平，显著增强抵抗严重故障能力，为后续张北风电接入华北电网、实现清洁替代和电能替代创造有利条件。

北京西—石家庄1000千伏交流特高压输变电工程

该工程新建1000千伏双回线路2×228千米，在北京西、石家庄特高压变电站各扩建2个1000千伏出线间隔。

工程于2017年10月获得国家发改委核准，2018年3月开工建设，2019年6月全部投运。

该工程作为华北特高压交流主网架的重要组成部分，对于提高蒙西—天津南和榆横—潍坊两个特高压交流通道送电能力及可靠性，提升京津冀及华北电网安全稳定水平，缓解河北南部地区用电紧张局面，满足雄安新区用电负荷增长需要，促进张家口可再生能源示范区风电、太阳能发电等清洁能源大规模开发利用，均具有十分重要的意义。

五、新开工及在建工程情况

（一）新开工工程情况

2019年，国家核准一批跨区特高压电网工程建设重点项目，新开工项目主要有驻马店—南阳特高压交流工程、张北—雄安特高压交流工程和雅中—南昌特高压直流工程。

2019年500千伏及以上电压等级电网工程新开工重点项目见附录8。

（二）在建工程情况

截至2019年年底，除3项新开工建设项目以外，还有2项特高压在建项目，分别是蒙西—晋中特高压交流工程和青海—河南特高压直流工程。

2019年500千伏及以上电压等级电网工程在建重点项目见附录9。

（本节主要撰稿人为中电联电力统计与数据中心庄严）

第三节　电力建设工程造价

一、发电工程

（一）化石能源发电工程

1. 燃煤发电工程

2019年，2×35万千瓦超临界、2×66万千瓦超超临界和2×100万千瓦超超临界燃煤发电工程的单位造价分别为4287元/千瓦、3539元/千瓦和3222元/千瓦，对比2018年分别上涨3.30%、2.90%和2.16%。2019年不同容量燃煤发电工程造价对比2018年的变化情况见图4－39。

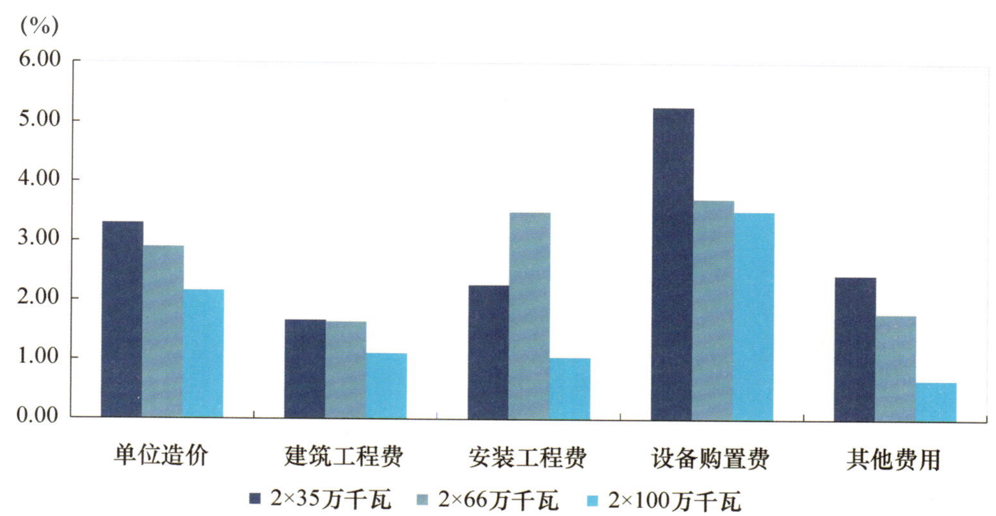

图 4－39　2019 年不同容量燃煤发电工程造价对比 2018 年的变化情况

不同容量燃煤发电机组的建筑工程费均呈现上涨趋势，主要受建筑材料价格上涨影响，其中水泥价格上涨 2.60%、型钢价格上涨 3.40%、焊接钢管价格上涨 2.65%、铸铁管价格上涨 8.63%、耐火保温材料价格上涨 2.66%。

不同容量燃煤发电机组的安装工程费均呈现上涨趋势，主要受装置性材料价格上涨影响，其中烟道、热风道、冷风道、送粉管道、电缆桥架（钢）价格上涨2%～4%，主蒸汽管道、再热冷/热段管道、主给水管道、电缆、共箱母线价格上涨 2%～3%。

不同容量燃煤发电机组的设备购置费均呈现上涨趋势，主要设备中锅炉、汽轮机、汽轮发电机价格上涨 0.50%～4.84%。主变压器、高压厂用变压器、备用变压器价格上涨 4.26%～5.38%；除尘器、空冷设备价格上涨 2.11%～6.71%。

不同容量燃煤发电机组的其他费用均呈现上涨趋势，主要受到咨询行业人工费用上涨、建设场地征用及赔偿费用上涨等因素影响。

2. 燃气-蒸汽联合循环发电工程

2019 年，2×18 万千瓦级、2×40 万千瓦级燃气-蒸汽联合循环发电工程的单位造价分别为 3004 元/千瓦、2301 元/千瓦，对比 2018 年分别上涨 3.85%、2.71%。2019 年不同容量燃气-蒸汽联合循环发电工程造价对比 2018 年的变化情况见图 4－40。

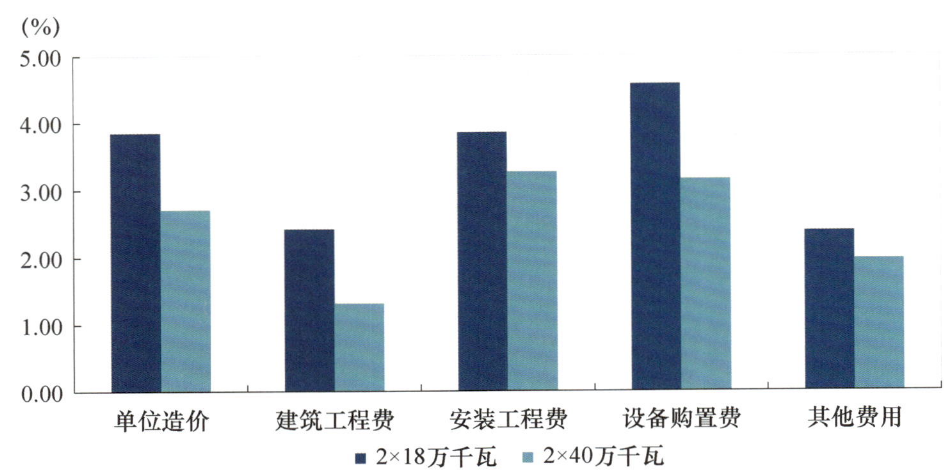

图 4-40　2019 年不同容量燃气-蒸汽联合循环发电工程造价对比 2018 年的变化情况

不同容量燃煤燃气-蒸汽联合循环发电工程的建筑工程费、安装工程费、设备购置费和其他费用均呈现上涨趋势，变化原因与燃煤发电工程基本相同。主要设备中余热锅炉、蒸汽轮机、发电机等价格上涨 1.50% ~5.74%，主变压器、高压厂用变压器、备用变压器价格上涨 4.26% ~5.38%。

（二）非化石能源发电工程

各类非化石能源发电工程单位造价区间为 4052 ~24130 元/千瓦，其中抽水蓄能电站、光伏发电、陆上风电工程单位造价水平相对较低，核电、海上风电、垃圾发电工程单位造价水平相对较高。各类非化石能源发电工程单位造价情况见表 4-5。

表 4-5　2019 年非化石能源发电工程单位造价情况

工程类别		单位造价（元/千瓦）	备注
水电	常规水电	9598	单位造价随装机容量增加而降低；水电工程建设环境日益复杂
	抽水蓄能电站	4052	
核电		12234	单位造价随单机容量增加而降低
陆上风电		7862	单位造价南方最高、西北最低；山区最高；平原、戈壁最低
海上风电		15165	单位造价随单机容量的增加而增加
光伏发电		5527	单位造价东北最高、华中最低
秸秆发电		10421	单位造价随装机容量增加而降低
垃圾发电		24130	单位造价随装机容量增加而降低

注：表中水电工程单位造价为动态投资口径；光伏发电建设形式为集中式。

二、电网工程

（一）输电线路工程

2019 年，35～1000 千伏交流架空线路工程单位造价区间为 48.95～707.67 万元/千米，±500～±800 千伏直流架空线路工程单位造价区间为 248.77～495.00 万元/千米，35～220 千伏交流电缆线路工程单位造价区间为 347.36～2701.34 万元/千米。各类输电线路工程单位造价水平对比 2018 年均有不同程度上涨，幅度为 3.60%～9.73%。各类输电线路工程单位造价及变化情况见表 4-6。

表 4-6 各类输电线路工程单位造价及变化情况

电压等级	单位造价（万元/千米）		2019 年与上年比变化率（%）
	2018 年	2019 年	
一、交流架空线路工程			
35 千伏	44.83	48.95	9.18
110 千伏	70.80	77.18	9.01
220 千伏	111.49	120.03	7.66
330 千伏	119.19	130.61	9.58
500 千伏	248.80	263.98	6.10
750 千伏	272.31	298.81	9.73
1000 千伏	680.26	707.67	4.03
二、直流架空线路工程			
±500 千伏	229.58	248.77	8.36
±800 千伏	468.35	495.00	5.69
三、交流电缆线路工程			
35 千伏	325.18	347.36	6.82
110 千伏	1016.93	1064.57	4.68
220 千伏	2607.57	2701.34	3.60

注：输电线路工程单位造价均已折算为单回线路造价水平。

输电线路工程单位造价水平的主要影响因素包括材料价格、线路路径选择、工程地形、地质条件和导线截面等。2019 年输电线路工程单位造价上涨主要受材料价格上涨的影响，其中架空线路工程的塔材价格上涨 10%～20%、导线价格上涨 9%～11%；电缆线路工程的电缆价格上涨 3%～7%。

（二）变电站工程

2019 年，35～1000 千伏变电站工程单位造价区间为 148.15～634.70 万元/千伏安，对比 2018 年，各电压等级变电站工程单位造价均有不同程度上涨，幅度为 5.01% ~8.53%。35 ~1000 千伏变电站工程单位造价及变化情况见图 4 -41。

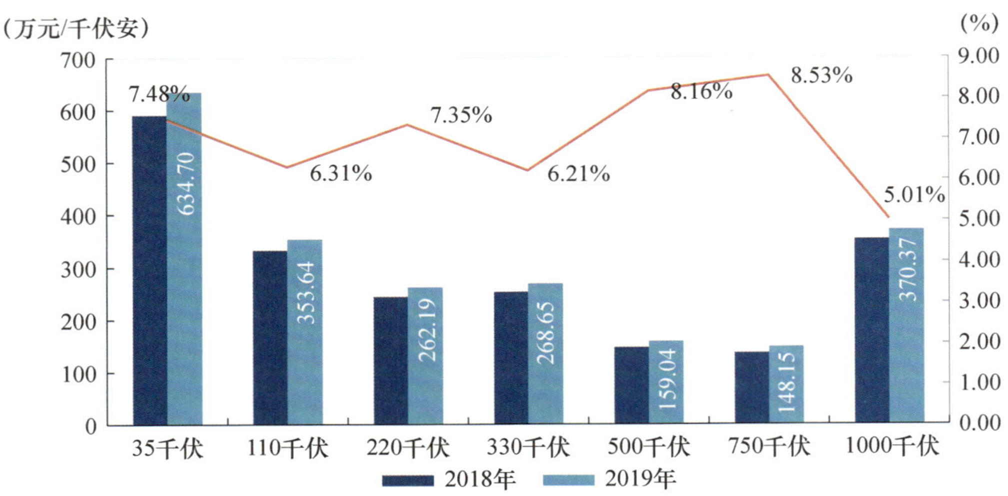

图 4 -41　35 ~1000 千伏变电站工程单位造价及变化情况

2019 年变电站工程单位造价的上涨主要受变电站设备、材料价格大幅上涨的影响。其中，不同电压等级的主变压器、断路器价格上涨 10% ~25%。

（三）换流站工程

2019 年，±500 千伏、±800 千伏换流站工程单位造价分别为 749.33 万元/千瓦、592.13 万元/千瓦，对比 2018 年，单位造价有不同程度上涨，幅度为2.10% ~3.30%。

2019 年，换流站工程的建筑工程费、安装工程费、设备购置费和其他费用均呈现上涨趋势，主要受到原材料价格、直流设备价格、建设场地征用及赔偿费用上涨等因素影响。

（本节主要撰稿人为中电联电力发展研究院周慧、郭金颖）

第五章　电力生产与供应

第一节　发电生产

一、总体情况

截至 2019 年年底，全国发电装机容量 201006 万千瓦，比上年增长 5.8%，增速比上年回落 0.7 个百分点；全国人均装机 1.44 千瓦/人，比上年增加 0.07 千瓦/人。受电力需求和装机规模增长的带动作用，全国全口径发电量 73269 亿千瓦时，比上年增长 4.7%，增速比上年回落 3.6 个百分点；全国 6000 千瓦及以上电厂发电设备利用小时，3828 小时，比上年降低 52 小时。

2010—2019 年全国发电装机容量及增速、全口径发电量及增速、全国 6000 千瓦及以上电厂发电设备平均利用小时分别见图 5－1～图 5－3。

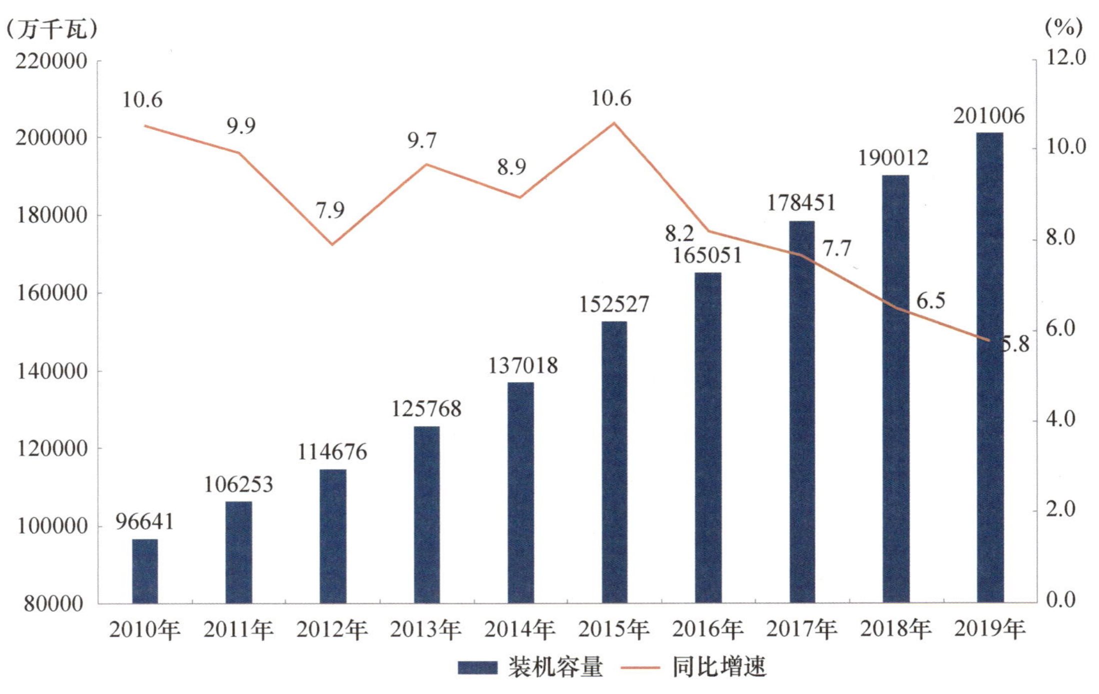

图 5－1　2010—2019 年全国发电装机容量及增速

图5－2　2010—2019年全口径发电量及增速

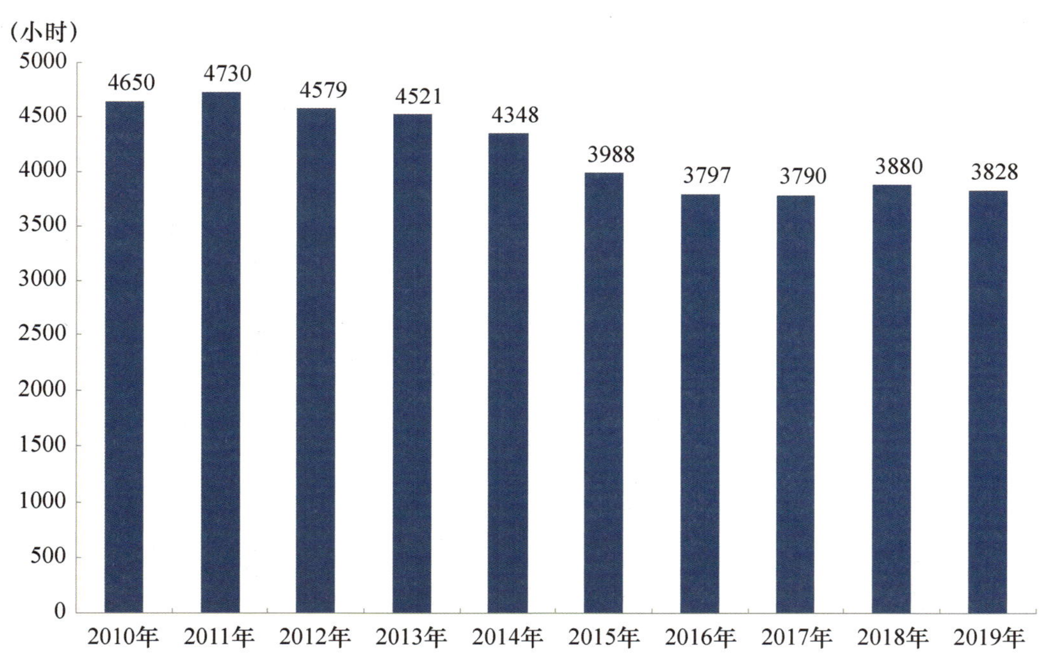

图5－3　2010—2019年全国6000千瓦及以上电厂发电设备平均利用小时

专栏 5 -1　大型电厂

截至 2019 年年底，全国百万千瓦级电厂共 488 座，装机容量 89898 万千瓦，分别比上年增加 18 座和 3791 万千瓦。

100 万千瓦及以上电厂分类型情况：

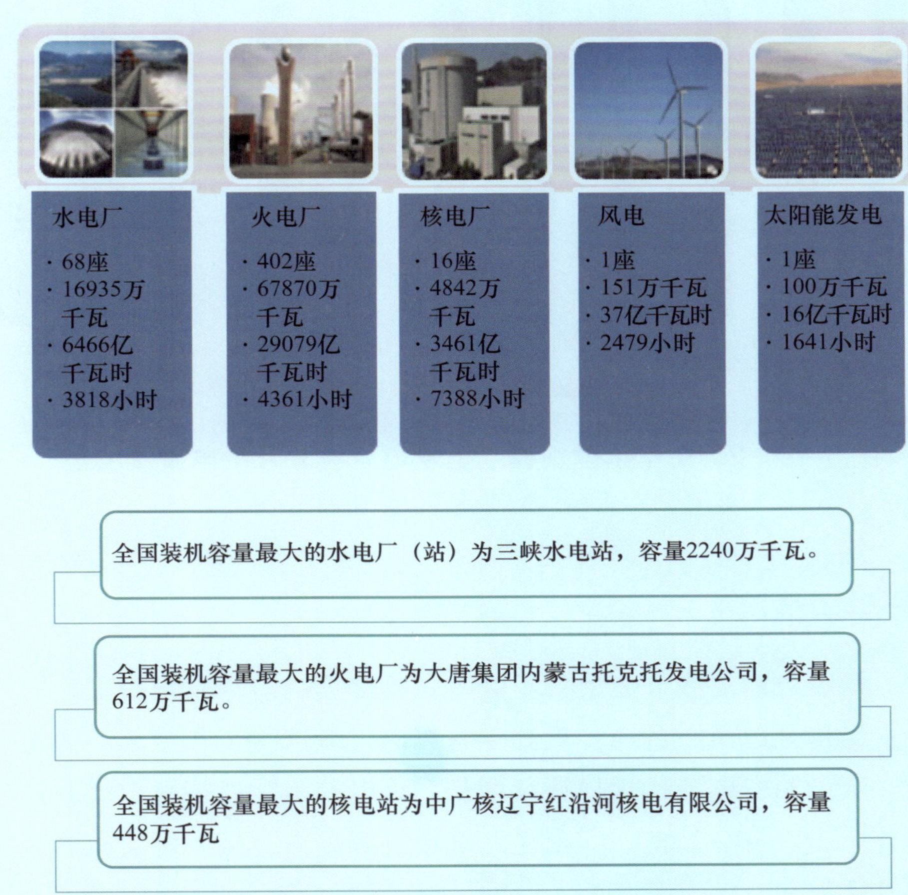

2019 年，受全社会电力需求和上年同期基数影响，发电月度运行状况呈现下半年同比增速总体高于上半年的态势。全国规模以上电厂发电量 3 月同比增长最快，为 5.8%；受夏季高温和来水较好的影响，7 月和 8 月发电量全年最高。

2019 年全国规模以上发电企业[①]分月发电量及增速见图 5 -4。

---

① 规模以上企业指年主营业务收入 2000 万元以上的企业。

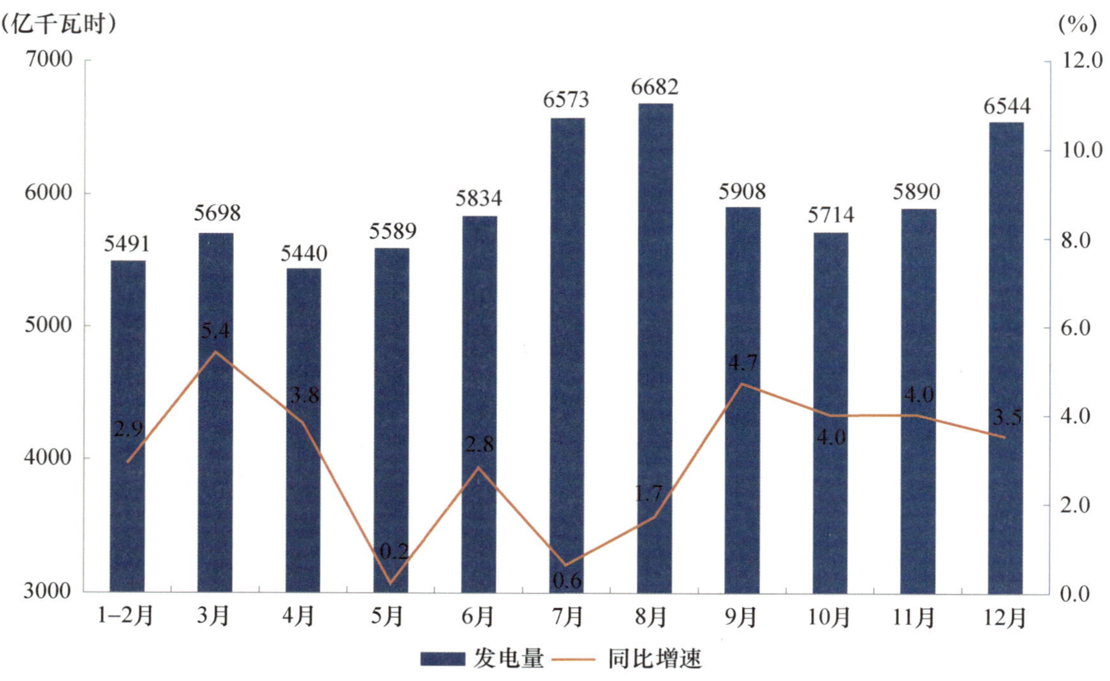

图 5-4　2019 年全国规模以上发电企业分月发电量及增速

注：数据来源于国家统计局月度统计数据。

二、分类型情况

近年来，国家鼓励发展节能型、环保型和可持续的清洁发电类型，同时要求继续推进供给侧结构性改革，进一步巩固化解煤电过剩产能工作成果，放缓燃煤发电的建设步伐。新能源发电装机规模持续增长，火电装机增速持续放缓，发电装机结构进一步优化。2019 年，风电、太阳能发电装机容量占全国发电装机容量比重分别比上年提高 0.7 个和 1.0 个百分点，火电比上年下降 1.0 个百分点，水电比上年下降 0.8 个百分点核电与上年基本持平。受电力消费不断增加和清洁能源消纳水平持续提高的影响，除火电发电量增速放缓外，其他类型发电量均较快增长，其中，太阳能和核电发电量增速较大，比上年分别增长 26.4% 和 18.2%。火电发电量占全国总发电量的比重比上年降低 1.5 个百分点，其他类型发电量占全国总发电量的比重均比上年有所提高，其中核电比上年提高 0.4 个百分点。

2019 年全国分类型发电装机容量、发电量及增速见图 5-5，2018 年、2019 年全国分类型发电装机容量、发电量占全国发电装机容量和发电量比重分别见图 5-6 和图 5-7。

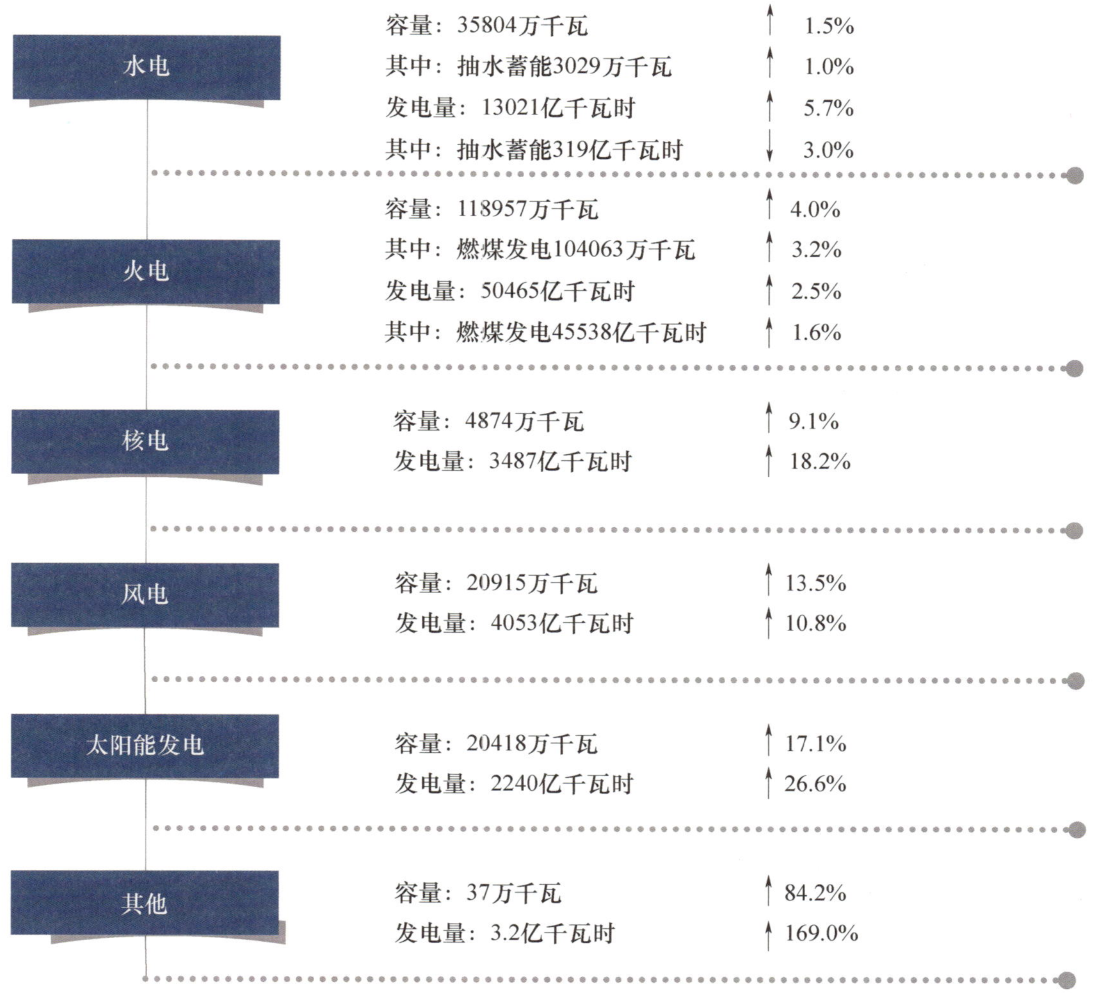

图5－5　2019年全国分类型发电装机容量、发电量及增速

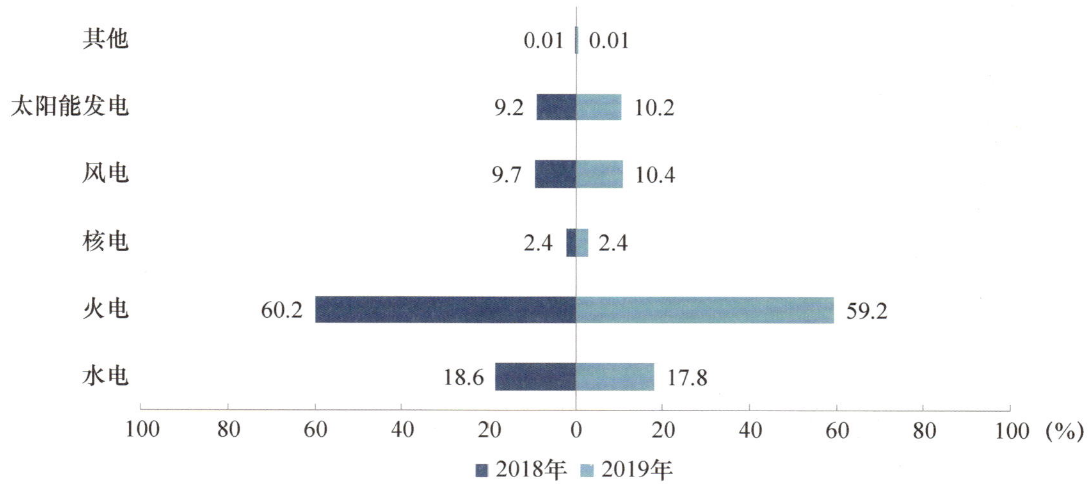

图5－6　2018年、2019年全国分类型发电装机容量占全国发电装机容量比重

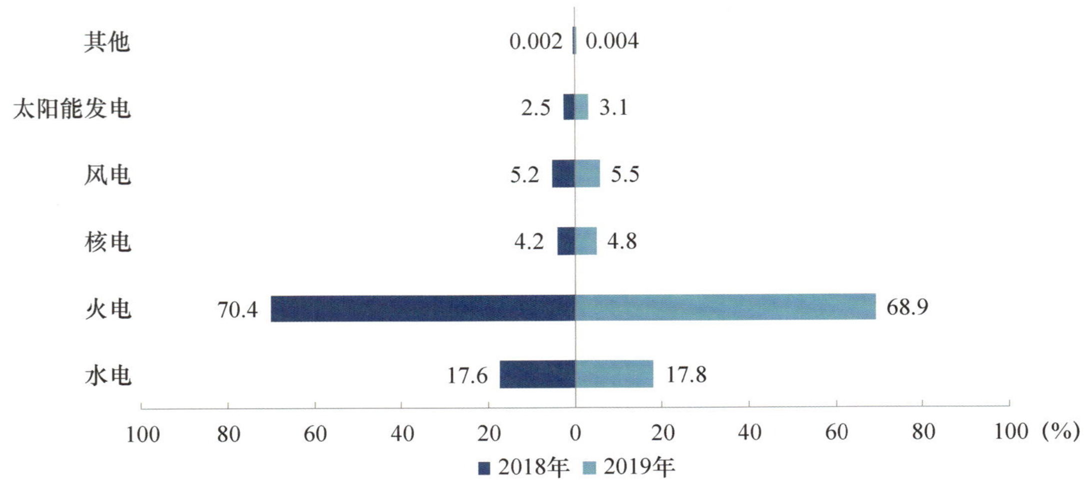

图 5－7　2018 年、2019 年全国分类型发电量占全国发电量比重

2019 年，受火电发电量增速降低、火电和核电新投发电机组和其他外部客观经济环境因素的影响，全国发电设备利用小时比上年降低，火电和核电设备利用小时下降幅度较大，比上年分别降低 71 和 149 小时。2019 年，水电受部分地区来水较好和清洁能源消纳水平提高等因素影响，在上年偏低基数上，水电设备利用小时比上年提高 90 小时；并网风电受新投产项目增多影响，设备利用小时 2083 小时，比上年降低 20 小时；太阳能发电受清洁能源消纳水平提高的影响，设备利用小时为 1291 小时，比上年提高 61 小时。

2018 年、2019 年全国分类型发电设备利用小时见图 5－8。

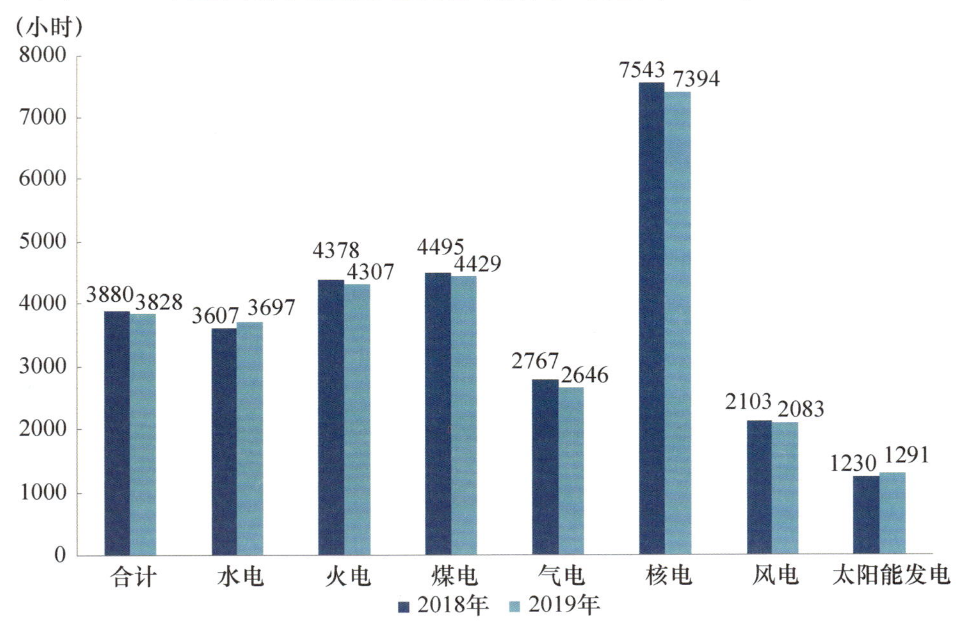

图 5－8　2018 年、2019 年全国分类型发电设备利用小时

截至2019年年底，纳入全国电力行业6000千瓦以上机组统计调查范围①的水电和火电机组平均单机设备容量分别为6.04万千瓦和13.4万千瓦，水电单机容量比上年降低0.05万千瓦，火电与上年持平。

水电装机容量增速放缓，发电量同比增长　受近年来大型水电机组陆续投产，新建水电项目尚未投产影响，2019年水电装机增速低于全国发电装机平均增速（5.8%）4.8个百分点；同时，受清洁能源消纳改善和来水较好的影响，水电机组长发电量增速高于全国发电量平均增速（4.7%）0.9个百分点。

2018年、2019年水电机组分容量等级占比见图5－9。

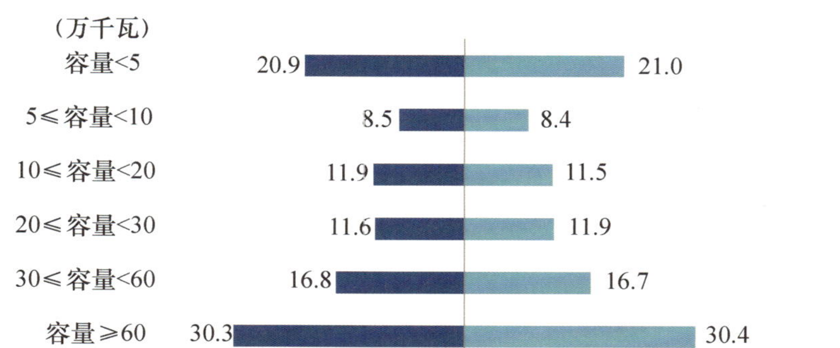

图5－9　2018年、2019年水电机组分容量等级占比

截至2019年年底，全国抽水蓄能电站装机容量3029万千瓦，比上年增长1.0%，增速比上年回落3.5个百分点。抽水蓄能发电量319亿千瓦时，同比下降3.0个百分点。2016—2019年全国抽水蓄能装机容量及增速见图5－10。

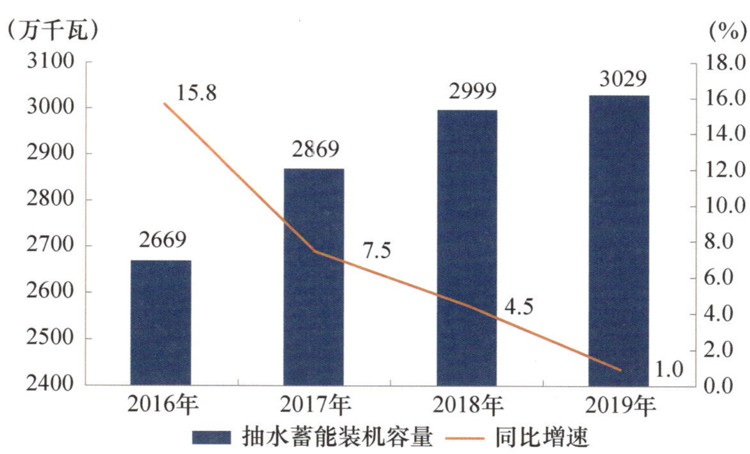

图5－10　2016—2019年全国抽水蓄能装机容量及增速

① 截至2019年年底，纳入电力行业6000千瓦以上机组统计调查范围的水电、火电装机合计容量分别为30788万千瓦和112722万千瓦，分别占全国6000千瓦及以上水电、火电机组容量的95.2%和95.4%。

煤电装机占比不断下降，电源结构进一步优化 2019年，火电装机占全国发电装机容量的59.2%，比上年降低1.0个百分点，其中燃煤发电装机占比51.8%，分别比上年和2010年降低1.3个和15.1个百分点。火电发电量占总发电量的68.9%，比上年降低1.5个百分点。其中，燃煤发电量占比62.2%，分别比上年和2010年降低1.9个和14.6个百分点。

2019年火电分类型发电装机容量、发电量增速及占比见图5－11，2010—2019年燃煤发电装机容量及占总装机容量比重见图5－12。

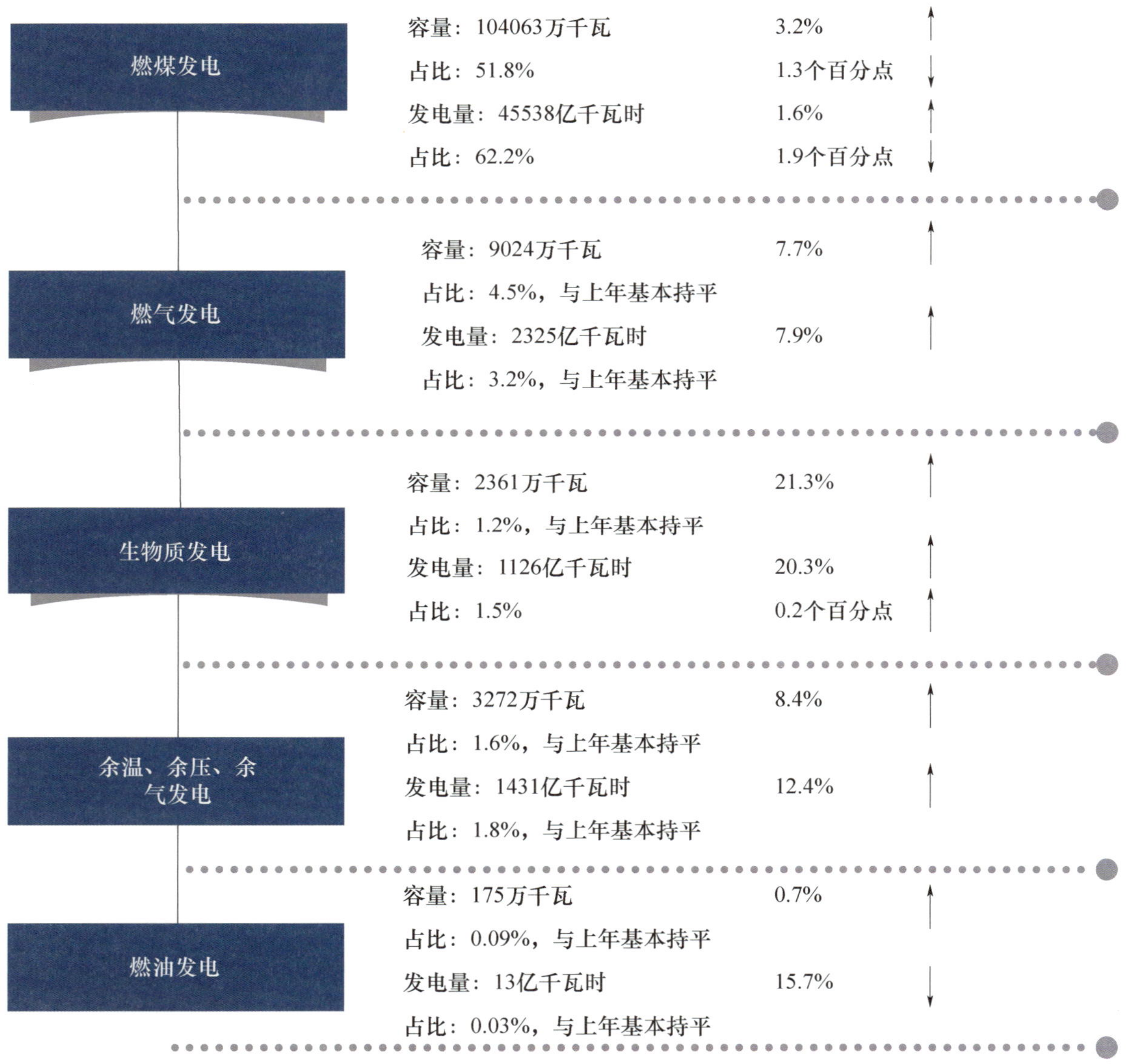

图5－11 2019年火电分类型发电装机容量、发电量增速及占比

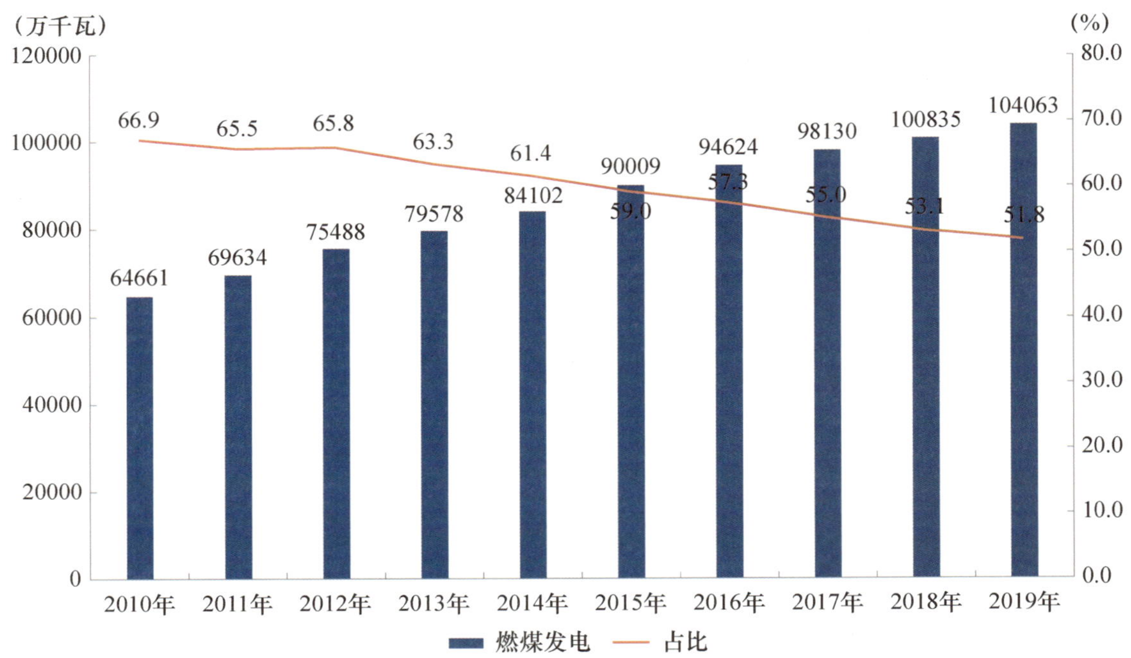

图 5－12　2010—2019 年燃煤发电装机容量及占总装机容量比重

火电单机 30 万千瓦及以上机组容量占比超过 80%。火电单机 30 万千瓦及以上机组容量占火电机组容量从 2010 年的 72.7% 逐年上升到 2019 年的 80.5%，累计提高 7.8 个百分点。

2018 年、2019 年火电机组分容量等级占比见图 5－13。

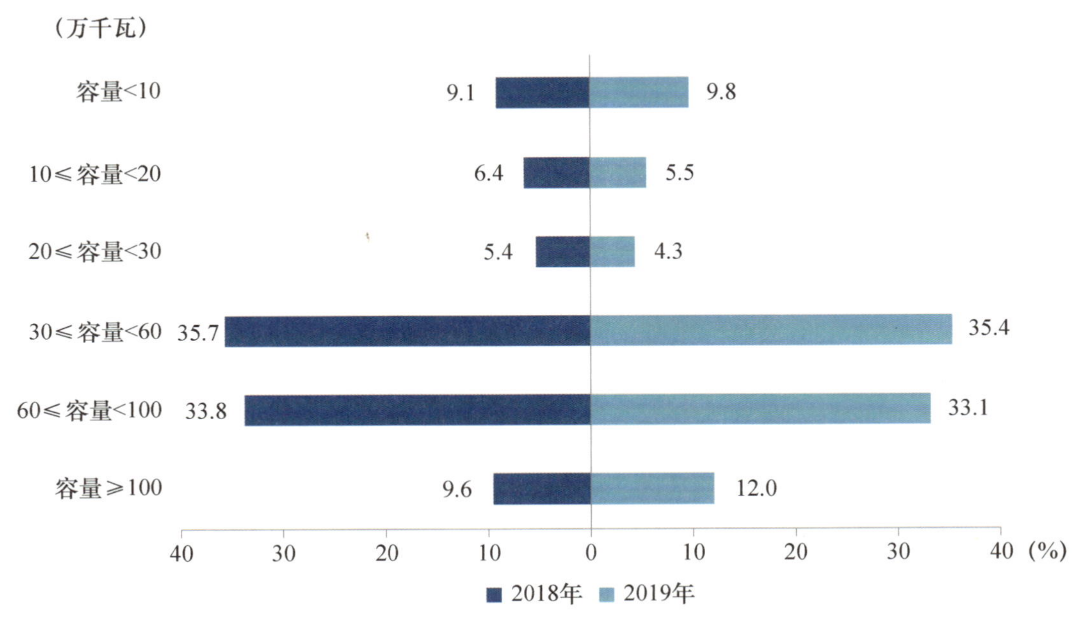

图 5－13　2018 年、2019 年火电机组分容量等级占比

火电单机100万千瓦及以上容量等级机组容量占比逐年提高。截至2019年年底，全国100万千瓦及以上容量等级火电机组占火电机组容量比重为12.0%，单机60万千瓦至不足100万千瓦和30万千瓦至不足60万千瓦容量等级火电机组装机占比均接近三分之一。

火电大机组利用效率提高。根据对25家主要发电企业火电机组调查统计，火电机组利用小时为4365小时，比上年下降71小时。其中，100万千瓦及以上机组等级的火电利用小时最高（4748小时），比上年下降340小时。10万千瓦至不足20万千瓦容量等级机组的利用小时最低，且比上年下降最多，下降523小时。

2018年、2019年全国主要发电企业火电机组按容量等级利用小时及变化见图5-14。

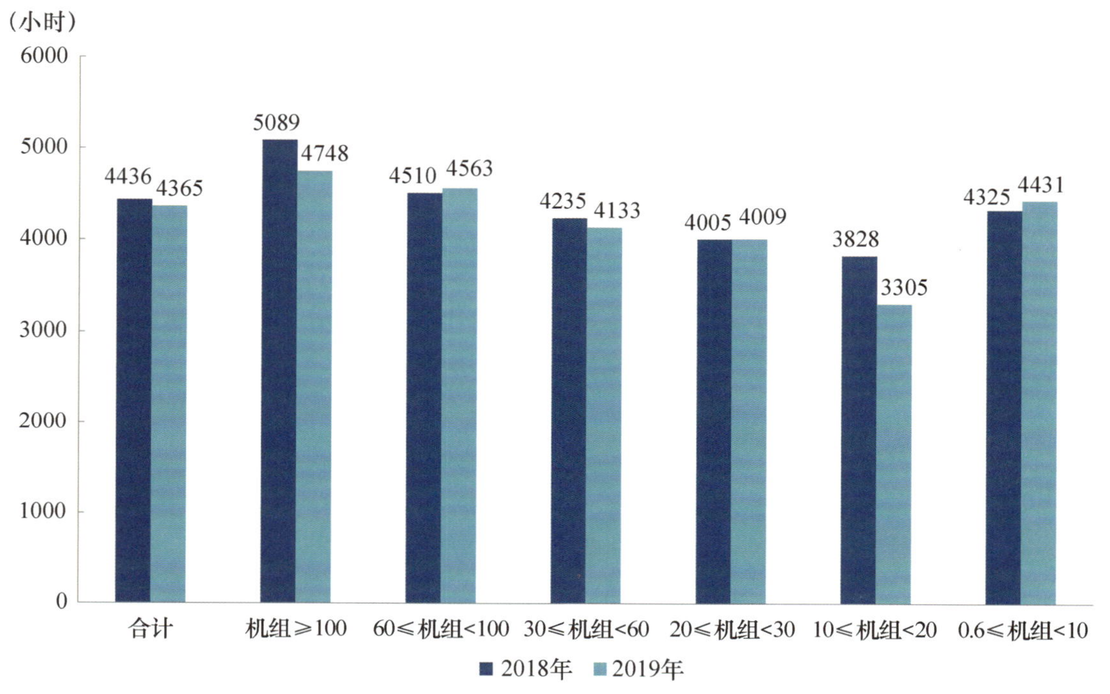

图5-14　2018年、2019年全国主要发电企业火电机组按容量等级利用小时及变化

非化石能源发电装机、发电量快速增长　2019年，全国非化石能源发电装机容量84410万千瓦，比上年增长8.8%，占全国发电总装机容量的比重为42.0%，比上年提高1.2个百分点；非化石能源发电量23930亿千瓦时，比上年增长10.6%，占全口径发电量的比重为32.7%，比上年提高1.7个百分点。其中，新能源发电装机容量41333万千瓦，比上年增长15.3%，占全国总装机容量的比重为20.6%，比上年下降1.2个百分点；发电量6293亿千瓦时，比上年增长15.9%，高于全口径发电量增速11.2个百分点，对全国发电量增长的贡献率为26.0%，占全口径发电量的比重为8.6%，比上年提高0.8个百分点。水电发电量比上年增长5.7%，高于全口径发电量增速0.9个百分点；生物质发电量增速比上年提高5.0个百分点；核电发电量增速比上年回落0.6个百分点。

2018年、2019年非化石能源发电生产情况见表5-1，2010—2019年新能源发电装机容量、及占全国装机容量2010—2019新能源发电量及占全国发电量比重分别见图5-15和图5-16，2019年主要发电企业发电装机容量及发电量见附录10。

表5-1　2018年、2019年非化石能源发电生产情况

类型	发电量（亿千瓦时）	发电量占比（%）		装机容量（万千瓦）	装机容量占比（%）	
		2019年	2018年		2019年	2018年
非化石能源合计	23930	32.7	30.9	84410	42.0	40.8
水电	13021	17.8	17.6	35804	17.8	18.6
生物质发电	1126	1.5	1.3	2361	1.2	1.0
核电	3487	4.8	4.2	4874	2.4	2.4
风电	4053	5.5	5.2	20915	10.4	9.7
太阳能发电	2240	3.1	2.5	20418	10.2	9.2
其他	2.6	0.004	0.002	37	0.018	0.01

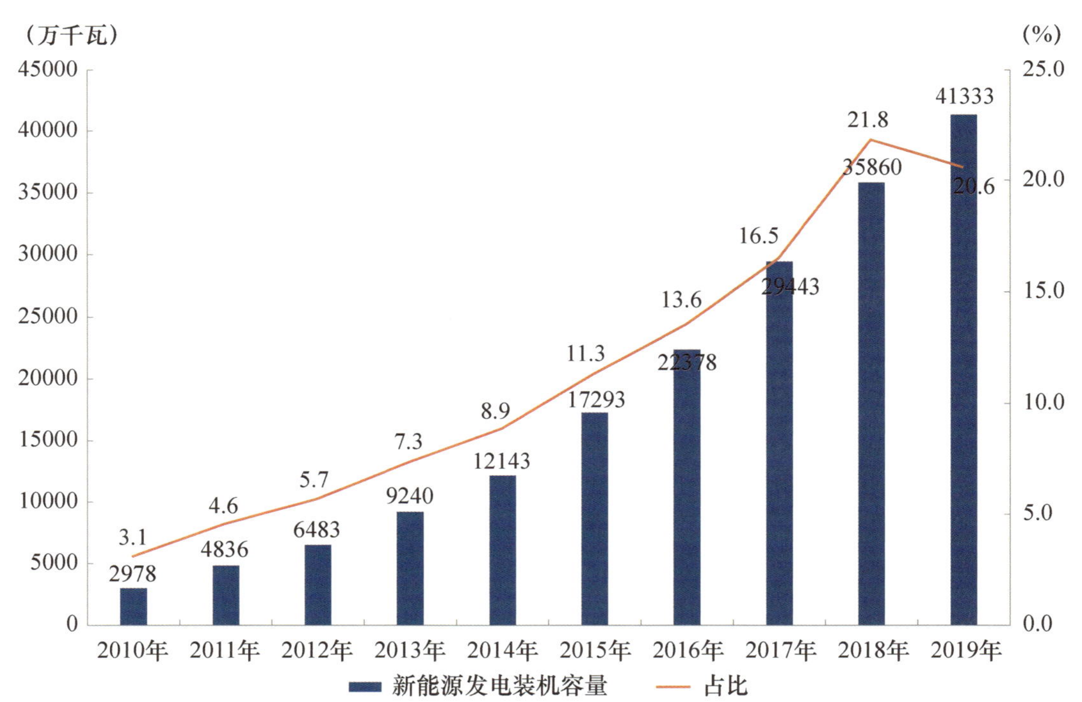

图5-15　2010—2019年新能源发电装机容量及占全国发电装机容量比重

图 5－16　2010—2019 年新能源发电量及占全国发电量比重

三、分区域情况

2019 年，华北区域发电装机容量超过 4 亿千瓦；西北区域发电装机增速为 9.4%，发电装机容量增速为各区域最高，其中火电和新能源发电装机容量比上年增长均超过 9%。华中和南方区域水资源丰富，水电装机容量均超过 1 亿千瓦，分别占全国水电装机容量的 42.0% 和 34.8%；华北和华东区域火电装机容量超过 2.5 亿千瓦，分别占全国火电装机容量的 26.9% 和 23.0%；华东和南方区域是核电装机最大的区域，核电装机容量分别为 2216 万千瓦和 1961 万千瓦，占全国核电装机容量的比重为 45.5% 和 40.2%；华北和西北区域是风电装机最大的区域，风电装机容量分别为 6140 万千瓦和 5363 万千瓦，占全国风电装机容量的比重为 29.4% 和 25.6%；华北、华东和西北区域太阳能发电装机容量超过 4000 万千瓦，合计占全国太阳能发电装机容量的比重为 71.4%，其中，华北区域太阳能发电装机容量最高（5143 万千瓦）。

2019 年，西北区域发电量增速 8.9%，是全国发电量增速最高的区域；除东北区域外，其他区域发电量均超过 1 万亿千瓦时（合计发电量占全国发电量的 92.8%）；华中、南网区域水电发电量均超过 4000 亿千瓦时，水电发电量分别占全国水电发电量的比重为44.3%和35.6%；华北和华东区域火电发电量均超过1万亿千瓦时，分别占全国火电发电量的比重为28.9%和23.3%；华东和南网区域核电发电量均超过1000亿千瓦时，分别占全国核电发电量的比重为45.3%和39.4%；华北、东北和西北区域新能源发电量超过该区域除火电外其他发电类型的发电量，新能源发电已经是这三个地区的第二大发电类型；另外，华中区域新能源发电量642亿千瓦时，比上年增长24.8%，增速是全国各区域中最高的。

华北区域 发电装机增速高于全国平均增速，主要是新能源发电装机增长较快。火电和风电是本区域主要电源，合计装机容量占本区域发电装机容量的比重为86.0%。其中，燃煤发电装机容量38900万千瓦，比上年增长4.9%，燃煤发电装机容量占本区域发电装机容量的65.2%；生物质发电装机容量501万千瓦，比上年增长14.3%。火电装机以30万~60万千瓦等级为主，占区域总装机容量比重达41.7%。

发电量增速略高于全国平均增速，区域内火电、风电发电量合计占本区域发电量的94.3%。其中，燃煤发电量占本区域发电量的80.2%，比上年降低2.1个百分点；生物质发电量为245亿千瓦时，比上年增长8.9%。

东北区域 发电装机容量增速低于全国平均增速3.2个百分点，火电和风电是本区域主要电源，合计装机容量占本区域发电装机容量的比重为83.4%。其中，燃煤发电装机容量占本区域装机容量的60.1%，比上年下降2.4个百分点；生物质发电装机容量为223万千瓦，比上年增长21.9%。火电以单机30万~60万千瓦等级为主，10万千瓦以下火电机组占本区域火电机组容量比重为各区域最高。

发电量增速低于全国平均增速1.5个百分点，火电和风电是本区域主要发电电源，合计发电量占本区域发电量的比重为88.0%。其中，火电发电量为3952亿千瓦时，比上年增长1.2%（燃煤发电量3780亿千瓦时，比上年增长0.5%，占本区域发电量的71.9%，比上年降低2.0个百分点；生物质发电量为109亿千瓦时，比上年增长22.5%）；风电发电量675亿千瓦时，比上年增长9.6%。

华东区域 发电装机容量增速低于全国平均增速2.0个百分点。火电和核电装机容量合计占本区域装机容量的比重为75.9%，其中，燃煤发电装机容量占本区域装机容量的56.1%，比上年下降1.7个百分点；生物质发电装机容量680万千瓦，比上年增长19.2%。单机100万千瓦和60万千瓦至不足100万千瓦等级火电机组容量在全国占比均最大，其中，单机100万千瓦等级火电机组容量占全国比重接近50%。

发电量增速低于全国平均增速2.6个百分点，火电和核电发电量合计占本区域发电量的89.5%。其中，燃煤发电量占本区域发电量的67.9%，比上年下降2.5个百分点；燃气发电量902亿千瓦时，占本区域发电量的6.1%，与去年基本持平；生物质发电量372亿千瓦时，比上年增长18.7%，占本区域发电量的2.5%，比上年提高0.3个百分点；核电发电量1579亿千瓦时，是核电发电量最多的区域，比上年增长7.1%。

华中区域 发电装机容量增速低于全国平均增速1.3个百分点，水电和火电装机容量合计占本区域装机容量的86.3%。其中，燃煤发电装机容量15856万千瓦，比上年增长2.2%，占本区域装机容量的41.7%，比上年下降0.9个百分点；燃气发电装机容量710万千瓦，比上年增长12.0%；生物质发电装机容量389万千瓦，比上年增长24.1%。火电以单机30万~60万千瓦等级为主。

发电量增速低于全国平均增速2.2个百分点，水电和火电发电量合计占本区域发电量的95.2%。其中，火电发电量7042亿千瓦时，比上年增长1.3%（燃煤发电量6319亿千瓦时，比上年增长0.7%，占本区域发电量的47.0%，比上年下降0.9个百分点；燃气发电量141亿千瓦时，比上年降低4.4%；生物质发电量为178亿千瓦时，比上年增长26.6%）；新能源发电量占比较低（4.8%），但增速为各区域最高（24.8%）。

西北区域 发电装机增速高于全国平均增速3.6个百分点，水电和火电装机容量占本区域装机容量的65.1%。其中，水电装机容量3512万千瓦，比上年增长3.0%；火电装机容量15951万千瓦，比上年增长8.9%（燃煤发电装机容量为15319万千瓦，比上年增长8.3%，占本区域装机容量的51.2%，与上年基本持平；燃气发电装机容量164万千瓦，比上年降低3.2%；生物质发电装机容量45万千瓦，比上年增长51.0%）。火电以单机30万~60万千瓦等级机组为主。

发电量增速高于全国平均增速4.2个百分点，水电和火电发电量合计占本区域发电量的84.2%。其中，火电发电量6997亿千瓦时，比上年增长7.2%（燃煤发电量为6767亿千瓦时，比上年增长6.6%，占本区域发电量的66.6%，比上年降低1.4个百分点；燃气发电量37亿千瓦时，与上年基本持平）；水电发电量1559亿千瓦时，比上年增长11.8%；新能源发电量占本区域发电量的15.8%，对区域发电量增长的贡献率为23.8%。

南方区域 发电装机容量增速与全国平均增速基本持平，清洁能源发电装机容量合计占本区域装机容量的61.1%。其中，水电、燃气发电、核电、风电和太阳能发电装机容量占比分别为36.0%、6.7%、5.7%、6.0%和5.1%；生物质发电装机容量为524千瓦，比上年增长26.9%。单机100万千瓦等级火电机组容量占比超过全国平均水平。

发电量增速高于全国平均增速2.5个百分点，清洁能源发电量占本区域发电量的58.3%。其中，水电发电量为4631亿千瓦时，比上年增长5.3%；核电发电量为1374亿千瓦时，比上年增长21.1%；新能源发电量为608亿千瓦时，比上年增长21.1%。区域内火电发电量为6129亿千瓦时，比上年增长4.9%，其中，燃煤发电量为5118亿千瓦时，比上年增长1.3%，占本区域发电量的40.2%，比上年下降2.4个百分点；受电力消费增长和燃气发电装机规模增加的影响，燃气发电量为613亿千瓦时，比上年增长35.7%，是全国各区域增长最快的，占区域内发电量的4.8%，比上年提高1.0个百分点。

2019年分区域电网发电装机容量、发电量及增速和各类型发电设备利用小时分别见表5－2和表5－3，2019年分区域电网分类型发电设备利用小时见图5－17，2019年分区域电网火电分类型发电装机容量及煤电占比见图5－18。

表5－2　2019年分区域电网发电装机容量、发电量及增速

电网区域	发电装机容量（万千瓦）	比上年增长（%）	发电量（亿千瓦时）	比上年增长（%）
华北区域	44352	7.5	16759	5.1
东北区域	15076	2.6	5257	3.3
华东区域	39045	3.8	14896	2.1
华中区域	37996	4.5	13457	2.6
西北区域	29914	9.4	10158	8.9
南方区域	34623	5.7	12743	7.3

表5－3　2019年分区域电网各类型发电设备利用小时

电网区域	水电		火电		核电		风电		太阳能发电	
	本年（小时）	比上年提高（小时）	本年（小时）	比上年提高（小时）	本年（小时）	比上年提高（小时）	本年（小时）	比上年提高（小时）	本年（小时）	比上年提高（小时）
华北区域	1594	291	4656	－90	8296	－9	2083	－101	1395	61
东北区域	1740	－203	4183	23	7314	575	2305	109	1527	149
华东区域	2376	477	4273	－200	7124	－559	2089	－195	1133	66
华中区域	3944	29	3971	－74			1907	－129	1081	12
西北区域	4466	315	4614	96			1925	63	1371	41
南方区域	3742	19	3855	－16	7625	28	2314	55	1104	115

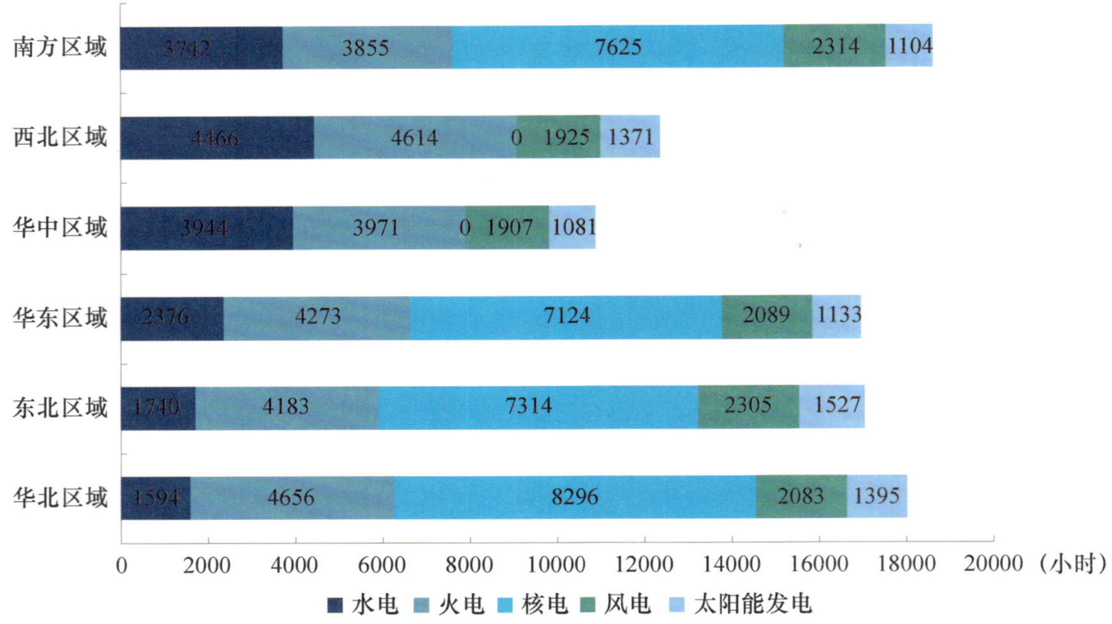

图5－17　2019年分区域电网分类型发电设备利用小时

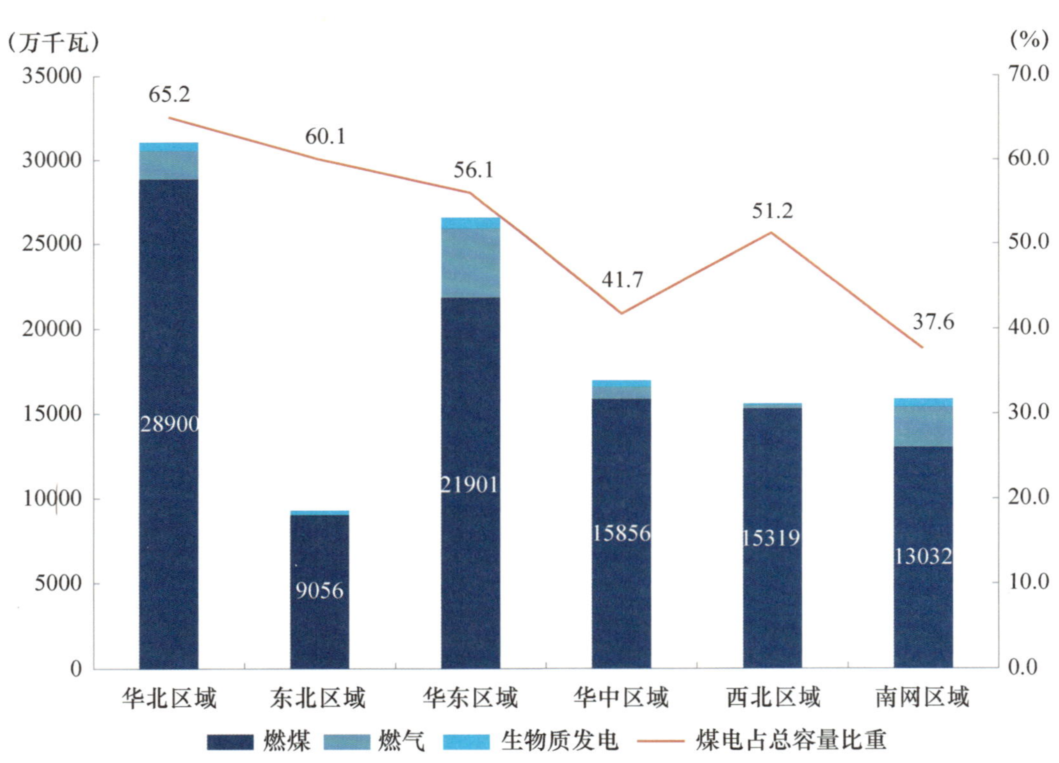

图5－18　2019年分区域电网火电分类型发电装机容量及煤电占比

2019年分区域电网分类型发电量占本区域发电量比重见图5－19。

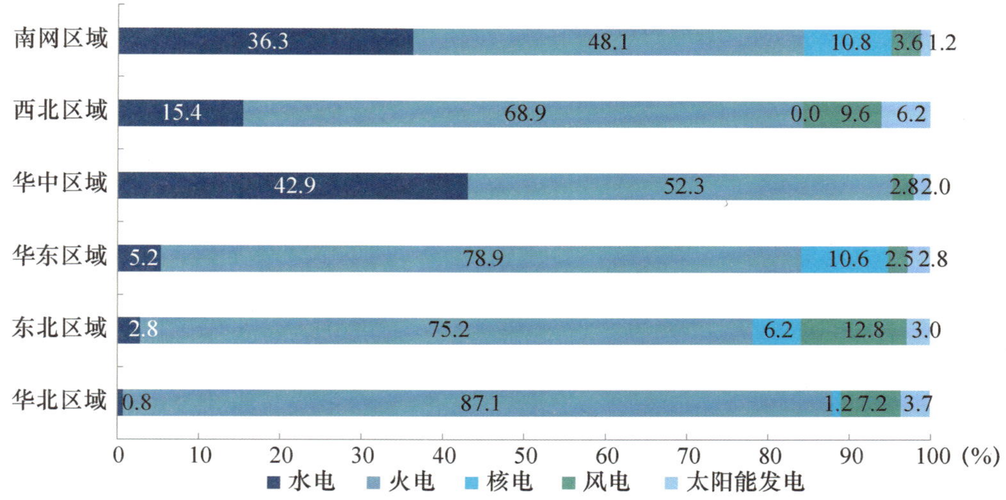

图 5-19　2019 年分区域电网分类型发电量占本区域发电量比重

四、分省（区、市）情况

截至 2019 年年底，山东、江苏、内蒙古和广东发电装机容量突破 1 亿千瓦，其中，山东发电装机容量规模最大（14044 万千瓦），比上年增长 7.2%，四川、浙江、云南、新疆、河南和山西发电装机容量超过 9000 万千瓦；内蒙古、山东和江苏发电量超过 5000 亿千瓦时，广东、四川、新疆、浙江、云南和山西发电量在 3000 亿~5000 亿千瓦时之间，其中，内蒙古、云南、四川、新疆和山西是主要能源输出省（区、市），云南、四川以输出水电为主，内蒙古、新疆和山西以火电为主；发电量不足 1000 亿千瓦时的省（区、市）有吉林、青海、上海、重庆、天津、北京、海南和西藏，均为发电装机容量相对较小的省（区、市）。

受电力消费增长，输出电量增多和装机结构等因素影响，福建、内蒙古、安徽、广东等 13 个省（区、市）发电设备平均利用小时高于全国平均水平。

（一）水电

水电装机容量超过 1000 万千瓦的省（区、市）有 10 个，其合计装机容量占全国水电装机容量的 81.6%。四川、云南水电装机容量分别占本省发电装机容量的 79.0% 和 71.4%，西藏也超过 50%，湖北接近 50%；受来水明显偏丰、清洁能源消纳力度加大影响，全国有 20 个省（区、市）水电发电量比上年增长，其中，江西比上年增长最高，比上年增长 44.5%，水电发电量占全省发电量的比重为 12.0%，水电对发电量增长的贡献率超过 50%。另外，福建、浙江和广东比上年增长也超过 30%。受来水偏枯和去年同期基数偏大等因素的影响，海南水电发电量比上年下降 36.8%。

在水电装机容量超过 1000 万千瓦的 10 个省（区、市）中，除湖北和广西外，其他省（区、市）水电设备利用小时均比上年增加，其中福建增幅最大，比上年增加841小时。

2019年水电装机容量超过1000万千瓦省（区、市）的水电装机、发电量及利用小时情况见表5-4。

表5-4　2019年水电装机容量超过1000万千瓦省（区、市）的水电装机、发电量及利用小时情况

省（区、市）	水电装机		水电发电量			水电设备利用小时	
	容量（万千瓦）	占本省装机容量比重（%）	发电量（亿千瓦时）	增速（%）	占本省发电量比重（%）	利用小时（小时）	同比提高（小时）
四川	7846	79.0	3316	2.1	85.0	4291	71
云南	6873	71.4	2854	5.8	82.4	4184	-56
湖北	3679	46.8	1357	-7.8	45.6	3758	-313
贵州	2223	33.7	769	-0.1	34.1	3406	138
广西	1681	36.4	593	-2.5	32.5	3750	-132
湖南	1612	34.5	544	25.9	35.1	3421	636
广东	1576	12.2	397	35.6	8.2	1932	412
福建	1321	22.4	442	36.0	17.2	3345	841
青海	1192	37.6	554	7.2	62.7	4649	289
浙江	1170	12.0	257	33.9	7.2	2032	486

2019年部分省（区、市）水电发电量对全国水电发电量增长贡献率见图5-20。

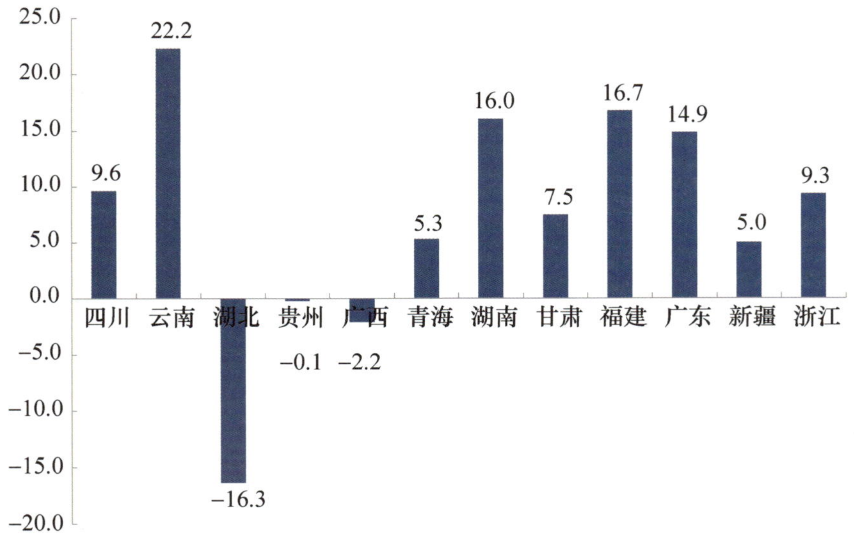

图5-20　2019年部分省（区、市）水电发电量对全国水电发电量增长贡献率

（二）火电

在火电装机容量超过5000万千瓦的10个火电装机大省（区、市）中，基本都是发供电大省。陕西、辽宁、贵州、宁夏、福建和湖北火电装机也超过3000万千瓦；全国有18个省（区、市）煤电装机容量占比超过50%，煤电依然是全国大部分省（区、市）的发电主力。火电装机超过3000万千瓦的省（区、市）合计火电及煤电发电量分别占全国同类发电量比重为64.4%和65.3%；全国共有16个省（区、市）煤电发电量比上年增加，其中云南增加最多，比上年增加50.8%，广西、湖北、四川和新疆比上年增加也超过10%。另外，青海、北京和广东比上年降低超过10%，分别降低15.5%、14.0%和10.4%。

广西、四川、新疆、湖北等13个省（区、市）火电发电设备平均利用小时比上年增加。其中，广西和四川受电力消费增长和水电利用小时下降影响，火电发电设备利用小时比上年提高851小时和371小时；新疆和贵州受电力消费和供应增长的影响，各类型发电设备利用小时均比上年提高，其中，火电发电设备利用小时比上年分别提高442小时和299小时；另外湖北受水电和其他类型发电设备利用小时降低的影响，火电发电设备利用小时比上年提高269小时；内蒙古、江西、新疆、河北、安徽、湖北等14个省（区、市）火电发电设备利用小时高于全国平均水平。

全国有18个省（区、市）火电发电设备利用小时比上年降低，其中，青海和天津受清洁能源发电、区域外来电增加等因素影响，分别降低489小时和443小时；广东受去年同期基数和火电新增装机的增加影响，利用小时比上年降低449小时；河南和上海降低也超过300小时。青海、云南和西藏火电利用小时不足3000小时。

内蒙古、江西、新疆、河北、湖北等14个省（区、市）煤电设备平均利用小时高于全国平均水平；广西、云南、四川、湖北等11个省（区、市）煤电利用小时比上年增加。青海、宁夏、福建受总发电设备利用小时降低、水电等清洁能源发电增加影响，煤电发电设备利用小时比上年降低较多，分别降低491小时、275小时、268小时；河南、山东、河北等受总发电设备利用小时降低、新投煤电机组增多增加等因素影响，煤电设备利用小时分别降低349小时、284小时、272小时；天津、北京和上海区外来电增加、燃气发电占比较大和总体设备利用小时偏低等因素影响，煤电设备利用小时分别降低473小时、280小时和261小时。

2019年火电装机大省火电装机、发电量及占比见表5－5，2019年部分省（区、市）火电发电量对全国火电增长的贡献率见图5－21，2019年火电装机容量超过3000万千瓦、煤电装机容量超过2000万千瓦的省（区、市）设备利用小时分别见图5－22和图5－23。

表 5－5　2019 年火电装机大省火电装机、发电量及占比

省（区、市）	火电发电装机容量				火电发电量			
	总计（万千瓦）	占本省装机比重（%）	其中，煤电（万千瓦）	占本省装机比重（%）	总计（亿千瓦时）	占本省发电量比重（%）	其中，煤电（亿千瓦时）	占本省发电量比重（%）
山东	10713	76.3	10029	71.4	4680	88.6	4381	82.9
江苏	10050	75.6	8028	60.4	4364	86.2	3604	71.2
内蒙古	8721	67.4	8643	66.8	4564	83.7	4551	83.5
广东	8628	67.0	6141	47.7	3222	66.4	2508	51.7
河南	7050	75.8	6579	70.7	2481	88.1	2400	85.2
山西	6687	72.3	6112	66.1	2852	87.7	2666	81.9
浙江	6212	63.5	4649	47.5	2507	70.7	2193	61.9
新疆	5813	60.5	5644	58.7	2777	77.0	2726	75.6
安徽	5521	74.7	5136	69.5	2657	92.3	2463	85.5
河北	5021	60.4	4705	56.6	2377	82.3	2274	78.8

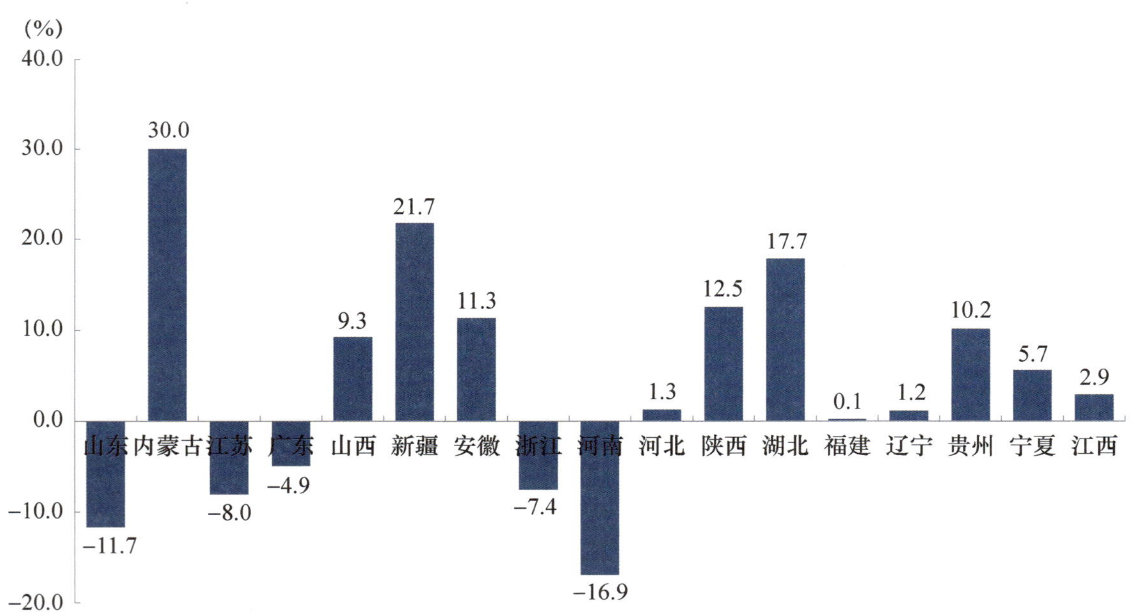

图 5－21　2019 年部分省（区、市）火电发电量对全国火电增长的贡献率

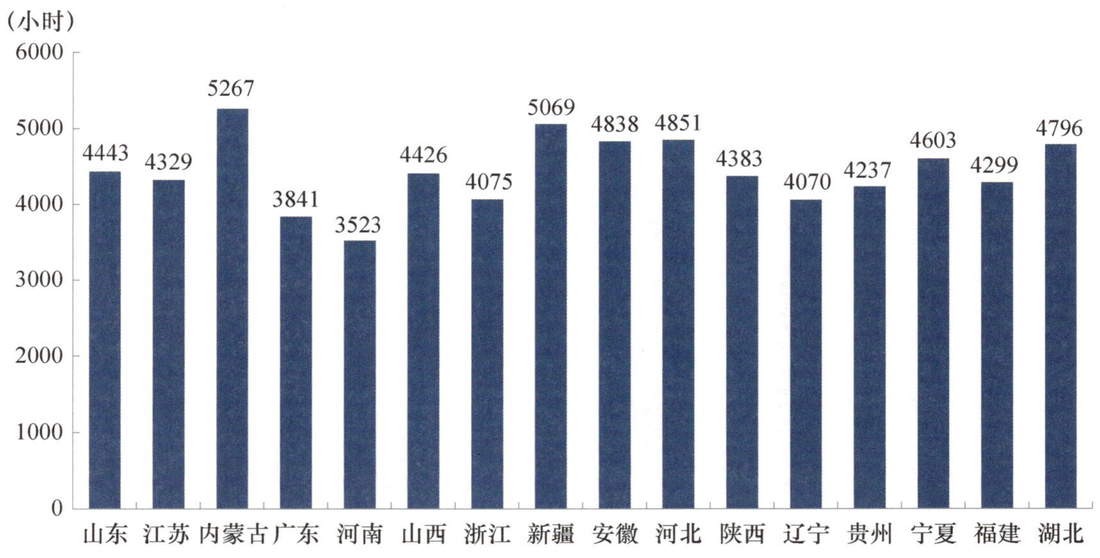

图 5－22　2019 年火电装机容量超过 3000 万千瓦的省（区、市）火电设备利用小时

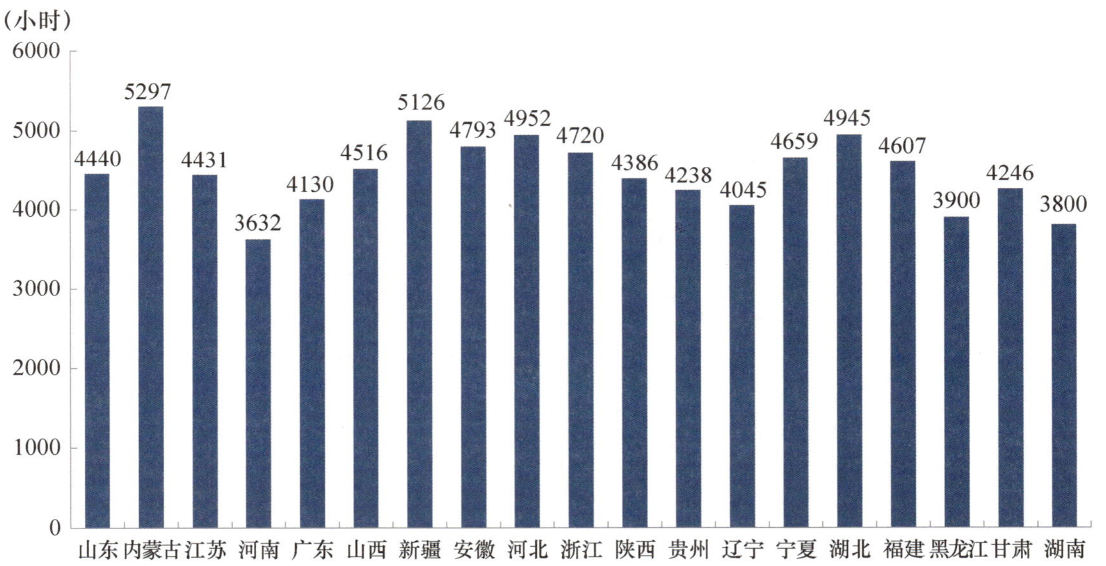

图 5－23　2019 年煤电装机容量超过 2000 万千瓦的省（区、市）煤电设备利用小时

全国有 12 个省（区、市）燃气发电装机容量超过 100 万千瓦，其中，广东、江苏和浙江燃气发电装机容量超过 1000 万千瓦，广东是燃气发电装机容量最多的省，达到 2217 万千瓦，占本省发电装机容量的 17.2%，比上年增长 13.0%；北京、上海燃气发电装机容量超过 700 万千瓦，其中，北京 993 万千瓦，占本市发电装机容量的 76.1%，是燃气发电装机容量占比最高的省（区、市）。

2019 年，全国共有 7 个省（区、市）燃气发电量超过 100 亿千瓦时，燃气发电量超过 100 亿千瓦时的省（区、市）燃气发电量及增速见图 5－24。

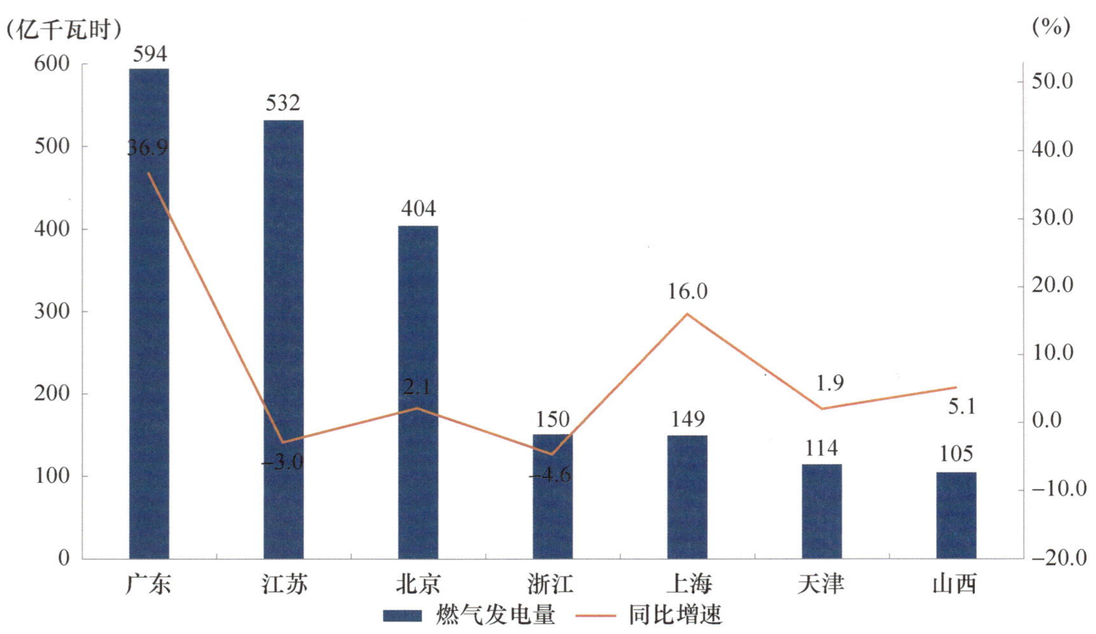

图5－24　2019年燃气发电量超过100亿千瓦时的省（区、市）燃气发电量及增速

全国有7个省（区、市）生物质发电装机容量超过100万千瓦。山东、广东、江苏、浙江、安徽、黑龙江和广西生物质发电量超过50亿千瓦时，6省合计生物质发电量占全国生物质发电量的61.0%。

2019年生物质发电装机容量超过100万千瓦的省（区、市）生物质装机容量及增速见图5－25，2019年分省（区、市）生物质发电量见图5－26。

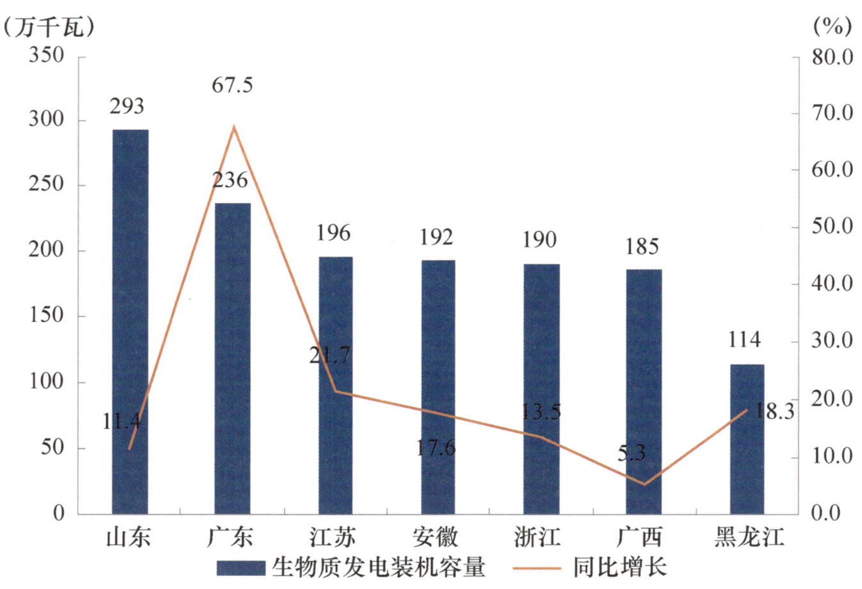

图5－25　2019年生物质发电装机容量超过100万千瓦的省（区、市）生物质装机容量及增速

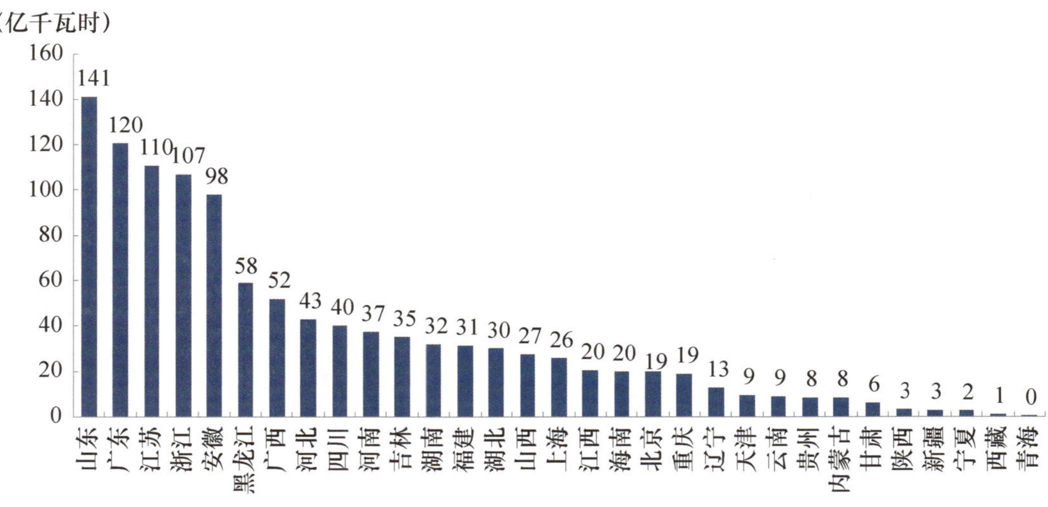

图5－26　2019年分省（区、市）生物质发电量

（三）核电

全国共有8个省（区、市）拥有核电装机，其中，广东达到1614万千瓦，比上年增长21.3%，核电装机占本省装机容量的12.6%；福建、海南核电装机占本省装机容量的比重超过14%；山东和广东受新投核电机组影响，核电发电量比上年大幅增长。

分省（区、市）看，除海南、辽宁和广西核电发电设备利用小时比上年分别提高1511小时、575小时和487小时外，其他省（区、市）均有所下降，其中，浙江核电发电设备利用小时比上年下降1011小时，江苏、福建和广东比上年下降也超过200小时。2018年、2019年分省（区、市）核电装机容量、2019年8个省（区、市）核电发电量及增速分别见图5－27和图5－28，2019分省核电利用小时及变化见表5－6。

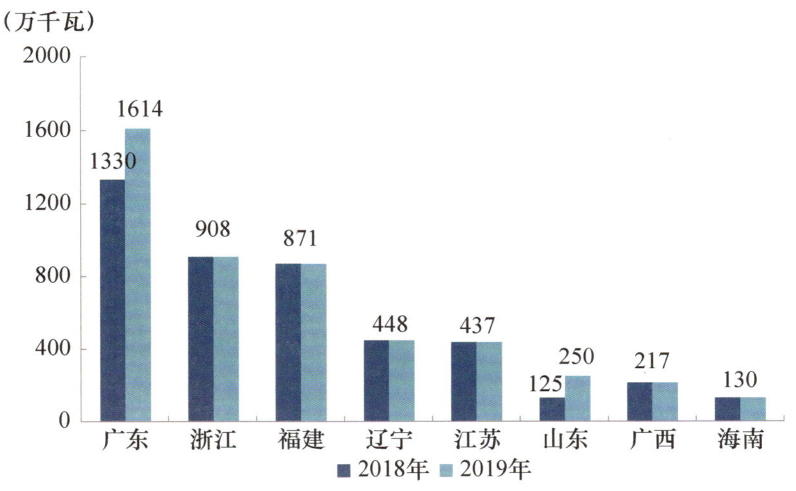

图5－27　2018年、2019年分省（区、市）核电装机容量

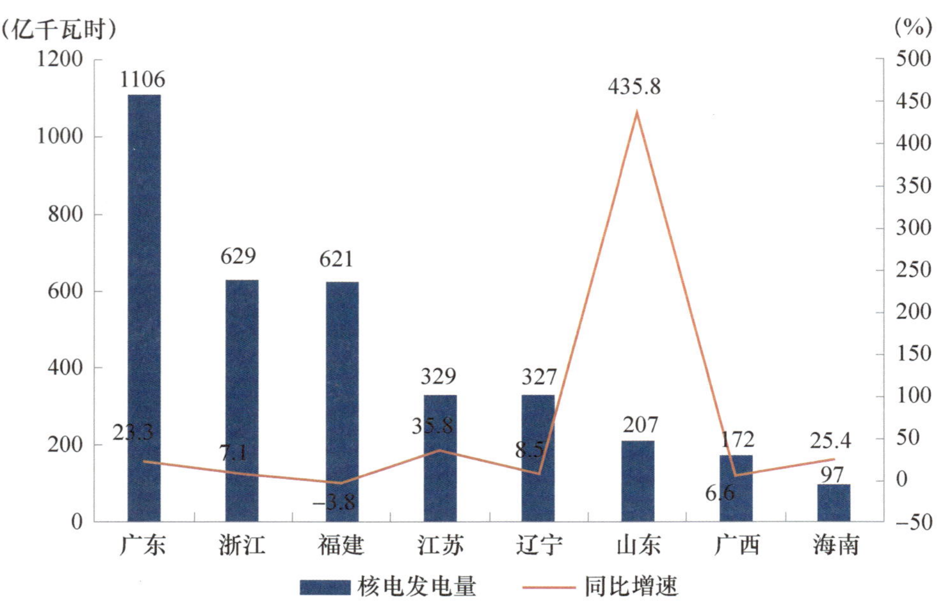

图 5-28　2019 年 8 个省（区、市）核电发电量及增速

表 5-6　2019 年分省核电利用小时及变化

	山东	广西	广东	江苏	海南	辽宁	福建	浙江
2019 年核电利用小时数（小时）	8296	7898	7600	7523	7447	7314	7131	6925
利用小时比上年变化数（小时）	-9	487	-229	-358	1511	575	-279	-1011

（四）新能源发电

2019 年，在各级政府和电力行业协同努力下，全国弃能问题继续改善，各省（区、市）新能源消纳得到进一步改善，新能源发电量和利用率比上年双提升；全国弃风、弃光增长势头得到有效遏制，年累计弃风率比上年降低 3.0%，年累计弃光率比上年降低 9.2%，新能源弃电量、弃电率实现“双降”；全国有 16 个省（区、市）基本不弃风，累计弃风率比上年降低 3.0 个百分点；有 20 个省（区、市）基本不弃光，其累计弃光率比上年降低 1.0 个百分点①。新能源发电装机超过 1000 万千瓦的省（区、市）有 17 个，其合计容量占全国新能源发电装机容量的 83.8%；新能源发电装机容量占本省发电装机容量比重超过全国平均水平（20.6%）的省（区、市）有 15 个，主要分布在新能源自然资源较丰富的“三北”地区。青海、甘肃、宁夏、河北、吉林、黑龙江、西藏、内蒙古和新疆新能源发电量占本省发电量的比重已超过 15%；天津、河北、山西、内蒙古、吉林、黑龙江、上海、江苏、安徽、山东、

① 数据来源于国家能源局并网风电、光伏发电生产情况统计。

河南、陕西、宁夏和新疆14个省（区、市）的新能源发电已成为本省第二大发电类型。

2019年新能源发电装机容量超过1000万千瓦的省（区、市）新能源发电装机及占比、新能源发电量超过100亿千瓦时的省（区、市）新能源发电量及占比分别见图5－29和图5－30。

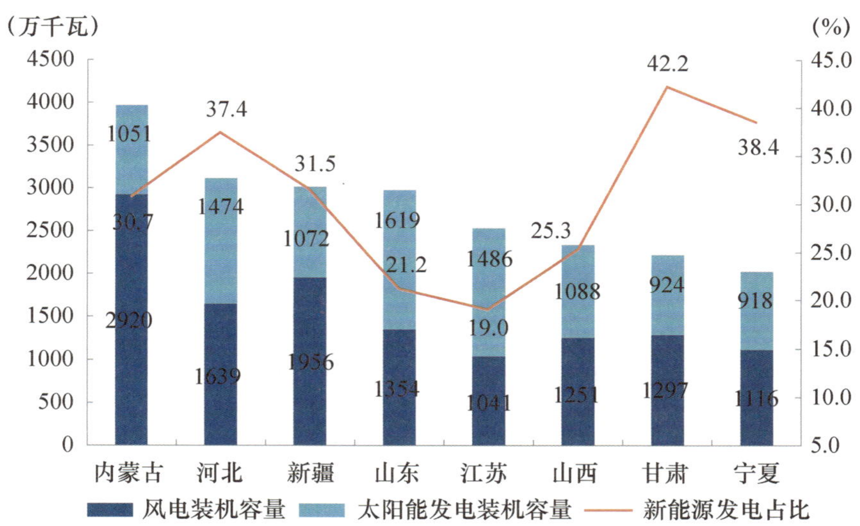

图5－29　2019年新能源发电装机容量超过1000万千瓦的省（区、市）新能源发电装机及占比

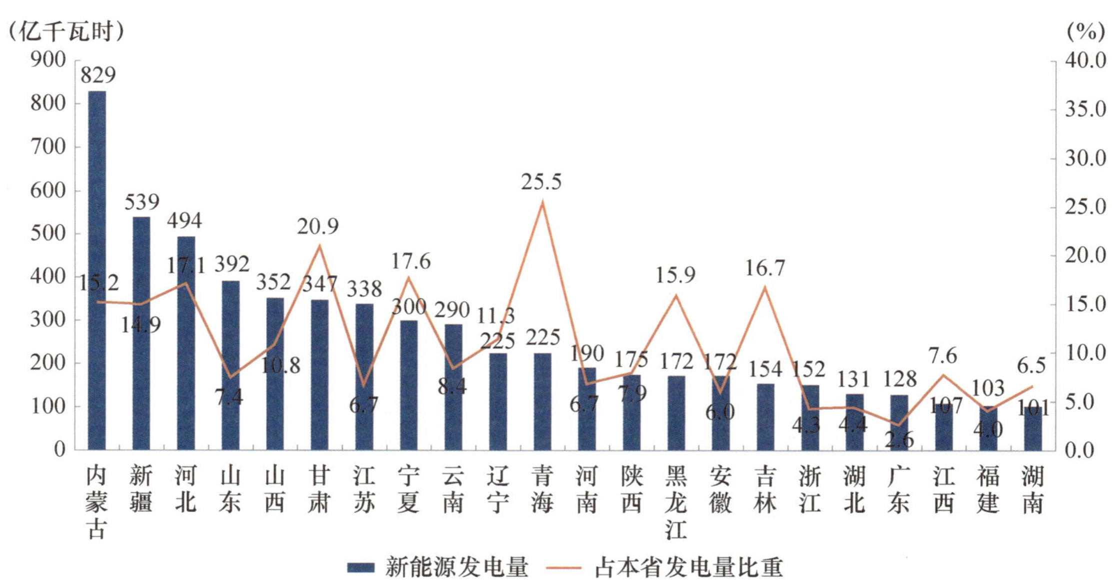

图5－30　2019年新能源发电量超过100亿千瓦时的省（区、市）新能源发电量及占比

全国有 14 个省（区、市）风电装机容量超过 500 万千瓦，其合计容量占全国风电装机容量的 80.1%。内蒙古风电发电量超过 600 亿千瓦时；新疆、河北、云南、甘肃、山东和山西超过 200 亿千瓦时。内蒙古、新疆、河北等 12 个省（区、市）风电发电量超过 100 亿千瓦时，其风电发电量合计占全国风电发电量的 76.9%；甘肃、黑龙江、吉林、内蒙古、新疆、河北和宁夏风电发电量占本省（区、市）发电量的比重超过 10%；辽宁占比超过 8%，达到 9.2%。

在风电装机容量超过 200 万千瓦的 24 个省（区、市）中，四川、青海、新疆等 13 个省（区、市）风电设备平均利用小时比上年增加；云南、福建、四川、广西等 10 个省（区、市）风电设备平均利用小时高于全国平均水平；安徽、山西、河南、广东等 11 个省（区、市）风电利用小时比上年降低。

太阳能发电装机容量超过 500 万千瓦的省（区、市）有 17 个，其合计容量占全国太阳能发电装机容量的 86.7%。河北、山东、内蒙古、青海、江苏等 16 个省（区、市）太阳能发电量超过 50 亿千瓦时，其太阳能发电量合计占全国太阳能发电量的 85.6%。

2019 年风电装机容量超过 500 万千瓦的省（区、市）风电装机容量及利用小时数、太阳能发电装机容量超过 500 万千瓦的省（区、市）太阳能发电装机容量及利用小时数分别见图 5－31 和图 5－32。

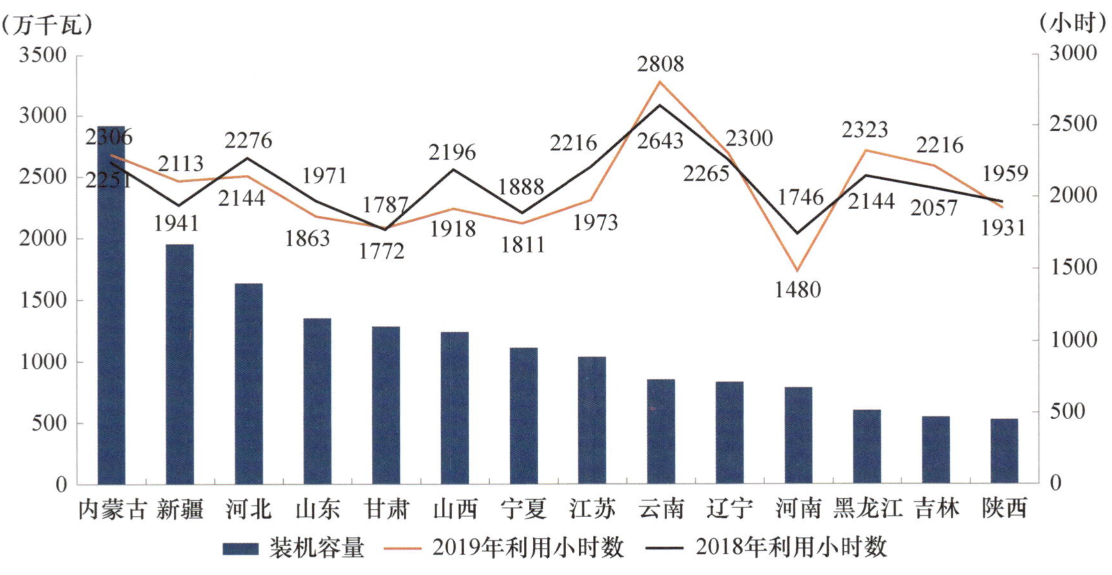

图 5－31　2019 年风电装机容量超过 500 万千瓦的省（区、市）风电装机容量及利用小时数

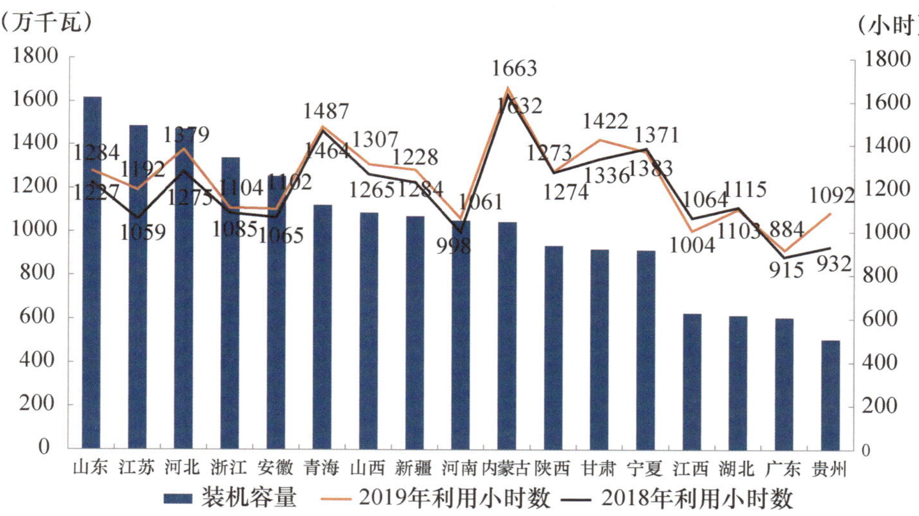

图5－32　2019 年太阳能发电装机容量超过500 万千瓦的省（区、市）太阳能发电装机容量及利用小时数

五、统调最高发电负荷

根据国家电力调度控制中心数据，2019 年，受用电增速回落影响，全国电力供需形势从前两年的总体平衡转为总体宽松。全国电网统调最高发电负荷（最高发电电力，下同）比上年增长5.9%，增速比上年降低1.2 个百分点。随着电网调节能力的不断加强，各地区不断优化高峰时段的调节手段，除华北、华中和东北地区外，其他各区域统调最高发电负荷增速均比上年有不同程度的提高，其中华东地区比上年同期提高4.4 个百分点，提高最多。华东区域作为全国电力消费大区，最高发电负荷在各区域最高。

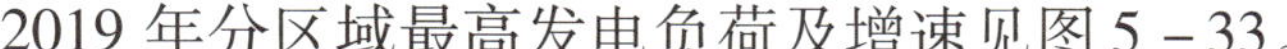
2019 年分区域最高发电负荷及增速见图5－33。

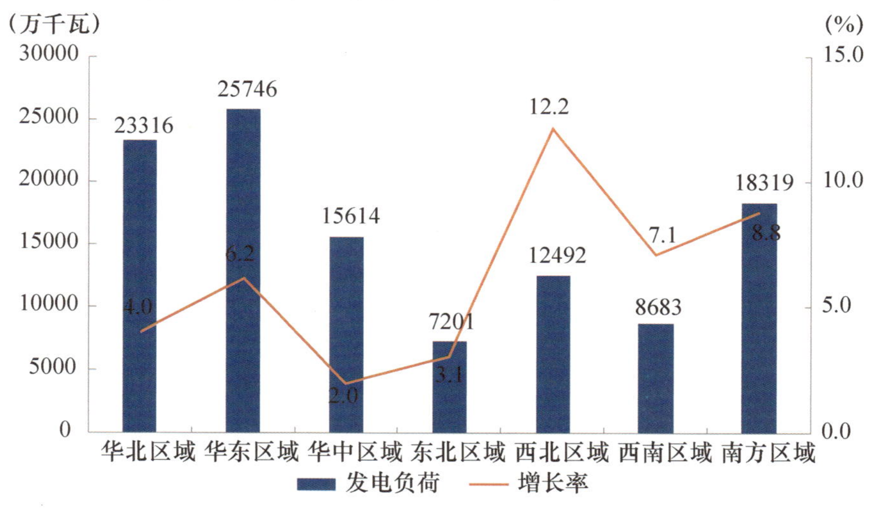

图5－33　2019 年分区域最高发电负荷及增速

2019 年全年各月全国电网统调发电量均比上年正增长。其中 4 月发电量比上年增长 6.5%，最高发电负荷比上年增长 6.3%，最为接近。2019 年发电量和发电负荷增速各月比上年增长见图 5－34。

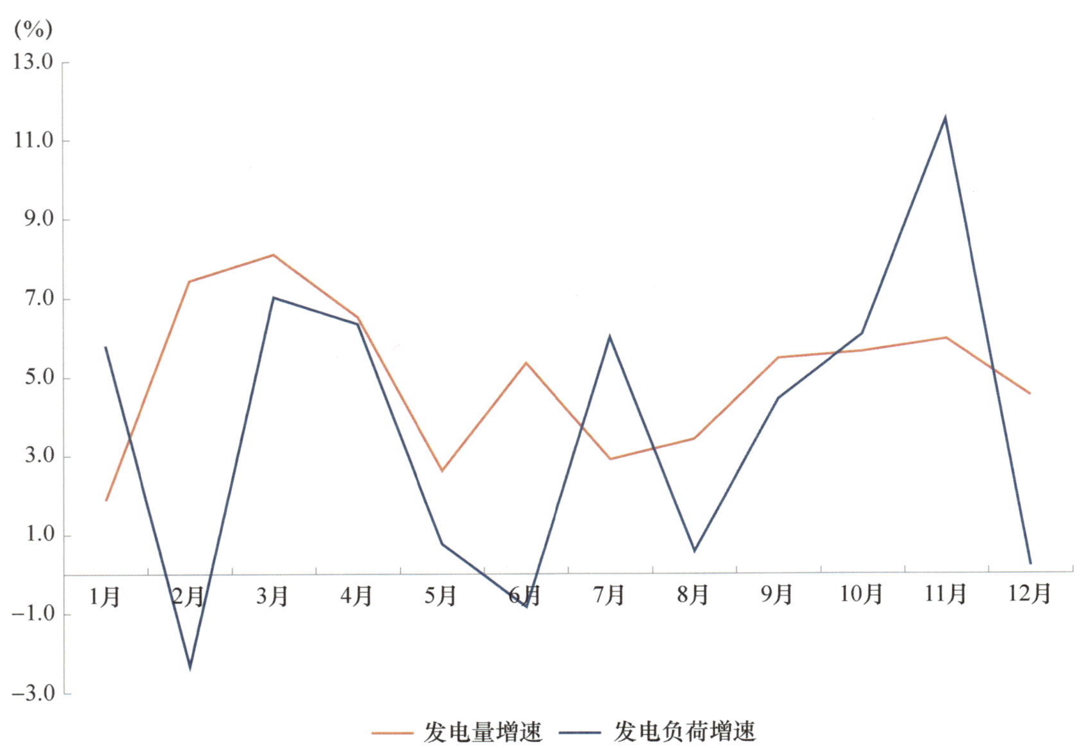

图 5－34　2019 年发电量和发电负荷各月比上年增长

（本节主要撰稿人为中电联电力统计与数据中心靳坤坤）

第二节　输配电

一、总体情况

截至 2019 年年底，初步统计全国电网 35 千伏及以上输电线路回路长度 193.5 万千米，比上年增长 3.4%，其中 220 千伏及以上输电线路回路长度 75.5 万千米，比上年增长 4.1%。初步统计，全国电网 35 千伏及以上变电设备容量 65.3 亿千伏安，比上年增长 7.6%，其中 220 千伏及以上变电设备容量 42.7 亿千伏安，比上年增长 5.7%。

截至 2019 年年底，全国 35 千伏及以上输电线路回路长度及变电设备容量见表 5－7。

表 5－7 2019 年年底全国 35 千伏及以上输电线路回路长度及变电设备容量

电压等级		输电线路回路长度		变电设备容量	
		长度（万千米）	增长率（%）	容量（亿千伏安）	增长率（%）
35 千伏及以上各电压等级合计		193.5	3.4	65.3	7.6
220 千伏及以上各电压等级		75.5	4.1	42.7	5.7
其中	1000 千伏	1.2	12.6	1.6	10.2
	±800 千伏	2.2		1.8	
	750 千伏	2.2	8.1	1.8	5.7
	500 千伏	20.9	3.3	15.7	5.9
	其中：±500 千伏	1.5		1.3	
	330 千伏	3.2	6.6	1.2	2.5
	220 千伏	45.3	4.2	20.1	4.8

分省（区、市）看，初步统计全国共有 13 个省（区、市）的 35 千伏及以上输电线路回路长度超过 7 万千米，分别是内蒙古、山东、河北、四川、江苏、云南、广东、河南、安徽、新疆、山西、湖北和湖南，基本是电力消费大省（区、市）或电力输送、交换大省（区、市），其中，内蒙古、山东和河北分别达到 11.7 万千米、11.2 万千米和 10.8 万千米。全国除广西、天津、宁夏、黑龙江、吉林、青海、海南和西藏外，共有 23 个省（区、市）的 35 千伏及以上变电设备容量超过 1 亿千伏安。

二、跨区跨省输电

（一）跨区输电

1. 输电能力

截至 2019 年年底，全国跨区输电能力达到 14815 万千瓦。其中，跨区网对网输电能力 13481 万千瓦；跨区点对网送电能力 1334 万千瓦。

截至 2019 年年底全国已投运的跨区域联网及跨区线路见表 5－8。

表5－8　截至2019年年底全国已投运的跨区域联网及跨区线路

送端地区	线路工程名称	电压等级（千伏）	输送能力（万千瓦）	投产时间	受端地区
全国总计			14815		
华北	小计		3630		
	阳城送华东电网	500	330	2007年	华东
	锡盟—泰州特高压直流	±800	1000	2017年	华东
	晋北—南京特高压直流	±800	800	2017年	华东
	内蒙古上海庙—山东临沂特高压直流	±800	1000	2018年	华东
	晋东南—南阳—荆门特高压交流	1000	500	2009年、2011年扩建	华中
东北	小计		1500		
	高岭直流背靠背		300	2009、2012年扩建	华北
	辽宁绥中电厂送华北电网	500	200	2015年	华北
	扎鲁特至青州特高压直流	±800	1000	2017年	华北
华中	小计		3840		
	葛洲坝—上海直流	±500	300	1989、2011年扩建	华东
	三峡—常州直流	±500	300	2003年	华东
	三峡—上海直流	±500	300	2006年	华东
	向家坝—上海直流	±800	640	2010年	华东
	团林—枫泾直流	±500	300	2011年	华东
	锦屏—苏南直流	±800	720	2012年	华东
	溪洛渡—浙江直流	±800	800	2014年	华东
	湖南鲤鱼江水电站送南方区域	500	180	2003年	南方
	江陵—鹅城直流	±500	300	2004年	南方
西北	小计		5581		
	陕西府谷、锦界送华北电网	500	360	2007年	华北
	宁东—山东直流	±660	400	2012年	华北
	榆横—潍坊1000千伏特高压交流	1000	750	2017年	华北
	宁东—浙江直流	±800	800	2016年	华东
	灵宝直流背靠背		111	2005、2009年扩建	华中
	宝鸡—德阳直流	±500	300	2009年	华中
	哈密南—郑州直流	±800	800	2013年	华中
	酒泉—湖南特高压直流	±800	800	2017年	华中
	青藏联网	±400	60	2011年	西藏
	准东—皖南特高压直流	±1100	1200	2019年	华东
南方	小计		264		
	贵州二郎电厂送重庆	500	264	2015年	华中

2. 输电量

受电力消费需求较快增长、西部新能源东送规模增加等因素影响，2019 年全国跨区送电完成 5404 亿千瓦时，比上年增长 12.2%，增速比上年回落 0.5 个百分点。

2006—2019 年跨区送电量及增速见图 5－35。

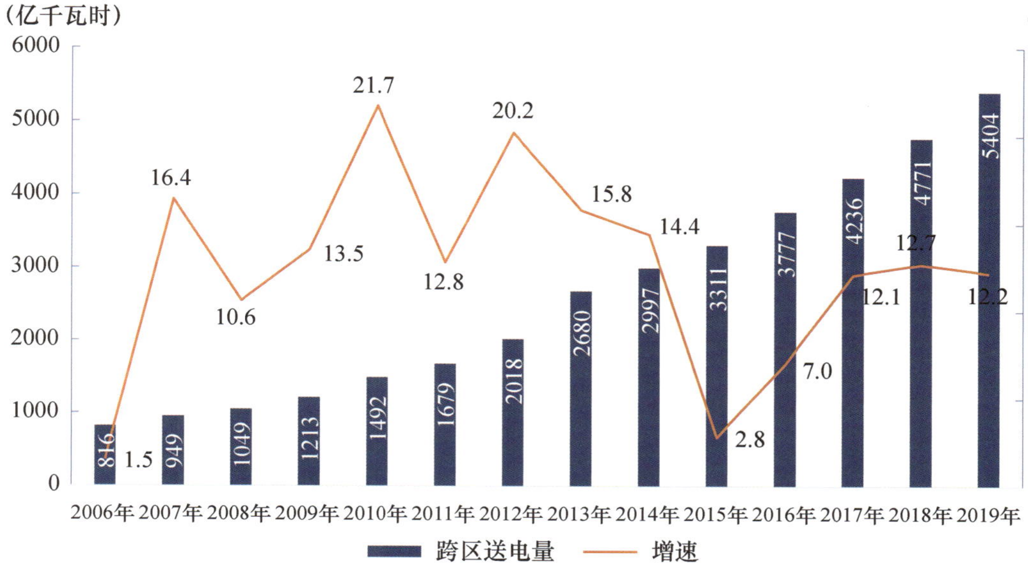

图 5－35　2006—2019 年跨区送电量及增速

西北、西南和华中是主要外送电区域，合计送出电量占全国跨区送电量的 69.9%。其中，西北送出电量 2018 亿千瓦时，比上年增长 20.4%，拉动全国跨区送电量增长 7.1%，缓解了西北区域部分省（区、市）弃风、弃光局面。

2019 年全国部分跨区域送电情况、特高压输电电量见表 5－9 和表 5－10。

表 5－9　2019 年全国部分跨区域送电情况

送端地区	受端地区	送电量（亿千瓦时）	比上年增长（%）
华北	华东	557	38.2
	华中	39	2.7
	西北	20	－8.8
	蒙古国	13	6.5
东北	华北	453	28.2
华中	华东	367	－0.5
	南方	242	－0.1

续表

送端地区	受端地区	送电量（亿千瓦时）	比上年增长（%）
西北	华北	648	18.4
	华东	562	32.2
	华中	696	16.2
西南	华东	1008	-0.2
南方	西南	236	7.7
	华中	103	18.3
	中国香港	127	-1.4
	中国澳门	50	1.3

表5-10　2019年全国特高压输电电量

通道		输电电量（亿千瓦时）
合计		4927
交流特高压	小计	1053
	晋东南—南阳—荆门	39
	淮南—南京—上海	282
	浙北—福州	170
	锡盟—山东	355
	蒙西—天津南	72
	榆横—潍坊	135
直流特高压	小计	3874
	复奉直流	302
	锦苏直流	366
	天中直流	415
	宾金直流	341
	灵绍直流	415
	祁韶直流	179
	雁淮直流	253
	锡泰直流	94
	鲁固直流	236
	昭沂直流	355
	吉泉直流	147
	楚穗直流	283
	普侨直流	217
	新东直流	271

2019 年外送电量占本区域发电量的比重超过 10% 的区域有西南和西北区域，其中，西南区域输出电量比重为 23.3%。华东区域输入电量占全社会用电量的比重超过 10%，华中、西南和华北区域超过 5%。

分区域输出和输入电量分别占本区域发电量和用电量的比重见图 5－36。

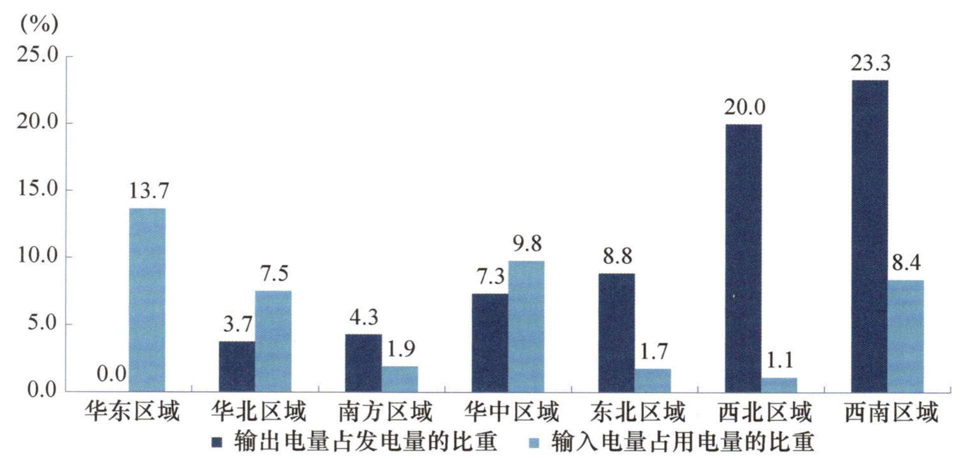

图 5－36　分区域输出和输入电量分别占本区域发电量和用电量的比重

（二）跨省输电

1. 区域内跨省特高压输电线路

截至 2019 年年底，南方、华东、华北区域内已投运 9 条跨省特高压输电线路，输电能力为 4580 万千瓦，截至 2019 年年底区域内已投运的跨省特高压输电线路见表 5－11。

表 5－11　截至 2019 年年底区域内已投运的跨省特高压输电线路

区域	送端省（区、市）	线路工程名称	电压等级（千伏）	输送能力（万千瓦）	投产时间	受端省（区、市）
南方	云南	滇西北至广东 ±800 千伏特高压直流输电工程	±800	500	2018 年	广东
	云南	糯扎渡送电广东 ±800 千伏特高压直流输电工程	±800	500	2015 年	广东
	云南	云南—广东 ±800 千伏直流输电工程	±800	500	2010 年	广东
华东	安徽	皖电东送 1000 千伏特高压交流工程	1000	500	2013 年	上海
	浙江	浙北—福州 1000 千伏特高压交流工程	1000	680	2014 年	福建
	安徽	淮南—南京—上海 1000 千伏交流工程	1000	1000	2016 年	上海

续表

区域	送端省（区、市）	线路工程名称	电压等级（千伏）	输送能力（万千瓦）	投产时间	受端省（区、市）
华北	内蒙古	锡盟—山东1000千伏交流工程	1000	400	2016年	山东
	内蒙古	蒙西—天津南1000千伏特高压交流工程	1000	500	2016年	天津
	北京	北京西—石家庄1000千伏特高压交流工程	1000		2019年	河北

2. 省间输出电量

2019年，全国跨省（区、市）输出电量14441亿千瓦时，比上年增长11.4%，增速比上年回落3.2个百分点。其中，内蒙古外送电量2082亿千瓦时，占全国跨省输出电量的14.4%；云南输送广东电量1197亿千瓦时，比上年增长13.8%，占全国跨省输出电量的8.3%。输出电量超过100亿千瓦时的省（区、市）有23个，其中，输出电量超过1000亿千瓦时的省（区、市）有内蒙古、云南、四川和山西，四省（区）总输出电量占跨省输出电量的44.3%。

2019年省间输出电量超过150亿千瓦时的省（区、市）输电量见表5－12。

表5－12　2019年省间输出电量超过150亿千瓦时的省（区、市）输电量

输出省（区、市）	输入省地区	输出电量（亿千瓦时）	比上年增长（%）
河北	华北	451	11.4
山西	江苏	420	40.6
	河北	347	－14.8
	北京	169	－12
内蒙古	河北	836	－0.1
	辽宁	534	6.9
	山东	355	136.5
辽宁	华北	302	0.03
吉林	辽宁	190	－0.7
浙江	上海	195	3.6
安徽	浙江	448	20.4
	江苏	282	2.9
福建	浙江	172	15
湖北	上海	259	－10.5
	广东	161	－5.1

续表

输出省（区、市）	输入省地区	输出电量（亿千瓦时）	比上年增长（%）
四川	江苏	366	-5.5
	浙江	341	7.7
	重庆	320	4
	上海	302	-1.7
贵州	广东	553	12.1
云南	广东	1197	13.8
陕西	河北	202	-11.8
甘肃	宁夏	295	62.3
	陕西	182	11.5
	湖南	179	1.2
青海	甘肃	234	60.3
宁夏	浙江	415	9.8
	山东	311	1.4
新疆	河南	415	27.8

宁夏、云南输出电量占本地发电量的比重最高，分别达到53.6%和48.0%，比上年提高8.4个百分点和降低0.5个百分点。

2019年输出电量超过100亿千瓦时的省（区、市）输出电量占本省发电量的比重见图5-37。

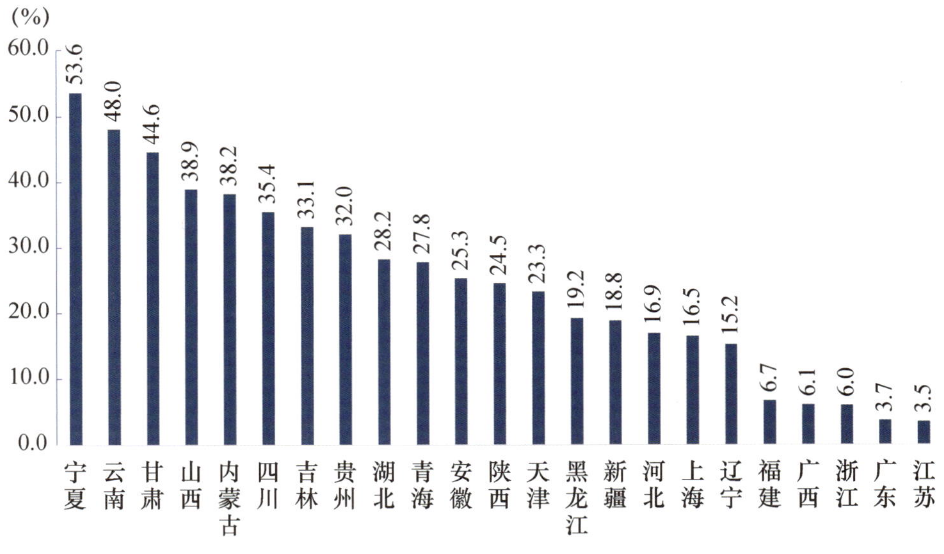

图5-37　2019年输出电量超过100亿千瓦时的省（区、市）输出电量占本省发电量的比重

3. 省间净输入电量

2019年，净输入电量超过100亿千瓦时的省（区、市）有13个，其中，广东省净输入电量为1844亿千瓦时，比上年增长5.3%。2019年净输入电量超过100亿千瓦时的省（区、市）净输入电量见图5－38。

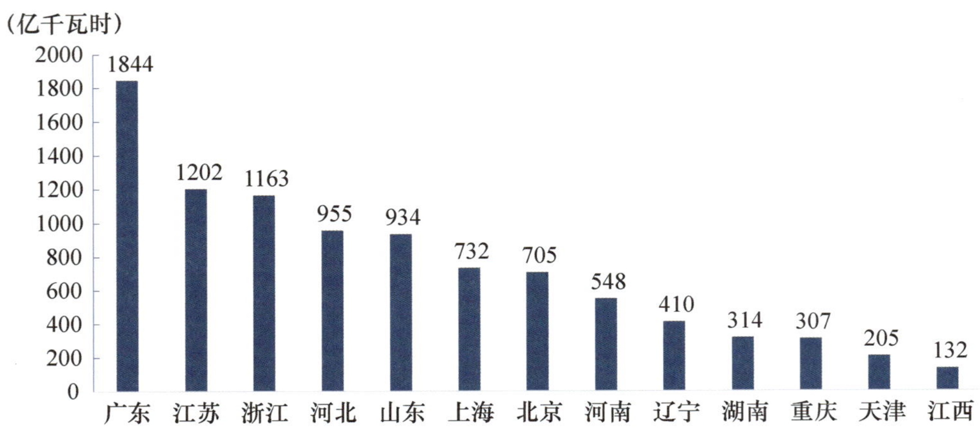

图5－38　2019年净输入电量超过100亿千瓦时的省（区、市）净输入电量

2019年，北京净输入电量占本市全社会用电量的比重达到60.4%，上海占比达到46.7%，广东、重庆、河北、浙江和天津占比超过20%。2019年净输入电量超过100亿千瓦时的省（区、市）净输入电量占本省全社会用电量的比重见图5－39。

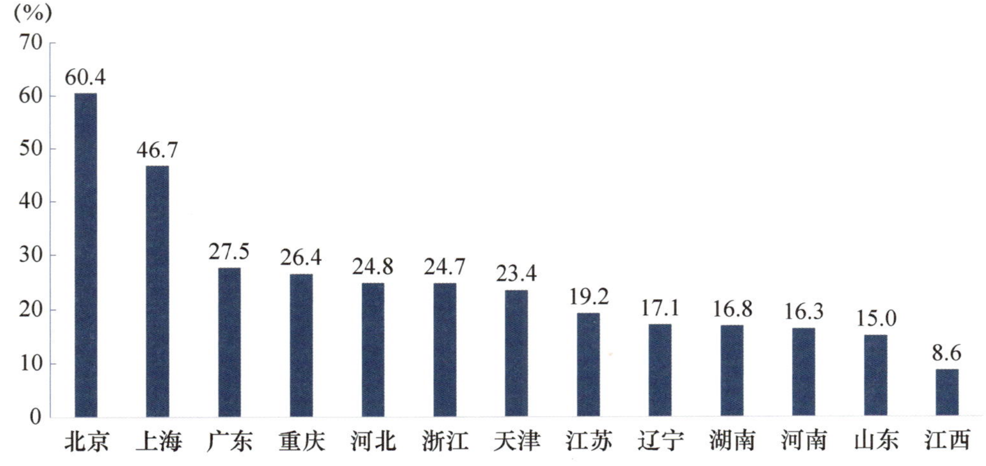

图5－39　2019年净输入电量超过100亿千瓦时的省（区、市）净输入电量占本省全社会用电量的比重

三、配电能力

截至2019年年底，初步统计，全国110千伏及以下电压等级的配电网输电线路回路长度为130万千米，比上年增长2.7%。其中，110千伏（含66千伏）输电线路回路长度为74万千米，比上年增长3.4%；35千伏及以下输电线路回路长度为56万千米，比上年增长1.8%。全国35～110千伏配电网变电设备容量为23亿千伏安，比上年增长7.2%。其中，110千伏（含66千伏）变电设备容量为20亿千伏安，比上年增长6.6%；35千伏变电设备容量为4亿千伏安，比上年增长10.7%。

2019年配电网输电线路回路长度超过5万千米的省（区、市）线路长度及增速、变电设备容量超过1亿千伏安的省（区、市）容量及增速分别见图5－40和图5－41。

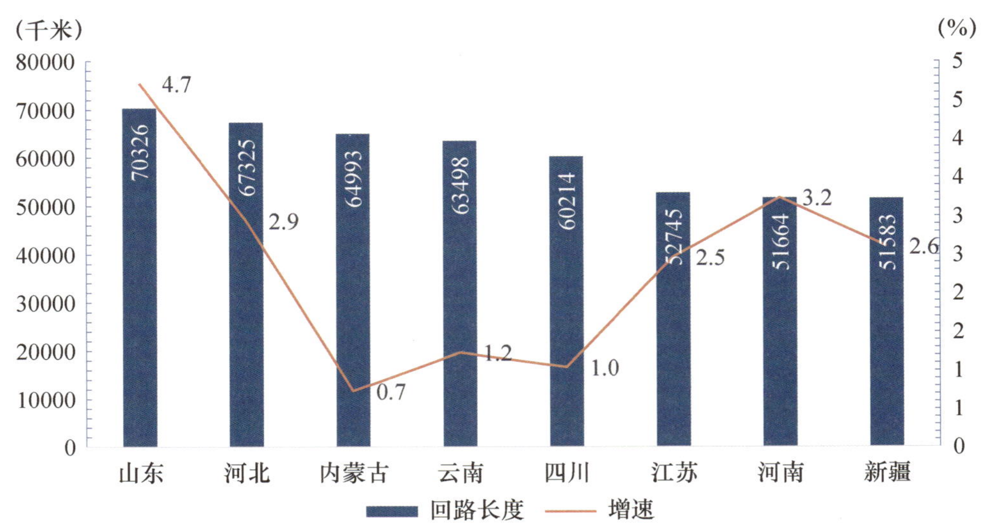

图5－40　2019年配电网输电线路回路长度超过5万千米的省（区、市）线路长度及增速

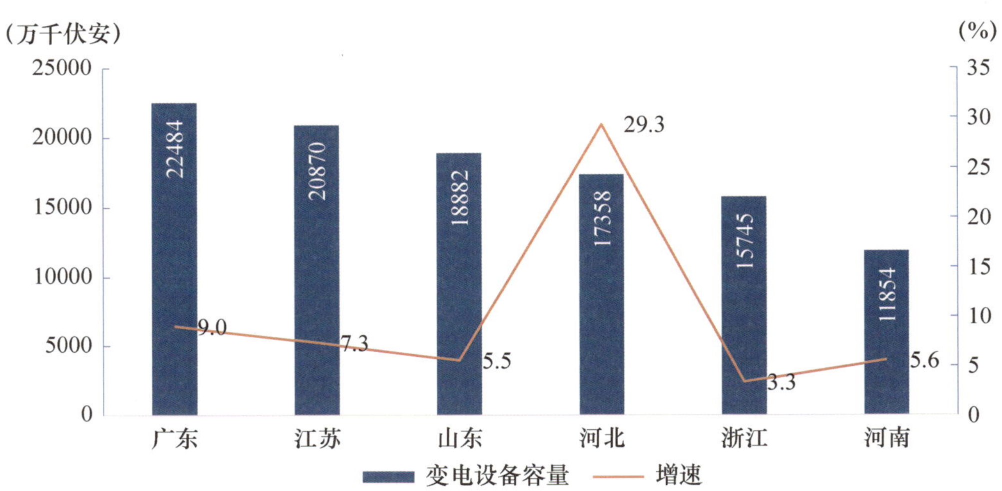

图5－41　2019年配电网变电设备容量超过1亿千伏安的省（区、市）容量及增速

四、港澳地区电力通道与交换电量

中国内地已与香港、澳门地区实现联网，为香港、澳门地区送电。截至2019年年底，中国内地已与香港地区建成4回400千伏输电线路，与澳门地区已建成8回220千伏输电线路（其中2回澳门地区侧还未投运）。

初步统计，中国内地与港澳地区合计完成电量交换177亿千瓦时，比上年下降0.6%。其中，向香港地区送出电量127亿千瓦时，下降1.4%；向澳门地区送出电量50亿千瓦时，增长1.3%。

2019年，香港地区用电量为448亿千瓦时，比上年增长0.1%，从中国内地输入电量占其用电量的比重为28.3%，比去年回落0.5个百分点；澳门地区用电量为58亿千瓦时，比上年增长4.3%，从中国内地输入电量占其用电量的比重为86.3%，比去年回落1.9个百分点。

五、电力进出口通道与电量

中国分别与俄罗斯、蒙古国、越南、缅甸和老挝等国实现了跨国输电线路互联和电量交易。截至2019年年底，在大湄公河次区域，缅甸电厂以1回500千伏、2回220千伏和1回110千伏线路向中国供电；中国以3回220千伏、3回110千伏线路向越南供电；以1回115千伏线路向老挝供电。中国东北电网与俄罗斯远东电网建成了1回500千伏、2回220千伏和2回110千伏输电线路；中国新疆通过35千伏、内蒙古通过220千伏和110千伏输电线路与蒙古国实现一定规模的电力交易。中国与俄罗斯、蒙古国、越南和缅甸等周边国家的跨国电力交易初步实现。

初步统计，中国与邻国合计完成电量交换86亿千瓦时，比上年增长1.4%。其中，购入电量45亿千瓦时，下降12.8%；送出电量41亿千瓦时，增长23.3%。

2019年中国与邻国之间交换电量见表5－13。

表5－13　2019年大型发电集团各类电源市场交易汇总

项目		电量（亿千瓦时）	同比增速（%）
购入电量	俄罗斯	31	-0.3
	缅甸	14	-4.0
送出电量	越南	22	28.9
	蒙古	13	6.5

（本节主要撰稿人为中电联电力统计与数据中心庄严）

第三节 电网售电

一、总体情况

2019 年，全国主要电网企业售电量 59111 亿千瓦时，比上年增长 6.0%，增速比上年回落 3.3 个百分点。

二、分省（区、市）情况

分省（区、市）看，2019 年除青海和黑龙江外，全国各省（区、市）售电量均实现正增长。其中，售电量增速高于全国平均水平的省（区、市）有 16 个，依次为新疆（12.8%）、西藏（12.7%）、内蒙古（11.6%）、海南（11.5%）、云南（11.4%）、广西（9.7%）、贵州（9.4%）、安徽（8.9%）、江西（8.5%）、湖北（7.9%）、湖南（7.2%）、四川（6.9%）、陕西（6.8%）、山西（6.7%）、广东（6.4%）和山东（6.1%）。

2019 年售电量增速超过全国平均水平的省（区、市）供电量及增速见图 5－42，2019 年售电量排名前十位的省（区、市）售电量及增速见图 5－43。

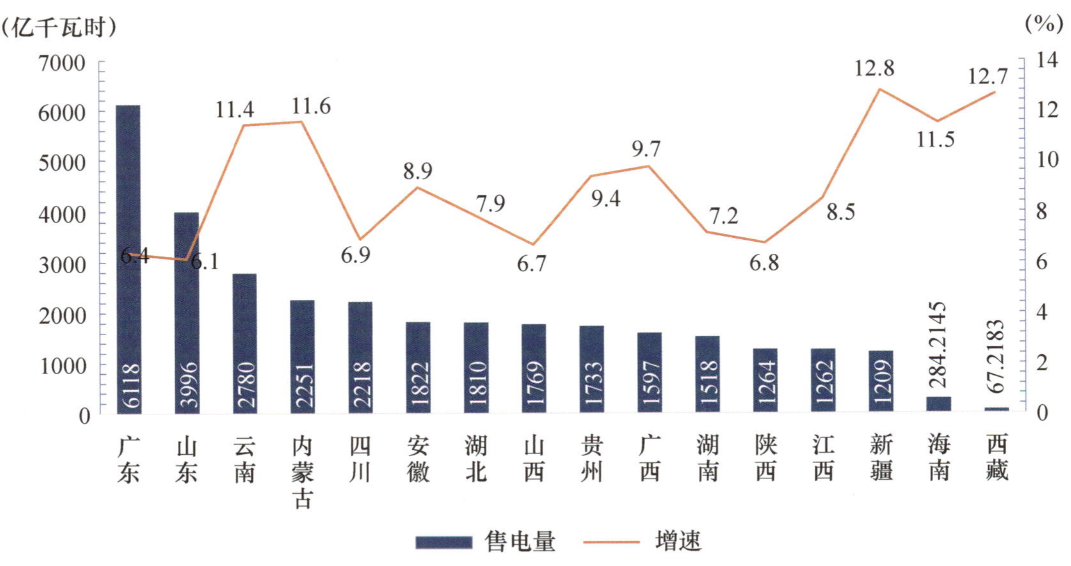

图 5－42 2019 年售电量增速超过全国平均水平的省（区、市）供电量及增速

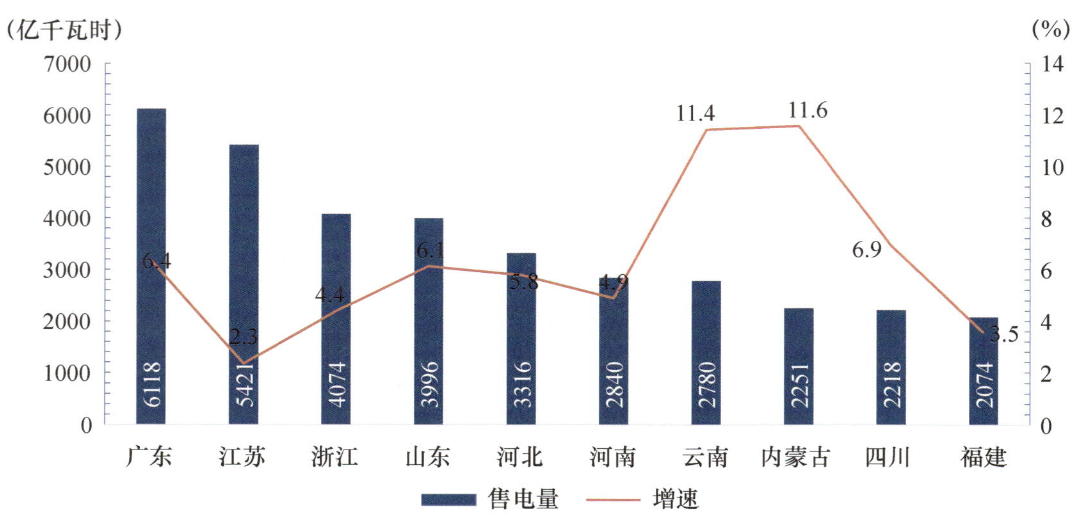

图5－43　2019年售电量排名前十位的省（区、市）售电量及增速

（本节主要撰稿人为中电联电力统计与数据中心庄严）

第六章　电力改革与市场建设

第一节　电力改革与市场建设进展

2019 年，国家发展和改革委员会、国家能源局认真贯彻落实电力体制改革决策部署，大力推动电力市场建设，主动作为、协调推进，市场建设不断规范，交易规模不断扩大，电力市场化改革取得长足进步。

市场化交易规模再上新台阶　2019 年，全国各电力交易中心组织完成市场交易电量[①] 28344 亿千瓦时，比上年增长 37.2%。其中，全国电力市场电力直接交易电量[②]合计为 21771.4 亿千瓦时，占全社会用电量的比重为 30.0%，占电网企业销售电量的比重为 36.8%。全国电力市场化交易规模再上新台阶。

发用电计划加速放开　在 2018 年全面放开煤炭、钢铁、有色、建材四大行业用户发用电计划的基础上，2019 年，国家发展和改革委员会明确经营性电力用户发用电计划全部放开，支持中小用户参与市场化交易，标志着电力交易市场化程度进一步提高，改革迈出关键一步。

第二监管周期电网输配电定价成本监审开启　2015 年以来开展的首轮输配电定价成本监审，是我国历史上首次在全国范围内组织的对自然垄断环节开展的定价成本监审，不仅降成本释放改革红利成效显著，并且促进了电力市场化建设。2019 年，国家发展和改革委员会在总结第一轮改革经验的基础上，部署了对全国除西藏以外的 30 个省级电网和华北、华东、东北、西北、华中 5 个区域电网全面开展新一轮输配电成本监审。为此，国家发展和改革委员会和国家能源局联合印发了《输配电定价成本监审办法》（发改价格规〔2019〕897 号），新办法对 2015 年制定的《输配电定价成本监审办法（试行）》进行了修订，新办法进一步强化了成本监审的约束和激

---

① 指电力交易中心组织开展的各品类交易电量的总规模，分为省内交易和省间交易，其中省内交易包括省内电力直接交易、发电权交易、抽水蓄能交易和其他交易；省间交易包括省间电力直接交易、省间外送交易（网对网、网对点）发电权交易和其他交易。以交易的结算口径统计。

② 指符合市场准入条件的电厂和终端购电主体通过自主协商、集中竞价等直接交易形式确定的电量规模，包括省内电力直接交易电量和省间电力直接交易（外受）电量。当前仅包括中长期交易电量，以交易的结算口径统计。

励作用，细化了成本监审审核方法，规范了成本监审的程序要求，输配电价改革向纵深推进。

增量配电业务改革试点先行工作不断完善 2019 年，为扎实推进增量配电业务改革试点工作，及时跟踪了解试点项目进展情况，国家发展和改革委员会、国家能源局对增量配电业务改革试点项目进展情况进行了第二期通报，并有针对性地印发了《关于进一步推进增量配电业务改革的通知》（发改经体〔2019〕27 号）等指导性文件，集中解决改革试点中存在的共性问题，加快推进试点项目落地见效。国家能源局各派出机构通过减少审批流程等方式，提高了核发电力业务许可证（供电类）工作效率，保证增量配网试点稳步推进。截至 2019 年年底，国家发展和改革委员会、国家能源局已分四批在全国范围内批复了 404 个试点项目，批准取消了 24 个试点项目，并于年底开启了第五批增量配电试点项目的申报工作。

电力现货市场建设试点进一步加快 2019 年，我国首批确定的 8 个电力现货市场建设试点全部进入模拟试运行阶段，这是我国电力现货市场建设的一大关键节点。针对试点过程中暴露的各类问题，国家发展和改革委员会、国家能源局组织相关专家和企业代表开展专题研究并编制印发了《关于深化电力现货市场建设试点工作的意见》，针对电力现货市场试点工作中面临的重点和共性问题给出了具体政策意见，为各试点后续适时转入正式运行奠定了基础。

电力交易机构股份制改造迈出新步伐 2019 年年底，北京电力交易中心举行增资协议签约仪式，共引入 10 家投资者，新增股东持股占比 30%。此外，国家电网区域 24 家省级交易机构均已出台股份制改造方案，22 家增资扩股实施方案已报国务院国资委审批，6 家交易机构增资方案获得国务院国资委批复，实现进场挂牌，标志着我国电力交易机构股份制改造完成了关键一步，交易机构的股权结构进一步优化，独立性进一步增强。

（本节主要撰稿人为中电联行业发展与环境资源部刘旭龙）

第二节 电力市场交易

一、全国情况

全国各电力交易中心组织完成的市场交易电量中，省内市场交易电量（仅中长期）合计为 23016.5 亿千瓦时，占全国各电力交易中心组织完成市场交易电量的 81.2%。2019 年全国各电力交易中心组织的省内市场交易电量构成见图 6－1。

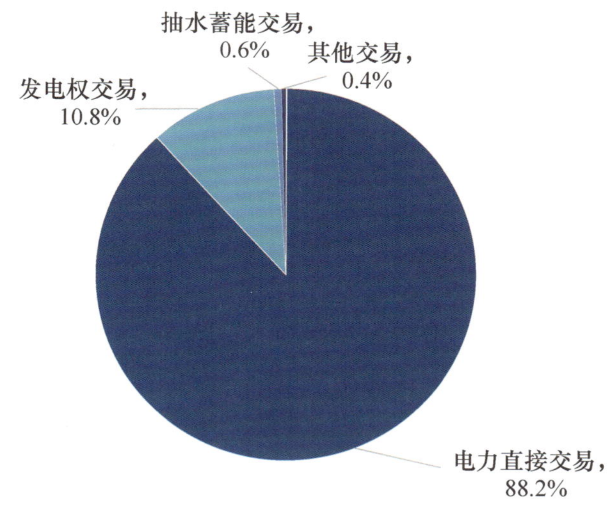

图6－1　2019年全国各电力交易中心组织的省内市场交易电量构成

省间市场交易电量（中长期和现货）合计为5327.5亿千瓦时，占全国各电力交易中心组织完成市场交易电量的18.8%。2019年全国各电力交易中心组织的省间市场交易电量构成见图6－2。

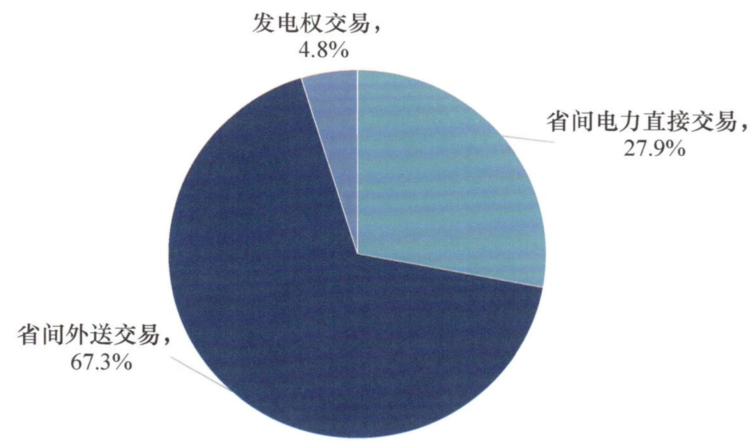

图6－2　2019年全国各电力交易中心组织的省间市场交易电量构成

二、全国各电力交易中心交易情况

2019年，全国各电力交易中心组织完成市场交易电量28344亿千瓦时，全国三大电网区域市场交易电量构成见图6－3。

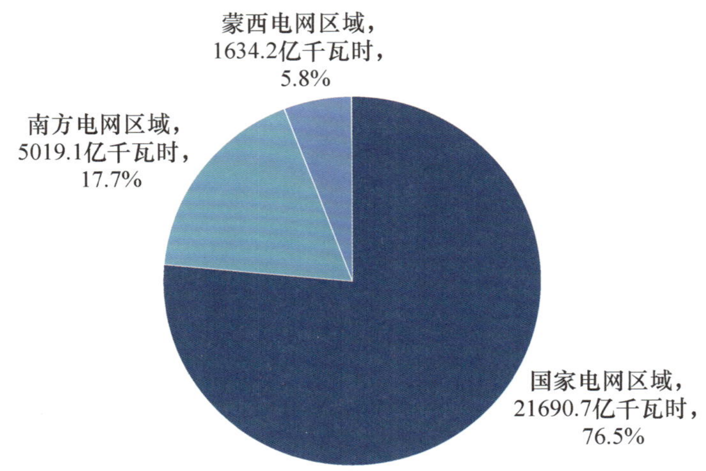

图6－3　2019年全国三大电网区域市场交易电量构成

北京、广州两大区域电力交易中心组织完成市场交易电量（省内和省间）合计为5280.2亿千瓦时，其中，北京电力交易中心组织完成省间交易电量4931.4亿千瓦时，比上年提高40.1%；广州电力交易中心组织完成省间交易电量326.4亿千瓦时，比上年提高10.6%。

33个省（市）级电力交易中心组织完成市场交易电量合计为23063.8亿千瓦时，其中，交易规模排名前三的交易中心分别为江苏电力交易中心、广东电力交易中心和山东电力交易中心，其市场交易电量分别为3374.4亿千瓦时、2154亿千瓦时和1634.1亿千瓦时，三个交易中心市场交易电量合计占全部省（市）级电力交易中心市场交易电量的比重为31%。

2019年全国各电力交易中心交易情况①见表6－1。

表6－1　2019年全国各电力交易中心交易情况

单位：亿千瓦时

地区	合计	省内交易电量（仅中长期）				省间交易电量（中长期和现货）			
		电力直接交易	发电权交易	抽水蓄能交易	其他交易	电力直接交易	省间外送交易	发电权交易	其他交易
合计	28344.0	20286.2	2493.3	144.4	92.7	1485.2	3585.8	256.5	0.0
国家电网区域	21690.7	14685.6	1929.4	144.4	0.0	1436.7	3238.2	256.5	0.0
北京交易中心	4953.8	0.0	22.4	0.0	0.0	1436.7	3238.2	256.5	0.0

① 南网区域统计数据不含跨省西电东送协议交易电量；现货市场试运行期间，中长期金融合约（差价合约）仍纳入中长期直接交易统计；本表统计数据以交易中心结算口径为准。

续表

地区	合计	省内交易电量（仅中长期）				省间交易电量（中长期和现货）			
		电力直接交易	发电权交易	抽水蓄能交易	其他交易	电力直接交易	省间外送交易	发电权交易	其他交易
首都交易中心	62.1	0.1	61.9	0.0	0.0				
天津交易中心	125.4	94.9	30.5	0.0	0.0				
河北交易中心	513.4	483.4	8.0	22.0	0.0				
冀北交易中心	282.0	279.0	3.0	0.0	0.0				
山西交易中心	1209.6	989.0	196.1	24.5	0.0				
山东交易中心	1634.1	1479.9	142.8	11.4	0.0				
上海交易中心	143.4	49.1	68.8	25.5	0.0				
江苏交易中心	3374.4	3077.7	282.8	13.9	0.0				
浙江交易中心	818.3	763.6	54.7	0.0	0.0				
安徽交易中心	853.5	763.5	73.1	16.9	0.0				
福建交易中心	780.3	663.9	116.4	0.0	0.0				
湖北交易中心	624.1	606.9	17.3	0.0	0.0				
湖南交易中心	462.3	447.9	14.3	0.0	0.0				
河南交易中心	1163.9	1037.8	95.8	30.3	0.0				
江西交易中心	434.2	409.5	24.7	0.0	0.0				
四川交易中心	725.8	598.1	127.7	0.0	0.0				
重庆交易中心	275.6	247.7	27.9	0.0	0.0				
辽宁交易中心	678.4	609.0	69.4	0.0	0.0				
吉林交易中心	221.2	187.1	34.2	0.0	0.0				
黑龙江交易中心	187.4	152.8	34.6	0.0	0.0				
蒙东交易中心	66.7	62.3	4.5	0.0	0.0				
陕西交易中心	338.4	245.8	92.6	0.0	0.0				
甘肃交易中心	375.2	294.0	81.2	0.0	0.0				
青海交易中心	360.3	341.2	19.1	0.0	0.0				
宁夏交易中心	406.9	330.7	76.2	0.0	0.0				
新疆交易中心	619.8	470.5	149.4	0.0	0.0				
西藏交易中心	0.0	0.0	0.0	0.0	0.0				
南网区域	5019.1	4157.2	394.3	0.0	92.7	48.5	326.4	0.0	0.0
广州交易中心	326.4	0.0	0.0	0.0	0.0	0.0	326.4	0.0	0.0
广东交易中心	2154.0	1955.0	199.0	0.0	0.0				
广西交易中心	750.4	690.6	59.7	0.0	0.0				

续表

地区	合计	省内交易电量（仅中长期）				省间交易电量（中长期和现货）			
		电力直接交易	发电权交易	抽水蓄能交易	其他交易	电力直接交易	省间外送交易	发电权交易	其他交易
贵州交易中心	645.6	461.5	135.5	0.0	0.1	48.5	0.0	0.0	0.0
昆明交易中心	1137.9	1045.4	0.0	0.0	92.5				
海南交易中心	4.7	4.7	0.0	0.0	0.0				
蒙西区域	1634.2	1443.4	169.6	0.0	0.0	0.0	21.2	0.0	0.0
内蒙古交易中心	1634.2	1443.4	169.6	0.0	0.0	0.0	21.2	0.0	0.0

三、全国电力市场电力直接交易情况

2019 年，全国电力市场电力直接交易（仅中长期）电量合计为 21771.4 亿千瓦时。分省区来看，华东、华北、南方三个区域电力直接交易电量分别为 6007 亿千瓦时、5157 亿千瓦时和 4157 亿千瓦时，三个区域电力直接交易电量合计占全国电力市场电力直接交易电量的比重为 70.4%。随着用电计划的进一步放开，华东、南方区域电力直接交易电量占该区域全社会用电量的比重均超过 30%，分别为 34.8%和 33.8%。

2019 年六大区域电网电力直接交易情况见图 6－4。

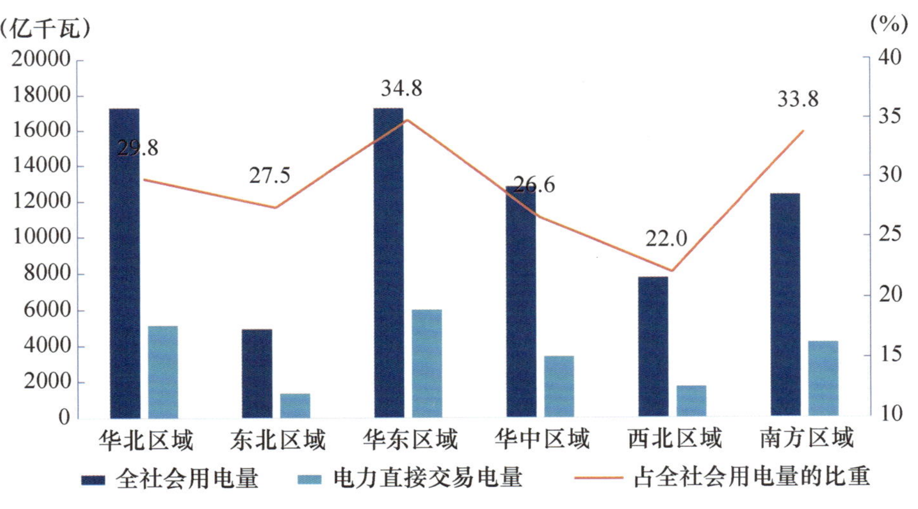

图 6－4　2019 年六大区域电网电力直接交易情况

电力直接交易电量占全社会用电量的比重超过 40% 的省区分别是云南（57.7%）、蒙西（49.8%）、江苏（49.6%）、青海（49.0%）和山西（43.7%）；电力直接交易电量规模超过 1000 亿千瓦时的省区分别是江苏（3105.8 亿千瓦时）、广东（1955 亿千瓦时）、山东（1573.1 亿千瓦时）、蒙西（1443.4 亿千瓦时）、浙江（1309.3 亿千瓦时）、云南（1045.4 亿千瓦时）和河南（1037.8 亿千瓦时）。

2019 年部分省（区、市）电力直接交易情况见图 6－5。

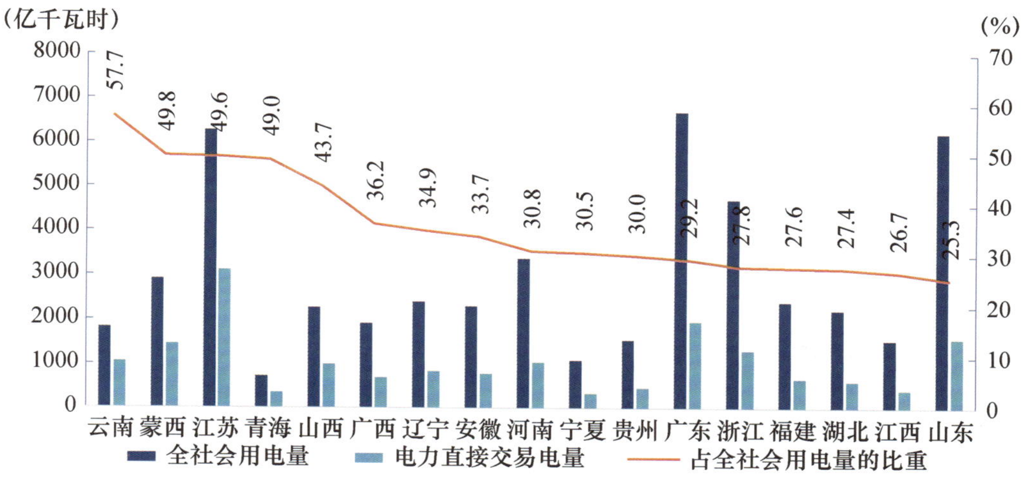

图 6－5　2019 年部分省（区、市）电力直接交易情况

四、大型发电集团参与电力市场情况

2019 年，大型发电集团①上网电量合计 37613 亿千瓦时，比上年增长 2.8%；市场交易电量合计 17164 亿千瓦时（不含发电权交易），比上年增长 25.2%，占大型发电集团合计上网电量的 45.6%，比上年提高 8.1 个百分点。

2019 年大型发电集团各类电源市场交易汇总见表 6－2。

表 6－2　2019 年大型发电集团各类电源市场交易汇总

项目	煤电	气电	水电	风电	光伏	核电
上网电量（亿千瓦时）	24053	1129	6906	2041	424	3060
市场交易电量（亿千瓦时）	13451	188	1999	551	112	863
上网电量市场化率	55.9%	16.6%	29.0%	27.0%	26.5%	28.2%
平均市场交易电价（元/千瓦时）	0.3499	0.6150	0.2150	0.4540	0.8147	0.3570
较上网电量平均电价降低（元/千瓦时）	0.0175	0.0545	0.0401	0.0871	0.0388	0.0463

注：1. 上网电量市场化率＝某类型电源市场交易电量/某类型电源合计上网电量。
2. 上网电量平均电价，指计划电量与市场电量综合平均电价。

（本节主要撰稿人为中电联行业发展与环境资源部刘旭龙）

① 指参加中电联电力交易信息共享平台的 10 家中央及地方大型发电企业集团。

第三节　电价政策与电价水平

一、电价政策

（一）供给侧改革相关电价政策

2019年，为了贯彻落实《政府工作报告》中关于“降低制造业用电成本，一般工商业平均电价再降低10%”的要求，国家发展和改革委员会分两批出台了多项降价措施，包括调整电网企业增值税税率、降低重大水利工程建设基金征收标准、延长电网企业固定资产折旧年限、扩大一般工商业用户参与电力市场等。

2019年出台的有关降低一般工商业电价政策措施见表6－3。

表6－3　2019年出台的有关降低一般工商业电价政策措施

文件	内容
《关于电网企业增值税税率调整相应降低一般工商业电价的通知》（发改价格〔2019〕559号）	电网企业增值税税率由16%调整为13%后，省级电网企业含税输配电价水平降低的空间全部用于降低一般工商业电价，原则上自2019年4月1日起执行
《关于降低一般工商业电价的通知》（发改价格〔2019〕842号）	重大水利工程建设基金征收标准降低50%形成的降价空间（市场化交易电量除外），全部用于降低一般工商业电价。 适当延长电网企业固定资产折旧年限，将电网企业固定资产平均折旧率降低0.5个百分点；增值税税率和固定资产平均折旧率降低后，重新核定的跨省跨区专项工程输电价格，专项工程降价形成的降价空间在送电省、受电省之间按照1∶1比例分配。 因增值税税率降低到13%，省内水电企业非市场化交易电量、跨省跨区外来水电和核电企业（三代核电机组除外）非市场化交易电量形成的降价空间，全部用于降低一般工商业电价。 积极扩大一般工商业用户参与电力市场化交易的规模，通过市场机制进一步降低用电成本
《关于开展全国降低一般工商业电价政策落实效果评估调查工作的通知》（工运行函〔2019〕686号）	面向全国一般工商业用户组织开展抽样调查；安排电网企业进行降低一般工商业电价的总体实施效果自评估；开展专题研究和实地调研。评估工作聚焦用户的实际降价获得感，衡量2019年度及连续两年全国降低一般工商业电价政策落实效果

2019 年，电网企业坚决落实一般工商业平均电价再降低 10% 的要求，全年降低一般工商业用户用电成本近 846 亿元。全国一般工商业目录电价表见表 6－4。

表 6－4　全国一般工商业目录电价表

地区	2019 年现行目录电价（元/千瓦时）	2019 年降价政策出台前目录电价（元/千瓦时）	2018 年降价政策出台前目录电价（元/千瓦时）	2019 年目录电价降幅（%）	连续两年目录电价降幅（%）
北京（城区）	0. 7847	0. 8203	0. 8570	4. 34	8. 44
北京（郊区）	0. 7405	0. 7761	0. 8645	4. 59	14. 34
天津	0. 6768	0. 7511	0. 8367	9. 89	19. 11
河北（南网）	0. 5644	0. 6102	0. 6781	7. 51	16. 77
河北（北网）	0. 5342	0. 5855	0. 6706	8. 76	20. 34
山西	0. 5309	0. 5971	0. 6635	11. 09	19. 98
内蒙古（蒙西）	0. 5084	0. 6042	0. 6713	15. 86	24. 27
内蒙古（蒙东）	0. 6470	0. 7270	0. 8360	11. 00	22. 61
辽宁	0. 6452	0. 7173	0. 8012	10. 05	19. 47
吉林	0. 7375	0. 7967	0. 8852	7. 43	16. 69
黑龙江	0. 7165	0. 7499	0. 8349	4. 45	14. 18
上海	0. 7110	0. 7900	0. 8756	10. 00	18. 80
江苏	0. 6715	0. 7364	0. 8183	8. 81	17. 94
浙江	0. 6964	0. 7738	0. 8607	10. 00	19. 09
安徽	0. 6198	0. 6892	0. 7658	10. 07	19. 07
福建	0. 5959	0. 6608	0. 7400	9. 82	19. 47
江西	0. 6311	0. 6997	0. 7802	9. 80	19. 11
山东	0. 6226	0. 6773	0. 7525	8. 08	17. 26
河南	0. 6125	0. 6806	0. 75633	10. 01	19. 02
湖北	0. 6907	0. 7830	0. 8700	11. 79	20. 61
湖南	0. 7003	0. 7690	0. 8550	8. 93	18. 09
广东	0. 6725	0. 7456	0. 8262	9. 80	18. 60
广西	0. 6620	0. 7357	0. 8175	10. 02	19. 02
海南	0. 6957	0. 7731	0. 8590	10. 01	19. 01
重庆	0. 6578	0. 7132	0. 7925	7. 77	17. 00
四川	0. 6485	0. 7344	0. 8160	11. 70	20. 53

续表

地区	2019 年现行目录电价（元/千瓦时）	2019 年降价政策出台前目录电价（元/千瓦时）	2018 年降价政策出台前目录电价（元/千瓦时）	2019 年目录电价降幅（%）	连续两年目录电价降幅（%）
贵州	0.5787	0.643	0.7144	10.00	18.99
云南	0.410125	0.542	0.60875	24.33	32.63
西藏	0.6600	0.7400	0.8800	12.12	25.00
陕西	0.6237	0.693	0.7704	10.00	19.04
甘肃	0.6043	0.692	0.7688	12.67	21.40
青海	0.4304	0.5666	0.6301	24.04	31.69
宁夏	0.5183	0.6020	0.6700	13.90	22.64
新疆	0.4157	0.4814	0.5150	13.65	19.28

注：本表中平均目录电价数值为各省（区、市）不满1千伏目录电价；本表由中电联电力咨询评价院提供。

（二）输配电价改革相关政策

在首轮输配电成本监审取得历史性突破的基础之上，2019年1月，国家发展和改革委员会印发《关于开展第二监管周期电网输配电定价成本监审的通知》（发改价格〔2019〕165号），启动第二监管周期输配电定价成本监审工作，将输配电价改革向纵深推进。此次成本监审范围包括全国除西藏以外的30个省（区、市）的省级电网和华北、华东、东北、西北、华中5个区域电网。

为了提高输配电价制定的科学性、合理性和透明度，完善对电网输配电成本的监管，2019年5月，国家发展和改革委员会、国家能源局印发了《输配电定价成本监审办法》（发改价格规〔2019〕897号），新的监审办法主要在强化成本监审约束和激励作用、细化成本监审审核方法和规范成本监审程序要求三个方面进行了完善，以进一步提高成本监审制度化、规范化水平，助推电网企业加强内部管理、降本增效。

（三）燃煤发电上网价格政策

2019年9月，李克强总理主持召开国务院常务会议，会议决定：对尚未实现市场化交易的燃煤发电电量，从2020年1月1日起，取消煤电价格联动机制，将现行标杆上网电价机制改为“基准价+上下浮动”的市场化机制。

2019年10月，为坚持市场化方向，进一步深化燃煤发电上网电价形成机制改革，平稳、有序地放开竞争性环节电力价格，经国务院同意，国家发展和改革委员会印发《关于深化燃煤发电上网电价形成机制改革的指导意见》（以下简称《意见》）。《意见》规定，为稳步实现全面放开燃煤发电上网电价目标，将现行燃煤发电标杆上网电价机制改为“基准价＋上下浮动”的市场化价格机制。基准价按各地现行燃煤发电标杆上网电价确定，浮动范围为上浮不超过10%、下浮原则上不超过15%，具体电价由发电企业、售电公司、电力用户等通过协商或竞价确定，2020年暂不上浮，特别要确保一般工商业平均电价只降不升。在方向上，强调凡是能放给市场的坚决放给市场，政府不进行不当干预，最大限度地放开燃煤发电上网电价，为全面放开竞争性环节电力价格、加快确立市场在电力资源配置中的决定性作用奠定坚实基础。在方法上，强调平稳有序、分步实施，逐步扩大价格形成机制弹性，防范简单放开引发价格大幅波动，稳步实现全面放开燃煤发电上网电价目标，确保改革平稳推进。

（四）可再生能源发电上网价格政策

1. 风电、光伏发电平价上网政策

“十三五”以来，我国可再生能源规模持续扩大，技术水平不断提高，开发建设成本持续降低。为积极推动风电、光伏发电高质量发展，促进行业早日摆脱补贴依赖，探索全面平价上网后的政策措施经验，2019年1月，国家发展和改革委员会、国家能源局印发《关于积极推进风电、光伏发电无补贴平价上网有关工作的通知》（发改能源〔2019〕19号）。2019年5月，国家发展和改革委员会办公厅、国家能源局综合司印发《关于公布2019年第一批风电、光伏发电平价上网项目的通知》（发改办能源〔2019〕594号）。

2019年出台的有关风电、光伏发电平价上网政策见表6－5。

表6－5　2019年出台的有关风电、光伏发电平价上网政策

文件	主要内容
《关于积极推进风电、光伏发电无补贴平价上网有关工作的通知》（发改能源〔2019〕19号）	各地区要认真总结本地区风电、光伏发电开发建设经验，结合资源、消纳和新技术应用等条件，推进建设不需要国家补贴执行燃煤标杆上网电价的风电、光伏发电平价上网试点项目（以下简称“平价上网项目”）
《关于公布2019年第一批风电、光伏发电平价上网项目的通知》（发改办能源〔2019〕594号）	根据《关于积极推进风电、光伏发电无补贴平价上网有关工作的通知》（发改能源〔2019〕19号）要求，共有16个省（区、市）能源主管部门向国家能源局报送了2019年第一批风电、光伏发电平价上网项目名单，总装机规模2076万千瓦

2. 风电上网电价政策

2019 年 5 月，国家发展和改革委员会印发《关于完善风电上网电价政策的通知》（发改价格〔2019〕882 号）。该通知分别对陆上风电和海上风电的上网电价作了规定，自 2019 年 7 月 1 日起执行。

2019 年出台的风电上网电价政策见表 6－6。

表 6－6　2019 年出台的风电上网电价政策

文件	主要内容
《关于完善风电上网电价政策的通知》（发改价格〔2019〕882 号）	关于陆上风电上网电价。①将陆上风电标杆上网电价改为指导价。新核准的集中式陆上风电项目上网电价全部通过竞争方式确定，不得高于项目所在资源区指导价。②2019 年Ⅰ～Ⅳ类资源区符合规划、纳入财政补贴年度规模管理的新核准陆上风电指导价分别调整为每千瓦时 0.34 元、0.39 元、0.43 元、0.52 元（含税、下同）。2020 年指导价分别调整为每千瓦时 0.29 元、0.34 元、0.38 元、0.47 元。指导价低于当地燃煤机组标杆上网电价（含脱硫、脱硝、除尘电价，下同）的地区，以燃煤机组标杆上网电价作为指导价。③参与分布式市场化交易的分散式风电上网电价由发电企业与电力用户直接协商形成，不享受国家补贴。不参与分布式市场化交易的分散式风电项目，执行项目所在资源区指导价。④2018 年年底之前核准的陆上风电项目，2020 年底前仍未完成并网的，国家不再补贴；2019 年 1 月 1 日至 2020 年底前核准的陆上风电项目，2021 年底前仍未完成并网的，国家不再补贴。自 2021 年 1 月 1 日开始，新核准的陆上风电项目全面实现平价上网，国家不再补贴。 关于海上风电上网电价。①将海上风电标杆上网电价改为指导价，新核准海上风电项目全部通过竞争方式确定上网电价。②2019 年符合规划、纳入财政补贴年度规模管理的新核准近海风电指导价调整为每千瓦时 0.8 元，2020 年调整为每千瓦时 0.75 元。新核准近海风电项目通过竞争方式确定的上网电价，不得高于上述指导价。③新核准潮间带风电项目通过竞争方式确定的上网电价，不得高于项目所在资源区陆上风电指导价。④对 2018 年年底前已核准的海上风电项目，如在 2021 年底前全部机组完成并网的，执行核准时的上网电价；2022 年及以后全部机组完成并网的，执行并网年份的指导价。 风电上网电价在当地燃煤机组标杆上网电价（含脱硫、脱硝、除尘电价）以内的部分，由当地省级电网结算；高出部分由国家可再生能源发展基金予以补贴

3. 光伏发电上网电价政策

2019 年 4 月，国家发展和改革委员会印发《关于完善光伏发电上网电价机制有关问题的通知》（发改价格〔2019〕761 号）。该通知分别对集中式光伏和分布式光伏发电的上网电价机制作了规定，自 2019 年 7 月 1 日起执行。

2019 年出台的光伏发电上网电价政策文件见表 6－7。

表 6－7 2019 年出台的光伏发电上网电价政策文件

文件	主要内容
《关于完善光伏发电上网电价机制有关问题的通知》（发改价格〔2019〕761 号）	将集中式光伏电站标杆上网电价改为指导价。2019 年Ⅰ～Ⅲ类资源区纳入财政补贴年度规模管理的新增集中式光伏发电项目指导价，分别确定为每千瓦时 0.40 元（含税，下同）、0.45 元、0.55 元。新增集中式光伏电站上网电价原则上通过市场竞争方式确定，但不得超过所在资源区指导价。 对纳入 2019 年财政补贴规模、采用“自发自用、余量上网”模式的工商业分布式光伏全发电量补贴标准调整为每千瓦时 0.10 元；纳入 2019 年财政补贴规模、采用“全额上网”模式的工商业分布式光伏项目，按所在资源区集中式光伏电站指导价执行。能源主管部门统一实行市场竞争方式配置的新增工商业分布式光伏发电项目，价格不得超过所在资源区指导价，且补贴标准不得超过每千瓦时 0.1 元。 对纳入 2019 年财政补贴规模、采用“自发自用、余量上网”模式和“全额上网”模式的户用分布式光伏全发电量补贴标准调整为每千瓦时 0.18 元。 为助力完成脱贫攻坚任务，纳入中央财政补贴目录的Ⅰ～Ⅲ类资源区村级光伏扶贫电站上网电价保持不变，仍分别按照每千瓦时 0.65 元、0.75 元、0.85 元执行

二、电价水平

（一）煤电基准价

2019 年，燃煤发电标杆电价机制调整为“基准价＋上下浮动”的市场化机制，基准价按各地现行燃煤发电标杆上网电价确定。

2019 年各地区燃煤发电基准价见表 6－8。

表 6－8 2019 年各地区燃煤发电基准价

地区	省市	基准电价（元/千瓦时）
华北地区	北京	0.3598
	天津	0.3655
	冀北	0.3720
	冀南	0.3644
	山西	0.332
	蒙西	0.2829
	山东	0.3949

续表

地区	省市	基准电价（元/千瓦时）
东北地区	吉林	0.3731
	辽宁	0.3749
	黑龙江	0.374
	蒙东	0.3035
华东地区	上海	0.4155
	江苏	0.3910
	浙江	0.4153
	安徽	0.3844
	福建	0.3932
华中地区	江西	0.4143
	河南	0.3779
	湖北	0.4161
	湖南	0.4500
	重庆	0.3964
	四川	0.4012
西北地区	陕西	0.3545
	甘肃	0.2978
	青海	0.3247
	宁夏	0.2595
南方地区	广东	0.4530
	广西	0.4207
	贵州	0.3515
	云南	0.3358
	海南	0.4298

（二）新能源标杆电价

1. 陆上风电

根据国家发展和改革委员会在2019年5月印发的《关于完善风电上网电价政策的通知》（发改价格〔2019〕882号），2015—2020年全国陆上风电指导价见表6-9。

表 6－9　2015—2020 年全国陆上风电指导价

资源区	陆上风电指导价（元/千瓦时）（含税）					各资源区所包括的地区
	2015 年	2016/2017 年	2018 年	2019 年	2020 年	
Ⅰ类资源区	0.49	0.47	0.4	0.34	0.29	内蒙古自治区除赤峰市、通辽市、兴安盟、呼伦贝尔市以外其他地区；新疆维吾尔自治区乌鲁木齐市、伊犁哈萨克族自治州、克拉玛依市、石河子市
Ⅱ类资源区	0.52	0.5	0.45	0.39	0.34	河北省张家口市、承德市；内蒙古自治区赤峰市、通辽市、兴安盟、呼伦贝尔市；甘肃省嘉峪关市、酒泉市；云南省
Ⅲ类资源区	0.56	0.54	0.49	0.43	0.38	吉林省白城市、松原市；黑龙江省鸡西市、双鸭山市、七台河市、绥化市、伊春市，大兴安岭地区；甘肃省除嘉峪关市、酒泉市以外其他地区；新疆维吾尔自治区除乌鲁木齐市、伊犁哈萨克族自治州、克拉玛依市、石河子市以外其他地区；宁夏回族自治区
Ⅳ类资源区	0.61	0.6	0.57	0.52	0.47	除Ⅰ类、Ⅱ类、Ⅲ类资源区以外的其他地区

注：1. 参与分布式市场化交易的分散式风电上网电价由发电企业与电力用户直接协商形成，不享受国家补贴。不参与分布式市场化交易的分散式风电项目，执行项目所在资源区指导价。

2. 2018 年年底之前核准的陆上风电项目，2020 年底前仍未完成并网的，国家不再补贴；2019 年 1 月 1 日至 2020 年底前核准的陆上风电项目，2021 年底前仍未完成并网的，国家不再补贴。自 2021 年 1 月 1 日开始，新核准的陆上风电项目全面实现平价上网，国家不再补贴。

2. 光伏发电

根据国家发展和改革委员会在 2019 年 4 月印发的《关于完善光伏发电上网电价机制有关问题的通知》（发改价格〔2019〕761 号），2017—2019 年全国光伏电站指导价见表 6－10。

表 6－10　2017—2019 年全国光伏电站指导价

<table>
<tr><th rowspan="3">资源区</th><th colspan="5">光伏电站指导价（元/千瓦时）（含税）</th><th rowspan="3">各资源区所包括的地区</th></tr>
<tr><th rowspan="2">2017 年</th><th colspan="2">2018 年</th><th colspan="2">2019 年</th></tr>
<tr><th>集中式光伏电站</th><th>村级光伏扶贫电站</th><th>集中式光伏电站</th><th>村级光伏扶贫电站</th></tr>
<tr><td>Ⅰ类资源区</td><td>0.65</td><td>0.50</td><td>0.65</td><td>0.40</td><td>0.65</td><td>宁夏、青海海西、甘肃嘉峪关、武威、张掖、酒泉、敦煌、金昌，新疆哈密、塔城、阿勒泰、克拉玛依，内蒙古除赤峰、通辽、兴安盟、呼伦贝尔以外地区</td></tr>
<tr><td>Ⅱ类资源区</td><td>0.75</td><td>0.60</td><td>0.75</td><td>0.45</td><td>0.75</td><td>北京、天津、黑龙江、吉林、辽宁、四川、云南、内蒙古赤峰、通辽、兴安盟、呼伦贝尔，河北承德、张家口、唐山、秦皇岛上，山西大同、朔州、忻州、阳泉，陕西榆林、延安，青海、甘肃、新疆除Ⅰ类外其他地区</td></tr>
<tr><td>Ⅲ类资源区</td><td>0.85</td><td>0.70</td><td>0.85</td><td>0.55</td><td>0.85</td><td>除Ⅰ类、Ⅱ类资源区以外的其他地区</td></tr>
</table>

注：1. 新增集中式光伏电站上网电价原则上通过市场竞争方式确定，不得超过所在资源区指导价。
2. 国家能源主管部门已经批复的纳入财政补贴规模且已经确定项目业主，但尚未确定上网电价的集中式光伏电站（项目指标作废的除外），2019 年 6 月 30 日（含）前并网的，上网电价按照《关于 2018 年光伏发电有关事项的通知》（发改能源〔2018〕823 号）规定执行；7 月 1 日（含）后并网的，上网电价按照该通知规定的指导价执行。

三、输配电价

2019 年，为了贯彻落实《政府工作报告》中关于“降低制造业用电成本，一般工商业平均电价再降低 10%”的要求，各省级电网输配电价均进行了不同幅度的下调，截至 2019 年年底已批复的省级电网输配电价见附录 3。

（本节主要撰稿人为中电联行业发展与环境资源部刘旭龙）

第四节 电力信用体系建设

一、信用政策

2019年，国务院、国家发展和改革委员会、国家能源局等政府部门出台了一系列政策文件，内容涉及建立以信用为基础的新型监管机制、完善失信联合惩戒“认定—发布—推送—惩戒—修复”全流程闭环管理制度、推动公共信用综合评价落地生效等多个方面，进一步健全社会信用工作机制，积极有效引导行业企业共同构建诚信营商环境。2019年国家出台的信用体系建设相关政策文件见表6－11。

表6－11 2019年国家出台的信用体系建设相关政策文件

序号	发布日期	文件	主要内容
1	2019-3-27	国家能源局关于印发《能源行业市场主体信用修复管理办法（试行）》的通知（国能发资质〔2019〕22号）	适用于经国家能源局能源行业信用信息平台归集认定的能源行业市场主体不良信息的信用修复，界定了能源行业市场主体不良信用信息的修复条件、程序及监督管理方式，鼓励和引导能源行业失信主体主动纠正失信行为，消除不良影响
2	2019-4-22	《国家能源局综合司关于明确涉电力领域失信联合惩戒对象名单管理有关工作的通知》（国能综通资质〔2019〕33号）	规范了各单位涉电力领域失信联合惩戒对象名单管理工作，建立健全违法违规失信联动惩戒机制，明确了失信联合惩戒对象名单及重点关注名单的归集、认定、发布、退出等程序
3	2019-7-9	《国务院办公厅关于加快推进社会信用体系建设 构建以信用为基础的新型监管机制的指导意见》（国办发〔2019〕35号）	以加强信用监管为着力点，创新监管理念、监管制度和监管方式，建立健全贯穿市场主体全生命周期，衔接事前、事中、事后全监管环节的新型监管机制；从创新事前环节、加强事中环节、完善事后环节的信用监管及强化信用监管支撑保障四个方面提出了政策措施
4	2019-9-1	《国家发改委办公厅关于推送并应用市场主体公共信用综合评价结果的通知》（发改办财金〔2019〕885号）	建立健全公共信用综合评价机制，以公共信用综合评价支撑分级分类监管，充分应用公共信用综合评价结果，将评价结果作为开展分级分类监管的基础性依据，鼓励探索、完善地方和行业信用评价，鼓励第三方信用服务机构开展市场化信用评价，推动落实以信用为基础的新型监管机制

续表

序号	发布日期	文件	主要内容
5	2019-9-6	《国务院关于加强和规范事中事后监管的指导意见》（国发〔2019〕18号）	深刻转变政府职能，深化简政放权、放管结合、优化服务改革，进一步加强和规范事中事后监管、夯实监管责任、健全监管规则和标准、创新完善监管方式，加强协同监管格局构建，明确了行业协会在建立健全行业经营自律规范，参与制定国家标准、行业规划和政策法规、发挥行业协会商会在权益保护、纠纷处理、行业信用建设和信用监管等方面的作用
6	2019-9-12	国家发改委、银保监会《关于深入开展“信易贷”支持中小微企业融资的通知》（发改财金〔2019〕1491号）	进一步加强信用信息共享，充分发挥信用信息应用价值，建立健全中小微企业信用评价体系，加大对守信主体的融资支持力度，提高金融服务实体经济质效，深入开展“信易贷”工作，支持金融机构破解中小微企业融资难、融资贵问题
7	2019-10-24	《国家能源局关于实施电力业务许可信用监管的通知》（国能发资质〔2019〕79号）	从总体要求、信用分类、应用措施、工作要求等方面对电力业务许可信用监管工作作了全面规定，启动信用分类监管，建立全流程闭环监管机制，加强信用分类等级和信用平台功能应用；构建政府监管、行业自律、企业自治的协同共治模式，充分发挥行业组织、第三方信用服务机构、市场主体在信用监管中的作用

二、行业信用体系建设

2019年，电力行业助力政府构建以信用为基础的新型监管机制，以强化市场主体自身诚信建设、提升行业整体信用水平为目标，完善组织管理体系，推进信用标准建设，优化信用信息平台，深入开展信用评价、信用宣传培训，行业信用氛围基本形成，市场主体信用意识显著提升。

（一）组织管理体系

电力行业信用管理体系建设历经了11年发展、完善，截至2019年年底，中电联电力行业信用体系建设办公室依托各省（区、市）级电力协（学）会设置了34家评价中心，年度新增设6家，形成了覆盖30个省级行政区的组织体系，深入推动行业信用体系建设各项工作。

（二）信用标准建设

1. 制定修订行业信用评价标准

2019 年 4 月 28 日，结合电力工业发展以及电力体制改革对信用体系建设的最新要求以及涉电力领域市场主体呈现的新特点，中电联印发《新能源发电企业、售电公司、电力施工企业评价评分细则（试行）》；2019 年 11 月 12 日，印发《电力承装（修、试）企业信用评价评分细则（试行）》《火力发电企业信用评价评分细则（试行）》。评价指标更具针对性，也更加科学及符合专业特点。

2. 制定电力征信数据元管理标准

充分发挥行业协会优势，完善行业信用基础建设，中电联征信公司根据中国人民银行征信管理局工作安排，参与电力征信数据元标准制定，制定符合电力行业数据特点的数据元设计与管理标准，规范电力征信数据的统一输入与输出标准。

（三）信用电力平台建设

中电联积极响应国家对加强信用信息共享应用、发挥信用信息价值的要求，搭建了“信用电力”行业信用信息共享平台。2019 年，持续优化信息采集、信用评价、信用公示等基础功能，新增“信用修复”“电力征信”“数据分析”“信用动态监测”及“信用风险预警”功能。平台与“信用中国”“信用能源”建立共享机制，定期交换行业信用评价结果及涉电力领域“黑名单”“重点关注对象名单”以及信用修复结果等信用信息；与第三方大数据平台建立共享机制，借助公共信用信息、社会舆情信息等对平台企业用户进行信用动态监测，帮助企业有效防范信用风险。

（四）行业信用评价

2019 年，全国 340 家企业参与涉电力领域信用评价工作，信用企业涵盖发、输、供、配、用电以及售电公司等新兴市场主体，199 家企业取得了电力行业 AAA 信用等级。2019 年参与涉电领域信用评价企业分类见图 6－6。

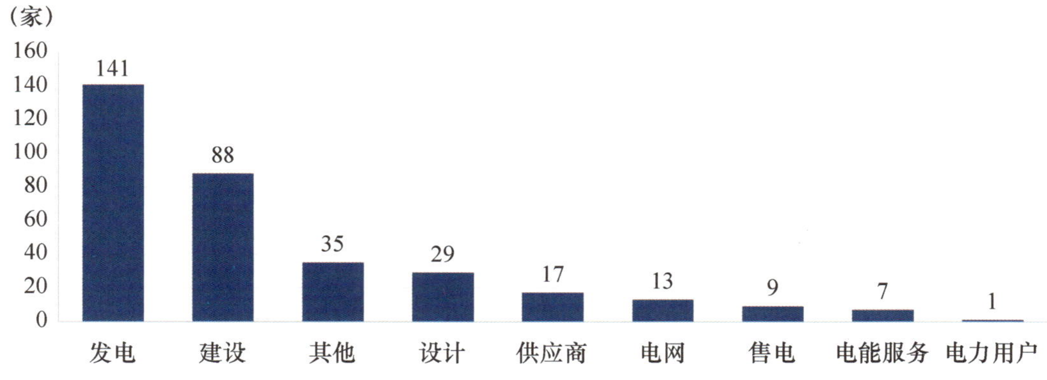

图 6－6 2019 年参与涉电领域信用评价企业分类

（五）信用宣传工作

1. 举办行业会议

2019 年 7 月 30 日，中电联召开行业信用体系建设年度工作会议，搭建弘扬信用理念、普及信用知识、交流信用实践案例的交流平台，提升行业企业整体信用自律的主动性。

2. 开展信用专项培训

2019 年，在福建、河南、广东、宁夏、湖北、重庆等评价中心的支持下，中电联举办 6 期信用评价师培训班，参加培训人数近 600 人；先后在国网河北省电力公司、陕西省电力公司开展信用培训服务，为企业信用管理工作储备了人才。

3. 组织信用品牌活动

2019 年，举办了第三届“信用电力”知识竞赛总结活动，30.93 万人次参与了竞赛活动。活动共征集优秀论文 605 篇，优秀案例 344 篇，满分率 11.9%，近 83 万人次参与学习、访问和投票。

4. 加强行业自律建设

2019 年 7 月，中电联制定的《信用电力自律公约》荣获全国信用承诺书示范样本，已有千余家涉电力领域市场主体加入公约，共同推动行业自律建设，共创诚信营商环境。

5. 开展对外交流合作

中电联赴宁夏、四川、江西、重庆等地的信用主管部门开展工作交流，积极争取地方政府对行业企业及属地评价中心的工作支持，共同推进行业信用评价结果在地方监管及金融服务领域的应用。2019 年 5 月 14 日，中电联征信公司与同一批通过中国人民银行企业征信机构备案的北京地区的征信公司签署战略合作协议，在征信服务方面建立战略合作伙伴关系。

三、企业信用体系建设

2019 年，电力集团公司积极响应国家信用体系建设有关部署，贯彻行业信用体系建设工作要求，将信用体系建设工作纳入整体规划，积极参与信用政策制定、行业标准建设，并在失信自查自纠、信用信息归集、信用档案管理、信用管理制度建设、信用宣传教育、守信激励与失信惩戒等方面开展了卓有成效的工作。

国家电网

- 信用管理顶层设计。制定实施《"诚信国网"建设三年行动计划》，以大数据分析评价为手段，以实施"诚信文化建设""诚信能力提升""信用监管强化""诚信品牌塑造"四大工程为重点，建立贯穿事前事中事后全过程的信用管理和风险防范体系。
- 信用风险管理机制建设。建立以"动态监测、定期通报"为主要形式的公司信用风险管理机制，对被列为黑名单或重点关注名单的系统内单位，督促其限期整改，截至2019年年底，公司连续5个月保持失信黑名单企业"零"新增。
- 自查自纠。落实各级主体责任，强化失信责任考核，2019年，公司各单位共发现风险点164个，针对性提出应对措施122项，有效堵塞了管理漏洞。
- 诚信品牌宣传。荣获2018年中国企业信用500强第5名，中国服务业企业信用100强第3名；在中电联组织的第三届"信用电力"知识竞赛上，公司组织220188人参与竞赛活动，荣获"特别组织奖"。

中国华能

- 参与行业信用评价。2019年集团本部及所属股份公司、15家区域公司获得行业信用评价AAA信用等级，90家基层单位中33家达到了AAA标准。
- 标准制度建设。按照《中国华能集团有限公司电力企业信用工作管理规定》，完善组织架构、管理职能、工作目标及要求、考核办法等内容，结合集团情况制定了安全生产、基本建设、人力资源、财务管理等系列规章制度。
- 信用信息平台建设。制定《信用数据管理业务设计蓝图》，搭建具备企业信用数据管理、数据分析展示、信用预警、信息工作情况上报、信用数据查询、智能报告等功能信用管理平台。

中国三峡集团

- 信用制度建设。印发《关于加强集团公司信用体系建设工作的指导意见》，突出抓好重点领域的商务诚信建设，规范信用信息征集，构建守信激励与失信惩戒机制。
- 信用信息系统建设。建立合法、准确、完整的集团信用信息档案，实现集团信用信息电子化归集、存储、共享和数据化管理，对信用信息实现在线维护和管理。
- 信用信息公示管理。对境内下属企业信息公示情况进行跟踪监测，全年发布集团《信息公示监测月报》12期，以《企业信息公示工作手册》为重要抓手开展日常工作指导，建立了企业信息公示"监督、考核、指导"管理机制，2018年、2019年连续两年实现集团400多家子企业"企业信息公示全年零失信"。
- 推进信用奖惩工作。制定了公司内部供应商信用评价管理办法，加大对严重失信供应商的惩处力度，实现对失信供应商的精准打击，2019年评价各类供应商9434家，将其中198家供应商列入公司内部"黑名单"，对3家供应商进行了降级处罚。

四、失信联合惩戒与信用修复

2019 年，中电联贯彻落实国家发展和改革委员会、国家能源局《关于加强和规范涉电力领域失信联合惩戒对象名单管理工作的实施意见》（发改运行规〔2018〕233 号）、《国务院办公厅关于加快推进社会信用体系建设 构建以信用为基础的新型监管机制的指导意见》（国办发〔2019〕35 号）等文件要求，受国家发展和改革委员会委托，持续推进涉电力领域信用信息征集与共享、失信联合惩戒及信用修复工作。

（一）失信联合惩戒

1. 开展电网、电力建设领域失信行为信息征集

2019 年，中电联面向全国电网及电力建设领域开展失信行为信息征集工作，全年征集失信信息 1915 条，涉及 1376 家市场主体。失信类别包括招标投标弄虚作假、窃电、履约失信、产品质量问题等。其中，电网领域失信行为突出表现在窃电和拖欠电费两个方面，占电网领域征集失信行为总量的 50% 以上；电力建设领域失信行为主要集中在建设单位招标投标过程中材料弄虚作假、围标串标等方面。各类失信行为占比情况见图 6 – 7，各类失信主体占比情况见图 6 – 8。

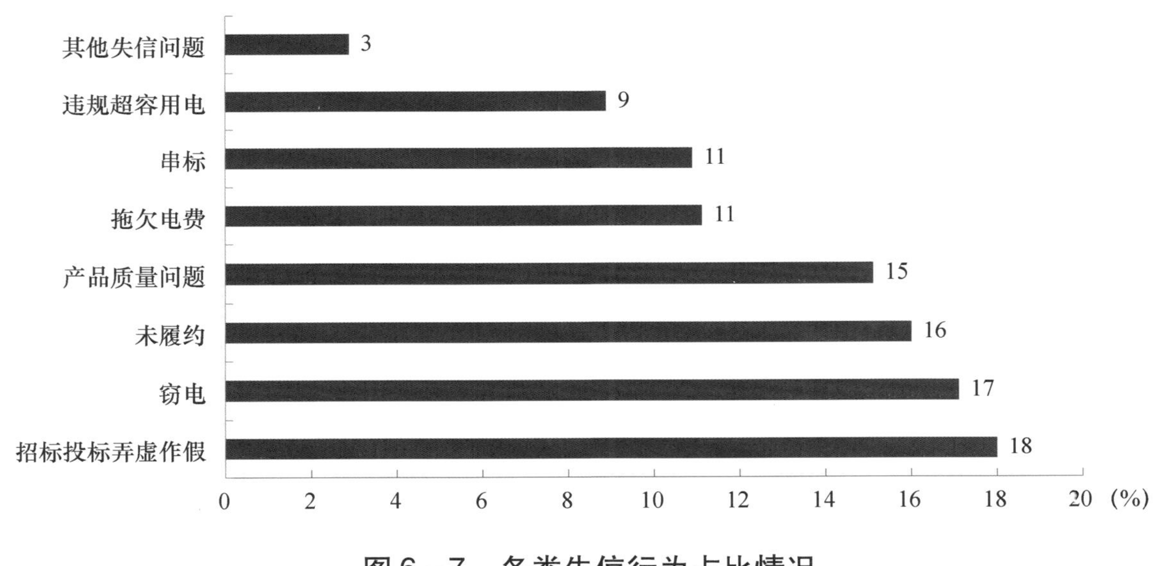

图 6 – 7 各类失信行为占比情况

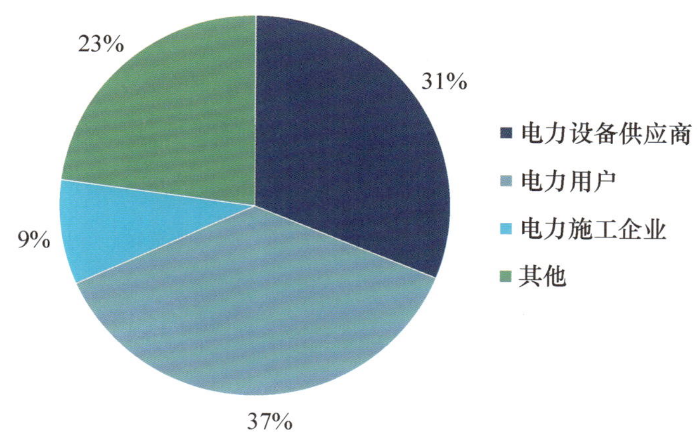

图6-8 各类失信主体占比情况

2. 发布涉电领域重点关注对象名单

2019年，中电联依据《中国电力企业联合会关于电力行业市场主体失信联合惩戒对象及重点关注名单管理实施细则》，面向发生涉电力领域失信行为的市场主体开展失信行为确认，经核实认定，共发布3批重点关注对象名单（包含440家失信市场主体），名单在中电联会员单位范围内实施信用风险预警。

3. 开展拖欠电费专项治理试点工作

2019年11月起，中电联与电网企业联合开展长期拖欠电费等失信行为的专项治理试点工作，对电网企业报送的32家长期欠费企业开展失信行为确认及审查工作，22家企业函复并追缴其欠缴的电费及违约金，清欠总额上千万元，10家长期拖欠费用企业被纳入第四批涉电力领域重点关注对象名单，在中电联会员单位范围内实施信用风险预警。

（二）信用修复

2019年，中电联制定实施了《中国电力企业联合会关于涉电力领域失信主体信用修复管理办法（试行）》，率先在行业内开展失信主体信用修复工作，引导涉电力领域失信市场主体主动纠正失信行为。全年召开2期涉电力领域信用监管与信用治理培训班，宣传普及信用政策、信用修复流程及要求，参加培训人数200人次，考试合格率达80%。全年发布2批涉电力领域重点关注对象信用修复结果，43家失信主体按照该办法的规定完成信用修复与重建，退出“重点关注对象名单”，退出名单主体占比9.8%，首次实现涉电力领域信用修复全流程闭环管理。

五、电力征信服务

（一）挖掘行业征信发展潜力

1. 中电联征信公司通过中国人民银行企业征信机构备案

2019 年 4 月 17 日，中电联（北京）征信有限公司正式通过中国人民银行企业征信机构备案，是央行企业征信机构备案工作重启之后，北京地区首批公示的三家征信机构之一。6 月 14 日，受央行营业管理部邀请，征信公司作为京津冀地区征信机构代表参加第 12 个“信用记录关爱日”活动，并进行主题发言。

2. 积极参与征信领域服务工作

2019 年 7 月 2 日，中电联征信公司被国家公共信用信息中心纳入第一批可为信用修复申请人出具信用报告的信用服务机构名单，助力有关部门规范开展“信用中国”网站及地方信用门户网站行政处罚信息信用修复工作，出具的信用报告将作为行政相对人申请信用修复的有效材料，可被“信用中国”网站及地方信用门户网站予以采信。

（二）探索开展电力征信服务

中电联征信公司作为客观、公正、独立的第三方，从目前行业面临的信用信息采集等重点难点问题出发，协助有关部门建立规范的行业信用信息共享及监测预警制度，研究制定基础、商务、投资三类模板化或定制化的专项征信服务报告，探索开展“电力征信”服务中小微企业信贷工作，推进电力征信产品在金融领域的应用落地，填补征信业务在电力行业领域应用的空白。

六、电力信用结果应用

中电联编制印发《中国电力企业联合会关于在会员单位招投标与物资采购中推广应用电力行业信用评价结果和重点关注名单的指导意见》（中电联评询〔2019〕163 号），推进信用评价成果应用落地，引导企业构建以信用为核心的经营管理体系。2019 年，中电联与南方电网公司、内蒙古电力公司等电力集团建立长效信息共享机制，促进电力行业及涉电力领域上下游相关产业及市场主体健康发展，进一步加大了行业内各集团公司信用信息共享力度。

（本节主要撰稿人为中电联电力评价咨询院郭文怡、王冠）

第七章 电力新业态

第一节 综合能源

2019 年，我国各类主体协同推动综合能源产业发展取得积极成效。能源主管部门在平稳有序推动能源互联网建设的基础上，对综合能源产业发展方向提出了指导意见。行业层面积极打造综合能源服务生态圈，搭建连接产业链上下游企业的共享共赢平台。大型电力企业纷纷布局“互联网 +”智慧能源、风光水火储多能互补系统、终端一体化集成供能系统等能源互联网项目，加快向综合能源服务转型。在政策、市场、技术等多重因素作用下，能源互联网建设稳步推进，综合能源服务正由概念导入、项目孵化逐步迈向市场验证阶段。总体来看，综合能源发展现阶段仍然呈现出明显的“技术化”“工程化”特征，后续围绕用户的多元化用能需求与用能过程中的关键痛点，在构建综合能源项目的新型商业模式、完善综合能源服务市场化运作机制等领域仍有广阔的发展空间。

一、能源互联网建设

（一）总体情况

政策引导为能源互联网建设创造新机遇 为持续推动产业结构优化调整，国家发展和改革委员会发布《产业结构调整指导目录（2019 年本）》，在鼓励类电力、新能源、信息产业中增加了智慧能源系统、分布式能源、传统能源与新能源发电互补技术开发及应用、能源管理系统（EMS），提出了综合能源产业发展适用的技术方向与应用场景，此举对培育能源电力新兴产业模式、加快推动能源互联网建设具有积极推动作用。

电力企业持续优化能源互联网产业布局 为推动综合能源快速发展成为企业新的增长极和新的支柱产业，国家电网、南方电网、中国大唐、国家电投、中核集团、内蒙古电力、华润电力、京能集团等多家大型电力企业均已在 2019 年启动或完成集团直属或控股的综合能源产业公司组建，电力企业充分依托自身主营业务优势，重点聚焦在集中式综合能源基地布局多能互补集成优化项目，在终端用能工业园区、科创园区、大型商业园区积极开发一体化集成供能项目，从能源供应侧与终端用能侧协同推进能源互联网建设。

产学研用深入融合为能源互联网发展提供支撑 电力企业、科研院所、高等院校加快建立以企业为主体、市场为导向、产学研用深度融合的能源互联网技术创新体系。2019 年 6 月，清华四川能源互联网研究院联合多家国内外创新创业服务机构，共同成立能源互联网国际创新中心。国家电网与清华大学、西安交通大学、华中科技大学、华北电力大学等高校全面推进产学研一体化。其中，“国家电网有限公司-华北电力大学能源互联网学院”于 2019 年 10 月揭牌。学院着力突破能源供需双向互动响应、能源互联系统运营交易等一系列关键技术。

（二）分类型情况

1. “互联网 +”智慧能源

为贯彻落实《国家发展和改革委员会、国家能源局、工业和信息化部关于推进“互联网 +”智慧能源发展的指导意见》（发改能源〔2016〕392 号）相关工作部署，按照《国家能源局关于公布首批“互联网 +”智慧能源（能源互联网）示范项目的通知》（国能发科技〔2017〕20 号）有关要求，国家能源局于 2019 年 1 月正式启动“互联网 +”智慧能源示范项目验收工作，根据项目总体进展情况，按照“验收一批、推动一批、撤销一批”的思路推进相关验收和管理工作。国家能源局旨在通过本次验收，尽快凝练共性关键技术、总结经验，梳理出一批具备示范带动作用的项目，形成可持续、可推广、可复制的能源互联网发展路线和运营机制，为下一阶段能源互联网产业体系的形成奠定基础。

2019 年部分典型“互联网 +”智慧能源示范项目验收情况及示范效应见图 7 –1。

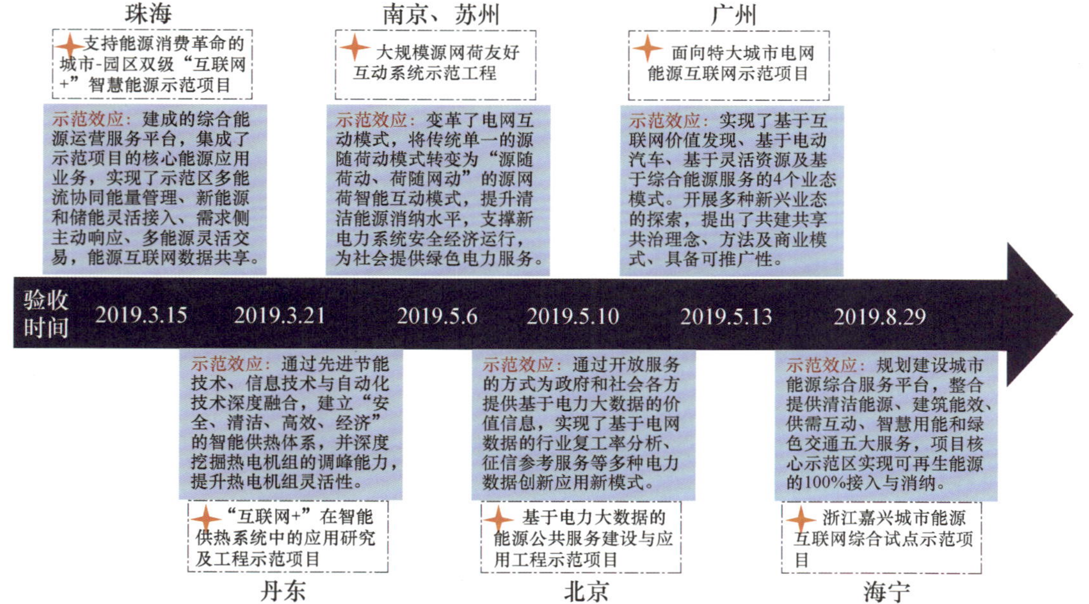

图 7 –1　2019 年部分典型“互联网 +”智慧能源示范项目验收情况及示范效应

2. 风光水火储多能互补系统

大型发电企业依托其在运综合能源基地的风能、太阳能、水能、煤炭、天然气等资源组合优势，充分发挥流域梯级水电站、具有灵活调节性能火电机组的调峰能力，开展传统能源与新能源协同互补、一体化运行的工程实践，提高电力输出功率稳定性，提升电力系统消纳风电、光伏发电等间歇性可再生能源的能力和综合效益。例如中国大唐托克托电厂利用其灰场、水厂和电厂厂区内空置区域建设光伏发电装置，同时利用周边和林格尔县丰富的风能资源，开展“火光风”集中式综合能源供应，根据工程方案，该项目可以在提高综合能效的同时，基本解决项目所在区域的弃风、弃光问题。

3. 终端一体化集成供能系统

结合新建工业园区、科创园区与大型商业园区的地域分布特点，2019 年终端一体化集成供能项目仍然聚焦在山东、江苏、浙江、福建、广东等东部沿海经济发达地区布局建设，项目建设内容涉及分布式能源站、一体化多能集成供应网络、多种可再生能源集成清洁供热（冷）等多种类型，项目的供能形式更加丰富，以适应用户日益增加的多样化用能需求。例如南国红豆控股公司投资建设的江苏红豆工业城多能互补协调优化项目，在 4. 8 平方千米的工业城内包含电、气、冷、热等多种用能形式，通过大规模部署量测终端，实现末端能源信息全景感知与用能方式动态优化。该项目用能成本从日均 42. 6 万元降至 41. 8 万元，清洁能源供应比重从 30. 8% 提升至 33. 5%，每年经济效益可达 300 万元。

二、综合能源服务

（一）总体情况

1. 创建绿色生活为综合能源服务拓展市场空间

为建立完善绿色生活的相关政策和管理制度，推动绿色消费，促进绿色低碳发展，国家发展和改革委员会印发《绿色生活创建行动总体方案》（发改环资〔2019〕1696 号），明确在创建节约型机关、绿色家庭、绿色社区、绿色商场的过程中强化能耗管理，提高能源资源利用效率，加强绿色建筑运行管理，积极采用合同能源管理。创建绿色生活行动将助力综合能源服务的市场空间进一步释放，有力促进各类综合能源供应商面向多元化用户，提供以提升能效水平为导向的增值型综合能源服务。

2. 行业协同推动综合能源服务产业高质量发展

为构建智慧用能方式，促进全社会综合能效持续提升，2019 年 6 月，国家电网、南方电网、中国华能、中国大唐、中国华电、国家电投、国家能源集团、中节能集团、中国电建、中国能建、中国建科院、清华大学、华北电力大学以及华为、阿里、腾讯、格力、海尔、协鑫、宁德时代、北京热力集团等21家单位共同发起成立中国综合能源服务产业创新发展联盟，通过打造综合能源领域高端智库，搭建以综合能源供应为中心，汇聚多种市场主体的开放合作平台，推动综合能源领域关键技术和科研成果的快速应用和创新协作。

3. 电力企业加快向综合能源服务转型

2019年，以国家电网、南方电网、中国华电为代表的多家电力企业相继出台了综合能源服务业务发展行动计划或工作方案，进一步明确企业综合能源服务的发展重点和业务界面，旨在为各类用户提供多元化的综合能源供应及增值服务，开展综合能源服务取得积极成效。

2019年部分电力企业开展综合能源服务总体成效见图7－2。

国家电网

· 聚焦综合能效服务、多能供应服务、清洁能源服务和新兴用能服务四大重点业务领域，努力拓展能源服务市场，完成业务收入110亿元。开展山东、江苏、浙江、福建、湖南5家省级智慧能源服务平台建设，实现上线运行。

南方电网

· 新增建筑节能服务面积198万平方米，累计服务面积达到768万平方米、托管电量达到6.73亿千瓦时。广东电视台项目获评“2019年广州市节能示范项目”。完成惠州特创等工业综合能源站项目9个，累计投运20个项目。

中国华电

· 发布《综合能源服务业务行动计划》，推进京津冀、长三角、珠三角、海南自贸区和长江经济带布局综合能源业务；开展“互联网+”综合能源服务平台功能设计，规划3大板块、10个应用场景和30项业务功能。

国家电投

· 围绕“能源生态系统集成商”战略定位，积极推进综合智慧能源、氢能、储能、清洁供热等新业态发展和专业能力建设，打造以多能互补、源网荷运售协调互动为特点的综合智慧能源产业体系。

图7－2　2019年部分电力企业开展综合能源服务总体成效

（二）分领域情况

1. 多能供应服务

多能供应服务作为综合能源服务的重要业务构成，综合能源服务商普遍依托其建设的综合能源站，实现传统供能（如供电、供热、供冷、供水等）系统、各类型分布式可再生电源、储能设备、电动汽车、智能电网/微电网以及其他可控负荷之间实现协调优化控制，在满足用户多元化用能需求的同时，显著提升能效水平。例如，中国华电北京通州区域能源项目，通过华电产业园分布式能源站保障了25万平方米产业园区电、热、冷及生活热水供应，实现了太阳能屋顶光伏、生活热水蓄热系统与天然气分布式的集成应用以及余热梯级利用。能源站采用智能决策管理系统，实时跟踪用户负荷并采集运行数据，同步进行供需协同节能控制，项目能源综合利用率达到85%以上，节能率达到23%。

2. 系统节能服务

电力企业所属的综合能源公司作为电力用户的主要节能服务商，2019年重点聚焦在建筑、工业、交通等重点领域开展办公楼宇、商业综合体综合能效提升，为工业园区、重点高耗能企业开展节能改造，扩大能源托管路灯规模，节能增效服务取得积极成效。例如，南方电网在建筑与工业节能业务领域完成了南网总部基地性能提升、广东电网清远基地等16个重点节能项目建设；在城市节能环保业务领域开发多个地区的路灯能源托管与智慧城市增值服务项目，新增能源托管路灯5万盏，累计推广灯具300万盏。

3. 售电增值服务

以综合降低企业用电成本为目标，市场化售电业务现已成为了企业用户综合能源服务的主要切入口。电力企业围绕售电开展相关衍生业务，通过金融模式和商业模式创新，为用户带来全方位的综合能源服务。同时，售电业务本身的规范化结算模式也使整个用能服务过程中的资金流动性和结算方式得到有效保障。例如，广东能源集团开发售电能效系统，通过对企业用电数据的采集分析，帮助企业发现影响用电质量、用电安全的因素，同时为企业找到能效改进空间，降低企业用电成本。该系统投运以来，累计接入用户近200家，共发出故障预警1900余次，推送能效报告超过1500份，并为20多家用户提供了能效改进服务。

专栏7－1　综合能源服务典型案例

江苏能源云网平台

该平台作为全国首个综合能源服务在线平台，于2019年8月19日正式上线，汇聚能源用户、能源供应与服务商、政府机关、高校与科研机构，为社会各界提供开放、共享的综合能源服务。平台由能源数据及能效评价中心、能源服务互动及共享中心两大板块构成。用户在用能设备上安装采集监控系统后，即可接入平台实时查看用能情况，下载经过综合能效评价体系相关标准比对的综合能效“体检报告”，及时、准确、全面掌握用能系统状态和改进意见，联系服务商量身定制改造方案。南京中央商场是首批接入平台的用户之一，国网江苏电力公司根据早、中、晚时段商场的冷量需求，为其制订了合理调节冷水机组和空气源热泵的运行方案。据测算，实施制冷系统改造和运行策略调整等措施后，商场供冷期间每天可降低总能耗1.16万千瓦时，提高能源利用效率约8.8%。

第二节　电力系统储能

2019 年，我国储能产业整体保持平稳发展态势。为进一步推进储能技术与产业健康发展，国家发展和改革委员会、科技部、工业和信息化部、国家能源局发布《贯彻落实〈关于促进储能技术与产业发展的指导意见〉2019—2020 年行动计划》（发改办能源〔2019〕725 号）（以下简称“储能发展行动计划”），储能产业在“十三五”末期的主要发展任务得到落实。同时，在监管政策收紧、一般工商业电价下调、调频辅助服务市场趋于饱和等因素共同影响下，电化学储能装机增速明显放缓。以提升储能经济性为导向，多个地区在政策层面积极探索实现储能在电力系统中的多种应用，进一步拓展了储能的收益渠道。电动汽车与充电基础设施保有量均保持较快增长，多地出台政策加大充电设施建设运营补贴支持力度，促进当地充电基础设施支撑电动汽车规模化发展。国内主要充电运营商积极拓展业务范围，提升充电细分领域的精细化服务能力，为后续开展充电设施与电网互动打下良好基础。

一、电化学储能

（一）总体情况

推进电化学储能项目示范和应用　为推动实现储能在电力系统的多重应用价值，“储能发展行动计划”中提出组织首批储能示范项目，推动储能在大规模可再生能源消纳、分布式发电、微网、用户侧、电力系统灵活性、电力市场建设和能源互联网等领域的示范应用；在发电侧推进储能与集中式新能源发电、分布式发电联合应用，在电网侧与用户侧开展储能保障电力系统安全示范工程建设，提升电网防灾抗灾能力，减少电能波动，提升供电质量；明确重点推动大连液流储能电站、甘肃网域大规模电池储能电站等国家电力示范项目建设。

推动电化学储能参与电力辅助服务　国内部分地区积极在政策层面推动储能作为独立市场主体参与电力调峰、调频辅助服务市场。华北能监局于 2019 年 11 月对《第三方独立主体参与华北电力调峰辅助服务市场试点方案（征求意见稿）》公开征求意见，试点方案就鼓励分布式及发电侧储能装置等第三方独立主体参与调峰辅助服务市场，并要求储能将充放电时间、频次、速率等纳入报价。江苏能源监管办于 2019 年 12 月对《江苏电力辅助服务（调频）市场交易规则（征求意见稿）》公开征求意见，提出将独立储能电站纳入调频辅助服务市场，并将其出清价格与火电机组市场成交价相关联。上述政策对于第三方储能服务实现价值叠加具有积极推动作用。

同时，东北、河南、甘肃、青海、山东等地相继发布或修订完善本地区的电力辅助服务市场运营规则，鼓励并推动发电侧、电网侧、用户侧电储能设施为电力系统提供调峰、调频辅助服务。

加强先进电化学储能技术研发　2019 年，我国电化学储能技术取得了重要进展，锂离子电池技术突破了锂补偿规模量产技术，单体循环寿命得到提升，并应用于 100 兆瓦时等级的储能项目建设；100 千瓦时储能型钠离子电池实现示范；液流电池能量密度进一步提高，100 兆瓦级储能项目正式开工；储能型固态锂离子电池和固态钠离子电池技术研发取得新突破，通过技术创新，有力推动了储能电池成本持续下降，促进了储能产业核心竞争力的提升。

电化学储能安全问题备受关注　2017 年 8 月至 2019 年年底，韩国陆续发生了 27 起电化学储能起火事故。其中，起火最频繁的是 2019 年 1 月，一个月内连续发生 4 起火灾，为全球储能产业敲响了警钟。安全可靠是储能规模化发展的基本条件，因此迫切需要从储能电池本体安全、系统集成安全和电力系统调度安全等多方面入手，控制好影响电化学储能稳定运行的安全因素，完善储能标准与安全规范体系，降低事故率，推动电化学储能持续健康发展。

（二）分领域情况

发电侧电化学储能呈现多种应用模式　电化学储能在发电侧已实现火储联合调频、集中式新能源场站配置或共享储能、提供黑启动辅助服务等多种应用功能。其中，火储联合调频项目建设集中在广东、山西和内蒙古，3 个省（区、市）在建及投运的火储联合调频项目数量占全国同类项目的比重超过 80%；新疆在南疆四地州布局建设 5 个光伏储能联合运行试点项目，项目如期建成后，可以享受自 2020 年起持续 5 年、每年增加 100 小时优先发电电量的试点政策；青海在其调峰辅助服务市场运营规则中首次提出共享储能，储能电站可以通过双边协商或集中竞价与新能源发电场站达成调峰交易，并于 2019 年 4 月 21 日至 30 日开展了鲁能多能互补储能电站与龙源格尔木光伏电站、国投华靖格尔木光伏电站共同参与的共享储能调峰辅助服务市场化交易，期间累计减少弃光电量 80.4 万千瓦时；广东黑启动辅助服务市场正在逐步兴起，2019 年 12 月有 7 家配置电化学储能装置的发电厂获得黑启动补偿费用。

电网侧电化学储能建设速度显著放缓　尽管部分 2018 年规划、在建的电网侧电化学储能项目于 2019 年上半年在湖南、广东、江苏、浙江、福建、甘肃等地区陆续投运，使得 2019 年上半年全国电网侧电化学储能装机容量保持较高增速，但受到国家发展和改革委员会明确本轮价格监审储能成本不计入输配电价的政策影响，在现行电力市场交易机制下，电网侧电化学储能短期内缺乏其他有效的投资回收机制，导致电网侧电化学储能市场需求快速缩减，新开工项目数量大幅减少。

用户侧电化学储能在减速发展中尝试拓展收益渠道 受到一般工商业降电价政策导致多数地区峰谷价差缩小的影响，用户侧电化学储能项目的投资回收期普遍延长，一定程度上抑制了储能厂商的投资积极性，装机增速明显下滑，用户侧储能项目的开发建设仍然集中在江苏、广东、浙江、上海、北京等峰谷电价差较大的地区。同时，江苏、浙江、上海、河南、广东、山东相继出台了电力需求响应的补贴规则，提高用户侧储能参与需求侧响应的积极性，在推动用户负荷管理水平持续提升的同时，为用户侧储能增加收入拓展了新的空间。

专栏7-2 电化学储能应用典型案例

国家光伏发电试验测试基地配套储能示范项目

该示范项目由国家电投投资建设，项目峰值功率装机容量19.805兆瓦，建设了16个分散式储能系统和6个集中式储能系统。储能系统采用磷酸铁锂、三元锂、锌溴液流和全钒液流电池。新能源+储能可减少限电造成的电量损失，利用储能电池调节可以实现削峰填谷及平滑输出，承担调峰调频服务，增强电网调节能力。在实际运行中，分别设置了20%、25%、30%限功率情况下，光储系统结合能量搬移、调峰调频、平滑出力、跟踪差异化功能需求的控制策略。其目的是对储能系统的电池特性、容量配比、系统匹配以及控制策略进行研究，项目同时开展了不同光伏发电系统、储能逆变器、蓄电池、接入方式、控制方式的运行对比，进一步增强示范效应。

二、先进物理储能

加大压缩空气储能项目研发实验验证与试点示范力度 为加快推进压缩空气储能技术与产业健康发展，“储能发展行动计划”中提出重点推进大容量压缩空气储能等重大先进技术项目建设，推动百兆瓦级压缩空气储能项目实现验证示范，明确重点推动江苏压缩空气储能电站储能国家电力示范项目建设。

持续推动物理储能关键技术攻关 2019年，以压缩空气、蓄冷蓄热、飞轮储能等为代表的物理储能技术实现了多项技术突破，促进新型物理储能具有良好的应用前景。国际首套10兆瓦级先进压缩空气储能示范系统通过科技部验收，国际首套100兆瓦先进压缩空气储能项目在张家口正式开工；蓄热技术多点开花，显热储热技术已在多个领域得到应用，相变储热技术正在逐步进入规模化应用阶段；国产250千瓦高速飞轮成功应用于UPS示范，单机400千瓦高速电机关键技术取得了突破。

三、电动汽车

着力提高新能源汽车市场竞争力　为推动新能源汽车产业高质量发展，集中支持优势产品和核心技术产业化，工业和信息化部于 2019 年 12 月对《新能源汽车产业发展规划（2021—2035 年）》（征求意见稿）公开征求意见，明确从提高技术创新能力、构建新型产业生态、推动产业融合发展、完善基础设施建设、深化开放合作五个方面作出部署，提出到 2025 年，新能源汽车动力电池、驱动电机、车载操作系统等关键技术取得重大突破。新能源汽车新车销量占比达到 25% 左右，智能网联汽车新车销量占比达到 30%，高度自动驾驶智能网联汽车实现限定区域和特定场景商业化应用。

进一步调整完善新能源汽车补贴政策　为充分发挥补贴政策基础性、导向性作用，实现新能源汽车产业的战略转型，财政部、工业和信息化部、科技部、国家发展和改革委员会发布《关于进一步完善新能源汽车推广应用财政补贴政策的通知》（财建〔2019〕138 号），提出加大国家补贴退坡力度，分段释放调整压力，至 2020 年底前退坡到位，取消地方购车补贴（新能源公交车和燃料电池汽车除外），将购置补贴集中用于支持充电（加氢）等基础设施“短板”建设和配套运营服务等环节。同时，进一步简化现行补贴指标体系，为企业开发产品提供更加宽松的政策环境。

据公安部统计，截至 2019 年年底，全国新能源汽车保有量达 381 万辆，同比增长 46.0%，新能源汽车占汽车总量的 1.5%。其中，纯电动汽车保有量 310 万辆，同比增长 46.9%，纯电动汽车占新能源汽车保有量的 81.4%。新能源汽车增量连续两年超过 100 万辆，“十三五”以来电动汽车保有量持续高速增长的趋势有所放缓。

2016—2019 年全国新能源汽车与纯电动汽车保有量及增速见图 7－3。

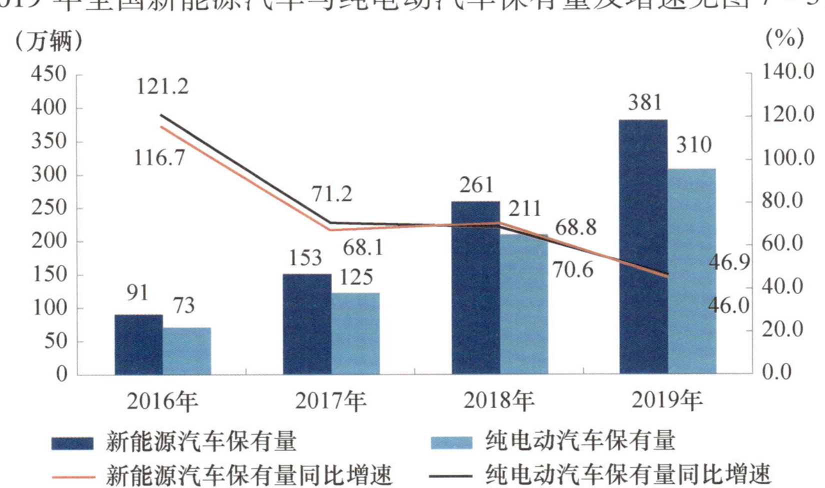

图 7－3　2016—2019 年全国新能源汽车与纯电动汽车保有量及增速

数据来源：新能源汽车与纯电动汽车保有量取自公安部交通管理局公开发布数据。

四、充电基础设施

加快充电基础设施建设 为进一步提高绿色出行水平，交通运输部等十二个部门和单位印发《绿色出行行动计划（2019—2022年）》（交运发〔2019〕70号），明确提升绿色出行装备水平，提出加快构建便利高效、适度超前的充电网络体系，重点推进城市公交枢纽、停车场、首末站充电设施设备的规划与建设。鼓励高速公路服务区配合相关部门推进充电服务设施建设。加大对充电基础设施的补贴力度，将新能源汽车购置补贴资金逐步转向充电基础设施建设及运营环节。推广落实各种形式的充电优惠政策。各地方政府积极响应国家政策号召，根据自身实际情况逐步落实政策要求，推动当地充电基础设施发展。

推进新能源汽车动力电池储能化应用 为促进能源交通融合发展，为新能源汽车动力电池储能化应用奠定基础，“储能发展行动计划”中提出开展充电设施与电网互动等课题研究，组织相关方面于2020年开展试点示范等相关工作，完善储能相关基础设施，持续推进停车充电一体化建设。

提高运营平台智能化水平与充电服务能力 随着充电基础设施产业加快推进信息化建设，国内主要充电运营商均对完善其运营平台功能、加强全产业链信息互联互通予以高度重视。2019年，国内主要充电运营商运营平台的智能化水平进一步提升，各充电运营商依托其运营平台，在优化充电基础设施投资建设，着力实现充电设施在线巡检、运维，提高在运充电设施利用效率的同时，面向电动汽车用户开展智能化有序充电推广应用，满足各类用户日益增长的规模化、多样化充电需求，持续提升电动汽车服务水平。

据国家发展和改革委员会公开发布数据显示，截至2019年年底，全国充电基础设施保有量达到122万台，其中，公共充电桩保有量52万台，私人充电桩保有量70万台。2019年，全国新能源汽车与充电基础设施保有量配比为3.1∶1，新能源汽车与充电基础设施保有量配比趋于合理。目前，充电基础设施已经覆盖了全国404个城市，并且形成了“十纵十横两环”的充电网络，基本满足了公共交通、物流运输、私人出行等领域的充电需要。

（本章主要撰稿人为中电联电力发展研究院韩超）

第八章　电力安全生产和可靠性

第一节　电力安全生产

一、安全举措

（一）安全监管

2019 年，电力安全监管重点抓了五方面工作：一是遵照习近平总书记重要指示批示精神，深刻汲取近年来国外大面积停电事件教训，进一步提高电力系统风险防控和安全保障能力，提升总体国家安全水平。二是着力推动电力安全生产领域体制改革，压实企业安全生产主体责任，明确行业安全生产监管法定责任，落实地方安全生产管理法定责任，逐步健全完善“齐抓共管”工作机制，形成工作合力。三是编制出台防范应对台风和低温雨雪冰冻灾害两个指导意见，成功应对“利奇马”台风、四川宜宾地震等 18 次重大自然灾害，及时抢修恢复 1100 余万用户供电，圆满完成庆祝中华人民共和国成立 70 周年等 8 项重大活动保电和网络安全保卫任务，各项工作万无一失。四是有序推进电力安全生产、应急能力建设和网络安全三个行动计划落实落地，充分发挥并网电厂涉网安全和网络与信息安全两个联席会议作用，开展电力设备和施工现场两个安全专项监管，全国电力安全生产形势稳中向好。五是组织开展“电力安全文化建设年”活动，打造“和谐守规”的电力安全文化体系。组织开展电力行业“安全生产月”和“安全生产万里行”活动，营造安全、和谐的工作氛围。

（二）安全法规

2019 年，国家发展和改革委员会、生态环境部、应急管理部、国家能源局等各政府部门高度重视电力安全生产工作，出台了多项政策性文件，进一步提升了电力安全生产制度保障水平。2019 年电力安全生产法规政策见表 8 – 1。

表8－1　2019年电力安全生产法规政策

序号	文件	主要内容
1	国家能源局印发《关于电力系统防范应对台风灾害的指导意见》的通知（国能发安全〔2019〕52号）	明确电力系统防范应对台风灾害能力的指导思想、基本原则、工作目标，以及提升电力系统抗灾能力、提升灾害应急能力、灾前科学落实防御措施、灾后快速有序抢修复电、开展后评估与责任监督等指导意见
2	国家能源局印发《关于电力系统防范应对低温雨雪冰冻灾害的指导意见》的通知（国能发安全〔2019〕80号）	明确提出加强电力系统防范应对低温雨雪冰冻灾害工作的十六条指导意见
3	国家能源局综合司关于印发《电力安全监管“双随机一公开”执法检查实施细则》的通知（国能综通安全〔2019〕90号）	对国务院安委会各成员单位提出关于改进安全检查方式、完善“双随机一公开”执法检查办法的要求
4	国家能源局综合司关于切实加强电力行业危险化学品安全综合治理工作的紧急通知（国能综函安全〔2019〕132号）	提出针对江苏响水嘉宜化工特别重大爆炸事件，推进电力行业危险化学品安全综合治理要求
5	核动力厂、研究堆、核燃料循环设施安全许可程序规定（生态环境部令第8号）	明确核动力厂、研究堆、核燃料循环设施安全许可程序申请与受理、审查与决定、变更与延续等规定
6	应急管理部关于修改《生产安全事故应急预案管理办法》的决定（应急管理部令第2号）	调整部分条款
7	关于印发《核电厂配置风险管理的技术政策（试行）》的通知（国核安发〔2019〕262号）	明确配置风险管理的实施、风险阀值，以及管理工具的开发应用，以指导核电厂营运单位建立和优化核电厂配置风险管理体系

二、安全生产

2019年，全国电力安全生产形势保持总体稳定，全国未发生重大以上电力人身伤亡事故，没有发生水电站大坝漫坝、垮坝事故，以及对社会有较大影响的电力安全事件。电力安全生产事故起数连续三年下降，电力建设领域安全状况明显好转，电力设备事故总量显著减少，大部分监管区域安全状况稳定。

（一）基本情况

发生电力人身伤亡事故38起、死亡43人，事故起数比上年减少1起，降幅

3%；死亡人数增加 3 人，增幅 8%，其中，电力生产人身伤亡事故 29 起，死亡 32 人，事故起数比上年增加 8 起，增幅 38%；死亡人数比上年增加 10 人，增幅 45%；电力建设人身伤亡事故 9 起，死亡 11 人，事故起数比上年减少 9 起，降幅 50%；死亡人数比上年减少 7 人，降幅 39%。

2017—2019 年电力人身伤亡事故起数、死亡人数分别见图 8－1、图 8－2。

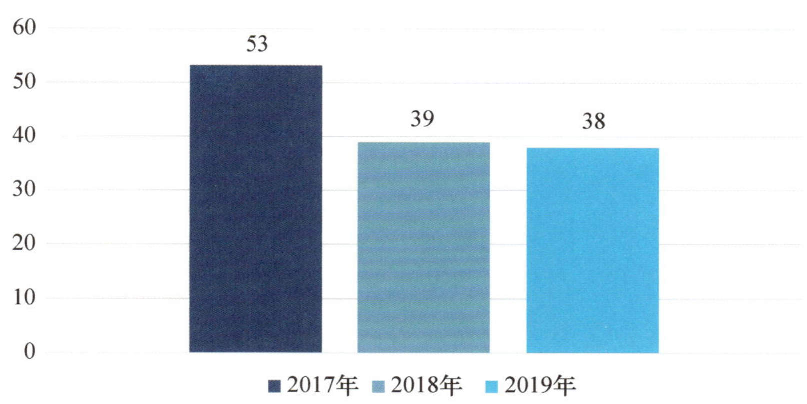

图 8－1　2017—2019 年电力人身伤亡事故起数

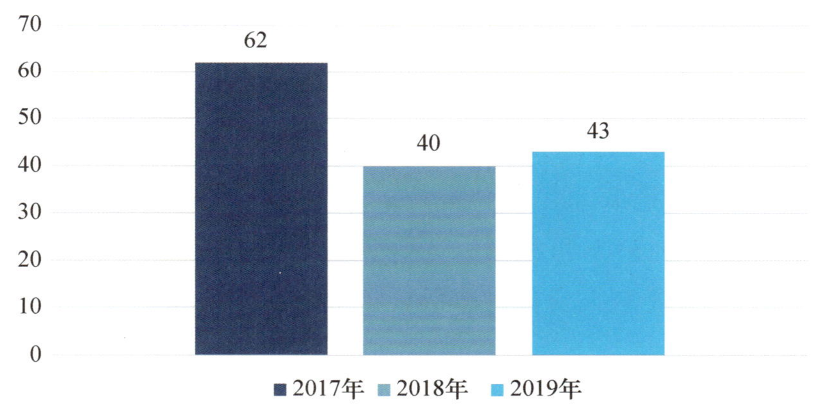

图 8－2　2017—2019 年电力人身伤亡事故死亡人数

发生电力安全事故 1 起，比上年增加 1 起；发生电力设备事故 3 起，事故起数比上年减少 4 起，降幅 57%；发生电力安全事件 8 起，比上年增加 5 起，增幅 167%。

2017—2019 年，电力人身伤亡事故起数连续三年下降，事故起数降幅 28%；死亡人数总体呈下降趋势，降幅 31%。

（二）事故统计分析

1. 按事故业主单位统计

2019 年，全国电力安委会企业成员单位发生电力人身伤亡事故 31 起，占全国电力人身伤亡事故起数的 82%。其中，未发生电力人身伤亡事故的单位有中国华电集团有限公司、浙江省能源集团有限公司、广东省能源集团有限公司；发生1起较大电力人身伤亡事故的单位有国家开发投资集团有限公司；发生3起以上电力人身伤亡事故的单位有中国南方电网有限责任公司、国家能源投资集团有限责任公司、内蒙古电力（集团）有限责任公司、华润电力控股有限公司；死亡人数3人以上的单位有中国南方电网有限责任公司、国家能源投资集团有限责任公司、内蒙古电力（集团）有限责任公司、华润电力控股有限公司、国家开发投资集团有限公司。

其他单位发生电力人身伤亡事故7起，其中，民勤航天新能源投资有限公司发生1起较大电力人身伤亡事故。

2. 按派出机构监管辖区统计

2019年，大部分派出能源监管机构辖区安全状况稳定，18家派出能源监管机构辖区中，12个辖区实现电力人身伤亡事故起数和死亡人数“双下降”或持平，占比67%，其中，发生较大以上电力人身伤亡事故的派出能源监管机构辖区有四川、甘肃；发生3起以上电力人身伤亡事故的派出能源监管机构辖区有华北、南方、云南、西北、东北；死亡人数3人以上的派出能源监管机构辖区有华北、南方、云南、西北、四川、甘肃、东北。

3. 按事故类别统计

2019年，触电造成15起事故15人死亡，高处坠落造成14起事故20人死亡，物体打击造成3起事故3人死亡，坍塌造成2起事故2人死亡，机械伤害造成2起事故1人死亡，淹溺、灼烫各造成1起事故1人死亡。其中，触电和高处坠落类别事故多发，分别占事故总起数的39%和37%，死亡人数分别占死亡总人数的35%和47%。

2018年、2019年各类别人身伤亡事故死亡人数见图8－3。

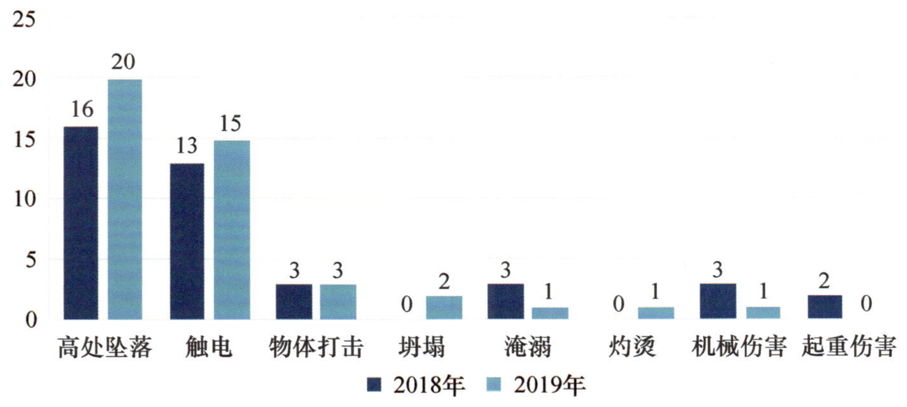

图8－3　2018年、2019年各类别人身伤亡事故死亡人数

4. 按事故原因统计

2019 年，人的不安全行为造成 25 起事故 24 人死亡，物的不安全状态造成 7 起事故 13 人死亡，环境因素造成 6 起事故 6 人死亡。人的不安全行为造成事故多发，占事故总起数的 66%，死亡人数占总死亡人数的 56%。

（本节主要撰稿人为中电联可靠性管理中心王鹏、姜锐）

第二节 电力可靠性

一、发电设备

（一）发电机组运行可靠性

2019 年，纳入电力可靠性统计的 4 万千瓦及以上水电、10 万千瓦及以上火电和核电机组共计 3068 台、108258.9 万千瓦，比上年增加 90 台、4450.39 万千瓦。

1. 水电机组

水电机组运行可靠性总体优于 2018 年 2019 年，纳入电力可靠性统计的水电机组 1042 台，总容量 22765.75 万千瓦。主要运行可靠性指标比上年有所上升，其中，运行系数为 57.88%，比上年提高 2.2 个百分点；等效可用系数为 92.58%，比上年增加 0.28 个百分点；等效强迫停运率为 0.03%，比上年下降 0.07 个百分点；非计划停运次数为 0.18 次/台年，比上减少 0.03 次/台年。

2018 年、2019 年水电分类机组主要运行可靠性指标见图 8－4。

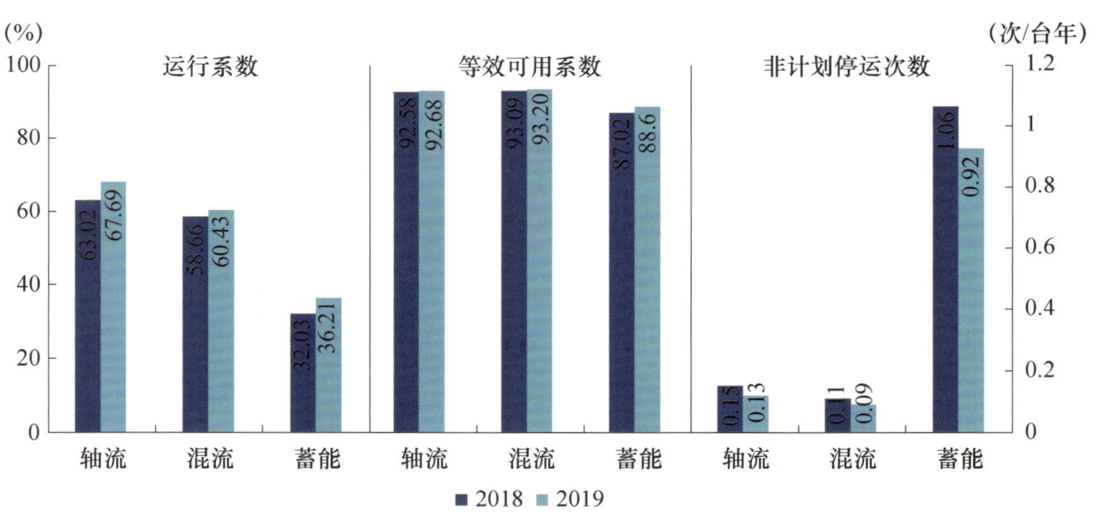

图 8－4 2018 年、2019 年水电分类机组主要运行可靠性指标

2. 燃煤机组

燃煤机组可靠性总体维持在较高水平，非计划停运次数降幅较大 2019 年，纳入电力可靠性统计的燃煤机组 1796 台，总容量 77652.9 万千瓦。燃煤机组主要可靠性指标总体水平比上年有所上升，维持在较高水平。2019 年，燃煤机组整体负荷水平略有上升，运行系数为 75.11%，比上年提高 0.05 个百分点；等效可用系数为 92.79%，比上年上升 0.53 个百分点；等效强迫停运率为 0.49%，比上年减少 0.44 个百分点；非计划停运次数 0.51 次/台年，比上年减少 0.27 次/台年。

2018 年、2019 年燃煤机组主要运行可靠性指标见图 8－5。

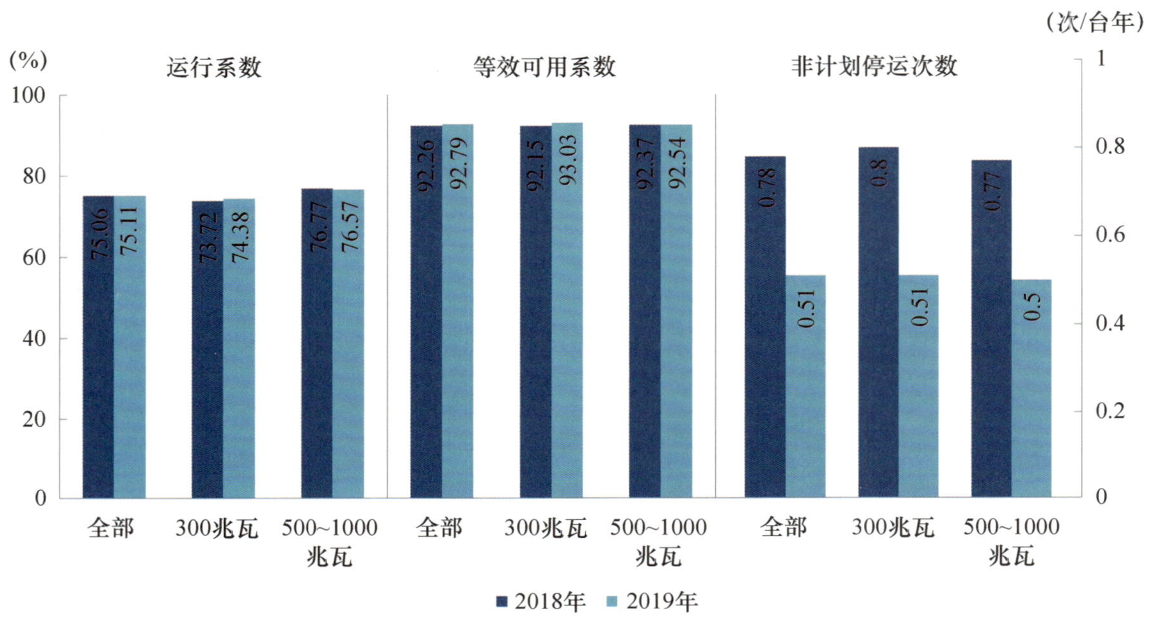

图 8－5 2018 年、2019 年燃煤机组主要运行可靠性指标

3. 燃气轮机组

燃气轮机组运行可靠性水平总体比上年略有下降 2019 年，纳入电力可靠性统计的燃气轮机组 211 台，总容量 6140.23 万千瓦。燃气轮机组主要可靠性指标略低于上年，其中，等效可用系数为 92.37%，比上年下降 0.1 个百分点；运行系数为 45.07%，比上年下降 3.43 个百分点；非计划停运次数为 0.2 次/台年，比上年减少 0.25 次/台年。

2018 年、2019 年燃气轮机组主要运行可靠性指标见图 8－6。

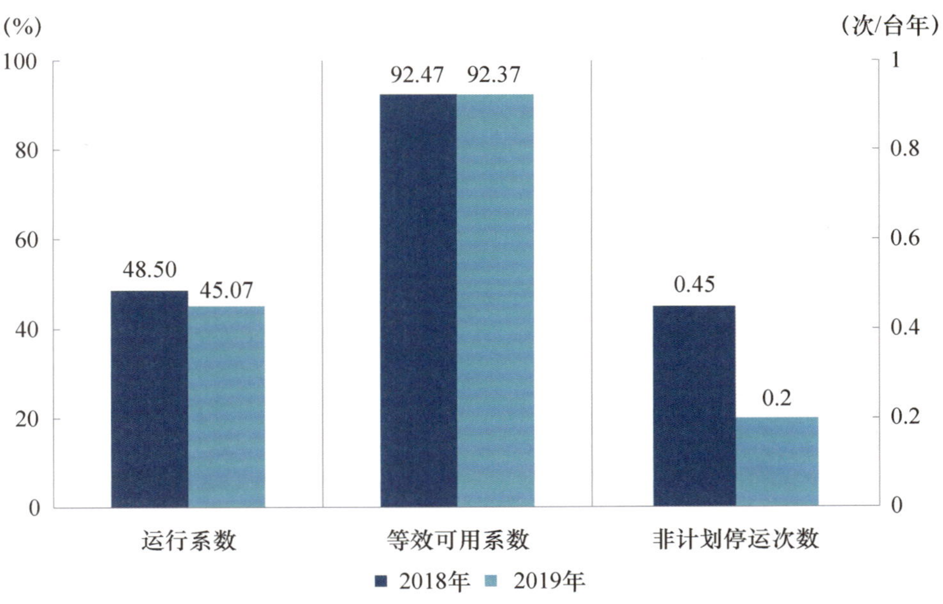

图 8－6　2018 年、2019 年燃气轮机组主要可靠性指标

4. 核电机组

核电机组运行可靠性指标有所降低　2019 年，纳入电力可靠性统计的核电机组 19 台，总容量 1700 万千瓦。运行系数为 91%，比上年下降 0.5 个百分点；等效可用系数为 91.01%，比上年下降 0.83 个百分点；非计划停运次数为 0.21 次/台年，比上年减少 0.38 次/台年。

2018 年、2019 年核电机组运行主要可靠性指标见图 8－7。

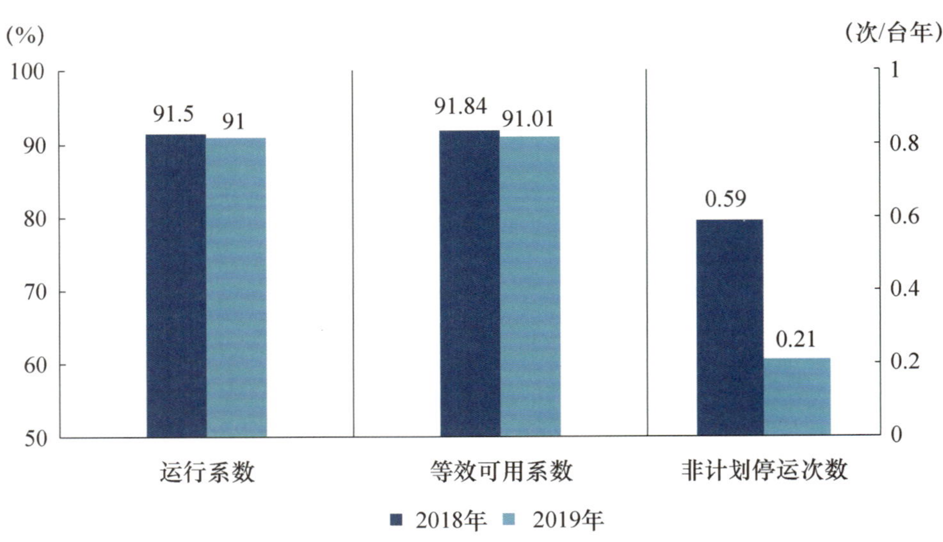

图 8－7　2018 年、2019 年核电机组运行主要可靠性指标

（二）燃煤机组主要辅助设备运行可靠性

燃煤机组主要辅助设备可用系数略降，运行系数上升 2019 年，纳入电力可靠性统计的 20 万千瓦及以上容量燃煤机组五种主要辅助设备，即磨煤机、给水泵组、送风机、引风机、高压加热器台数分别为 7005 台、3850 台、2780 台、2858 台和 4329 台。五种辅助设备可用系数比上年略有下降，但运行系数比上年上升；磨煤机、送风机、高压加热器台年非计划停运小时比上年减少，给水泵组、引风机比上年增加。

2018 年、2019 年燃煤机组五种辅助设备主要可靠性指标对比见图 8－8。

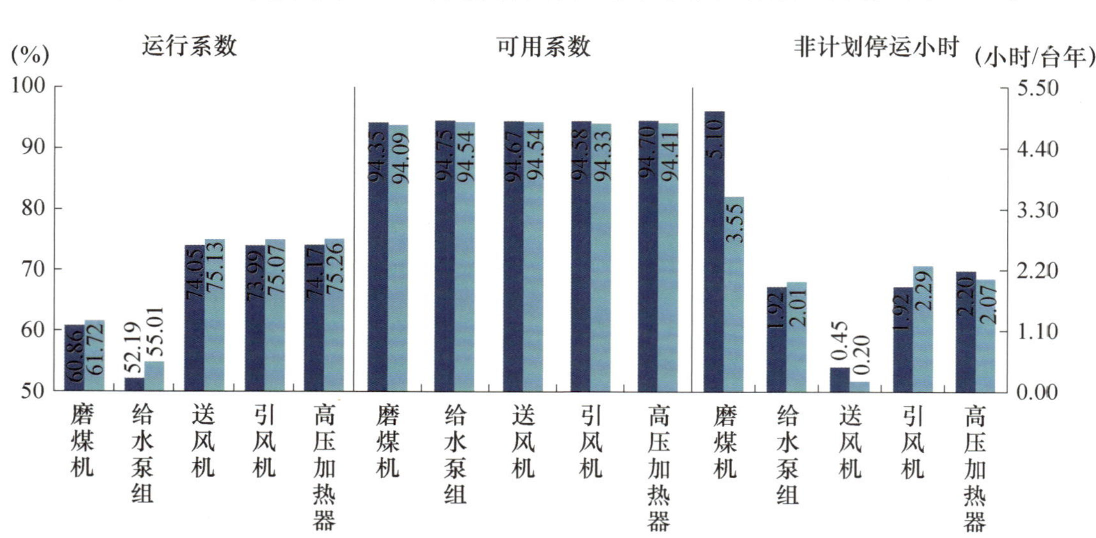

图 8－8 2018 年、2019 年燃煤机组五种辅助设备主要可靠性指标对比

二、输变电设施

（一）总体情况

十三类输变电设施可用系数总体维持在高位水平，强迫停运率与上年基本持平 2019 年，十三类输变电设施的计划停运时间波动较大，其中架空线路、电抗器分别比上年减少 5.805 小时、9.601 小时，变压器和断路器分别比上年增加 9.236 小时、3.325 小时。受计划停运时间波动的影响，架空线路、电抗器的可用系数分别比上年增加 0.124 个、0.105 个百分点，变压器和断路器的可用系数分别比上年下降 0.100 个、0.035 个百分点。总体来看，十三类输变电设施的可用系数维持在 99.4% 以上。电缆线路、电压互感器、避雷器的强迫停运率分别比上年减少 0.053 次/千米年、0.007 次/百台年、0.002 次/百台年，其他输变电设施的强迫停运率高于 2018 年，其中，电抗器、母线、断路器和变压器的增幅较大，比上年分别增加 0.158 次/

百台年、0.095 次/百段年、0.051 次/百台年和0.047 次/百台年，组合电器和阻波器的强迫停运率与上年持平。总体来看，十三类输变电设施的强迫停运率维持在0.4次/百千米（台、套、段）年以下。

2019 年220 千伏及以上电压等级十三类输变电设施主要可靠性指标见表8－2。

表8－2 2019 年220 千伏及以上电压等级十三类输变电设施主要可靠性指标

类别	可用系数（%）	强迫停运率	非计划停运时间	计划停运时间
架空线路	99.453	0.064	0.554	44.719
变压器	99.641	0.235	0.210	30.899
电抗器	99.825	0.158	0.524	14.346
断路器	99.873	0.172	0.040	10.841
电流互感器	99.964	0.008	0.013	3.098
电压互感器	99.950	0.012	0.041	4.248
隔离开关	99.975	0.007	0.018	2.066
避雷器	99.959	0.007	0.008	3.508
耦合电容器	99.984	0.011	0.028	1.289
阻波器	99.986	0.006	0.003	1.147
电缆线路	99.826	0.029	0.037	6.672
组合电器	99.972	0.024	0.808	1.649
母线	99.929	0.361	1.999	4.139

注：强迫停运率单位：电缆线路单位为次/千米年，其它设备单位为次/百千米（台、套、段）年；非停、计停时间单位：架空线路单位为小时/百千米年，其他设备单位为小时/千米（台、套、段）年。

（二）三类主要输变电设施

架空线路的可用系数高于2018 年，三类主要输变电设施强迫停运率均高于2018 年 2019 年，纳入可靠性统计的220 千伏及以上电压等级架空线路总里程824363 千米，变压器、断路器总数量分别为18797 台和48602 台。架空线路、变压器、断路器三类主要设施的可用系数分别为99.453%、99.641%、99.873%，受计划停运时间影响，架空线路的可用系数比上年上升0.125 个百分点，变压器和断路器比上年下降0.100 个、0.035 个百分点。架空线路、变压器、断路器三类主要设施的强迫停运率分别为0.064 次/百千米年、0.235 次/百台年、0.172 次/百台年，比上年分别增加0.002 次/百千米年、0.047 次/百台年、0.051 次/百台年。

2018 年、2019 年三类主要输变电设施不同电压等级可用系数、强迫停运率对比见表8－3。

表 8－3　2018 年、2019 年三类主要输变电设施不同电压等级可用系数、强迫停运率对比

指标	设施	年份	220 千伏	330 千伏	500 千伏	750 千伏	1000 千伏
可用系数（%）	架空线路	2018	99.765	98.718	99.135	98.260	95.632
		2019	99.713	99.246	99.405	99.480	98.281
	变压器	2018	99.785	99.745	99.685	99.401	98.945
		2019	99.710	99.573	99.513	99.665	98.709
	断路器	2018	99.917	99.899	99.885	99.419	99.955
		2019	99.878	99.918	99.844	99.765	99.640
强迫停运率［次/百千米（百台）年］	架空线路	2018	0.060	0.033	0.083	0.026	0.052
		2019	0.069	0.044	0.074	0	0.009
	变压器	2018	0.147	0	0.313	0	0
		2019	0.250	0	0.247	0	0
	断路器	2018	0.098	0	0.282	0	0
		2019	0.176	0	0.181	0.458	0

三、直流输电系统

直流输电系统运行可靠性总体良好，能量利用率比上年小幅上升，强迫停运次数有所减少　2019 年，纳入电力可靠性管理的直流输电系统数量为 36 个，其中，点对点超高压直流输电系统 16 个，点对点特高压直流输电系统 14 个，背靠背直流输电系统 6 个，额定输送容量总计 167624 兆瓦，直流输电线路总长度约为 41172 千米。

2019 年，纳入电力可靠性统计的 33 个直流输电系统①合计能量可用率、能量利用率分别为 86.165%、46.44%，总计强迫停运 32 次。与上年相比，能量可用率下降 5.983 个百分点，能量利用率上升 2.33 个百分点，强迫停运次数减少 3 次。

2019 年，纳入电力可靠性统计的直流输电系统共发生强迫停运 32 次，江城、伊穆、银东、牛从乙、金中、复奉、天中、祁韶、鲁固、新东、灵宝、高岭、黑河 13 个系统未发生强迫停运。32 次强迫停运事件中，22 次为单级强迫停运事件比上年增加 4 次；0 次双级强迫停运事件比上年减 3 次；8 次为阀组强迫停运事件比上年减少 2 次；2 次为单元强迫停运事件比上年减少 2 次。

2019 年直流输电系统主要可靠性指标见表 8－4。

① 2019 年新投运直流系统（吉泉直流、宜昌柔性直流背靠背换流站、施州柔性直流背靠背换流站），运行时间不满一年，未参与本报告中可靠性指标的计算和分析。

表 8－4 2019 年直流输电系统主要可靠性指标

直流输电系统	能量可用率（%）	能量利用率（%）	强迫能量不可用率（%）	强迫停运（次）
合计	86.165	46.438	0.211	32
葛南	91.819	56.483	1.008	5
天广	98.138	44.384	0.012	1
龙政	91.095	41.330	0.120	2
江城	74.219	61.388	0	0
高肇	99.676	54.790	0.003	1
宜华	92.188	36.996	0.308	1
兴安	96.306	74.048	0.037	1
德宝	90.841	57.840	0.784	2
伊穆	97.419	55.925	0	0
银东	94.929	88.761	0	0
林枫	91.718	39.496	0.040	1
柴拉	90.554	36.493	0.014	1
牛从甲	96.629	55.301	0	1
牛从乙	95.856	54.670	0	0
金中	97.790	59.792	0	0
永富	95.470	40.296	0.961	1
楚穗	95.927	64.558	0.127	2
复奉	89.813	53.829	0	0
锦苏	88.608	58.012	0.037	1
天中	94.438	59.213	0	0
宾金	88.440	48.573	0.373	2
普侨	90.738	49.495	0.018	1
灵绍	91.339	59.200	0.536	2
祁韶	80.233	25.595	0	0
雁淮	94.283	35.927	0.131	2
鲁固	67.397	26.881	0	0
锡泰	60.541	13.561	0.141	1
新东	100	61.863	0	0
昭沂	57.802	18.975	1.287	2
灵宝	95.844	94.883	0	0
高岭	95.240	82.577	0	0
黑河	94.564	40.934	0	0
鲁西	96.292	31.609	0.102	2

四、供电系统

2019 年，纳入电力行业可靠性管理的省级供电企业 36 个，地市级供电企业 455

个。全国10（6、20）千伏供电系统用户1009.96万户，用户总容量37.25亿千伏安，其中，城市用户267.04万户，总容量为17.70亿千伏安；农村用户742.91万户，总容量为19.55亿千伏安。

2019年全国10（6、20）千伏供电系统用户及容量构成见图8-9。

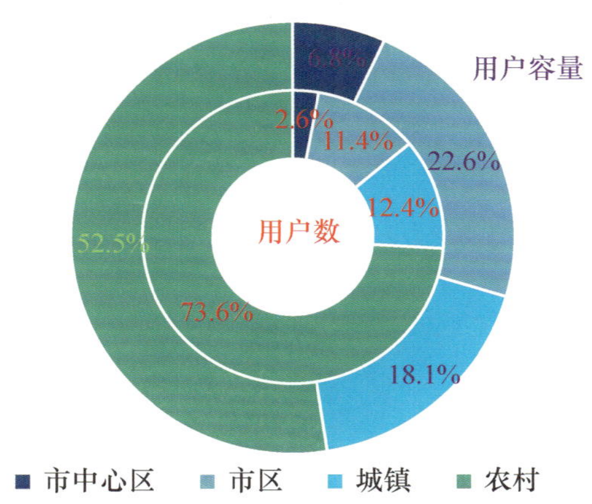

图8-9　2019年全国10（6、20）千伏供电系统用户及容量构成

全国10（6、20）千伏供电系统用户供电可靠性小幅上升，城乡供电可靠性差距进一步缩小，农村电网供电可靠率首次达到99.8%以上　2019年，全国供电系统用户平均供电可靠率为99.843%，比上年提高了0.023个百分点；用户平均停电时间13.72小时/户，比上年减少了2.03小时/户；用户平均停电频率2.99次/户，比上年减少了0.29次/户。其中，城市地区用户平均停电时间比上年减少了0.27小时/户，平均停电频率比上年减少了0.03次/户；农村地区用户平均停电时间比上年减少了2.70小时/户，平均停电频率比上年减少了0.40次/户。城市、农村地区用户平均停电时间相差12.53小时/户，比上年收窄2.43小时/户；平均停电频率相差2.59次/户，比上年收窄0.37次/户。

2018年、2019年供电系统用户平均停电时间、平均停电频率见图8-10。

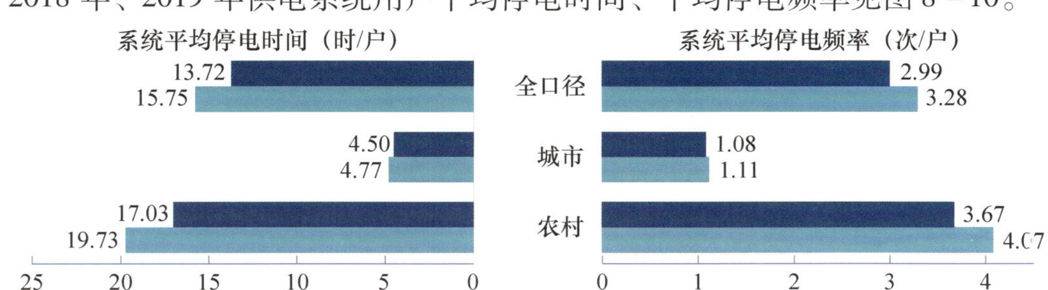

图8-10　2018年、2019年供电系统用户平均停电时间、平均停电频率

华东区域供电可靠性平均水平领先其他区域，用户供电可靠性东西部差异明显　华东区域的供电系统用户平均停电时间低于 8 小时/户，为 7.11 小时/户，其他区域供电系统用户平均停电时间均大于 12 小时/户，其中西北区域和华东区域供电系统用户平均停电时间相差 20.16 小时/户；华东、华中和华北区域供电系统用户平均停电频率低于 3 次/户；西北区域城乡供电系统用户供电可靠性水平相差最大，用户平均停电时间相差 18.26 小时/户。

2019 年各区域电网供电系统用户供电可靠性指标见表 8－5。

表 8－5　2019 年各区域电网供电系统用户供电可靠性指标

区域	平均供电可靠率 ASAI-1（%）			系统平均停电时间 SAIDI-1（小时/户）			系统平均停电频率 SAIFI-1（次/户）		
	全口径	城市	农村	全口径	城市	农村	全口径	城市	农村
全国	99.843	99.949	99.806	13.72	4.50	17.03	2.99	1.08	3.67
华北区域	99.859	99.958	99.827	12.33	3.71	15.14	2.51	0.88	3.05
东北区域	99.815	99.945	99.762	16.22	4.81	20.82	3.15	0.89	4.06
华东区域	99.919	99.967	99.902	7.11	2.87	8.61	2.03	0.84	2.45
华中区域	99.818	99.942	99.771	15.95	5.12	20.04	2.76	1.10	3.38
西北区域	99.695	99.884	99.648	26.71	10.20	30.79	5.42	2.36	6.18
南方区域	99.829	99.945	99.777	15.00	4.83	19.49	4.14	1.29	5.40

注：华北区域包括蒙东公司，华北、华中、南方区域包括地方电力公司。

省间供电系统用户供电可靠性水平有一定差距，新疆、西藏的用户平均停电时间比上年有所上升　除上海、北京和天津外，广东、山东、浙江、江苏的供电系统用户平均停电时间也低于 10 小时/户；省（区、市）间最优和最差的用户平均停电时间相差 39.5 小时/户（不包括西藏）。31 个省（区、市）中，仅新疆和西藏的供电可靠性水平较上一年有所降低，用户平均停电时间分别比上年增加 19.51% 和 10.65%。

2019 年各省（区、市）供电系统用户平均停电时间见图 8－11。

全国主要城市供电可靠性比上年波动较大，部分城市城区的供电系统用户供电可靠性已达到较高水平　2019 年，全国 50 个主要城市（直辖市、省会城市及其他 14 个 2019 年 GDP 排名靠前的城市）的用户数占全国总用户数的 32.16%，用户平均停电时间为 6.04 小时/户，比全国平均值低 7.69 小时/户。其中，上海、深圳、厦门的用户平均停电时间小于 1 小时/户，分别为 0.78、0.85、0.90 小时/户。50 个主要城市中有 19 个城市的用户平均停电时间比上年减少超过 40%，其中，绍兴、上海、深圳的用户平均停电时间比上年分别减少 76.59%、74.37%、71.40%。

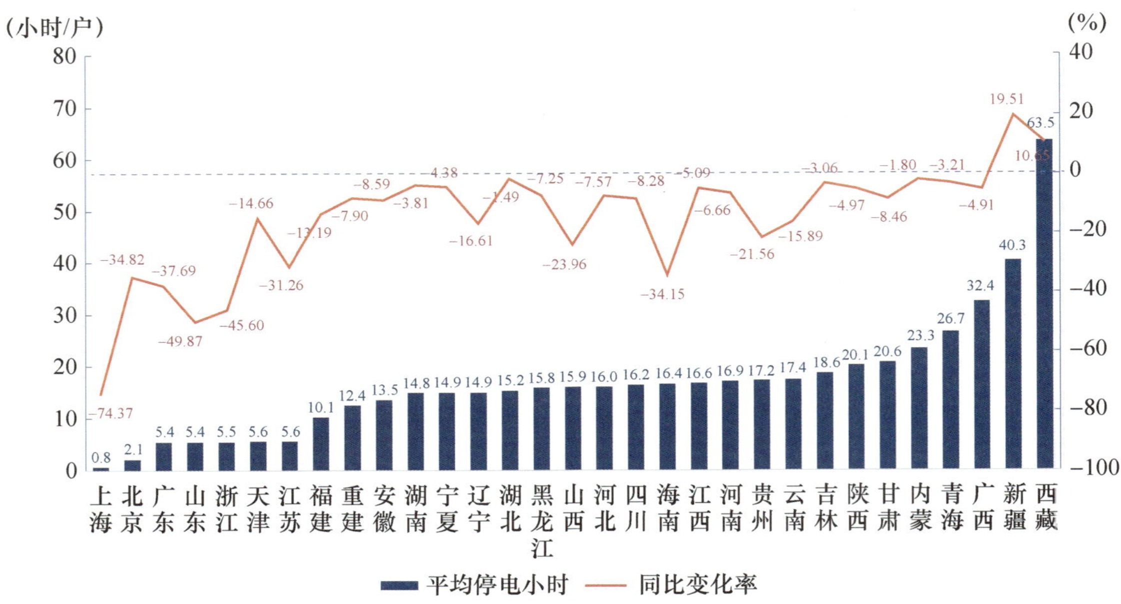

图 8－11　2019 年各省（区、市）供电系统用户平均停电时间

2019 年主要城市供电系统用户平均停电时间见图 8－12。

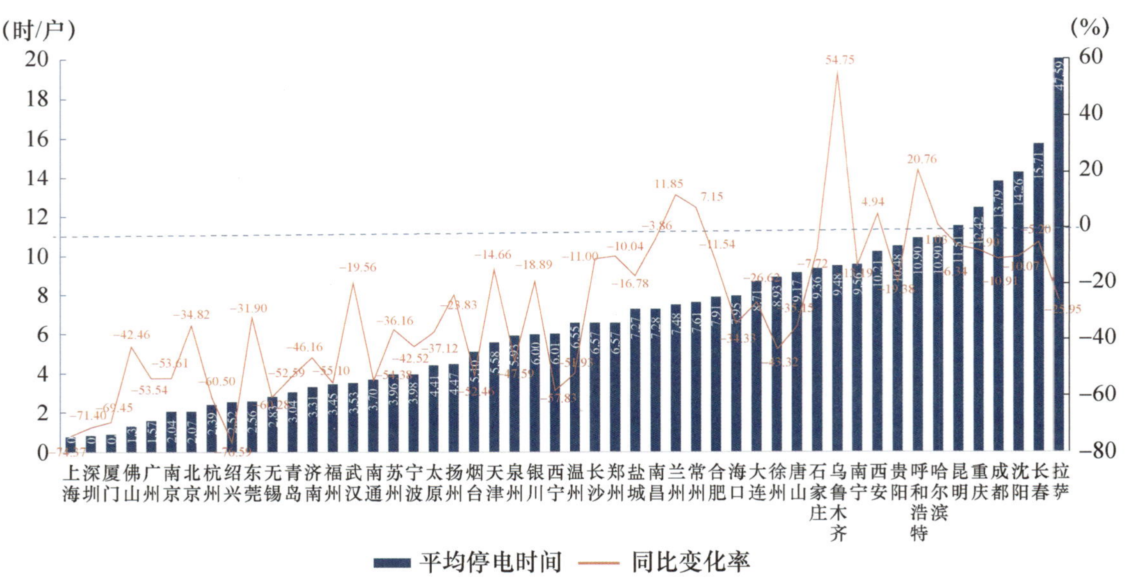

图 8－12　2019 年主要城市供电系统用户平均停电时间

（本节主要撰稿人为中电联可靠性管理中心周宏、李霞）

第九章　电力标准化

2019 年是国家深化标准化工作改革第三阶段开局之年，也是标准体系建设之年。电力行业积极实施标准化战略，“以标准助力创新发展、协调发展、绿色发展、开放发展、共享发展”，以标准化引领电力科技创新，以标准化助力企业发展，推动电力标准国际化，取得了显著成效。国家标准更加精简优化、行业标准管理持续改进、团体标准活力不断释放、参与国际标准治理不断深化。

第一节　国家、行业和中电联标准化发展

一、电力标准建设

电力标准体系建设不断完善　《电力标准体系表》历经多次修订，为电力标准发展起到了重要作用。中电联按照《中华人民共和国标准化法》修订后的新型标准体系要求，进一步清理电力标准体系，组织各专业标准化技术委员会启动标准体系修编工作，已经完成电动汽车充电设施标准体系、北斗标准体系路线图、发电国际标准路线图、人工智能标准体系等专题标准体系研究，电力标准体系表已通过专家审查。

电力标准项目加快制修定订工作　2019 年，经有关政府部门下达中电联归口的电力标准计划共 503 项，其中，住房城乡建设部工程建设国家标准计划 6 项，国家标准委国家标准计划 11 项，国家能源局行业标准计划 486 项（包括英文版翻译计划 28 项）；中国电力企业联合会下达中电联标准计划 305 项。2019 年经有关政府部门批准发布标准共 321 项，其中，国家标准 31 项，包括国家标准委批准发布 25 项，住房城乡建设部批准发布工程建设国家标准 6 项，能源局批准发布行业标准 290 项，中电联发布中电联标准 111 项。截至 2019 年年底，电力标准共有 3578 项，其中，电力国家标准 552 项，电力行业标准 2787 项，中电联标准 239 项。

2010—2019 年发布的国家行业标准数量及构成见图 9 - 1。

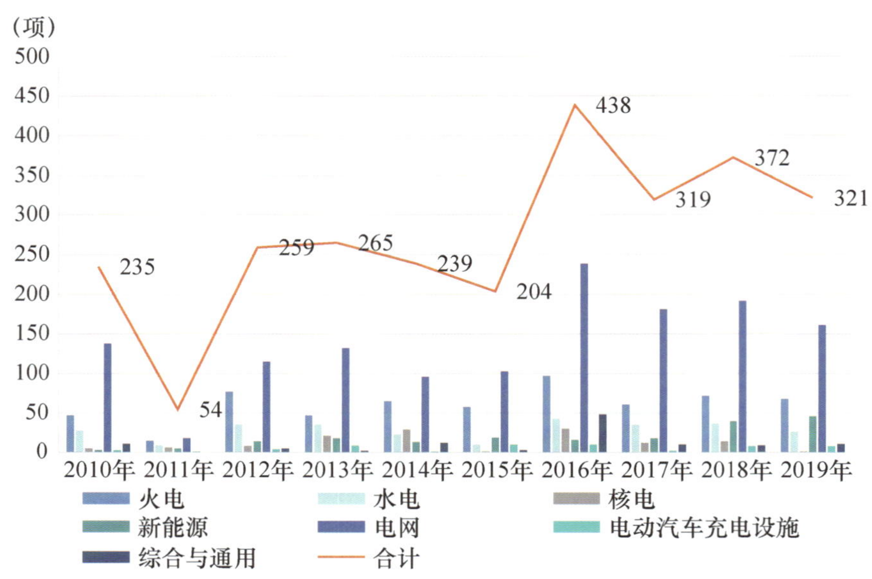

图9－1　2010—2019年发布的国家行业标准数量及构成

电力标准化组织机构不断完善　2019年，能源行业涉电力领域信用评价标准化技术委员会、能源行业燃气分布式能源标准化技术委员会、能源行业电力气象标准化技术委员会、能源行业电力安全工器具及机具标准化技术委员会输变电工程施工机具分技术委员会、能源行业综合能源服务标准化工作组获得国家能源局批准成立；中电联累计批复组建了生物质发电、电力物资供应链管理、导地线、电力设备质量管理、电力实验室管理等7个中国电力企业联合会专业标准化技术委员会。截至2019年年底，中电联负责管理43个电力（能源）行业标准化技术委员会、21个全国标准化技术委员会、17个国际电工技术委员会的中国业务和30个中电联标准化技术委员会，中电联承担国家能源局主管的全国电力监管标准化技术委员会秘书处工作，承担能源行业风电标准化技术委员会秘书处支撑单位工作，继续承担能源行业风电标准化技术委员会风电场运行维护及并网管理两个分技术委员会工作。

标准化管理制度更加完善　2019年是制度建设之年，国家能源局颁布了新的能源领域标准化管理办法，国家标准化管理委员会和民政部印发了《团体标准管理规定》，中电联结合上级部门要求和电力标准化工作实际，对《电力专业标准化技术委员会管理细则》《电力标准复审管理办法》和《中国电力企业联合会标准制定细则》等标准化管理制度进行了修订，增加了对标准进行技术预审的制度，同时印发了《专业标准化技术委员会标准审核员管理办法》，要求各专业标准化技术委员会设置标准审核员负责标准文本质量及报批材料审核，通过制度建设提高标准质量。

中电联团体标准成效显著　中电联专题组织召开标准工作座谈会，总结2016年以来中电联标准开展的工作，宣贯强调“一个原则、两个统一、三个重点、四个机制”的中电联标准理念。中电联还组织召开中国电力企业联合会能源互联网、工程技术经济、电能替代、输变电工程三维设计、导地线、物资供应链管理等标委会成立大会，与中国保险行业协会探索团体标准联合发布机制。在中电联官网、管理杂志、微信公众号等介绍中电联标准。发布针对海南地区的高温高湿沿海充电设施特殊要求等4项中电联标准，与海南电动汽车与充电设施创新联盟协商，推动中电联标准实施落地。经过近3年的实践，中电联标准发挥的作用正日益显现，在能源互联网、微电网、电动汽车充电设施、直流配电、太阳能发电等新兴技术领域，中电联标准起到了较好的市场引导作用，获得了政府和企业的高度认可。

二、重点领域标准化发展

在火电领域重点开展设备技术条件和性能试验，化学检验及金属检测技术，电力工程施工验收及调试，设备及系统的运行和维护，技术监督，火电厂环境保护和垃圾发电等方面的标准化工作。在水电领域重点开展了施工工艺、施工设备、材料应用、试验检验等领域的标准化工作。在核电常规岛和BOP领域形成了基本满足核电企业实际需求的标准体系，大量标准在核电工程设计、建设与运营中得到了广泛应用，为核电的发展提供了保障。在新能源领域重点开展了太阳能发电、风力发电、微电网及储能垃圾发电等标准化工作。在电网领域随着电力设备红外热成像、紫外成像、无源无线测温等多种成熟、有效的带电检测装置的应用，电力设备状态监测等领域取得较大突破，电力应急、安全工器具、噪声控制等领域得到重视，能源互联网、三维设计、北斗、先进计算、综合能源和电力市场等领域发展迅速。在电动汽车充电设施领域，随着5G移动互联网、电力物联网、区块链技术的进步，大功率充电技术、无线充电技术、充放电双向互动技术、小功率直流充电技术日趋成熟，结合清洁能源发电技术和储能技术，电动汽车、智能交通与智慧能源的联系将越来越紧密，更加智能、便捷、开放、共享的充电基础设施网络将在新能源汽车产业创新发展中发挥出更重要的作用。

专栏9－1 2019年重点领域部分新颁布标准

火电领域标准

《火力发电厂烟气净化装置施工技术规范》（DL/T 5790—2019）

《火力发电厂分散控制系统技术条件》（DL/T 1083—2019）

《300兆瓦～600兆瓦级汽轮机运行导则》（DL/T 608—2019）

《火力发电厂锅炉技术监督规程》（DL/T 2052—2019）

《火电厂烟气中SO_3测试方法控制冷凝法》（DL/T1990—2019）

水电领域标准

《大坝安全监测自动化技术规范》（DL/T 5211—2019）

《水电水利地下工程地质超前预报技术规程》（DL/T 5783—2019）

《水工变态混凝土施工规范》（DL/T 5788—2019）

《水电厂水力机械保护配置导则》（DL/T 1969—2019）

《水电厂直流系统技术条件》（DL/T 1974—2019）

《智慧水电厂技术导则》（T/CEC 283—2019）

核电领域标准

《核电厂汽轮发电机励磁系统运行技术导则》（NB/T 25101—2019）

《压水堆核电厂凝汽器性能试验导则》（NB/T 25102—2019）

《压水堆核电厂发电机冷却系统调试导则》（NB/T 25103—2019）

新能源领域标准

《并网光伏电站启动验收技术规范》（GB/T 37658—2019）

《光伏发电站高电压穿越检测技术规程》（NB/T 10324—2019）

《海上风电场风力发电机组基础维护技术规程》（NB/T 10218—2019）

《大容量电池储能站监控单元与电池管理系统通信协议》（DL/T 1989—2019）

《分布式电源接入电网承载力评估导则》（DL/T 2041—2019）

电网领域标准

《电力系统安全稳定导则》（GB 38755—2019）

《变电站设备物联网通信架构及接口要求》（GB/T 37548—2019）

《柔性直流输电用电力电子器件技术规范》（GB/T 37660—2019）

《配电线路故障指示器通用技术条件》（DL/T 1157—2019）

《直流配电系统保护技术导则》（T/CEC 248—2019）

电动汽车领域标准

《城市公共设施电动汽车充换电设施运营管理服务规范》（GB/T 37293—2019）

《电动汽车交流充电桩高温沿海地区特殊要求》（T/CEC 213—2019）

《电动汽车非车载充电机高温沿海地区特殊要求》（T/CEC 214—2019）

《电动汽车非车载充电机检验试验技术规范高温沿海地区特殊要求》（T/CEC 215—2019）

《电动汽车交流充电桩检验试验技术规范高温沿海地区特殊要求》（T/CEC 216—2019）

第二节　企业标准化发展

2019 年，越来越多的电力企业从自身的发展出发，依据本企业战略规划和社会经济发展需求，实施标准化战略，制订切实可行的企业标准化行动方案。在建立完善标准化体制机制、优化标准体系、强化标准实施与监督、夯实标准化技术基础、增强标准化服务能力等方面取得显著成效，促进了标准化普及应用和专业工作的深度融合。2019 年，共有 47 家电力企业通过了标准化良好行为企业确认。

国家电网以技术标准战略纲要为指引，持续深入推进标准化体制机制建设、标准体系建设、标准化科研、标准国际化等各项工作，为构建清洁低碳、安全高效的能源体系，顺应国家标准化改革、对接“一带一路”、满足电力改革下的新形势、新模式、新业态的市场需求，奠定了坚实的标准化基础。**南方电网**组织修订了《中国南方电网技术标准管理规定（2019 年修订版）》，新设和调整了标准组织机构，完善了公司企业标准规划、制定、实施与评价全过程管理，重点补充了标准化工作的考核激励机制，协调解决了专项经费，使技术标准管理工作有组织、有依据、有抓手。**中国华能**加强标准化组织机构建设。中国华能技术委员会与技术标准委员会合署办公，负责统筹技术标准体系建立、重大标准专项研究和标准化成果推广应用工作。标准化办公室挂靠企管部，负责企业基础标准制定和标准化管理日常工作。设立国际电工委员会（IEC）主席办公室，负责推进国际标准化工作。**中国大唐**开展水电标准化效益专题研究。采用 ISO 推荐的价值链分析方法，对彭水水电站的价值链进行了梳理，将水电站的活动划分为基本活动和辅助活动，然后基于各活动的基本内容识别其价值驱动因素，分析各环节的标准化效益。**国家电投**制定了《国家电投技术标准体系规划纲要（2017—2021）》，围绕集团公司建设世界一流清洁能源企业发展战略目标，坚持新发展理念，坚持推动高质量发展。**中国电建**按照公司《技术标准管理办法》充分发挥各个专业标准化委员会的职能，推进标准化管理工作全面开展，结合企业实际发展需要，进一步构建与完善标准化信息管理系统。**中国广核**标准建设工作紧密围绕集团发展战略要求，以促进核心技术能力建设。针对 CPR1000、“华龙一号”、小型堆等核电技术品牌，全面形成与国际接轨、满足国家行业标准要求、适应我国基础工业体系的企业技术标准体系，并在核电工程设计、建设与运营中得到应用，为核电“走出去”在标准方面提供有力保障。**广东能源**分别从管理和生产技术两个管理对象探索开展强化标准执行的研究，其中推动红海湾发电公司探索独特的“双循环”管理模式，以信息系统为支撑，将一切管理业务活动转化为日常工作任务，破解了标准执行、落实的困难，实现企业管理简单有效。

第三节　国际标准化发展

一、标准国际合作

中电联贯彻落实中日充电设施技术与标准合作备忘录，召开中日专家组会议，2019年4月19日，在日本电动汽车用快速充电器协会召开的理事全会上，全票通过了日本未来的直流充电接口（CHAdeMO 3.0）将采用中国提出的大功率充电新接口的决议，这是中日合作的具体落实。中电联组织召开了中德电动汽车标准化工作组会议，中德两国专家积极履行会议决议，围绕无线充电、大功率充电、动力电池、数据传输和信息安全等方面开展交流合作。

二、国际标准提案

中电联组织申报《配电网接纳分布式电源承载能力评估导则》等2项国际标准提案并获得通过；组织提出IEC新技术委员会“电网稳定控制系统和装置”提案申请；做好2019年IEC大会参会组织工作，先后通过了19项由中国专家提出的新标准提案，申请了由中国专家担任组长的1个工作组，确定了5个由中国专家担任召集人的项目组；参加IEC/TC117（国际电工委员会太阳能光热电厂技术委员会）工作组联席会，跟进我国提出的PT 62862-3-1和PT 62862-4-1两项标准的技术参数指标及草案投票等事宜。

三、标准英文版翻译

为服务“一带一路”，支持电力标准“走出去”战略实施，中电联积极开展电力标准英文版翻译工作，将电力企业在海外工程建设、运营中所需的电力标准翻译成英文版，组织专业技术及语言领域专家审查，并报送政府部门审批发布。截至2019年年底，共完成334项电力标准英文版翻译工作，初步形成了工程建设标准英文版体系，基本满足电力企业在国外工程建设中所需中国标准英文版的需求。

（本章内容详见《中国电力标准化年度发展报告2020》，本章主要撰稿人为中电联标准化管理中心周丽波、汪毅）

第十章　电力绿色发展

第一节　资源节约

2019年，电力行业持续推进煤电节能升级改造，淘汰落后产能，加大供热改造力度，供电标准煤耗、水耗、线损率等主要资源节约指标持续向好，粉煤灰、脱硫石膏等固体废弃物综合利用水平持续提高。

一、供电煤耗

（一）全国情况

全国平均供电标准煤耗持续降低　2019年，全国6000千瓦及以上火电厂供电标准煤耗为306.4克/千瓦时，比上年降低1.2克/千瓦时。

2000—2019年全国6000千瓦及以上火电厂供电标准煤耗见图10－1。

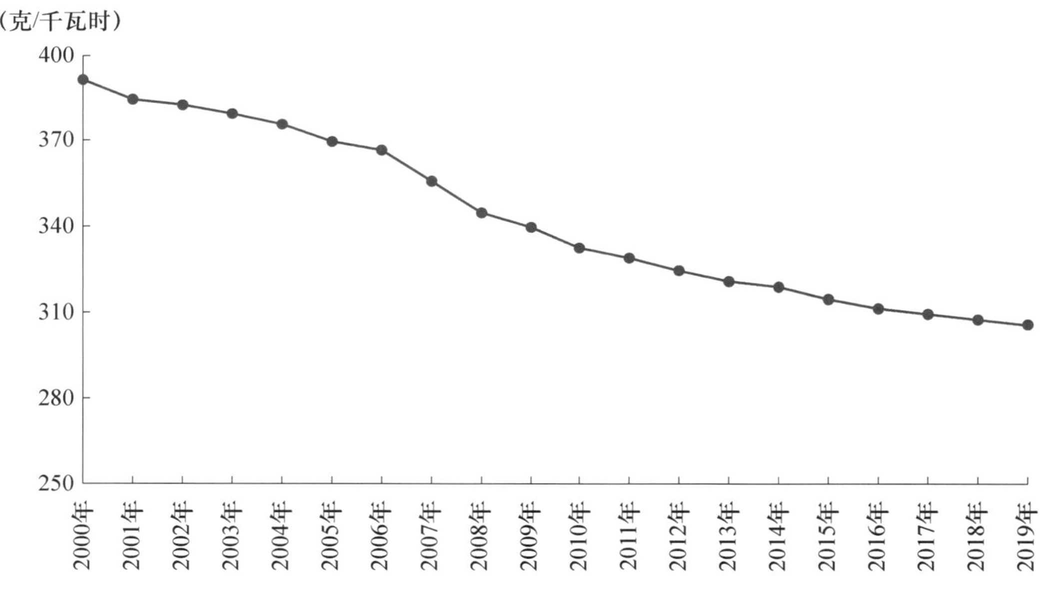

图10－1　2000—2019年全国6000千瓦及以上火电厂供电标准煤耗

（二）分省（区、市）情况

大部分省（区、市）平均供电煤耗比上年降低 全国各省（区、市）火电机组结构持续优化，大部分省（区、市）平均供电煤耗比上年降低，宁夏、安徽、江西等个别省（区、市）有所上升。

2019 年全国各省（区、市）6000 千瓦及以上火电厂供电标准煤耗及变化幅度见图 10 - 2。

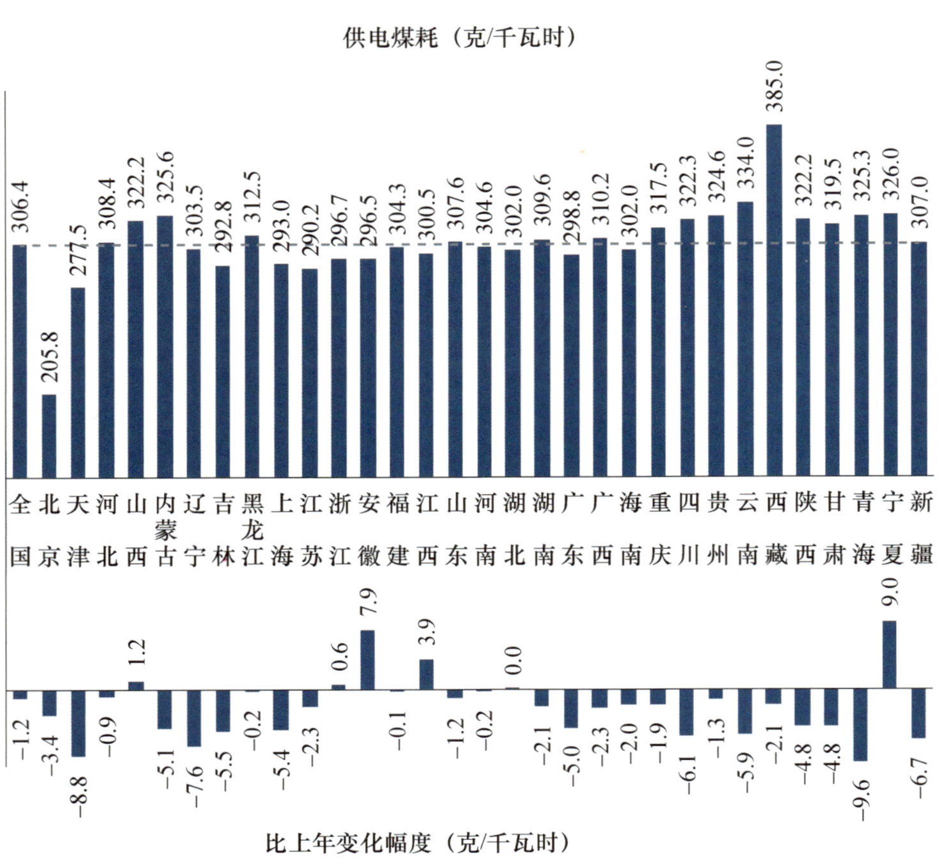

图 10 - 2 2019 年全国各省（区、市）6000 千瓦及以上火电厂供电标准煤耗及变化幅度

二、线损率

（一）全国情况

全国线损率持续下降 2019 年，全国线损率为 5.93%，比上年下降 0.34 个百分点。

2000—2019 年全国线损率见图 10 - 3。

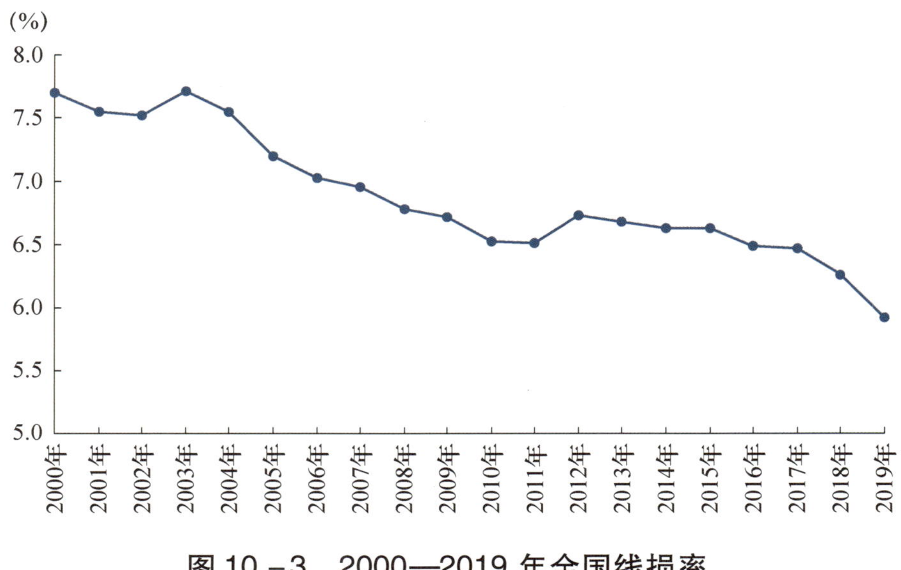

图 10－3　2000—2019 年全国线损率

（二）分省（区、市）情况

大部分省（区、市）线损率继续下降　通过多种管理手段、技术手段等措施，全国大部分省（区、市）线损率进一步降低，黑龙江、新疆等个别省（区、市）略有上升。

2019 年全国各省（区、市）线损率及变化幅度见图 10－4。

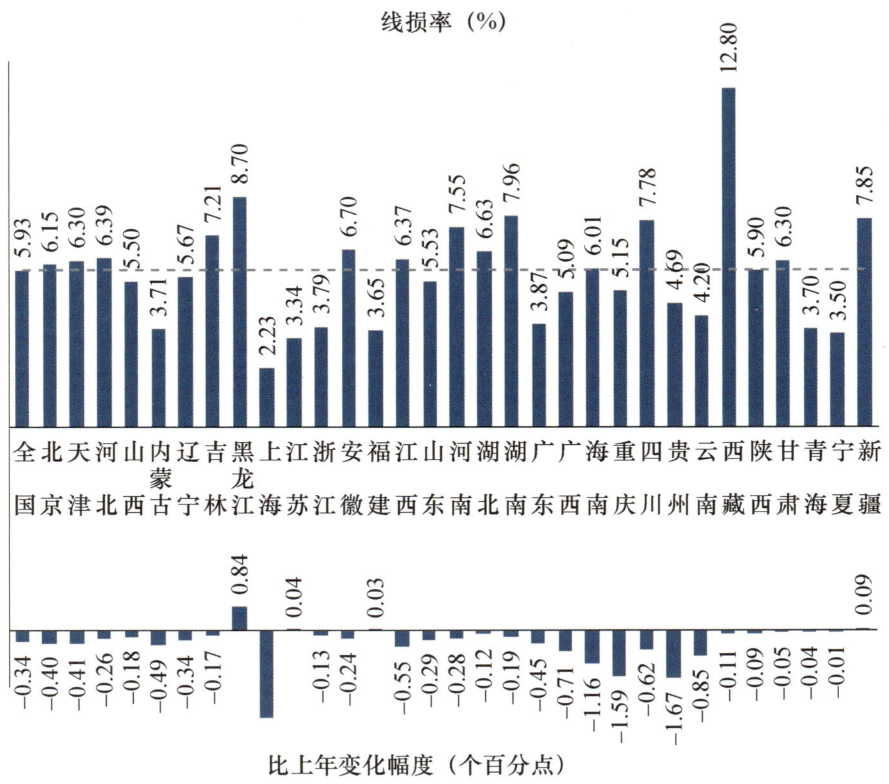

图 10－4　2019 年全国各省（区、市）线损率及变化幅度

三、厂用电率

（一）全国情况

全国平均厂用电率略有下降 2019 年，全国 6000 千瓦及以上电厂厂用电率 4.67%，比上年下降 0.02 个百分点。其中，水电厂用电率为 0.24%，比上年下降 0.01 个百分点；火电厂用电率为 6.01%，比上年上升 0.06 个百分点。

2000—2019 年全国 6000 千瓦及以上电厂厂用电率见图 10－5。

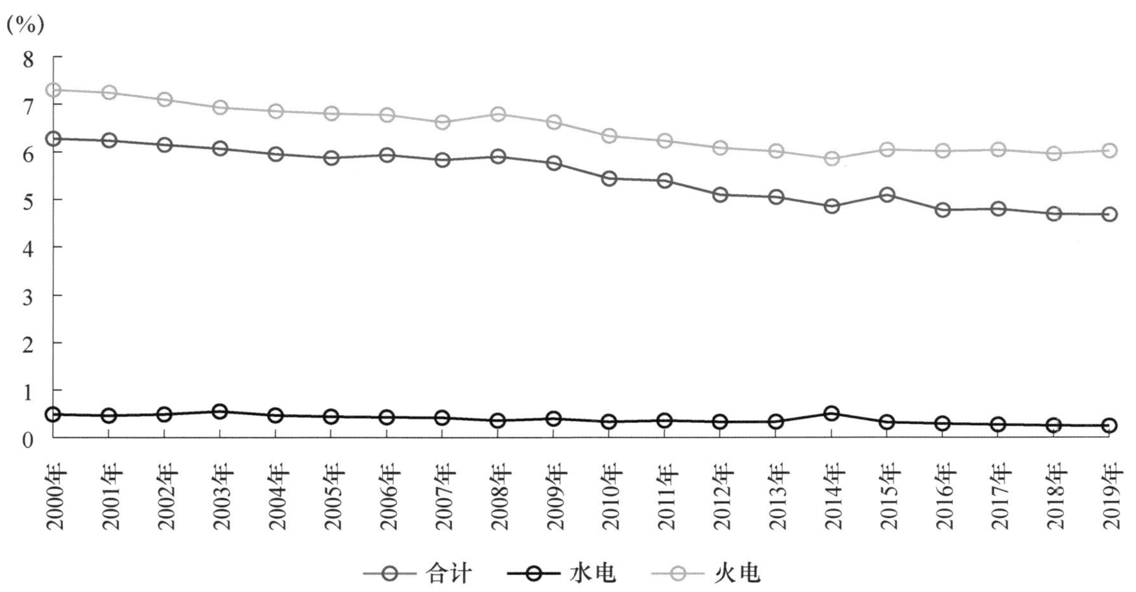

图 10－5　2000—2019 年全国 6000 千瓦及以上电厂厂用电率

（二）分省（区、市）情况

各省（区、市）厂用电率有升有降 由于发电结构调整、负荷变化等因素，多数省（区、市）厂用电率均有一定程度下降。新疆、宁夏等个别省（区、市）火电厂用电率略有上升；安徽、河北等部分省（区、市）水电厂用电率有所上升。

2019 年全国各省（区、市）6000 千瓦及以上电厂厂用电率见图 10－6，分发电类型的厂用电率分及变化幅度见表 10－1。

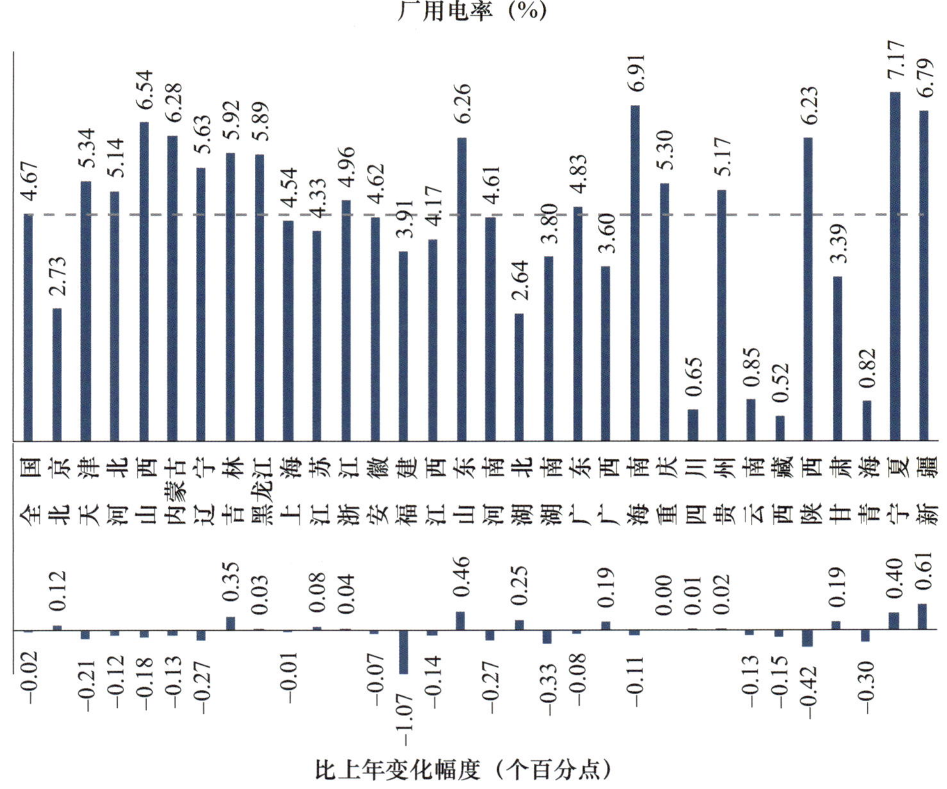

图 10－6　2019 年全国各省（区、市）6000 千瓦及以上电厂厂用电率

表 10－1　2019 年全国各省（区、市）6000 千瓦及以上电厂分发电类型的厂用电率及变化幅度

地区	2019 年（%）		比上年变化幅度（个百分点）	
	水电	火电	水电	火电
全国	0.24	6.01	－0.01	0.06
北京	0.86	2.79	－0.08	0.12
天津	—	5.46	—	－0.18
河北	2.12	5.84	0.80	－0.09
山西	0.26	7.24	－0.11	－0.12
内蒙古	0.39	7.32	－0.18	－0.09
辽宁	1.72	6.17	－0.09	－0.24
吉林	0.93	7.05	－0.30	0.37
黑龙江	1.10	6.58	0.04	0.08
上海	—	4.57	—	－0.02

续表

地区	2019年（%）		比上年变化幅度（个百分点）	
	水电	火电	水电	火电
江苏	0.06	4.36	0.00	0.08
浙江	0.45	5.07	-0.08	0.09
安徽	2.21	4.72	1.51	-0.07
福建	0.10	4.30	-0.22	-0.78
江西	0.56	4.77	-0.12	-0.03
山东	1.70	6.49	-0.14	0.32
河南	0.20	5.11	-0.05	-0.18
湖北	0.11	5.08	0.00	-0.09
湖南	0.75	5.45	-0.05	-0.18
广东	0.46	4.92	-0.04	-0.04
广西	0.41	5.85	0.05	-0.12
海南	0.47	7.58	0.13	-0.06
重庆	0.49	7.14	-0.01	0.02
四川	0.10	4.38	0.00	-0.14
贵州	0.17	7.82	-0.01	-0.06
云南	0.15	8.12	-0.10	-0.02
西藏	0.55		-0.06	
陕西	0.80	6.95	-0.40	-0.33
甘肃	0.79	5.41	0.38	0.00
青海	0.19	6.40	-0.04	-0.14
宁夏	1.49	8.42	-0.41	0.52
新疆	0.20	8.43	0.00	0.83

四、发电水耗

火电厂单位发电量耗水量持续下降 2019年，全国火电厂单位发电量耗水量为1.21千克/千瓦时，比上年降低0.02千克/千瓦时。

2000—2019年全国火电厂单位发电量耗水量见图10-7。

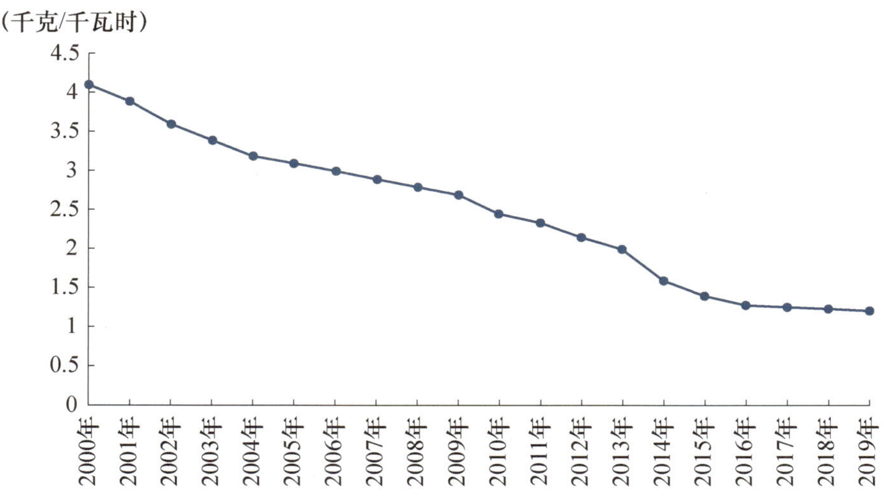

图 10－7　2000—2019 年全国火电厂单位发电量耗水量

五、固体废物综合利用

（一）粉煤灰

粉煤灰综合利用率回升　2019 年，全国火电厂粉煤灰产生量为 5.5 亿吨，与上年持平；综合利用量 4.0 亿吨，比上年增加 0.1 亿吨；综合利用率 72%，比上年提高 1 个百分点。

2000—2019 年全国火电厂粉煤灰产生量与利用情况见图 10－8。

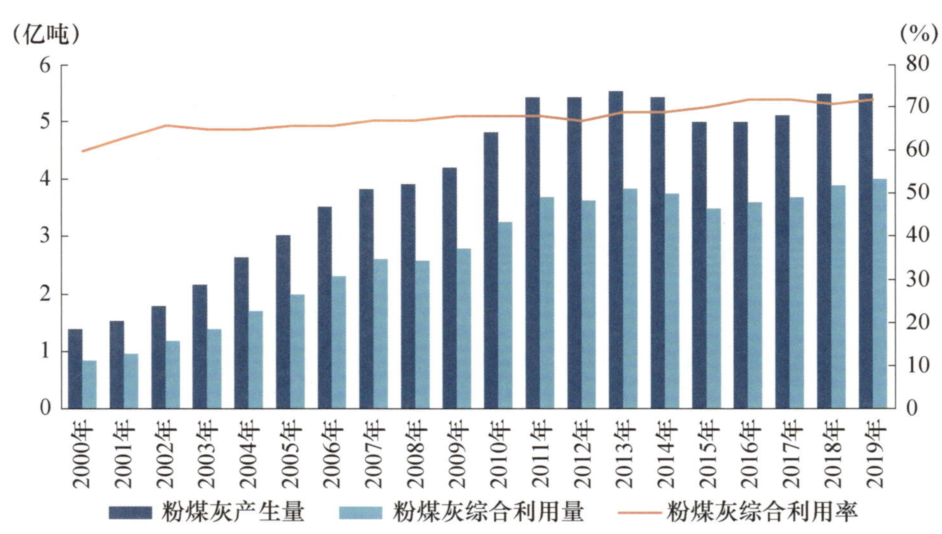

图 10－8　2000—2019 年全国火电厂粉煤灰产生量与利用情况

（二）脱硫石膏

脱硫石膏综合利用率回升　2019 年，全国火电厂脱硫石膏产生量约 8200 万吨，比上年略有增加；综合利用量约6150万吨，比上年增加约100万吨。2019年全国火电厂脱硫石膏综合利用率75%，比上年提高1个百分点。

2005—2019年全国火电厂脱硫石膏产生与利用情况见图10-9。

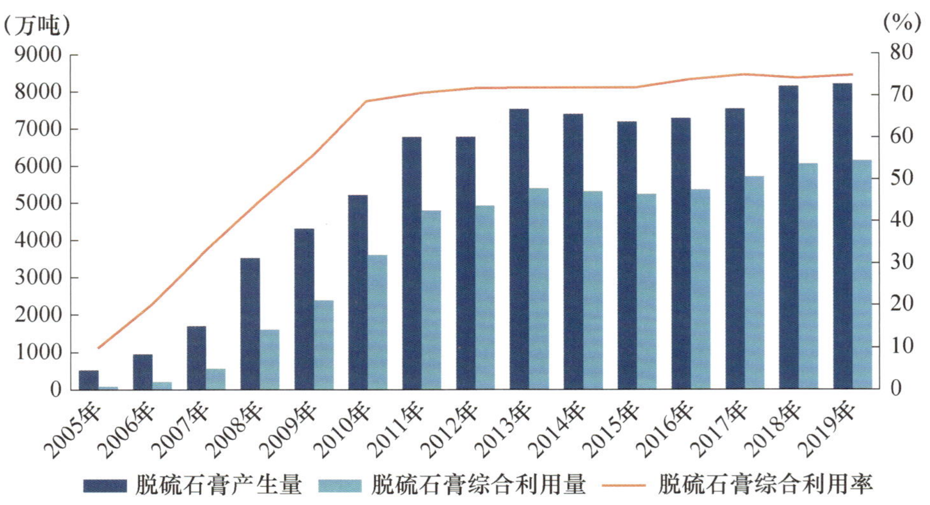

图10-9 2005—2019年全国火电厂脱硫石膏产生与利用情况

（本节主要撰稿人为中电联行业发展与环境资源部李云凝）

第二节 环境保护

2019年，国家持续加强污染防治攻坚战力度，电力行业积极贯彻落实国家各项节能减排政策要求，电力主要大气污染物及废水排放水平延续向好态势，为全国主要污染物减排、环境质量改善作出贡献。根据生态环境部公布信息，截至2019年年底，全国达到超低排放限值的煤电机组约8.9亿千瓦，约占全国煤电总装机容量的86%；其中，东、中部地区煤电超低排放改造已基本完成，西部地区加快煤电超低排放改造，预计到2020年底，全国所有具备改造条件的燃煤机组将实现超低排放。与此同时，环保主管部门加强火电行业环保监管与执法力度，对主要排放口、无组织排放源、电煤运输等环节严格管理，加强全过程污染排放管控；火电企业及环保产业持续提升污染治理技术水平与管理水平，有效促进污染物排放持续下降。

一、烟尘

2019年，全国电力烟尘排放总量约为18万吨，比上年下降约12.2%，单位火电发电量烟尘排放量约为0.038克/千瓦时，比上年下降约0.006克/千瓦时。

2001—2019年电力烟尘排放情况见图10-10。

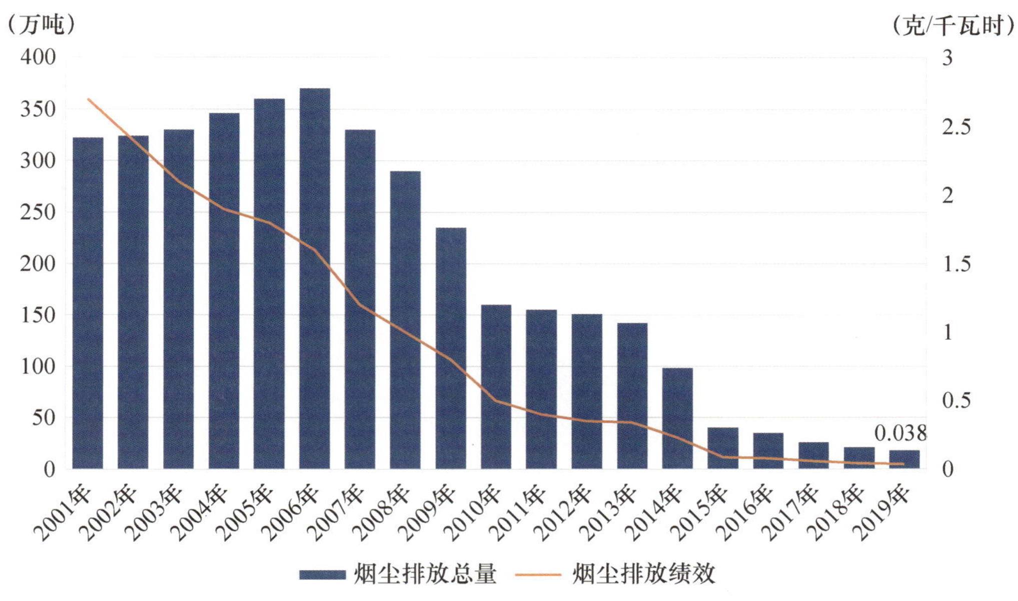

图 10－10　2001—2019 年电力烟尘排放情况

注：烟尘排放量统计范围为全国装机容量 6000 千瓦及以上火电厂。

二、二氧化硫

2019 年，全国电力二氧化硫排放量约为 89 万吨，比上年下降约 9.7%，单位火电发电量二氧化硫排放量约为 0.187 克/千瓦时，比上年下降约 0.024 克/千瓦时。

2001—2019 年电力二氧化硫排放情况见图 10－11。

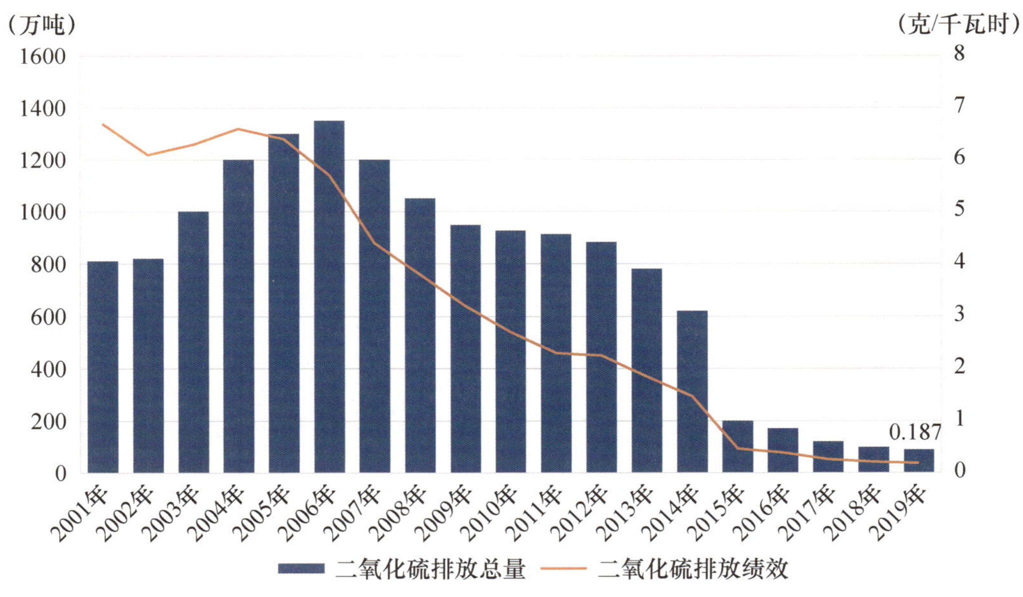

图 10－11　2001—2019 年电力二氧化硫排放情况

注：电力二氧化硫排放量统计范围为全国装机容量 6000 千瓦及以上火电厂。

三、氮氧化物

2019 年，全国电力氮氧化物排放量约为 93 万吨，比上年下降约 3.1%，单位火电发电量氮氧化物排放量约为 0.195 克/千瓦时，比上年下降约 0.011 克/千瓦时。

2006—2019 年电力氮氧化物排放情况见图 10－12。

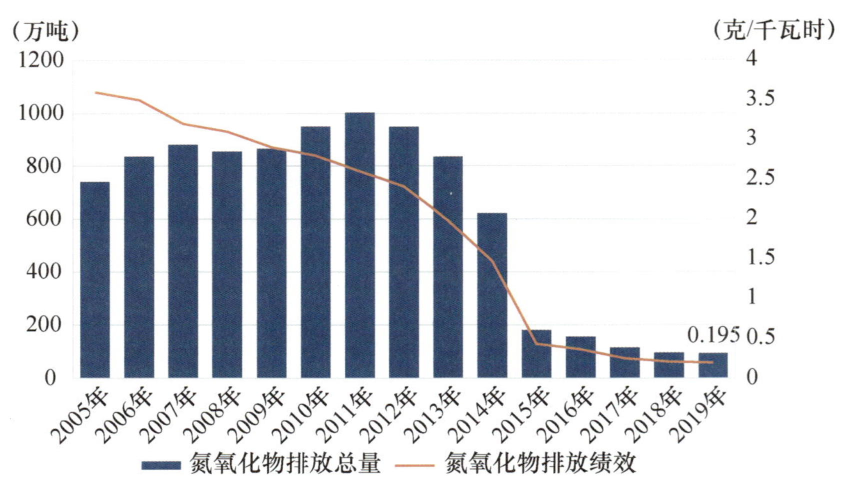

图 10－12　2006—2019 年电力氮氧化物排放情况

注：电力氮氧化物排放量统计范围为全国装机容量 6000 千瓦及以上火电厂。

四、废水

2019 年，全国火电厂单位发电量废水排放量为 54 克/千瓦时，比上年下降 3 克/千瓦时。2001—2019 年全国火电厂单位发电量废水排放量见图 10－13。

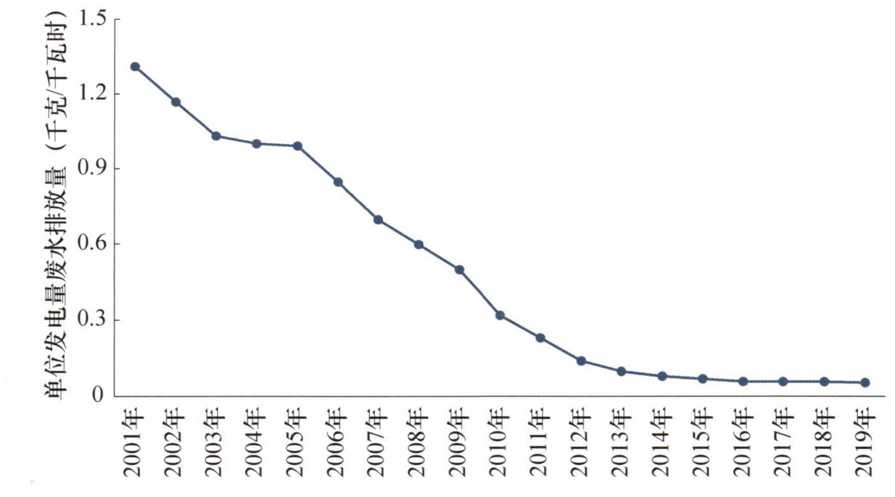

图 10－13　2001—2019 年全国火电厂单位发电量废水排放量

注：单位发电量废水排放量数据统计范围为全国装机容量 6000 千瓦及以上火电厂。

（本节主要撰稿人为中电联行业发展与环境资源部杨帆、李云凝）

第三节　应对气候变化

电力行业积极应对气候变化，持续提高可再生能源发电比重，不断优化煤电机组结构，通过多种措施降低供电煤耗和线路损失率，电力行业碳排放强度和碳排放总量指标整体持续优化，为国家落实应对气候变化目标和承诺作出积极贡献。

一、碳排放强度

电力行业碳排放强度持续下降　据中电联统计分析，2019 年，全国单位火电发电量二氧化碳排量放约 838 克/千瓦时，比 2005 年下降 20.0%；单位发电量二氧化碳排放量约 577 克/千瓦时，比 2005 年下降 32.7%。

2005—2019 年电力二氧化碳排放量见图 10－14。

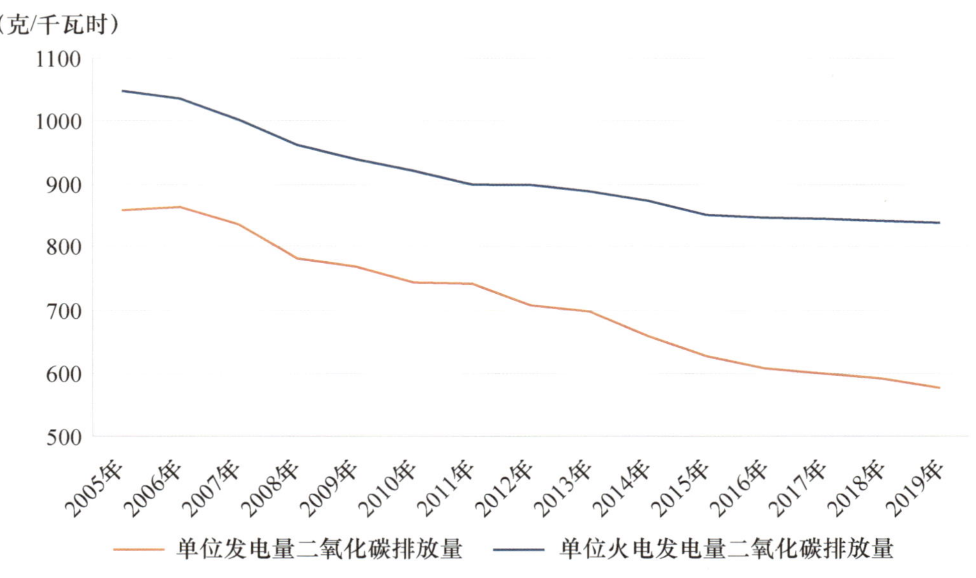

图 10－14　2005—2019 年电力二氧化碳排放量

二、碳排放量

电力行业碳排放量增长有效减缓以　2005 年为基准年，2006—2019 年，通过发展非化石能源、降低供电煤耗和线损率等措施，电力行业累计减少二氧化碳排放约 159.4 亿吨，有效减缓了电力二氧化碳排放总量的增长。其中，供电煤耗降低对电力行业二氧化碳减排的贡献率为 37%，非化石能源发展的贡献率为 61%。

2006—2019 年各种措施累计减少二氧化碳排放情况（以 2005 年为基准年）见图 10－15。

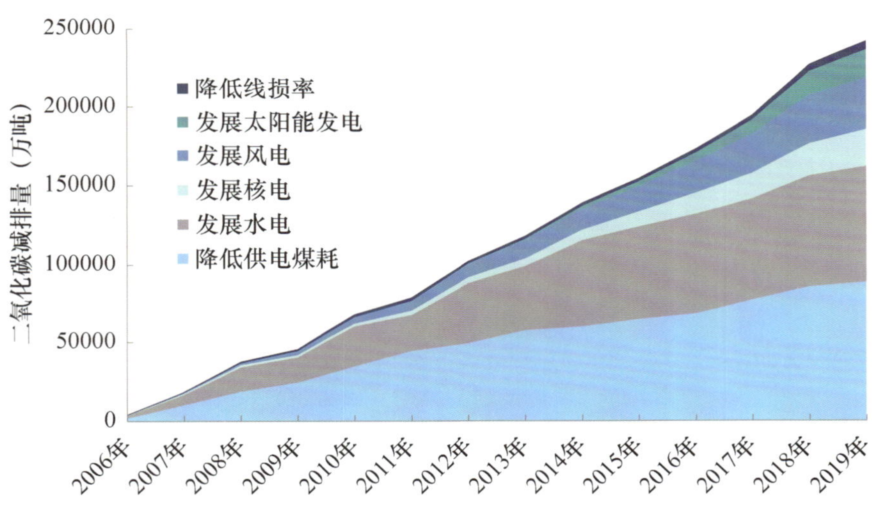

图 10－15　2006—2019 年各种措施累计减少二氧化碳排放量（以 2005 年为基准年）

三、全国碳排放权交易市场建设

2019 年，生态环境部①按照《全国碳排放权交易市场建设方案（发电行业）》提出的任务要求，积极稳妥地推进全国碳排放权交易市场建设，取得了积极进展：一是在制度体系建设方面，2019 年 4 月发布了《碳排放权交易管理暂行条例（征求意见稿）》，待条例正式出台后，将在更高层级确立碳交易制度的法律地位，进一步明确碳市场利益相关方的责权，并加大对违法行为的处罚力度；积极推动制定相关配套制度，包括重点排放单位温室气体排放报告管理办法、核查管理办法、交易市场监督管理办法等一系列制度性文件。二是在技术规范体系建设方面，组织开展 2018 年度碳排放数据的报告、核查及排放监测计划制定工作，进一步完善发电行业配额分配的技术方案，同时组织各省市报送发电行业的重点排放单位名单。三是在基础设施建设方面，对原有全国排放权注册登记系统和交易系统的建设方案做了优化评估。四是在能力建设方面，在全国 15 个地市连续举办 8 期 17 场“碳市场配额分配和管理系列培训班”，参会人员涵盖各省、自治区、直辖市、新疆生产建设兵团生态环境局（厅）负责碳市场工作的干部、支撑单位的技术骨干和发电行业重点排放单位代表约 6000 人次。

① 2018 年 3 月，应对气候变化主管部门由国家发展和改革委员会转隶到生态环境部，转隶后的应对气候变化部门继续负责全国碳市场设计、建设和管理的职责，并着力加强全国碳市场与生态环境保护工作的协调。

作为首个被纳入全国碳市场的行业，电力行业积极行动，全力配合全国碳市场建设工作。

（一）电力行业的碳市场建设情况

中电联作为行业协会，高度重视电力行业应对气候变化工作，致力于组织电力企业推进、协调电力低碳发展的基础性、政策性、规范性等技术支持工作；积极支持和参与电力行业碳市场建设，一直是此项工作的积极支持者、推动者、实践者。

2019 年，中电联受国家应对气候变化主管部门委托，开展发电行业碳排放权交易相关工作，组织编制完成《全国碳排放权交易市场（发电行业）运行测试方案》，促进运行测试的稳步开展；研究制定《2019 年发电（含热电联产）企业二氧化碳排放配额分配实施方案》，并组织发电企业试算，进一步夯实企业排放数据、完善配额分配方案；开展全国自备电厂参与碳排放权交易情况调研，推动自备电厂分类分阶段纳入碳市场；完成《烟气排放连续监测系统（CEMS）在碳排放监测领域的应用研究》，促进了碳交易报告核算核查体系的完善；完成《发电企业碳排放权交易技术指南》，有效指导发电企业参与碳交易；完成《碳排放权交易（发电行业）培训教材（正式版）》的编制，协助生态环境部在全国举办了 8 期碳市场配额分配和管理系列培训班，该教材为指定培训教材。

（二）电力企业碳市场建设行动

各发电集团积极贯彻执行国家和地方出台的碳排放权交易政策，搭建集团碳资产管理体系，部分集团推进碳资产统一专业化管理，成立碳资产专业公司。各发电集团认真完成碳排放核查工作，并按照配额分配方案进行测算，摸清排放和配额情况；通过建立信息化平台，不断提升碳排放信息化管理水平。加强碳排放管理信息化系统建设，对碳排放数据进行管理，为碳资产管理提供决策依据；定期组织碳排放管理专业技术培训，不断提升碳排放综合管理能力。

（三）地方碳市场建设

地方碳市场建设有序推进。北京、天津、上海、重庆、广东、湖北、深圳 7 省（市）试点碳排放权交易市场在 2013—2014 年间先后启动。2016 年，四川启动了自愿减排交易，福建建立了地方碳市场，开始配额交易，目前，已基本建成运行平稳、要素完整、成效明显、各具特色的地方碳市场。

2019 年，八省市试点碳市场碳交易信息统计见表 10 - 2，2019 年累计成交量约 6962.90 万吨二氧化碳当量，累计成交额约 15.62 亿元人民币，分别比 2018 年增加了 11%、24%，企业履约率保持较高水平。试点范围内碳排放总量和强度实现双降，碳市场控制温室气体排放的良好效果初步显现。

表 10－2 2019 年全国试点碳市场交易信息统计表

试点碳市场	配额总成交量（万吨）	配额总成交额（万元）	配额成交均价（元/吨）	试点碳市场
北京	306.85	25553.08	83.27	北京
上海	261.02	10996.10	41.70	上海
广东	4465.93	84657.97	18.96	广东
深圳	842.54	9131.13	10.84	深圳
湖北	612.86	18077.21	29.50	湖北
天津	62.05	868.52	14.00	天津
重庆	5.12	35.35	6.91	重庆
福建	406.53	6868.11	16.89	福建
总计	6962.90	156187.47	22.43	总计

地方碳市场不断完善碳市场制度设计，为建设全国碳排放权交易市场积累了宝贵经验：一是开展制度创新，持续扩大碳市场行业覆盖和参与主体范围，建立配额发放与回购制度，防范各类市场风险；二是探索开展包括碳资产托管、碳质押贷款、碳配额回购、碳保险等碳金融业务；三是将居民低碳生活与碳市场结合，开展碳普惠等活动。

（本节主要撰稿人为中电联行业发展与环境资源部张晶杰、雷雨蔚）

第四节 火电机组能效对标

一、总体情况

2019 年，全国共有 504 台机组参加年度火电 60 万千瓦级（含 100 万千瓦级）机组对标活动，其中，60 万千瓦级机组 406 台，100 万千瓦级机组 98 台，分别比上年增加 15 台和 7 台。

60 万千瓦级（含 100 万千瓦级）火电机组参加能效指标对标统计见表 10－3。

表 10－3 60 万千瓦级（含 100 万千瓦级）火电机组参加能效指标对标统计

序号	机组类型	机组台数	机组容量（万千瓦）	主要能效指标平均值			
				供电煤耗（克/千瓦时）	厂用电率（%）	发电综合耗水率（千克/千瓦时）	油耗（吨/年）
1	100 万千瓦级超超临界湿冷火电机组	92	9291.2	282.42	3.89	0.70	118.54
2	100 万千瓦级超超临界空冷火电机组	6	612	298.32	5.08	0.24	36.42
3	60 万千瓦级超超临界湿冷火电机组	77	5064	286.94	4.11	1.22	72.54
4	60 万千瓦级超临界纯凝湿冷火电机组	111	7035	302.14	4.78	1.35	88.62
5	60 万千瓦级超临界供热湿冷火电机组	29	1842	293.42	4.42	0.97	114.90
6	60 万千瓦级亚临界湿冷火电机组	70	4321	311.80	5.45	1.25	191.45
7	60 万千瓦级超超临界空冷火电机组	14	924	298.65	5.20	0.25	56.97
8	60 万千瓦级超临界空冷火电机组	54	3452.6	314.69	6.29	0.60	68.41
9	60 万千瓦级亚临界空冷火电机组	45	2712	322.83	7.20	0.31	132.02
10	60 万千瓦级俄（东欧）制火电机组	6	382	310.27	5.70	1.35	85.35

二、指标情况

（一）100 万千瓦级超超临界湿冷火电机组能效指标

1. 机组整体能效指标

2017—2019 年 100 万千瓦级超超临界纯凝湿冷机组能效指标见表 10－4。

表 10－4 2017—2019 年 100 万千瓦级超超临界纯凝湿冷机组能效指标

年度	统计台数（台）	前 20% 平均值		前 40% 平均值		100% 平均值	
		供电煤耗（克/千瓦时）	厂用电率（%）	供电煤耗（克/千瓦时）	厂用电率（%）	供电煤耗（克/千瓦时）	厂用电率（%）
2019	84	274.39	2.89	276.16	3.23	282.95	3.90
2018	82	275.16	2.94	277.31	3.32	283.76	3.97
2017	68	275.96	2.93	277.80	3.28	283.22	3.92

2. 主要发电集团机组能效指标

2018 年、2019 年主要发电集团 100 万千瓦级超超临界湿冷机组能效指标见表 10－5。

表 10－5　2018 年、2019 年主要发电集团 100 万千瓦级超超临界湿冷机组能效指标

集团名称	机组台数		供电煤耗（克/千瓦时）		发电厂厂用电率（%）		耗水率（千克/千瓦时）		油耗（吨/年）	
			2019	2018	2019	2018	2019	2018	2019	2018
中国华能	14		279.67	280.43	3.39	3.39	0.55	0.56	71.34	83.35
中国大唐	5		278.40	278.08	3.98	3.98	0.87	0.89	54.22	15.30
中国华电	9		279.19	279.24	4.00	4.20	0.92	0.53	196.09	83.21
国家能源集团	28	纯凝 25	285.25	285.62	3.91	3.86	0.73	0.66	153.93	147.75
		含供热 3	283.86	284.00	3.80	3.76	0.68	0.61	146.05	143.44
国家电投	10	纯凝 8	281.55	283.82	3.66	4.02	1.02	1.01	70.41	71.16
		含供热 2	280.62	282.67	3.71	4.08	0.88	0.87	63.86	79.48
其他发电集团（投资）公司	26	纯凝 23	285.40	286.04	4.23	4.32	0.66	0.69	126.84	133.67
		含供热 3	284.95	285.59	4.26	4.33	0.62	0.65	120.89	134.08

（二）100 万千瓦级超超临界空冷火电机组能效指标

1. 机组整体能效指标

2017—2019 年 100 万千瓦级超超临界纯凝空冷机组能效指标见表 10－6。

表 10－6　2017—2019 年 100 万千瓦级超超临界纯凝空冷机组能效指标

年度	统计台数（台）	100%平均值	
		供电煤耗（克/千瓦时）	厂用电率（%）
2019	5	298.88	4.93
2018	1	299.07	6.27
2017	2	298.42	5.88

2. 主要发电集团机组能效指标

2018 年、2019 年主要发电集团 100 万千瓦级超超临界空冷机组能效指标见表 10－7。

表 10－7　2018 年、2019 年主要发电集团 100 万千瓦级超超临界空冷机组能效指标

集团名称	机组台数		供电煤耗（克/千瓦时）		发电厂厂用电率（%）		耗水率（千克/千瓦时）		油耗（吨/年）	
			2019	2018	2019	2018	2019	2018	2019	2018
中国华电	2	纯凝 1	299.43	299.07	6.34	6.27	0.37	0.36	75.03	57.15
		含供热 1	297.49	298.19	6.07	6.27	0.37	0.36	105.80	67.86
其他发电集团（投资）公司	4		298.74		4.58		0.17		1.74	

（三）60 万千瓦级超超临界湿冷火电机组能效指标

1. 机组整体能效指标

2017—2019 年 60 万千瓦级超超临界纯凝湿冷机组能效指标见表 10－8。

表 10－8　2017—2019 年 60 万千瓦级超超临界纯凝湿冷机组能效指标

年度	统计台数（台）	前 20% 平均值		前 40% 平均值		100% 平均值	
		供电煤耗（克/千瓦时）	厂用电率（%）	供电煤耗（克/千瓦时）	厂用电率（%）	供电煤耗（克/千瓦时）	厂用电率（%）
2019	67	277.48	3.15	280.21	3.44	287.91	4.16
2018	56	277.47	3.13	280.28	3.44	287.08	4.13
2017	57	278.07	3.19	280.72	3.53	287.92	4.16

2. 主要发电集团机组能效指标

2018 年、2019 年主要发电集团 60 万千瓦级超超临界湿冷机组能效指标见表 10－9。

表 10－9　2018 年、2019 年主要发电集团 60 万千瓦级超超临界湿冷机组能效指标

集团名称	机组数量（台）		供电煤耗（克/千瓦时）		发电厂厂用电率（%）		耗水率（千克/千瓦时）		油耗（吨/年）	
			2019	2018	2019	2018	2019	2018	2019	2018
中国华能	19	纯凝 17	283.29	284.47	3.76	3.77	0.86	0.94	80.85	96.88
		含供热 2	282.75	284.23	3.78	3.78	0.81	0.90	73.15	91.06
中国大唐		12	287.01	287.08	4.39	4.43	0.55	0.59	63.03	67.66

续表

集团名称	机组数量（台）		供电煤耗（克/千瓦时）		发电厂厂用电率（%）		耗水率（千克/千瓦时）		油耗（吨/年）	
			2019	2018	2019	2018	2019	2018	2019	2018
中国华电	11	纯凝 9	288.41	286.23	4.58	4.62	2.43	2.81	92.65	116.71
		含供热 2	288.18	285.93	4.48	4.56	2.34	2.72	85.98	109.38
国家能源集团	7		284.38	284.58	3.82	3.71	1.18	0.73	27.86	45.33
国家电投	10		293.51	293.20	3.90	3.92	1.51	1.49	29.36	34.39
其他发电集团（投资）公司	18	纯凝 12	292.40	286.08	4.61	4.31	1.24	0.98	108.04	226.02
		含供热 6	287.92	285.78	4.30	4.31	1.27	0.98	111.39	213.01

（四）60万千瓦级超临界纯凝湿冷火电机组能效指标

1. 机组整体能效指标

2017—2019年60万千瓦级超临界纯凝湿冷机组能效指标见表10－10。

表10－10　2017—2019年60万千瓦级超临界纯凝湿冷机组能效指标

年度	统计台数（台）	前20%平均值		前40%平均值		100%平均值	
		供电煤耗（克/千瓦时）	厂用电率（%）	供电煤耗（克/千瓦时）	厂用电率（%）	供电煤耗（克/千瓦时）	厂用电率（%）
2019	111	294.38	3.83	295.84	4.08	302.14	4.78
2018	115	294.71	3.83	296.13	4.11	302.93	4.84
2017	122	294.91	3.86	296.69	4.11	302.90	4.83

2. 主要发电集团机组能效指标

2018年、2019年主要发电集团60万千瓦级超临界纯凝湿冷机组能效指标见表10－11。

表 10－11　2018 年、2019 年主要发电集团 60 万千瓦级超临界纯凝湿冷机组能效指标

集团名称	机组数量（台）	供电煤耗（克/千瓦时）		发电厂厂用电率（%）		耗水率（千克/千瓦时）		油耗（吨/年）	
		2019	2018	2019	2018	2019	2018	2019	2018
中国华能	16	304.23	303.82	4.73	4.63	1.25	1.21	134.98	163.13
中国大唐	19	300.87	301.42	4.43	4.50	0.59	0.60	25.32	36.63
中国华电	7	296.80	296.64	4.78	4.93	5.01	1.13	50.00	105.38
国家能源集团	23	301.21	301.34	4.64	4.77	1.14	1.26	46.48	42.59
国家电投	15	303.89	309.79	5.19	5.25	1.78	1.79	215.25	157.64
其他发电集团（投资）公司	31	302.89	303.34	4.91	4.98	0.99	1.01	82.19	159.44

（五）60 万千瓦级超临界供热湿冷火电机组能效指标

1. 机组整体能效指标

2017—2019 年 60 万千瓦级超临界供热湿冷机组能效指标见表 10－12。

表 10－12　2017—2019 年 60 万千瓦级超临界供热湿冷机组能效指标

年度	统计台数（台）	前 20% 平均值		前 40% 平均值		100% 平均值	
		供电煤耗（克/千瓦时）	厂用电率（%）	供电煤耗（克/千瓦时）	厂用电率（%）	供电煤耗（克/千瓦时）	厂用电率（%）
2019	29	284.75	3.63	287.08	3.86	293.42	4.42
2018	27	286.48	3.68	288.97	3.82	295.70	4.31
2017	20	280.95	3.80	286.54	3.85	293.84	4.22

2. 主要发电集团机组能效指标

2018 年、2019 年主要发电集团 60 万千瓦级超临界供热湿冷机组能效指标见表 10－13。

表 10－13　2018 年、2019 年主要发电集团 60 万千瓦级超临界供热湿冷机组能效指标

集团名称	机组数量（台）	供电煤耗（克/千瓦时）		发电厂厂用电率（%）		耗水率（千克/千瓦时）		油耗（吨/年）	
		2019	2018	2019	2018	2019	2018	2019	2018
中国华能	2	283.77	291.17	3.78	3.94	0.88	1.09	418.90	342.01
中国大唐	2	295.18	298.40	4.02	4.00	0.17	0.12	0.00	0.00
中国华电	3	290.29	297.53	4.74	4.78	1.47	0.32	245.96	33.27
国家能源集团	10	295.41	297.40	4.33	4.28	1.03	1.21	64.13	90.86
国家电投	3	296.74	300.50	4.56	4.52	1.39	1.41	187.50	155.92
其他发电集团（投资）公司	9	292.92	293.53	4.61	4.40	0.81	0.61	61.42	48.97

（六）60 万千瓦级亚临界湿冷火电机组能效指标

1. 机组整体能效指标

2017—2019 年 60 万千瓦级亚临界纯凝湿冷机组能效指标见表 10－14。

表 10－14　2017—2019 年 60 万千瓦级亚临界纯凝湿冷机组能效指标

年度	统计台数（台）	前 20% 平均值		前 40% 平均值		100% 平均值	
		供电煤耗（克/千瓦时）	厂用电率（%）	供电煤耗（克/千瓦时）	厂用电率（%）	供电煤耗（克/千瓦时）	厂用电率（%）
2019	55	301.94	4.58	305.53	4.85	314.10	5.61
2018	60	302.43	4.80	306.63	4.94	313.95	5.57
2017	62	302.54	4.68	306.24	4.87	314.35	5.65

2. 主要发电集团机组能效指标

2018 年、2019 年主要发电集团 60 万千瓦级亚临界湿冷机组能效指标见表 10－15。

表 10－15　2018 年、2019 年主要发电集团 60 万千瓦级亚临界湿冷机组能效指标

集团名称	机组数量（台）		供电煤耗（克/千瓦时）		发电厂厂用电率（%）		耗水率（千克/千瓦时）		油耗（吨/年）	
			2019	2018	2019	2018	2019	2018	2019	2018
中国华能	6	纯凝 5	308.62	313.18	5.45	5.35	2.01	2.04	335.43	283.20
		含供热 1	307.97		5.38		2.03		407.36	
中国大唐	16	纯凝 12	310.74	311.50	5.68	5.79	1.43	1.48	135.58	115.95
		含供热 4	309.83	310.80	5.37	5.56	1.47	1.49	118.37	112.02
中国华电	6	纯凝 2	304.40	305.70	4.26	4.78	1.03	1.03	123.00	90.00
		含供热 4	300.64	308.35	5.12	5.10	1.72	1.38	55.33	45.00
国家能源集团	26	纯凝 20	313.59	313.17	5.67	5.57	0.91	1.00	141.22	101.87
		含供热 6	311.32	312.19	5.44	5.33	0.95	0.91	186.29	138.91
国家电投	4		317.69	317.69	5.96	5.85	1.06	0.99	367.05	426.94
其他发电集团（投资）公司	12		321.02	317.69	5.64	5.52	1.03	0.77	201.63	179.30

（七）60 万千瓦级超超临界空冷火电机组能效指标

1. 机组整体能效指标

2017—2019 年 60 万千瓦级超超临界空冷机组能效指标见表 10－16。

表 10－16　2017—2019 年 60 万千瓦级超超临界空冷机组能效指标

年度	统计台数（台）	前 40%平均值		100%平均值	
		供电煤耗（克/千瓦时）	厂用电率（%）	供电煤耗（克/千瓦时）	厂用电率（%）
2019	14	295.63	4.74	298.65	5.20
2018	12	292.56	4.77	298.40	5.16
2017	8	298.65	4.72	301.25	5.10

2. 主要发电集团机组能效指标

2018 年、2019 年主要发电集团 60 万千瓦级超超临界空冷机组能效指标见表 10－17。

表 10－17　2018 年、2019 年主要发电集团 60 万千瓦级超超临界空冷机组能效指标

集团名称	机组数量（台）	供电煤耗（克/千瓦时）		发电厂厂用电率（%）		耗水率（千克/千瓦时）		油耗（吨/年）	
		2019	2018	2019	2018	2019	2018	2019	2018
中国大唐	2	297.38	290.68	4.88	4.99	0.36	0.37	117.23	77.38
国家能源集团	6	297.76	298.62	4.86	4.95	0.27	0.27	0.00	0.00
国家电投	2	299.16	300.91	5.21	5.51	0.35	0.35	143.26	164.20
其他发电集团（投资）公司	4	300.38	302.96	5.88	5.60	0.12	0.21	69.16	0.00

（八）60 万千瓦级超临界空冷火电机组能效指标

1．机组整体能效指标

2017—2019 年 60 万千瓦级超临界纯凝空冷机组能效指标见表 10－18。

表 10－18　2017—2019 年 60 万千瓦级超临界纯凝空冷机组能效指标

年度	统计台数（台）	前 20% 平均值		前 40% 平均值		100% 平均值	
		供电煤耗（克/千瓦时）	厂用电率（%）	供电煤耗（克/千瓦时）	厂用电率（%）	供电煤耗（克/千瓦时）	厂月电率（%）
2019	42	306.05	4.36	309.34	4.78	316.40	6.09
2018	45	307.69	4.42	310.95	4.75	316.51	6.02
2017	38	310.09	4.54	311.89	4.78	317.35	6.20

2．主要发电集团纯凝能效指标

2018 年、2019 年主要发电集团 60 万千瓦级超临界空冷机组能效指标见表 10－19。

表 10－19　2018 年、2019 年主要发电集团 60 万千瓦级超临界空冷机组能效指标

集团名称	机组数量（台）		供电煤耗（克/千瓦时）		发电厂厂用电率（%）		耗水率（千克/千瓦时）		油耗（吨/年）	
			2019	2018	2019	2018	2019	2018	2019	2018
中国华能	10	纯凝 8	307.65	310.02	4.66	4.81	0.30	0.33	139.05	123.09
		含供热 2	307.82	309.83	4.79	4.88	0.32	0.33	147.17	129.46
中国大唐	4		314.65	315.70	5.01	5.11	0.35	0.34	30.98	31.10
中国华电	2		318.83	323.45	5.78	6.40	0.22	0.26	0.00	0.00
国家能源集团	20	纯凝 16	316.72	317.45	7.04	6.95	0.37	0.35	3.33	10.16
		含供热 4	314.64	315.19	7.14	7.04	0.35	0.34	24.92	29.42
国家电投	6	纯凝 2	313.26	315.94	4.97	4.80	0.33	0.16	138.60	134.60
		含供热 4	312.13	312.50	7.36	7.34	0.28	0.28	117.57	154.67
其他发电集团（投资）公司	12	纯凝 10	323.72	321.21	6.45	6.39	0.70	0.72	73.14	67.82
		含供热 2	321.13		6.12		1.57		74.58	

（九）60 万千瓦级亚临界空冷火电机组能效指标

1. 机组整体能效指标

2017—2019 年 60 万千瓦级亚临界纯凝空冷机组能效指标见表 10－20。

表 10－20　2017—2019 年 60 万千瓦级亚临界纯凝空冷机组能效指标

年度	统计台数（台）	前 20% 平均值		前 40% 平均值		100% 平均值	
		供电煤耗（克/千瓦时）	厂用电率（%）	供电煤耗（克/千瓦时）	厂用电率（%）	供电煤耗（克/千瓦时）	厂用电率（%）
2019	35	313.40	5.25	316.71	5.72	325.23	6.98
2018	37	318.70	5.23	321.55	5.79	330.35	7.25
2017	40	320.37	5.68	322.50	6.19	329.63	7.44

2. 主要发电集团机组能效指标

2018 年、2019 年主要发电集团 60 万千瓦级亚临界空冷机组能效指标见表 10－21。

表 10－21　2018 年、2019 年主要发电集团 60 万千瓦级亚临界空冷机组能效指标

集团名称	机组数量（台）		供电煤耗（克/千瓦时）		发电厂厂用电率（%）		耗水率（千克/千瓦时）		油耗（吨/年）	
			2019	2018	2019	2018	2019	2018	2019	2018
中国华能	6	纯凝 4	323.65	327.54	7.07	6.95	0.30	0.30	505.55	200.71
		含供热 2	322.57	326.66	6.53	6.66	0.30	0.30	357.74	173.61
中国大唐	12		330.53	336.49	6.16	6.29	0.38	0.36	88.87	77.82
中国华电	2			331.64		8.52		0.27		126.64
			300.74	324.18	8.87	9.05	0.37	0.32	172.37	119.89
国家能源集团	10	纯凝 8	322.78	323.33	7.73	7.75	0.27	0.28	58.60	45.34
		含供热 2	317.05	320.18	7.81	7.90	0.30	0.31	54.63	46.35
国家电投	5	纯凝 3	306.41	319.73	7.44	7.98	0.21	0.24	75.36	94.29
		含供热 2	310.00	318.05	7.65	7.82	0.22	0.24	70.14	70.78
其他发电集团（投资）公司	10	纯凝 8	327.56	334.01	7.22	7.88	0.21	0.28	150.98	248.14
		含供热 2	330.35	335.36	7.65	8.12	0.30	0.29	148.63	240.50

（十）60 万千瓦级俄（东欧）制机组能效指标

1. 机组整体能效指标

2017—2019 年 60 万千瓦级俄（东欧）制机组能效指标见表 10－22。

表 10－22　2017—2019 年 60 万千瓦级俄（东欧）制机组能效指标

年度	统计台数（台）	供电煤耗平均值（克/千瓦时）	厂用电率平均值（%）
2019	6	310.26	5.70
2018	6	314.04	5.81
2017	6	314.06	5.59

2. 主要发电集团机组能效指标

2018 年、2019 年主要发电集团 60 万千瓦级俄（东欧）制机组能效指标见表 10－23。

表 10－23　2018 年、2019 年主要发电集团 60 万千瓦级俄（东欧）制机组能效指标

集团名称	机组数量（台）		供电煤耗（克/千瓦时）		发电厂厂用电率（%）		耗水率（千克/千瓦时）		油耗（吨/年）	
			2019	2018	2019	2018	2019	2018	2019	2018
中国华能	2		309.94	310.61	5.43	5.67	2.00	1.99	137.84	202.34
国家能源集团	4	纯凝 2	313.56	322.52	5.91	6.10	0.34	0.32	96.20	201.56
		含供热 2	310.43	315.76	5.83	5.88	1.03	1.02	59.10	109.90

（本节主要撰稿人为中电联电力评价咨询院王娟）

第十一章　电力科技与信息化

第一节　电力科技发展

一、发电技术

（一）水电

2019 年，我国在水电工程施工技术、水电开发生态环境保护技术、水电工程滑坡预测和防治关键技术等方面达到世界先进水平。

1. 水电工程施工技术

我国在枢纽总体布置和枢纽工程、巨型水轮发电机组设计制造、工程运行和生态环境保护、工程管理等方面取得一系列技术突破，将我国水电工程施工技术提升到了新高度，实现了“高峡出平湖”的民族夙愿，助力中国从水电大国成为水电强国。

长江三峡枢纽工程

2019 年度国家科学技术进步奖特等奖

- 研究比选确定多目标、多功能、多需求的枢纽总体布置方案；大坝采取深孔、表孔、导流底孔三层孔口相间布置，解决了枢纽高水头超大泄量泄洪消能技术的难题。
- 突破并掌握了巨型水电机组研发、设计和制造的核心技术，攻克了三峡巨型水电机组水头变幅大、技术复杂、尺寸巨大等一系列重大技术难题。
- 建立了规模最大和功能最全的水情测报系统，建立了综合性的三峡工程生态与环境监测系统。

2. 水电开发生态环境保护技术

提出并革新了分层取水和运行调度并行的水温调控技术，首次创建了控时削峰的溶解氧调控技术，协调了水电开发和生态保护的关系；系统剖析了水温、溶解氧的变化机制及其与水动力的双向耦合关系，创建了河流——水库系统的水温——溶解氧模型；创建了藻类和微生物的运移和光资源竞争模型，揭示并阐明了复杂水域中藻类和微生物空间演替的水动力调控机制。

复杂水域动力特征和生境要素模拟以调控关键技术及应用

2019年度国家科学技术进步奖二等奖

- 系统剖析了水温、溶解氧的变化机制及其与水动力的双向耦合关系，创建了河流—水库系统的水温—溶解氧模型
- 创建了藻类和微生物的动移和光资源竞争模型，揭示并阐明了复杂水域中藻类和微生物空间演替的水动力调控机制。
- 革新了分层取水和运行调度并行的水温调控技术，首次创建了控时削峰的溶解氧调控技术。

3. 水电工程滑坡预测和防治关键技术

以锦屏一级、溪洛渡等一批水电工程中涉及的重大滑坡为依托，在滑坡演化评价、监测预警与治理设计等方面开展研究，研究成果达到国际领先水平。

重大工程滑坡动态评价、监测预警与治理关键技术

2019 年度国家科学技术进步奖二等奖

- 研发了滑坡灾变模式判识、稳定性评价技术，研发了滑坡大型原位型精细试验技术，研发了滑坡多场动态关联监测与智能预测预警技术。提出了滑坡失稳——涌浪——堰塞——溃决全灾变过程数值预测仿真技术，构建了基于多场信息的滑坡动态评价方法体系。
- 建立了涉水重大工程边/滑坡介质的力学模型和锚固计算方法，揭了重大工程边/滑坡岩土体演变及其与锚同协同作用机理。

（二）火电

2019 年，煤电技术朝着清洁、低碳、高效、灵活的趋势发展，整体达到国际先进水平；燃气轮机发电技术实现冷端部件制造国产化。

1. 煤电技术

（1）二次再热发电技术

在锅炉、汽轮机、系统设计及控制系统优化等方面开展技术攻关，超超临界二次再热机组发电煤耗、发电效率以及环境指标刷新世界纪录，奠定了我国在高效灵活二次再热发电技术领域的领先地位。

锅炉主汽压力32.24兆帕
过热汽温605℃
一次再热汽温623℃
二次再热汽温623℃

攻克二次再热机组高效供热关键技术，首次在炎电领域应用“汽电双驱”引风机高效灵活供热技术。

攻克了二次再热机组欠温调温等关键技术，集成优化了回热、真空、旁路、调频等一系列创新技术。

国家能源集团宿迁公司660兆瓦超超临界二次再热机组工程的二次再热塔式锅炉、高效汽轮机及其配套附属设备、智能发电控制系统、先进的环保设备等核心技术均实现自主可控。

（2）耦合生物质发电技术

进行了大量的燃烧试验研究和积累，改进生物质循环流化床汽化耦合发电工艺，建成国家首个示范项目。

大唐常山　660兆瓦超临界燃煤发电机组耦合生物质发电

掌握了生物质正压汽化炉的运行特性，解决了正压给料系统的连续稳定给料，填补了国内生物质微正压循环流化床汽化的技术空白，摸索出了针对不同生物质燃料特性的运行经验和压块秸秆汽化炉输灰与排渣设计基础数据，为生物质耦合发电的全国推广奠定技术基础。

2019年12月，项目试运行成功，标志着我国首个生物质耦合发电示范项目获得圆满成功。

（3）超低排放技术

燃煤电站硫氮污染物超低排放全流程协同控制技术取得重大突破，开发出完全自主知识产权的高效低成本脱硫脱硝核心技术装备。

燃煤电站硫氮污染物超低排放全流程协同控制技术及工程应用

2019 年度国家科学技术进步奖二等奖

- 发明两级等离子体四分区低氮燃烧器，独创锅炉 4D 智能型低氮燃烧系统。在不降低锅炉效率下实现 NO_x 减排 50%，解决炉内超低 NO_x 控制难题。
- 独创旋汇耦合脱硫 + 管束式除尘系统，实现单塔湿法脱硫和除尘的协同。
- 独创末端控制 NO_x 排放的宽温区自适应烟气脱硝技术与装备，首创高效低成本的单塔四区双循环 SO_2 控制技术与装备，实现单塔脱硫效率 99. 7%。

2. 燃气轮机发电技术

攻克了先进重型燃气轮机高温叶片的冷却设计、定向晶成型、热障涂层制备、精密加工等核心技术，建成了高温叶片综合冷效试验系统，初步形成了我国重燃高温叶片制备与试验验证能力；系统建立了我国先进重型燃气轮机组合转子的设计理论，建成了重型燃气轮机三级透平级间耦合试验台等一批重大试验系统，实现了我国先进重型燃气轮机制造核心技术从 0 到 1 的转变。

3. 智能电厂技术

提出了智能电厂框架概念，一体化智能管理平台，智能安防管理平台和按全生命周期建设智能电厂的理念，为智能电厂设计提供了一套完整的解决方案。

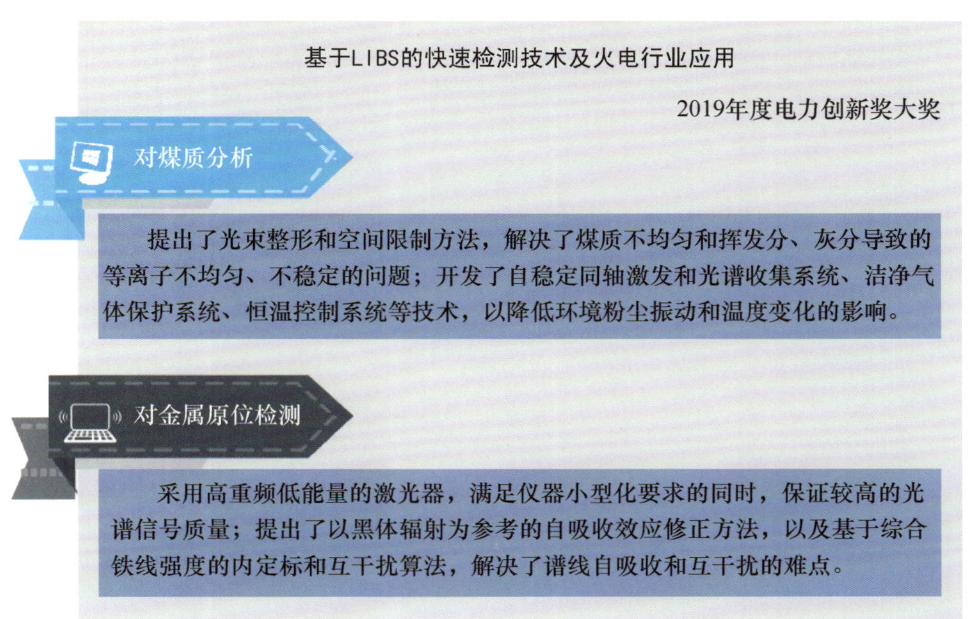

LIBS 煤质分析技术对比见表 11－1。

表 11－1　LIBS 煤质分析技术对比

项目	指标	C（%）	H（%）	灰分（%）	挥发分（%）	热值（MJ/kg）
传统化学方法国家标准要求	再现性误差	<1	<0.25	<0.3（0%～15%）	<0.5%（0%～<20%）	<0.3
				<0.5（15%～30%）	<1%（20%～<40%）	
				<0.7（30%以上）	<1.5%（40%以上）	
本项目结果	平均误差	0.42	0.05	0.07（0%～15%）	0.03%（0%～<20%）	0.07
				0.17（15%～30%）	0.11%（20%～<40%）	
				0.23（30%以上）	—（40%以上）	
	平均 RSD	0.30%	0.55%	1.65%	1.27	0.32%

注：国家标准参考 GB/T 212—2008 及 GB/T 476—2008。

（三）核电

小型堆、四代堆等新一代核能系统研发与国际水平基本同步。2019 年，高温气冷堆、快堆、小堆等商业示范工程有序推进。

1. 四代核电技术

核电站施工技术

“高温气冷堆核电站建筑工程关键技术研究”项目通过验收（2019 年 3 月）

针对山东石岛湾核电 20 万高温气冷堆核电示范工程结构的特殊性，研究基土建建造过程中高性能混凝土和飞落混凝土材料及施工工艺，形成了一套成熟、系统的高温气冷堆核电站施工技术成果。

主氦风机

全球首台高温气冷堆核电站主氦风机通过验收（2019 年 4 月）

研发了具有完全自主知识产权的主氦风机，在反应堆启动、功率运行和停堆等工部时，提供足够流量的氦气通过一回路系统，将反应堆芯产品的热量带走。

二回路热力设备停用腐蚀控制技术

通过湿热试验考察了相对空气湿度对二回路典型材质干法保养状态下腐蚀的影响；通过浸泡试验、极化曲线，考察了 pH 值、除氧方式对二回路曲型材质湿法保养效果的影响。结果表明：

干法	相对空气湿度不超过 40%，可有效地抑制材质表面发生腐蚀
湿法	pH 值提高至 10.5，可在金属表面形成稳定的钝化膜
	pH 值提高至 10.0 条件下，通过深度除氧，可有效控制金属的腐蚀

在大尺寸铅铋合金冷却剂材料中，准确构建了核燃料和铅铋合金冷却剂材料交互方式，更加准确地模拟铅铋反应堆的堆芯物理特性；针对特殊的中子能谱和空间分布，研发了多种新型中子测量技术。

10月9日，我国首座铅铋合金零功率反应堆——启明星Ⅲ号实现首次临界，标志着我国在铅铋快堆领域的研发跨出实质性一步，进入工程化阶段。

国内首次获得了钠水反应后氢在高温钠回路中迁移特性曲线；设计研制出模拟蒸汽发生器的可控钠水反应设备和定量注水系统，全力完成了对钠水反应装置所有设备、仪表、电气的安装调试准备工作。

10月31日，第一声氢计报警音在中核集团原子能院钠安全综合试验装置主控室内响起，标志着国内首次蒸汽发生器受控钠水反应试验圆满成功。

2. 先进核燃料技术

突破了 CF3 系列燃料元件关键制造工艺技术，建立了批量化燃料组件制造技术体系和质量控制体系，为我国自主三代核电建设奠定坚实基础。

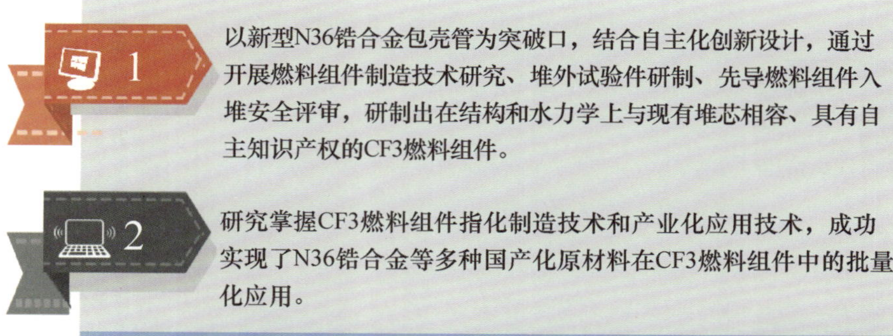

2019年10月27日，被誉为最强中国“芯”的CF3燃料组件最后8组插入秦山二期1号机组，标志着我国全面掌握高性能核燃料研制技术，形成完整的具有国际市场竞争力的自主燃料体系和产品供应能力，进入产业化应用阶段。

3. 核能供热技术

加快推进以核电热电联产方式进行的核能供热，开启我国核电项目多元运用的新局面。

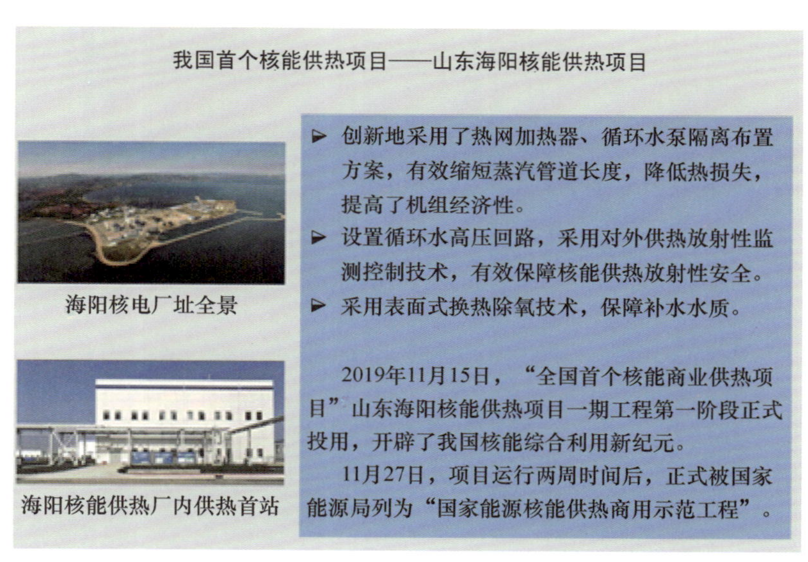

海阳核电厂址全景

海阳核能供热厂内供热首站

（四）新能源发电

2019 年，我国光伏电池产业化技术水平处于世界领先水平，钙钛矿等新型高效电池技术方面与世界齐头并进；风电机组整机关键技术、设计施工运维技术基本与国外同步；太阳能热发电技术世界领先。

1. 光伏技术

利用具有定向电子流的合成微生物组创建生物光伏，显著提高 BPV 光电转化效率；高效电池研发取得了突破进展，刷新电池转换效率世界纪录。

晶硅光伏电池

降低少子在电池背表面的复合，提高电池片在长波段的光谱响应，转换效率高达23.95%，创造晶硅电池效率当年世界纪录；采用陷光膜的聚光结构及特殊封装工艺，提升弱光条件下的组件效率，实现N型单晶组件正面功率达378.6瓦，P型单晶组件功率突破370瓦，转换效率高达20.70%

依托项目“光伏发电核心装备关键技术及户外实证测评平台研发与应用”获2019年度电力创新奖大奖

P型多晶太阳电池

采用了158.75毫米×158.75毫米的多晶硅片，整合了低表面复合设计、背面局部钝化、点接触技术、正面多层减反射设计等多项电池新技术，推升开路电压Voc达到0.6859伏，同时结合先进的金属化和局部掺杂技术，推升FF高达82.07%，最终创造了22.88%的多晶太阳电池光电转换效率的世界纪录。

2019年12月18日，苏民新能源研发的大面积高效P型多晶PERC太阳电池，通过国家太阳能光伏产品质量监督检验中心（CPVT）检测认证。

2. 太阳能热发电技术

实现塔式熔盐太阳能热发电技术、熔盐线性菲涅尔式光热发电技术创新，促进我国光热发电技术进一步发展。

3. 风电技术

创造性地发明大型低速高效直驱永磁风力发电机关键技术；研发出一整套完整、先进的海上风电施工工艺；成功研制 10 兆瓦海上风力发电机，实现了我国大兆瓦级风力发电机自主品牌的历史性突破。

大型高效直驱永磁风力发电机关键技术及应用

2019 年度国家技术发明奖二等奖

- 发明了大型高效直驱永磁风力发电机设计新技术，攻克了低速运行率低的重大难题。
- 发明了大型直驱永磁风力发电机组转矩削弱新方法，攻克低风速启动世界级难题，启动阻转矩降低 65%。
- 发明了大型直驱永磁风力发电机振动抑制新技术，攻克了大型风力发电机实时抑振难题。

技术	发电机全转速率范围综合效率	启动风俗	发电机振动加速度
国外技术	94. 40%	3—5 米/秒	0. 182 米/平方秒
本项目技术	95. 87%	2. 4 米/秒	<0. 15 米/平方秒

二、电网技术

（一）电网安全与控制

我国大电网安全与控制整体处于国际领先水平。

1. 大电网调度运行

突破了超大负荷规模下复杂大电网并行计算、风险感知、振荡溯源和精益调度等关键技术，并完成工程应用。

超大负荷规模下复杂大电网调度运行关键技术与工程应用

2019 年度电力创新奖大奖

- 提出了网域化调度自动化系统体系架构，研制了正反向隔离通信集群设备，攻克了跨安全区数据交换效率低的技术难题。
- 提出了适用于电力系统实时分析的 CPU + GPU 混合计算架构，以及基于多级高阶辛几何方法的并行算法，突破了复杂大电网实时计算分析的瓶颈。
- 提出了考虑潮流转移比的电网关键输送断面动态识别方法，以及基于联络线功率突变的“黑箱”电网等值模型。

2. “源-网-荷-储”安全稳定运行技术

首创性地开展大规模源网荷负荷精准控制理论、互动机制研究，攻克了多项关键技术，研制了成套设备，将分散的海量可中断负荷集中起来进行快速精准控制，从电网“电源调控”转变为“负荷调控”相结合，保障电力供应在应急状态下的瞬时（毫秒级）、短时（秒级）和时段（分钟级）平衡，并实现了工程应用。

“源-网-荷-储”协同运行控制见图 11 – 1。

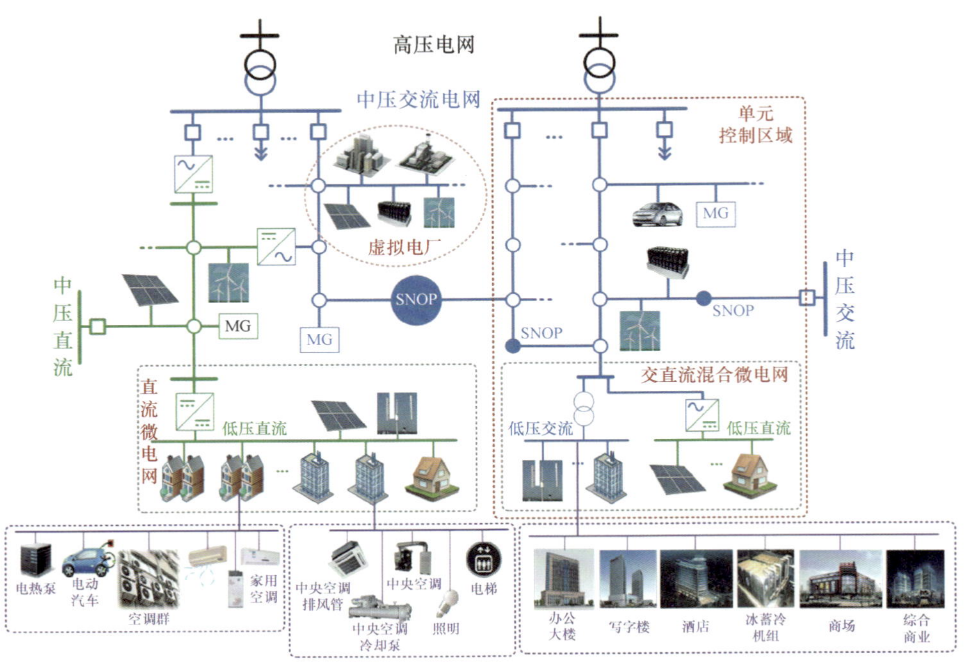

图 11－1　“源-网-荷-储”协同运行控制

3. 智能运维与灾害应急

研究电网不停电作业新技术；研发“灾害预警-主动干预-灾情感知-应急指挥”一体化电网应急平台。

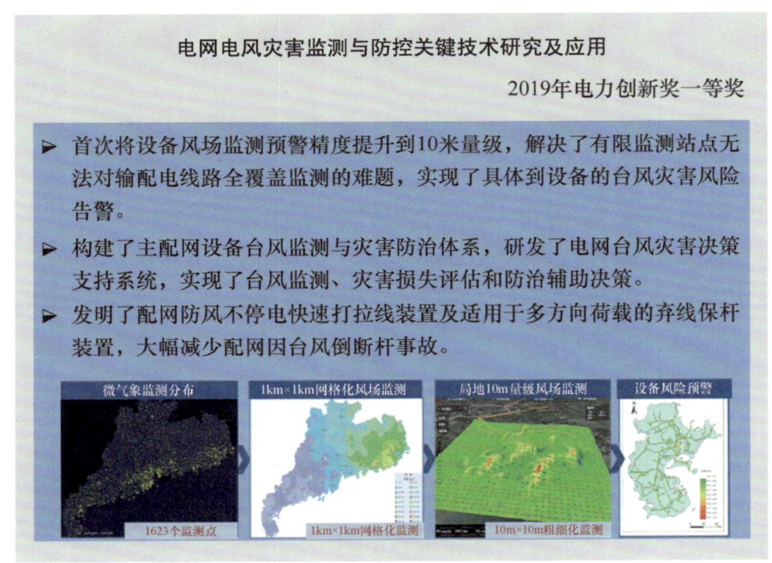

（二）输变电

1. 输变电装备技术

研制成功 ±800 千伏柔性直流换流阀，攻克特高压 GIL 技术多项世界难题，进一步巩固了我国在输电技术领域的领先地位。

±800 千伏柔性直流换流阀

- 通过参数优化、试验筛选和交叉冗余设计，确保设备和器件的高可靠性。
- 针对各种故障类型研究多级保护措施，在“高可靠性功率模块旁路技术的研究”方面取得创新突破，实现了“单一模块故障不导致系统跳闸”的技术目标。

2019 年 11 月 3 日，昆柳龙直流工程首台 ±8 00 千伏柔性直流换流阀完成全部定型试验，标志着我国柔性直流输电高端装备研发和产业化实现重大突破。

1000 千伏交流特高压 GIL 工程技术

- 首次采用高精度氦检漏试验方法实现大尺寸特高压设备密封性能试验，采用双道密封垫防水形式，双层防护保障了 GIL 特高压传输的稳定环境。
- 掌握了 GIL 绝缘材料、界面材料及导电材料的电热力特性，获得了典型结构工程应用方案的多物理场分布规律。
- 提出了均压、均场、消除界面效应的方法和途径，优化了 GIL 绝缘子配置方式和均压屏蔽结构形式。

2019 年 9 月，苏通 1000 千伏交流特高压 GIL 综合管廊工程在江苏正式投运，进一步提升我国在世界电网输电技术领域的领先水平和影响力。

2. 输变电设备外绝缘关键技术

攻克了输变电设备在高海拔、重覆冰、大雨等特殊环境和极端气候的外绝缘技术，有效提高电网工程可靠性。

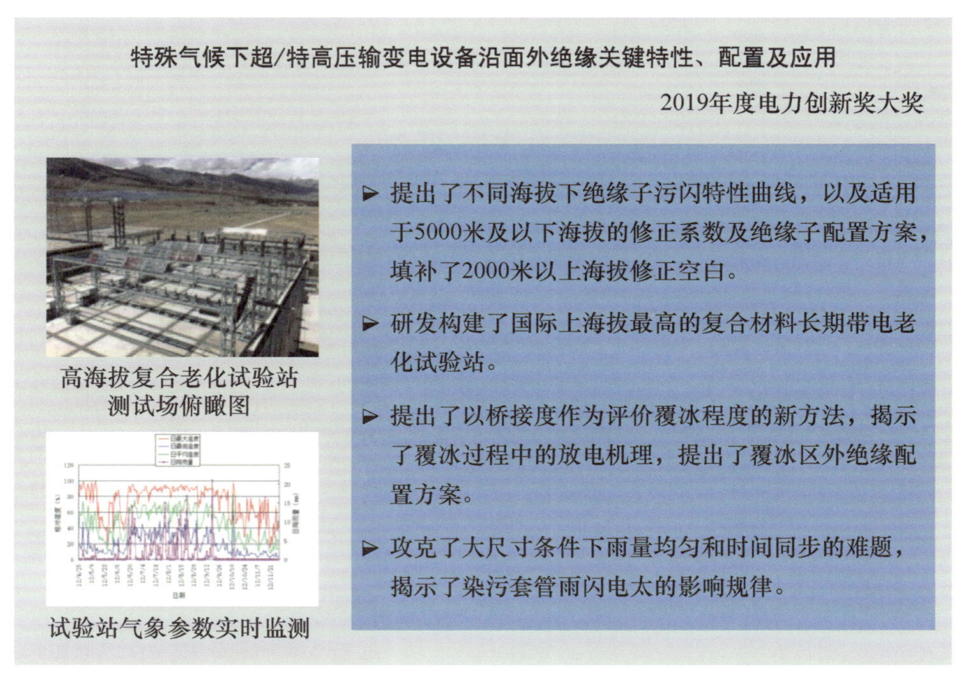

3. 输变电工程环保技术

铝合金节能输电导线及多场景应用

2019年度国家科技进步奖二等奖

- 突破了多性能协同提升的特征微结构设计及调控理论，完善了Fe、Si元素有效化的低成本制备技术，建立了大容量低损耗导线结构的数学模型。
- 研制出高导电率的硬铝、中强铝合金和耐热铝合金节能导线，相比现役同类导线，导电率分别提高了4.0%、3.9%、3.3%，有效降低了输电线路的电能损耗。

研究成果满足了我国能源战略下输电工程对新型铝合金节能导线的急需，对调整我国能源结构发挥了重要支撑作用。

（三）配用电

1. 交直流混合配电网灵活运行技术

研究构建多电压等级交直流混合配电网灵活组网模型，探索大规模随机负荷与间歇性分布式电源下的中低压配电网保护技术。

交直流混合配电网关键技术

- 建立了包括安全性、供电能力、功率控制等一整套完整的交直流混合配电网规划运行理论；开发了高压供电分区互联调度软件和交直流混合配电网规划软件模块。
- 研制出220千伏供电分区直流互联装置、10千伏柔性环网控制装置和交直流混合配电网保护测控安自一体化装置。
- 建成并投运了国内外首个10千伏三端柔性环网控制示范工程和首个10千伏交直流混联物理试验平台。

2019年1月，项目通过验收。研发的分区互联关键技术和紧凑化高可靠换流阀技术在世界电压等级最高和容量最大的分区柔性互联工程——500千伏渝鄂直流背靠背联网工程中得到应用。

2. 智能配电网与物联网融合发展协同规划技术

在配网量测装置优化配置、可信配电量测、低压配电自动化、配网运行诊断技术方面取得关键性突破，研发了可信配电量测装置、城市配电网运行状态诊断与预警功能软件等。项目成果已在天津滨海“两网融合”示范建设中应用，指导了配电量测设备的优化配置，有效提高了多元负荷接入低压配电网的运行管控能力，有力支撑了配电网精益化运维。

3. 高电压计量技术

发明了一种直流电压基础比例量值的自校准方法，有效解决了直流电压比例量值的自溯源难题，提升了国家直流高电压计量标准的技术水平。

一种分压器的 2/1 分压比自校准方法

2019 年获中国专利银奖

- 首创高、低压臂对称交换法，将量值溯源难题转化为电源电压和桥臂微差电压的测量问题，攻克了国家直流高电压计量标准量值溯源难题。
- 首创二阶误差累乘法，大幅降低了分压比自校准误差，使我国直流高电压计量标准装置的准确度提升 4 倍，达到了国际领先水平。
- 首创 1000 千伏国家直流高电压计量标准装置一体化设计技术，填补了国内空白，与国际领先水平相比，在电压等级、溯源方法、不确定度方面实现了全面反超。

（四）新能源并网控制与储能

1. 大规模新能源并网控制技术

研究新能源发电集群协调控制技术，构建新能源主动支撑智能控制系统，突破新能源集群预测、概率预测等技术。

千万千瓦级风光电集群源网协调控制关键技术及应用

2019 年度国家科学技术进步奖二等奖

- 提出了“时间——空间——特性”三维动态状态估计技术，首次实现了千万千瓦级风光电集群资源可发电量的精准评估。
- 提出了风光电源与常规电源正常状态有功—无功自适应和紧急状态相互协调的全场景源源协调控制方法，攻克了风光电集群源源自适应协调控制难题。
- 发明了多级无功源联动式响应控制技术，破解了风光电集群的源网协调、交直流协调控制难题。

2. 远海风电柔性直流送出技术

攻克了换流阀适海性和受端交流电网故障穿越技术难题，研发了海上站换流阀设备和陆上站直流耗能成套装置，为远海风电开发提供了技术解决方案；解决了“黑模块检测与处理”和“单一元件故障不引起系统闭锁”难题，提高了系统稳定性；研发的直流耗能成套装置实现了受端交流电网故障穿越。

3. 先进储能材料与装置集成技术

研究针对锂基、钠基、电化学电容器等下一代储能电池的材料设计、合成、本体制备技术；研究储热/冷材料配方体系及制备技术及高效储热/冷装置。

石墨烯离子存储机制

石墨烯电化学能量储存取得新进展（2019年10月）

采用电化学阻抗谱和电化学石英晶体微量天平系统联用，原位研究了离子液体（EMI-TFSI）电解质在单层石墨烯表面的动力学响应。在石墨烯正极化区间，电荷储存受带正电的团簇类离子脱附主导；在负极化区间，石墨烯表面质量变化较小，显示表面离子重排效应。

该研究为进一步理解石墨烯-电解液界面结构以及石墨烯双电层储能提供了基础。

钠离子微型超级电容器

大连化物所开发出高能量密度的柔性钠离子微型超级电容器（2019年11月）

以海胆状的钛酸钠为电池型的负极、多孔活化石墨烯为电容型的正极，结合高压离子液体凝胶电解液，成功构建了柔性化平面钠离子微型超级电容器。

该钠离子微型超级电容器具有多方向快速离子扩散通道，极大地降低了电荷转移电阴，并显著提高了功率密度。

三、电力科技获奖成果

2019年，电力行业获得国家科学技术奖19项（其中，特等奖1项，一等奖1项，二等奖17项）；获得电力创新奖（技术类）133项（其中，创新大奖4项，一等奖44项，二等奖85项）；获得中国电力科学技术奖133项（其中，一等奖18项，二等奖38项）。

2014—2019年度电力行业项目获奖情况见图11－2。

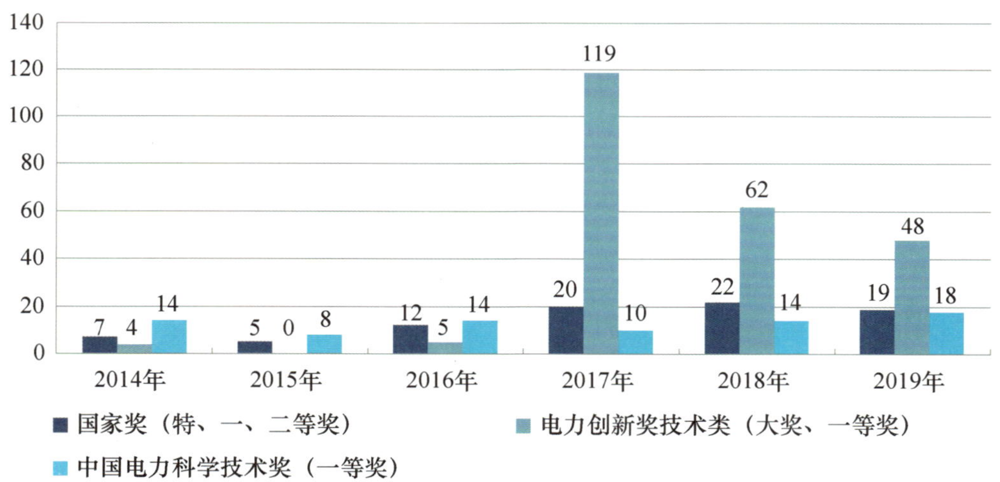

图11－2　2014—2019年电力行业项目获奖情况

四、主要电力企业科技统计

国家电网等17家主要电力企业[①]的科技工作人员、新签科技项目、科技投入资金、知识产权统计结果如下：

（一）科技工作人员

2019年，17家主要电力企业共有各级科研机构582家，从事科研工作人员202872人。2019年主要电力企业科技工作人员学历结构、职称结构、工作结构分类见图11－3。

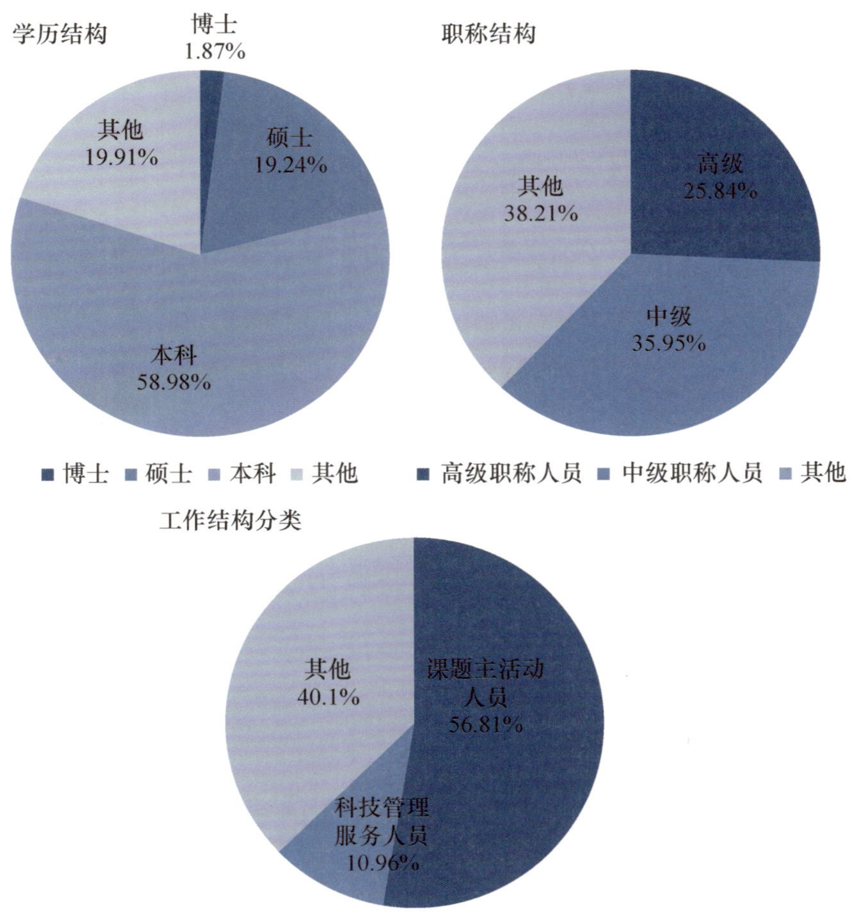

图11－3　2019年主要电力企业科技活动人员学历结构、职称结构、工作结构分类

---

① 17家大型电力企业为：国家电网、南方电网、中国华能、中国大唐、中国华电、国家电投、中国三峡集团、中国广核、中国电建、中国能建、广东能源、浙能集团、国投电力、陕西地电、内蒙古电力、河北建投、申能股份。

（二）新签科技项目

2019 年，主要电力企业新签科技项目 12888 项，其中横向项目[①] 7834 项，纵向项目[②]5004 项。纵向项目中，国家及地方政府项目 266 项，集团公司项目 4738 项。

2019 年主要电力企业新签科技项目见图 11－4。

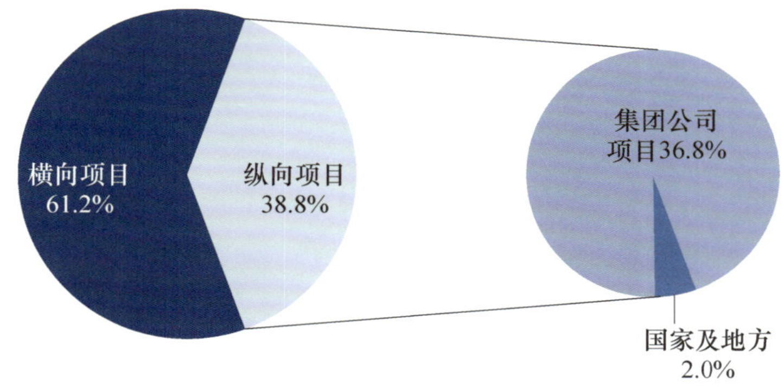

图 11－4　2019 年主要电力企业新签科技项目

（三）科技投入资金

2019 年主要电力企业科技投入资金 746.7 亿元，其中，电网企业科技投入资金 389.9 亿元，发电企业科技投入资金 139.1 亿元，电建企业科技投入资金 217.7 亿元。

2019 年主要电力企业科技投入金额统计见图 11－5，2011 年以来主要电力企业科技投入金额统计见图 11－6。

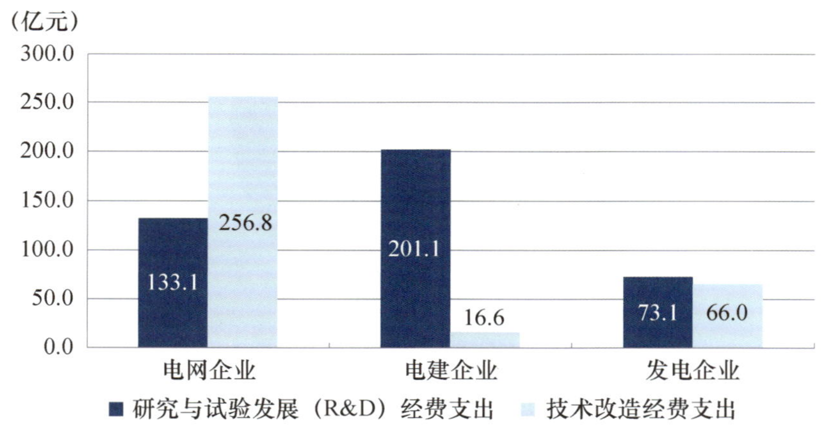

图 11－5　2019 年主要电力企业科技投入金额统计

① 横向项目指企事业单位、兄弟单位委托的各类科技开发、科技服务、科学研究等方面的项目，以及政府部门非常规申报渠道下达的项目。

② 纵向项目指上级科技主管部门或机构批准立项的各类计划（规划）、基金项目。

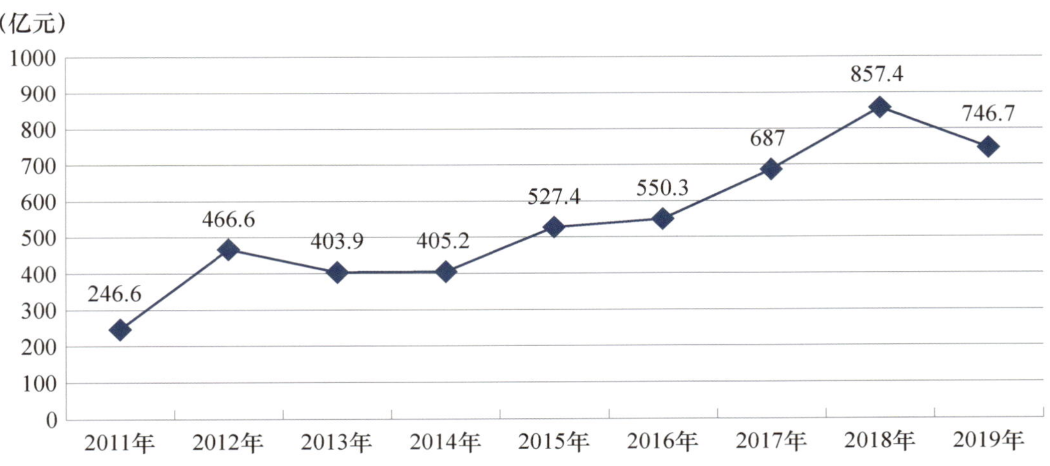

图 11－6　2011 年以来主要电力企业科技投入金额统计

（四）知识产权

2019 年，主要电力企业国内专利的申请量为 40108 项，授权量为 28872 项，有效量为 153784 项；涉外专利的申请量为 1406 项，授权量为 904 项，有效量为 3253 项。

2019 年主要电力企业国内专利申请、授权情况见图 11－7，2011 年以来主要电力企业国内专利申请量、授权量见图 11－8。

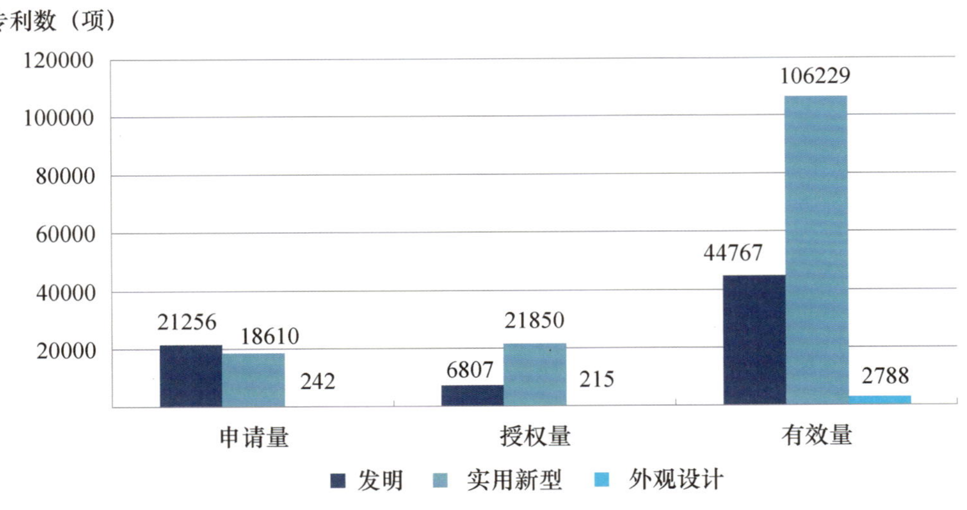

图 11－7　2019 年主要电力企业国内专利申请、授权情况

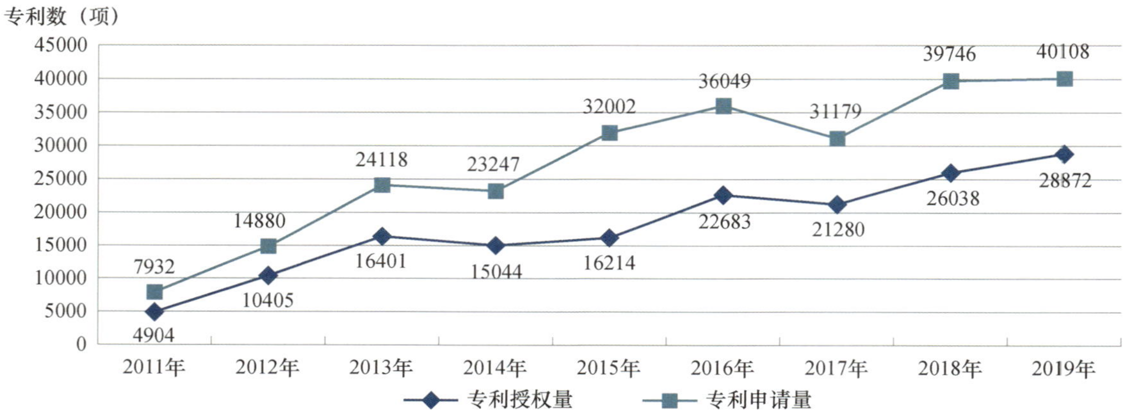

图 11－8　2011 年以来主要电力企业国内专利的申请量、授权量

2019 年主要电力企业公开发表论文累计 15220 篇，其中，SCI 和 EI 收录论文分别为 471 篇和 1596 篇；起草技术标准合计 1524 项，其中，国际标准 24 项，国家标准 135 项。

2019 年主要电力企业公开发表论文和起草技术标准情况见图 11－9。

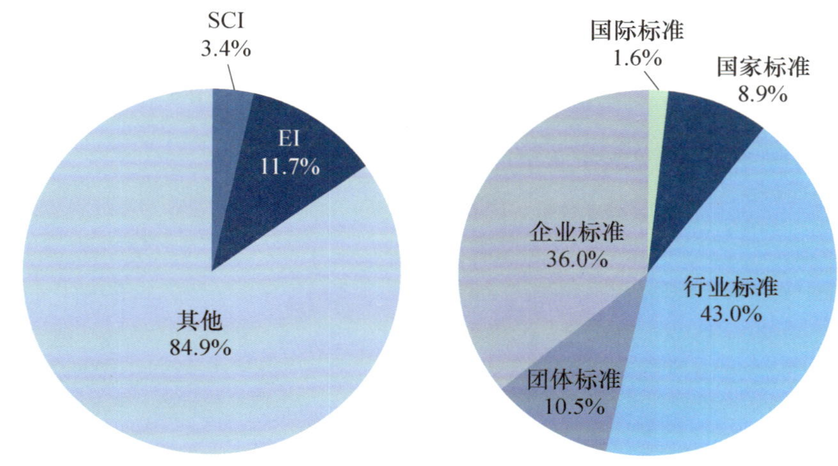

图 11－9　2019 年主要电力企业公开发表论文和起草技术标准情况

（本节主要撰稿人为中电联电力评价咨询院侯春杰）

第二节　电力信息化

一、发展政策

2019 年，习近平总书记在国家网络安全宣传周期间强调，国家网络安全工作要

坚持网络安全为人民、网络安全靠人民，保障个人信息安全，维护公民在网络空间的合法权益。要坚持网络安全教育、技术、产业融合发展，形成人才培养、技术创新、产业发展的良性生态。要坚持促进发展和依法管理相统一，既大力培育人工智能、物联网、下一代通信网络等新技术、新应用，又积极利用法律法规和标准规范引导新技术应用。

习近平总书记向2019工业互联网全球峰会致贺信中指出：中国高度重视工业互联网创新发展，愿同国际社会一道，持续提升工业互联网创新能力，推动工业化与信息化在更广范围、更深程度、更高水平上实现融合发展。

二、发展现状

2019年，电力行业以习近平总书记关于网络安全和信息化工作的重要论述为指引，全面落实2019年中央企业网络安全和信息化工作会的工作部署。电力企业积极推进企业信息化建设，推动企业数字化转型和业务模式创新，从信息资源收集向信息资源应用转变。电力企业“信息高速公路”基本建成，从辅助管理向提升经济效益转变，充分运用物联网、云计算、大数据、人工智能等多领域先进技术，建立生产经营实时大数据平台，推进大数据、物联网、云计算、人工智能等新兴技术与各产业板块深度融合。网络与信息安全工作取得重要进展，电力信息安全工作逐步走上法制化、规范化的轨道。

（一）电网领域

电网企业不断深入推进工业化和信息化融合，深化大数据、云计算、物联网、移动互联技术应用，提升全领域的信息化支撑能力。

专栏11－1 电网企业推进信息化工作案例

国家电网： 建设“数字国网”，加快“国网云”和数据中台建设，完成总部及24家单位云平台和数据中台部署实施，实现对新一代电力交易平台、新能源云、多维精益、数字化审计等重点业务承载及数据共享应用。完成客户服务业务中台总体设计，形成8个共享服务中心，聚合4.3亿电力营销客户以及掌上电力、95598智能互动网站等8000万线上用户。完成电网资源业务中台总体设计，形成11个共享服务中心，在9家试点单位部署实施。

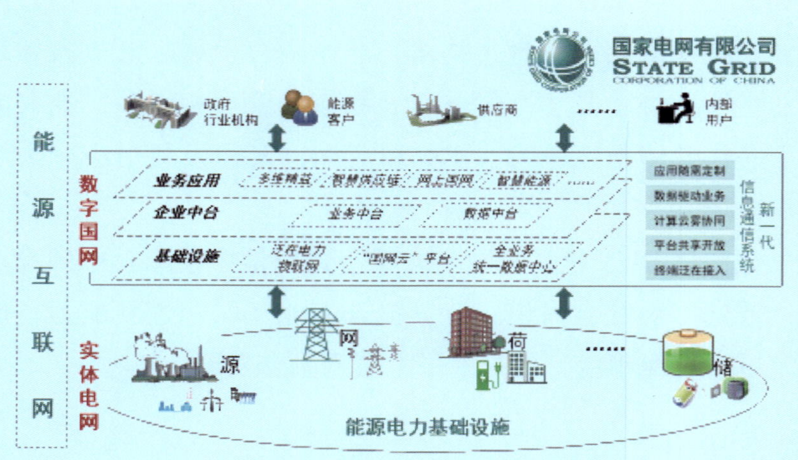

图 11－10　数字国网示意图

南方电网：提出建设“数字南网”，制定了《公司数字化转型和数字南网建设行动方案》（2019 年版），系统谋划了“4321”十大行动项（建设电网管理平台、客户服务平台、调度运行平台、企业级运营管控平台四大数字化业务平台，建设南网云、数字孪生电网和全域物联网三大数字化基础平台，对接国家工业互联网、数字政府及粤港澳大湾区利益相关方，建设云化数据中心）。南网云实现上线运行，完成了数字孪生试点，按照“云计算＋微服务”技术架构建设的互联网统一服务平台完成了开发，大数据应用实现了新的突破。

陕西地电：在全业务流程和全闭环管理中深度嵌入自动化、信息化技术，依靠信息网支撑配电网，使信息网成为电网企业的第二张网。

内蒙古电力：通过创新运用互联网技术，对变电站五防系统的信息共享和数据处理，实现跨站操作时闭锁操作与告警。

（二）电源领域

发电企业在电厂智能化、数字化电厂不断夯实的基础上，进一步拥抱工业互联网的技术手段，推进发电行业向更高发展水平迈进。

专栏 11－2　发电企业推进信息化工作案例

中国华能：推进华能企业云建设，同时构建华能“互联网＋”业务大平台的基础，已形成将生产实时数据数字化、智能化、价值化的全链条体系。

中国大唐：开展了针对项目评审、对标比选、投资控制的发电项目技术经济信息化管理系统建设。

国家能源集团：稳步推进两化融合及工业互联网工作，推进信息化关键项目建设。国家能源集团完成了工业互联网平台的规划和可研工作，与华为签署战略合作协议，推动能源互联网行业生态建设。

国家电投：推进公司云平台建设，完成 PaaS 平台上线，开展综合计划、预算与综合统计系统建设工作。

（三）电建领域

电建企业不断强化电力信息化建设顶层设计，加强总部管控和运营监管的数字化支撑能力，加强信息化服务能力，全面提升用户体验。

专栏 11－3 电建企业推进信息化工作案例

中国电建：从服务总部信息化应用和引领各单位信息化建设角度出发，着力公司“GRP-ERP-PRP”项目管理信息化体系建设稳步推进，促进了信息技术与业务管控、生产经营、企业管理的深度融合和创新应用，信息化创新多维突破，智慧城市、海博平台等成功引领新兴市场拓展。公司集中建设的“电建通”，有力地提升了总部和各单位的移动应用体验。

中国能建：积极打造国家级能源大数据平台，建成了首个国家级能源大数据公共服务平台、能源运行监测系统、国际能源情报分析系统等；开展“十三五”信息化规划中期评估，推进应用“公有云”并开展“公有云”调研工作。

三、电力信息安全

2019 年，国家市场监督管理总局、国家标准化管理委员会发布实施与“网络安全等级保护 2.0”相关的《信息安全技术网络安全等级保护基本要求》《信息安全技术网络安全等级保护测评要求》《信息安全技术网络安全等级保护安全设计技术要求》等国家标准。电力行业和企业高度重视网络安全，强化组织管理，成立网络安全和信息化领导小组，加强电力信息安全工作。电力企业加快推进软硬件国产安全可控，在行业内大力推进安全可控进程，实施电力关键信息基础设施网络安全专项提升计划，初步形成了以电力监控系统安全防护为核心的电力网络安全防护体系，为电力关键基础设施安全保护打下了坚实基础。

专栏11-4　电力企业电力信息安全工作案例

国家电网： 完成“网上电网”在总部和8家试点单位部署应用，打造杭州示范基地。完成基建全过程综合数字化管理平台整体规划设计，发布基建“e安全”功能，建成25.6万余人基建人员信息库，在10个省约2000个工程试点基建移动应用。

南方电网： 开展信息安全运行监测预警系统建设，下属广东电网公司电力监控系统网络监控安全中心正式投入运行，开展7×24小时现场值班。

中国华能： 自2019年起开展集团网络安全态势感知平台建设，参加了“HY2019”行动并取得了最佳防守单位的好成绩。

中国华电： 在全集团范围内组织开展了“网络安全等级保护2.0”培训、质量管理体系培训、网络安全实训及实战模拟、密码法律法规、标准、技术等内部专题培训，以及CISAW、ISO/IEC 27001体系、测评师等外部培训。

国家能源集团国电电力： 编印《国电电力网络与信息安全技术监督实施细则》与《国电电力网络与信息安全反事故措施技术规范》，填补了国内发电行业在网络信息安全技术监督和反事故措施领域的空白。

中国能建： 印发贯彻落实《电力行业网络安全行动计划（2018—2020年）》实施方案，部署了落实网络安全责任、开展网络安全建设等工作，提升总部信息安全管理和技术防范整体水平。

（本节主要撰稿人为中电联电力评价咨询院张昕）

第十二章　电力企业发展与经营

第一节　电力企业发展

一、企业规模

（一）发供电企业

截至2019年年底，纳入国家统计局统计口径的电力企业数①合计6848家，比上年增加458家，比上年增长7.2%。其中，供电企业456家，因农电企业上划等因素，比上年减少130家；发电企业6392家，随着新能源特别是太阳能发电的快速发展，发电企业数量比上年增加588家。2019年全国分类型发电企业数量见图12－1。

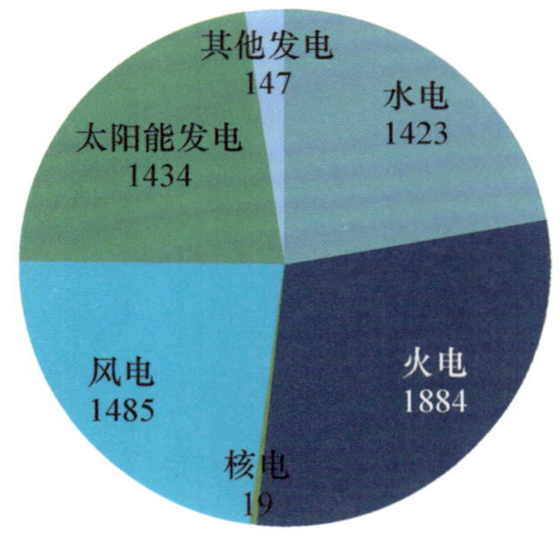

图12－1　2019年年底全国分类型发电企业数量（单位：家）

在新增发电企业中，风电、太阳能发电企业数量占全部新增发电企业数的比重达到88.8%。

① 电力企业数统计数据来源于国家统计局；统计口径为规模以上独立核算法人单位。

（二）电力建设企业

截至2019年年底，纳入中国电力建设企业协会统计口径内的全国主要电力建设施工企业112家、监理企业121家、调试企业77家，共计310家。

1. 电力建设施工企业

112家电力建设施工企业中，水电施工企业30家、火电施工企业48家、送变电施工企业34家。具有水利水电和电力工程施工总承包特级资质企业29家（其中，中国电建集团19家、中国能建集团9家、内蒙古电建公司1家）。

2. 电力监理企业

121家电力监理企业经培训合格的电力建设总监理工程师和监理工程师共6290人。其中，一级总监理工程师689人、二级总监理工程师647人、监理工程师4954人。

3. 电力调试企业

77家电力调试企业经培训合格的电力建设调试总工程师和调试工程师共2379人，其中，一级调试总工程师433人、二级调试总工程师292人、调试二程师1654人。

二、大型电力企业人力资源

（一）职工结构情况

根据中电联对国家电网等16家①大型电力企业人力资源情况的统计，截至2019年年底，16家大型电力企业职工总数为214.90万人，比上年减少1.24%。16家大型电力企业人力资源总量变化不一，其中，京能集团、浙能集团、国家能源集团、国家电投等都比上年度有所增加，增幅最多的是京能集团和浙能集团，分别增加17.08%和12.58%。中国三峡、中国能建、中国广核、南方电网、中国华能等都比上年度有所减少，减幅最多的是三峡集团和中国能建，分别减少10.69%和5.67%。16家大型电力企业人力资源结构呈如下特点。

管理人员比重上升 管理人员为41.18万人，比上年减少10400人，其占职工人数的比重为20.1%，比上年上升0.7个百分点。

2018年、2019年16家大型电力企业职工结构情况见图12-2。

---

① 国家电网、南方电网、中国华能、中国大唐、中国华电、国家能源集团、国家电投、中国三峡集团、中广核、中国电建、中国能建、广东能源、浙能集团、内蒙古电力、京能集团、陕西地电。

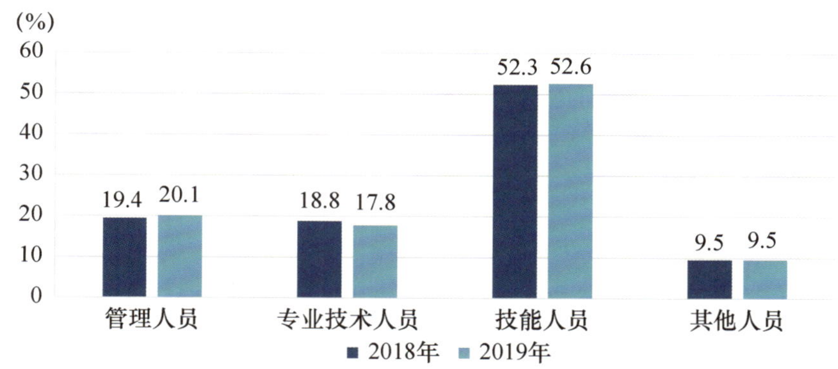

图 12－2 2018 年、2019 年 16 家大型电力企业职工结构情况

36 岁以上职工比重变化明显 从职工年龄结构来看，36～45 岁职工比重较上年下降 1. 4 个百分点；56 岁以上职工人数比重上升 1. 2 个百分点。

2018 年、2019 年 16 家大型电力企业职工年龄结构见图 12－3。

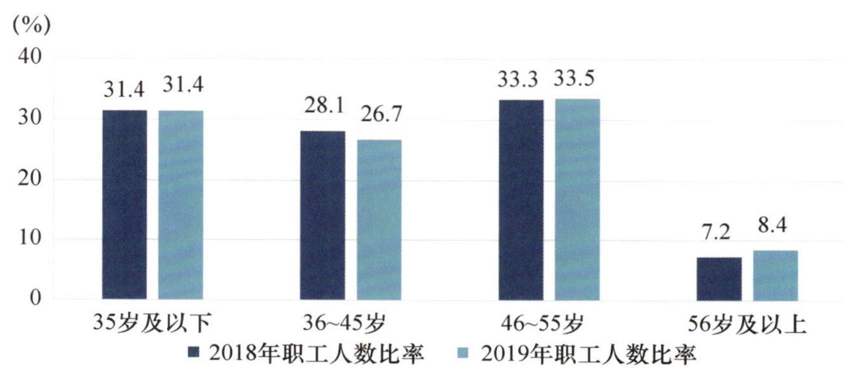

图 12－3 2018 年、2019 年 16 家大型电力企业职工年龄结构

本科及以上学历比率提高，专科及以下学历比率下降 从职工学历结构来看，本科及以上学历比重较上年提高 1. 9 个百分点；专科及以下学历比重较上年下降 0. 5 个百分点。

2018 年、2019 年 16 家大型电力企业职工学历结构见图 12－4。

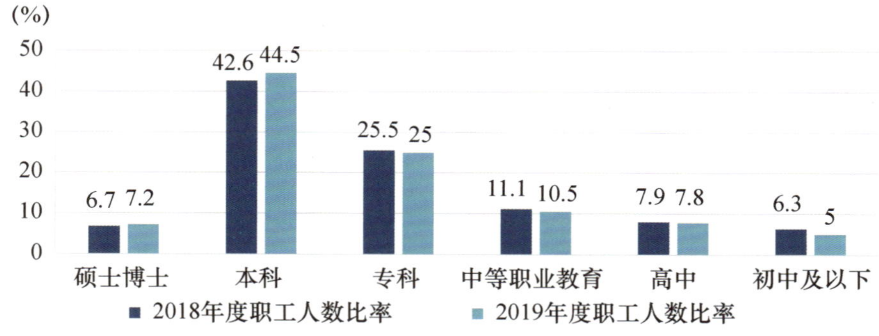

图 12－4 2018 年、2019 年 16 家大型电力企业职工学历结构

专业技术人员中的职称比重均有所提高，生产技能人员中的高级技能人员比重相对平稳 从专业技术人员职称等级来看，中级及以上职称等级人员比重较上年提高了1.5个百分点。其中，中级、正副高级分别提高了0.9个、0.6个百分点；从生产技能人员技术等级来看，高级工及以上比率上升了2.0%，其中，高级工、技师和高级技师比率均略有上升。

2019年16家大型电力企业职工技术职称与技能等级见表12－1。

表12－1 2019年16家大型电力企业职工技术职称与技能等级

	专业技术人员				生产技能人员			
	总数	正、副高级	中级	初级	总数	高级技师	技师	高级工
人数（人）	412819	70752	129053	122581	1112277	106613	198719	332940
占本类人员总数比率（%）	占总人数19.21	17.1	31.3	29.7	占总人数51.76	9.6	17.9	29.9
比上年提高（百分点）		0.6	0.9	－3.8		0.8	0.6	0.6

（二）职工分类业务板块构成情况

按电网、发电和电力建设三大业务板块划分①，近5年职工人数及其构成情况较如下。

1. 职工总数

电网企业近两年呈回落趋势，发电企业和电力建设企业总体呈下降趋势。

2015—2019年三大业务板块电力企业职工人数变化见图12－5。

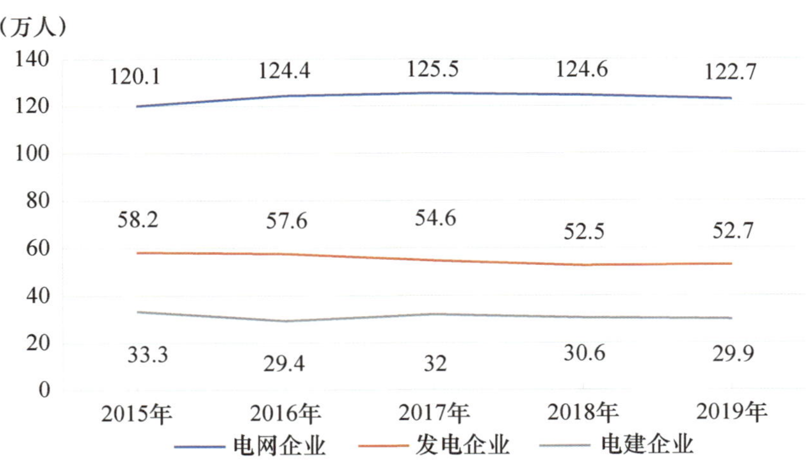

图12－5 2015—2019年三大业务板块电力企业职工人数变化

① 电网企业包括国家电网、南方电网、内蒙古电力和陕西地电四家企业，发电企业包括中国华能、中国大唐、中国华电、国家能源集团、国家电投五家企业，电建企业包括中国电建、中国能建两家企业。

2. 管理人员

电网企业持续增加，发电企业总体呈下降趋势，电力建设企业近三年均小幅上升。

2015—2019 年三大业务板块电力企业管理人员变化见图 12－6。

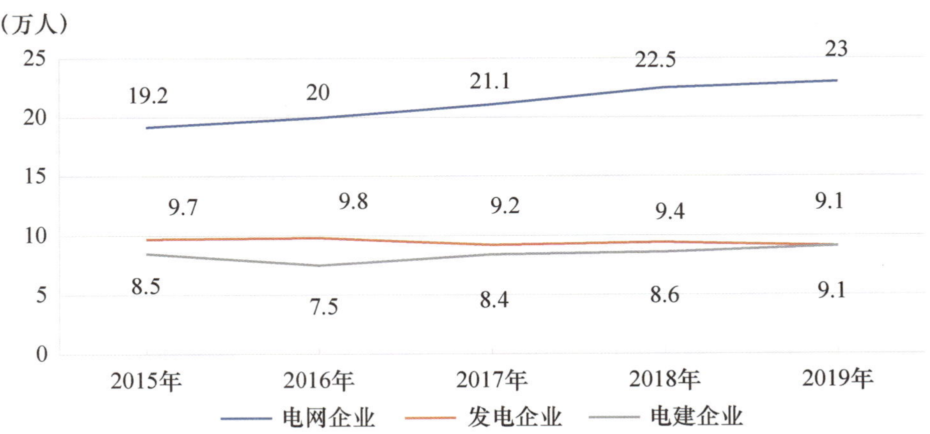

图 12－6　2015—2019 年三大业务板块电力企业管理人员变化

3. 专业技术人员

电网企业呈上升趋势，电力建设企业近 2 年有下降趋势，发电企业略有起伏。

2015—2019 年三大业务板块电力企业专业技术人员变化见图 12－7。

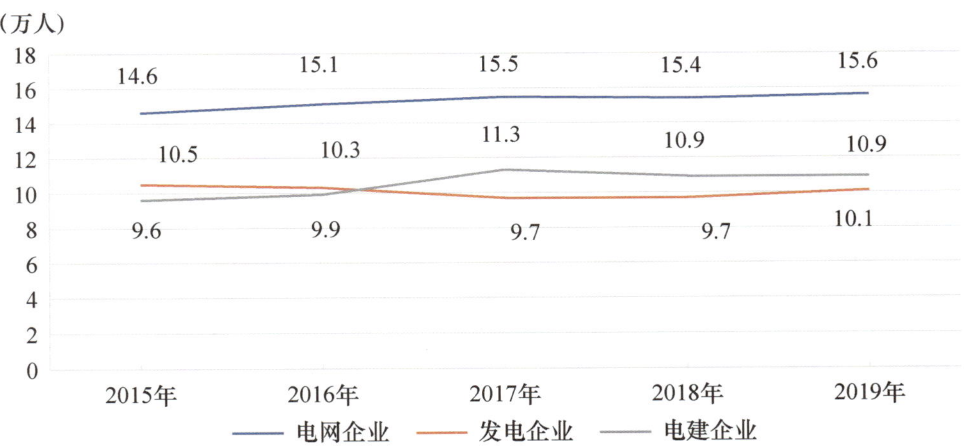

图 12－7　2015—2019 年三大业务板块电力企业专业技术人员变化

4. 生产技能人员

电网企业和发电企业近两年呈现下降趋势，电力建设企业呈上升趋势。

2015—2019 年三大业务板块电力企业生产技能人员变化见图 12－8。

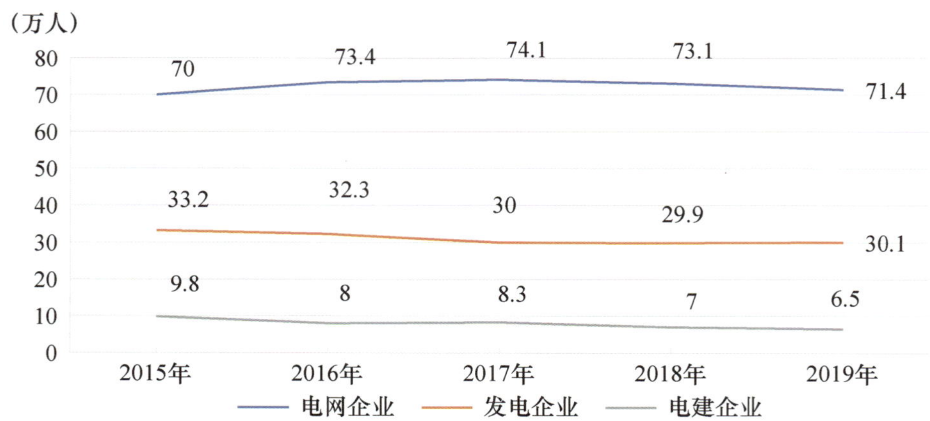

图 12－8　2015—2019 年三大业务板块电力企业生产技能人员变化

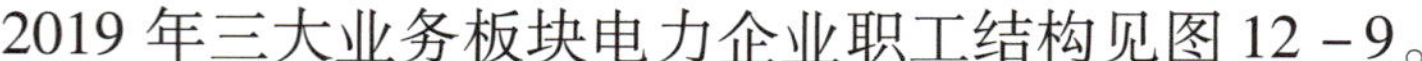
5. 职工整体结构

一直以来，电网、发电企业技能人员占比较大，电力建设企业管理人员及专业技术人员比率相对较高。

2019 年三大业务板块电力企业职工结构见图 12－9。

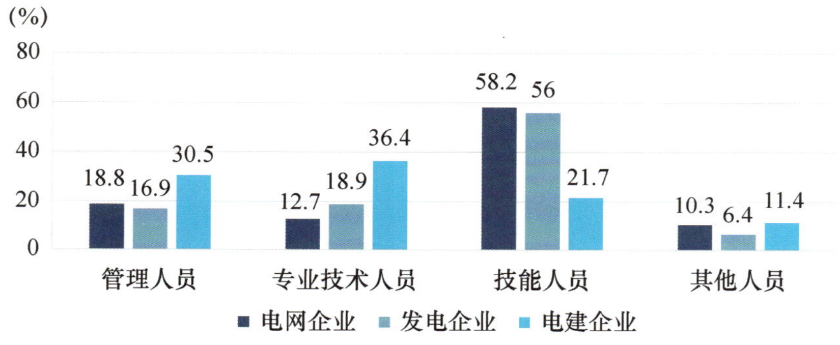

图 12－9　2019 年三大业务板块电力企业职工结构

（本节主要撰稿人为中电联电力统计与数据中心郑媛媛，中国电力建设企业协会于华鹏、葛泽军，中电联技能鉴定与教育培训中心徐纯毅、苏博）

第二节　电力企业经营

一、总体情况

2019 年，规模以上电力企业资产总额及负债总额增速均比上年提高，负债率有所下降。电力供应企业利润总额在上年大幅下降的基础上继续下降，发电企业利润增长，带动电力企业利润整体上涨。

2019 年规模以上电力企业主要经营效益指标见表 12－2。

表 12－2　2019 年规模以上电力企业主要经营效益指标

类别	资产		负债		利润	
	总额（亿元）	比上年增长（%）	总额（亿元）	比上年增长（%）	总额（亿元）	比上年增长（%）
电力企业	151253	5.4	87989	1.8	3834	18.1
电力供应企业	65444	9.9	31500	6.3	957	-4.9
发电企业	85810	2.2	56490	-0.5	2876	28.4
火电企业	22123	-0.3	14520	-3.8	680	127.2
热电联产企业	11699	1.5	8221	0.8	187	93.6
水电企业	20075	0.2	12376	-3.7	794	12.2
核电企业	7776	2.7	5763	0.5	291	12.5
风电企业	13817	5.6	8791	2.7	561	3.5
太阳能发电企业	7518	7.1	5054	5.7	265	7.3
生物质能发电企业	1886	12.1	1163	11.1	70	9.4
其他电力生产企业	916	10.0	600	10.7	29	16.5

注：数据来源于国家统计局，统计口径是规模以上企业。

资产总额增速比上年提高，火电资产总额比上年下降　根据国家统计局统计，截至 2019 年年底，全国规模以上电力企业资产总额为 151253 亿元，比上年增长 5.4%，增速比上年提高 2.8 个百分点。其中，电力供应企业资产总额比上年增长 9.9%；发电企业资产总额比上年增长 2.2%，其中，火电企业资产总额比上年下降 0.3%。

2018 年、2019 年电力企业资产结构见图 12－10，2019 年年底分类发电企业资产结构见图 12－11。

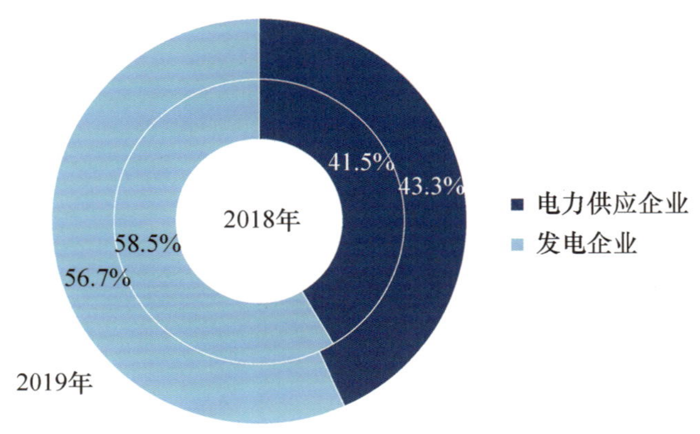

图 12－10　2018 年、2019 年电力企业资产结构

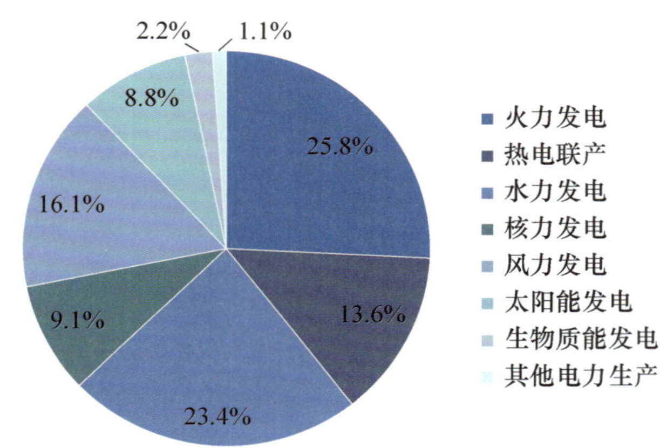

图 12－11　2019 年分类发电企业资产结构

行业负债总额增速比上年提高，发电企业负债总额比上年下降　规模以上电力企业负债总额为 87989 亿元，比上年增长 1.8%，增速比上年提高 1.1 个百分点。其中，电力供应企业负债总额比上年增长 6.3%；发电企业负债总额比上年下降 0.5%，主要是火电、水电企业负债总额分别比上年下降 3.8%、3.7%。

行业负债率比上年下降，水电和火电企业负债率降幅均超过 2 个百分点　规模以上电力企业资产负债率为 58.2%，比上年降低 2.0 个百分点。其中，电力供应企业资产负债率为 48.1%，比上年降低 2.2 个百分点；发电企业资产负债率为 65.8%，比上年降低 1.8 个百分点，其中，水电、火电企业资产负债率分别降低 2.5 个、2.4 个百分点。

2018 年、2019 年电力企业资产负债率见图 12－12，2018 年、2019 年发电企业分类型资产负债率见图 12－13。

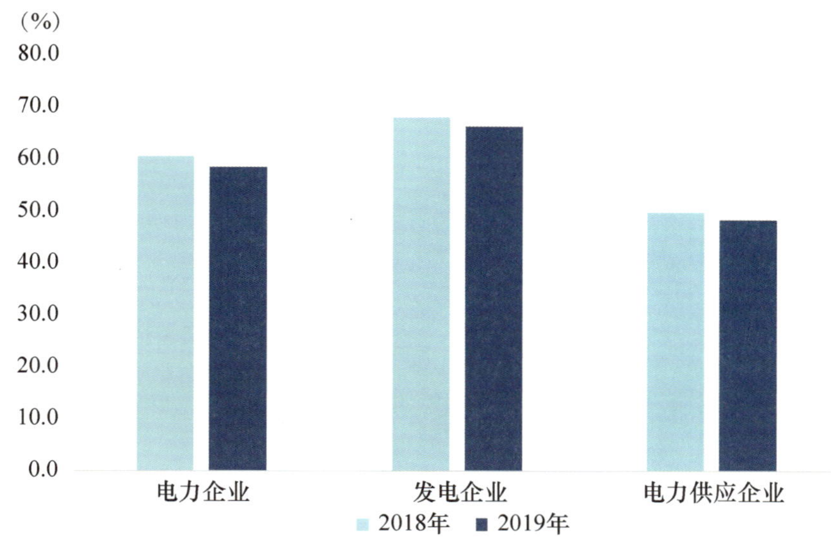

图 12－12　2018 年、2019 年电力企业资产负债率

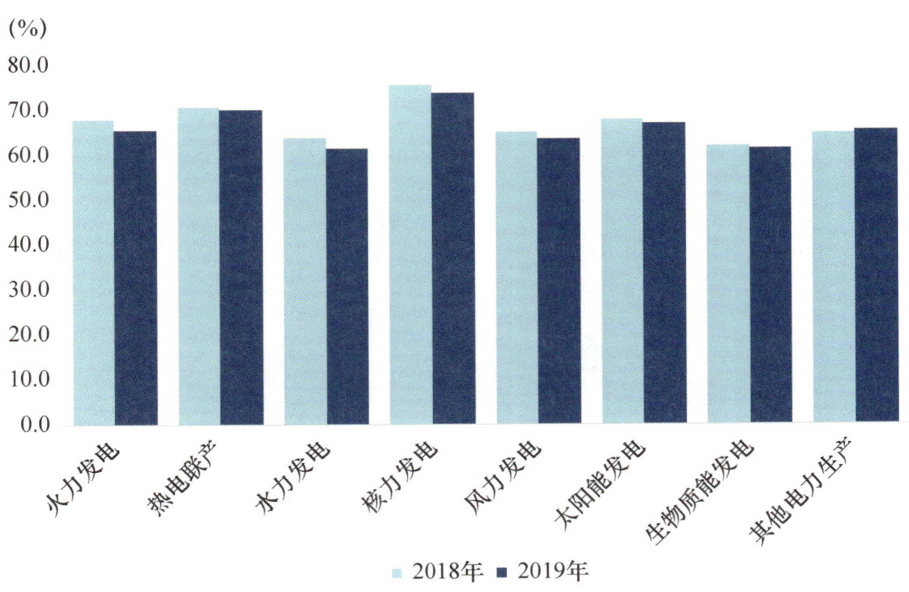

图 12－13　2018 年、2019 年发电企业分类型资产负债率

行业利润较快增长，电力供应企业利润下降　规模以上电力企业利润总额为 3834 亿元，比上年增长 18. 1%。其中，电力供应企业贯彻落实 2019 年政府工作报告中提出的一般工商业电价平均再降低 10% 的要求，利润总额在上年下降 24. 3% 的基础上再下降 4. 9%；亏损企业亏损额为 145 亿元，比上年增长 22. 6%。发电企业实现利润总额 2876 亿元，比上年增长 28. 4%。其中，火力发电企业在低基数及燃料成本总体回落的拉动下，实现利润 680 亿元，比上年增长 127. 2%；风电、太阳能发电利润增速分别为 3. 5% 和 7. 3%，多数企业由于补贴不及时、不到位，企业账面利润短期内难以转化为现金流，导致资金周转困难。

2018 年、2019 年电力企业利润构成见图 12－14，2018 年、2019 年发电企业分类型利润总额及增速见图 12－15。

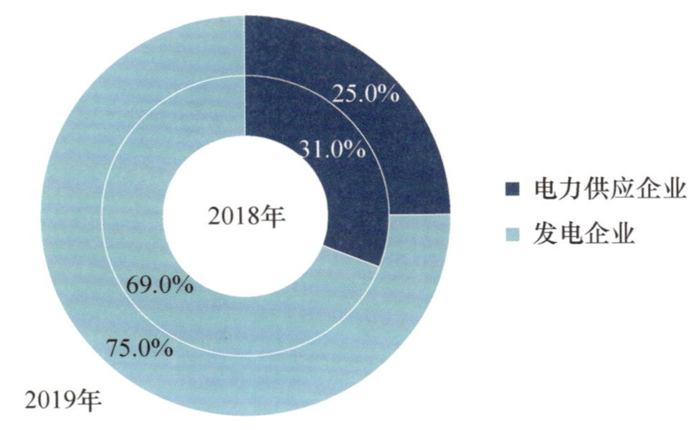

图 12－14　2018 年、2019 年电力企业利润构成

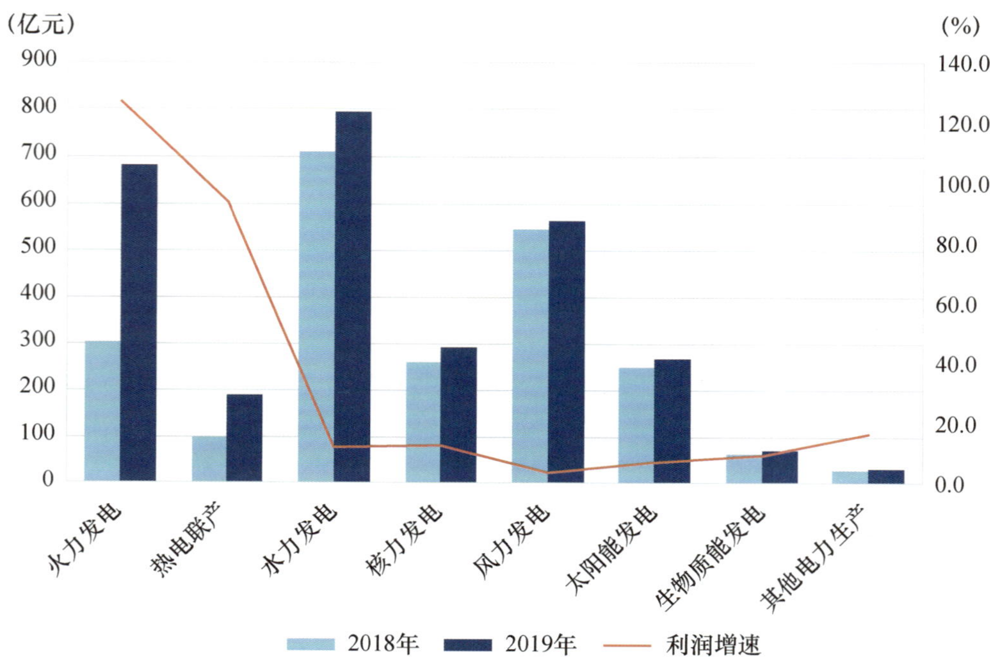

图 12－15　2018 年、2019 年发电企业分类型利润总额及增速

二、电网企业

2019 年电网企业生产经营数据见附录 10。

（一）两大电网公司

国家电网、南方电网（以下简称“两大电网公司”）主要经营数据见图 12－16。

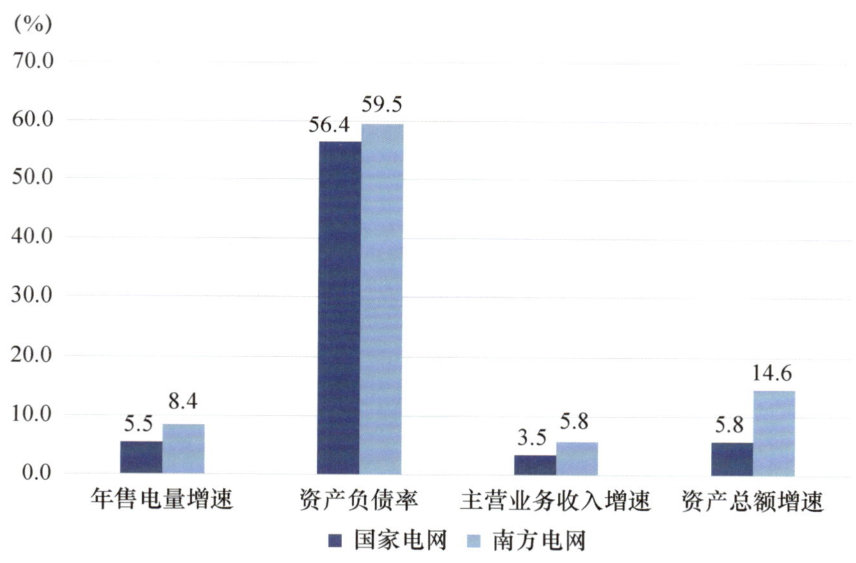

图 12－16　2019 年两大电网公司主要经营数据

资产总额增速比上年提高　两大电网公司资产总额合计50896亿元，比上年增长7.3%，增速比上年提高3.1个百分点。两大电网公司平均资产负债率为56.9%，比上年降低0.4个百分点。2010—2019年两大电网公司资产总额见图12－17。

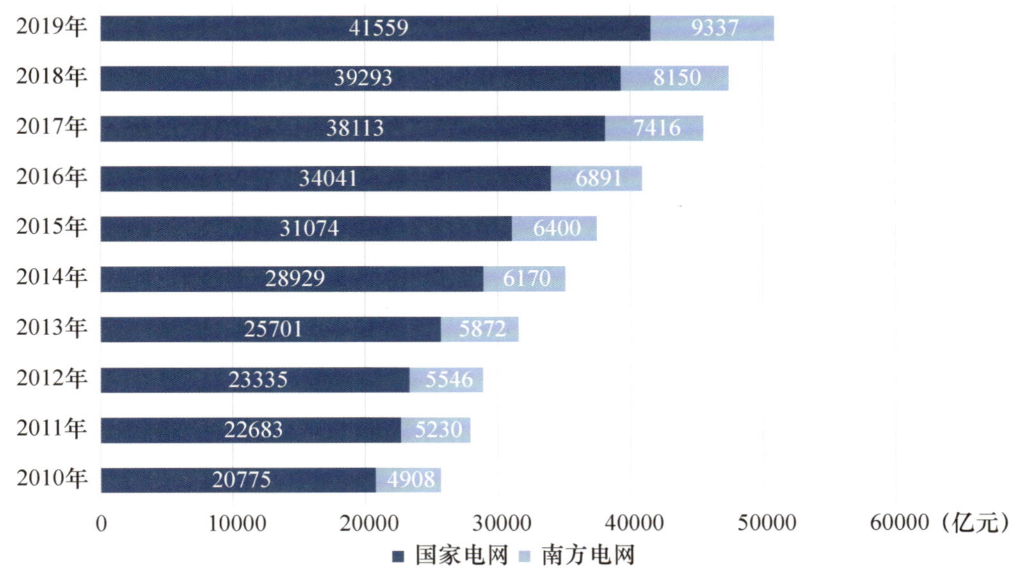

图12－17　2010—2019年两大电网公司资产总额

主营业务收入增速低于售电量增速　2019年，两大电网公司售电量合计5.52万亿千瓦时，比上年增长6.1%；主营业务收入合计3.19万亿元，比上年增长3.9%，低于同期售电量增速2.2个百分点。2010—2019年两大电网公司主营业务收入见图12－18。

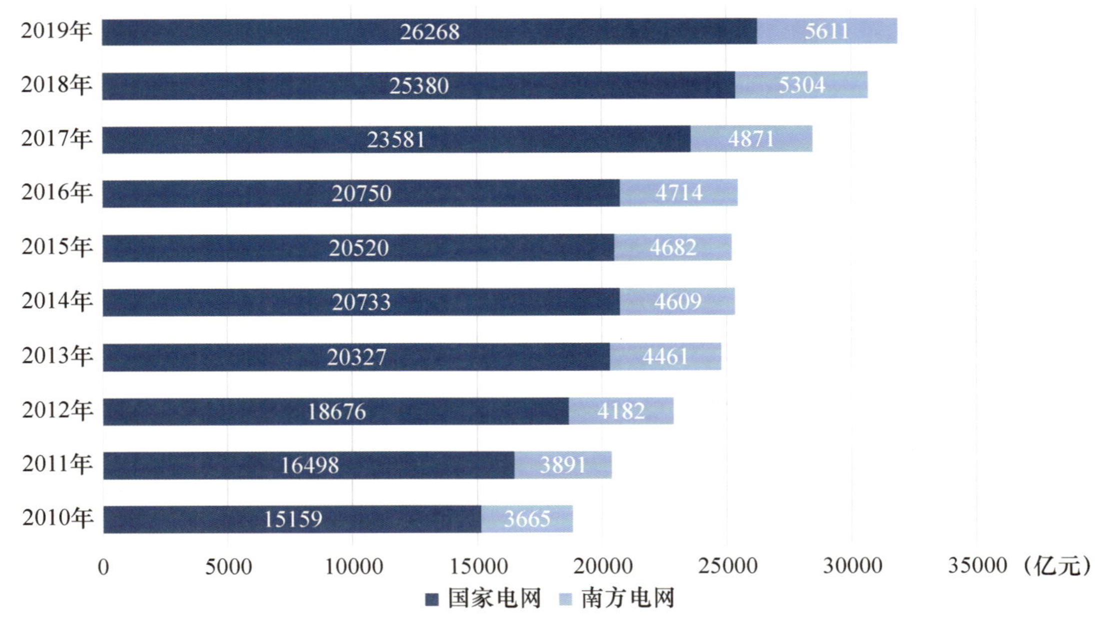

图12－18　2010—2019年两大电网公司主营业务收入

利润总额微弱增长 两大电网合计利润总额954亿元，比上年增长0.8%。其中，国家电网利润总额774亿元，比上年下降0.8%；南方电网利润总额180亿元，比上年增长8.3%。

电网建设投资额比上年下降 两大电网合计完成电网建设投资5533亿元，比上年下降4.0%。其中，国家电网公司电网建设完成投资4473亿元，比上年下降8.6%；南方电网公司电网建设完成投资1060亿元，比上年增长21.3%。

（二）地方电网企业

内蒙古电力资产总额990亿元，比上年下降7.3%。主营业务收入807亿元，比上年增长7.7%；利润总额27.6亿元，比上年增加1.10亿元；资产负债率52.5%，比上年降低5.7个百分点；资本保值增值率为105.2%，比上年降低1.6个百分点。

陕西地电资产总额346亿元，比上年增长11.5%。主营业务收入223亿元，比上年增长4.4%；主营业务利润总额14.7亿元，比上年增加1.6亿元；资产负债率52.7%，比上年提高1.9个百分点；资本保值增值率为109.0%，比上年降低0.8个百分点。

三、发电企业

2019年主要电力建设集团生产经营数据见附录11。

（一）五大发电集团①

2019年，五大发电集团资产规模和综合业务收入有所增长，增速比上年回落，综合利润较快增长，但煤电业务利润继续总体亏损，发电装机及发电量市场份额比上年降低。

资产规模增速比上年回落 截至2019年年底，五大发电集团资产总额合计56442亿元，比上年增长2.6%，增速比上年降低0.8个百分点。其中，中国华能、国家能源集团、国家电投资产总额均超过1万亿元。

2018年、2019年五大发电集团资产总额见图12－19。

综合业务收入增速比上年回落 2019年，五大发电集团综合业务收入合计15397亿元，比上年增长4.6%，增速比上年降低3.6个百分点。其中，电力业务收入13586亿元，比上年增长5.6%，电力业务收入占综合业务收入比重为88.2%。企业资产负债率为69.5%，比上年降低2.5个百分点。

---

① 指中国华能、中国大唐、中国华电、国家能源集团、国家电投。

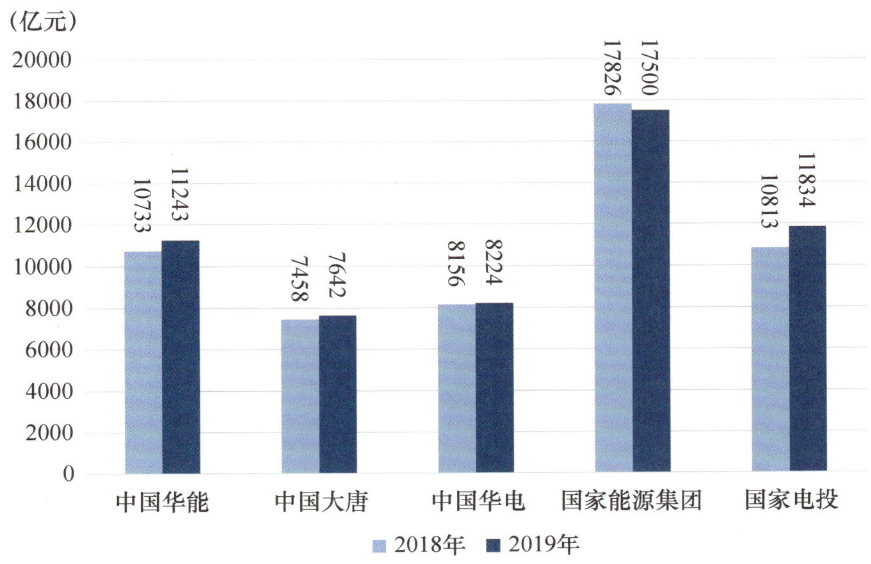

图 12－19 2018 年、2019 年五大发电集团资产总额

2018 年、2019 年五大发电集团电力业务收入见图 12－20。

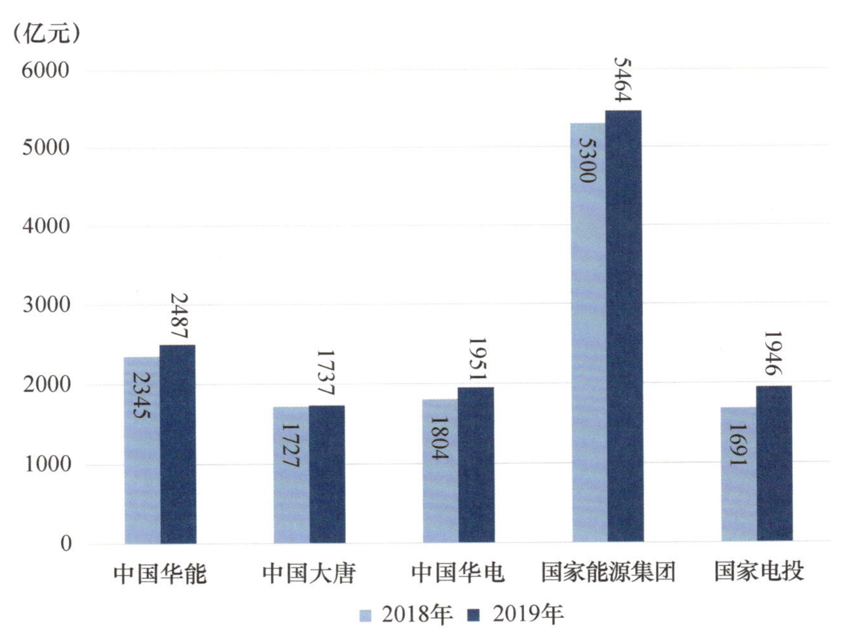

图 12－20 2018 年、2019 年五大发电集团电力业务收入

煤电业务利润继续总体亏损 2019 年，五大发电集团经营形势有所好转，全年综合利润总额 1345 亿元，比上年增长 15.4%。其中，电力业务利润总额 558 亿元，比上年增长 26.1%，占综合利润的比重为 41.5%，其中煤电业务利润总额为亏损 17 亿元。

2018 年、2019 年五大发电集团电力业务利润、煤电业务利润分别见图 12－21 和图 12－22。

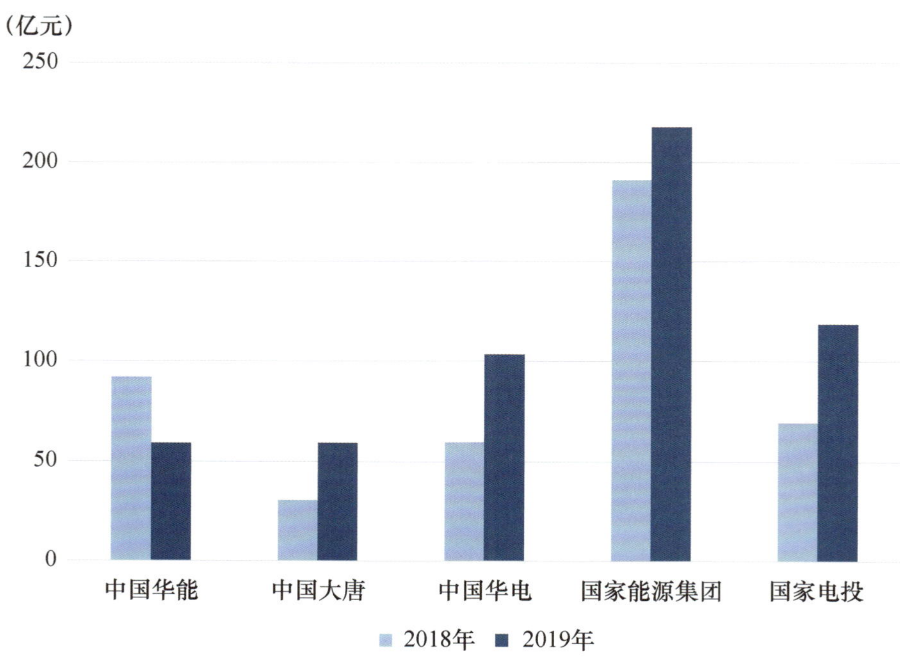

图 12－21　2018 年、2019 年五大发电集团电力业务利润

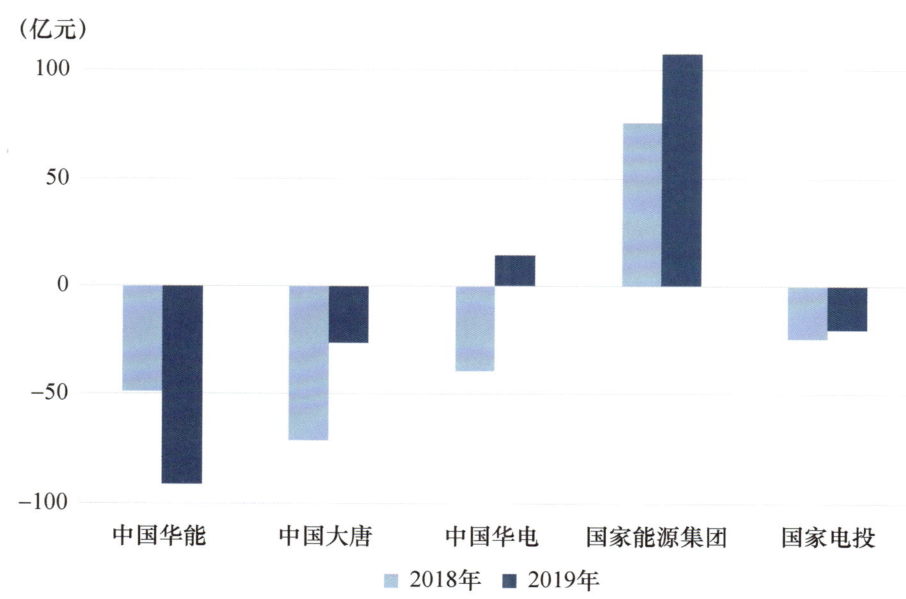

图 12－22　2018 年、2019 年五大发电集团煤电业务利润

发电装机及发电量占全行业市场份额比上年降低　截至 2019 年年底，五大发电集团可控发电装机容量 8.77 亿千瓦，比上年增长 4.1%，低于全国发电装机增速 1.7 个百分点；占全国发电装机容量的比重为 43.6%，比上年降低 0.7 个百分点。可控发电装机的发电量合计 33728 亿千瓦时，比上年增长 3.0%，低于全国发电量增速 1.8 个百分点；占全国总发电量的比重为 46.0%，比上年降低 0.8 个百分点。五大发

电集团非化石能源发电量8040亿千瓦时，比上年增长13.2%；占发电量的比重为23.8%，比上年提高2.2个百分点，较全国非化石能源发电量占比低8.8个百分点。

（二）其他大型发电企业

根据对16家其他大型发电企业[①]（以下简称“16家电企”）的调查，截至2019年年底，16家电企资产总额合计40377亿元，比上年增长12.0%，比五大发电集团增速高9.3个百分点。

发电装机及发电量占全行业市场份额比上年提高 截至2019年年底，16家电企的可控发电装机容量为3.93亿千瓦，比上年增长7.9%，增速比五大发电集团高3.9个百分点；占全国总装机容量的比重为19.5%，比上年提高0.4个百分点。可控发电装机的发电量合计1.67万亿千瓦时，比上年增长5.6%，占全国总发电量的22.7%，比上年提高0.2个百分点。

2018年、2019年16家电企可控发电装机容量及增速、发电量及增速分别见图12－23和图12－24。

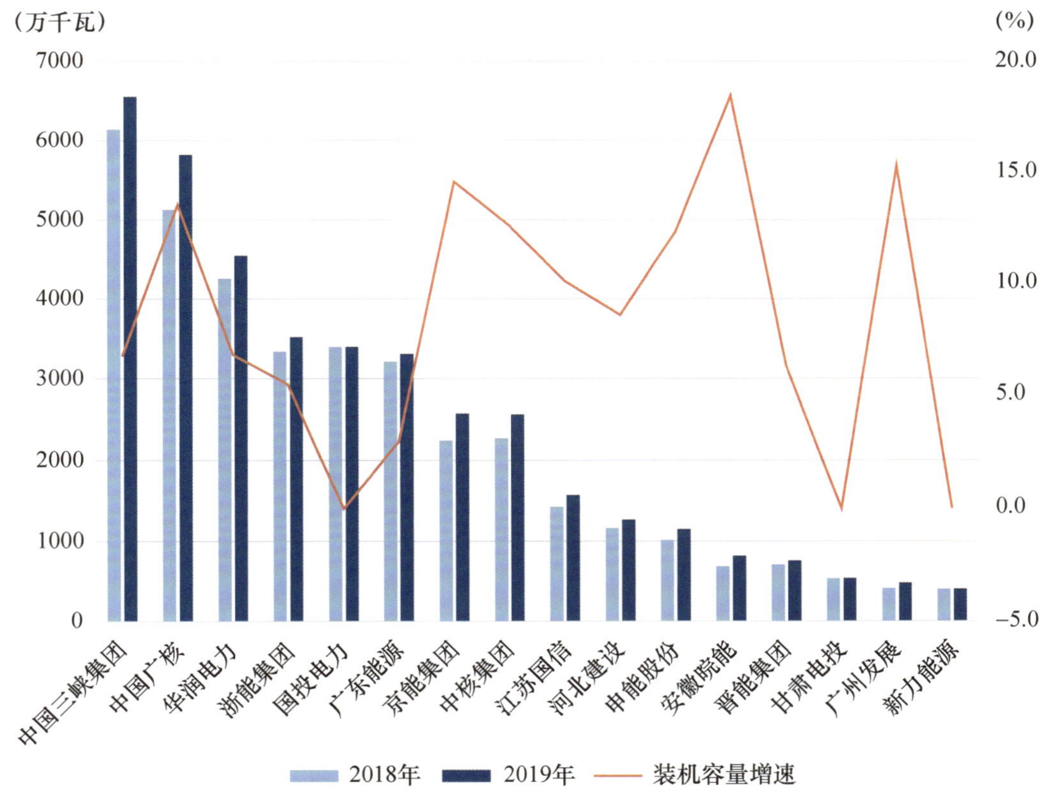

图12－23 2018年、2019年16家电企可控发电装机容量及增速

① 16家其他大型发电企业分别是中核集团、中国三峡集团、中国广核、广东能源、浙能集团、华润电力、京能集团、河北建投、甘肃电投、国投电力、晋能集团、安徽皖能、广州发展、新力能源、申能股份、江苏国信。

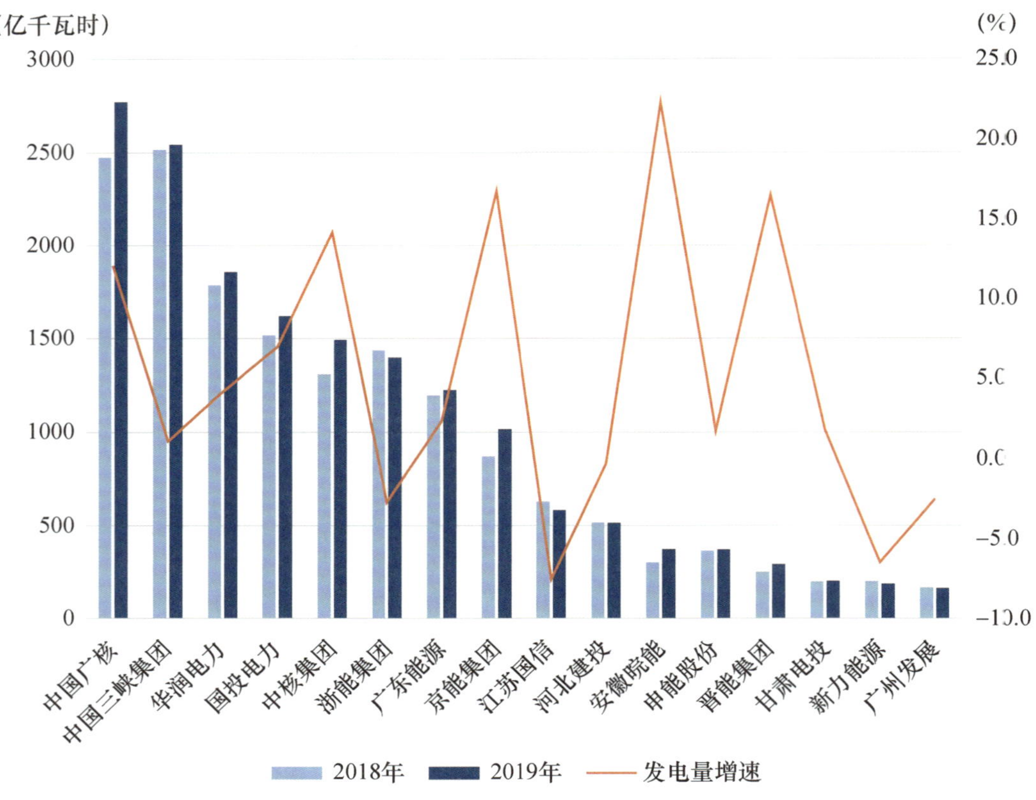

图 12－24　2018 年、2019 年 16 家电企可控发电装机发电量及增速

市场交易电量规模高速增长　14 家大型发电企业①合计参与市场交易电量 5091 亿千瓦时，比上年增长 29.5%，低于全行业平均增速，占同口径总发电量的比重为 37.8%，比上年提高 7.3 个百分点。

资产负债率低于五大发电集团平均水平　16 家电企实现综合业务收入 9155 亿元，比上年增长 8.1%，高于五大发电集团增速 3.5 个百分点。其中，电力业务收入 6317 亿元，比上年增长 6.7%，高于同期五大发电集团增速 1.1 个百分点。16 家电企整体资产负债率为 60.8%，比上年提高 0.4 个百分点，低于五大发电集团整体资产负债率 8.7 个百分点。

四、电力建设企业

2019 年，广大电力建设企业在面临全国电力工程建设投资规模持续减少的不利局面下，积极转变经营方式，大力实施“走出去”战略，努力开拓非电市场，不断加强内部管理，行业整体经营形势有所好转，但利润空间进一步收窄。

① 指上述 16 家其他大型发电企业中除中国广核和申能股份以外的其余 14 家电力企业。

（一）施工企业

1. 营业收入

2019 年，电力建设施工企业总营业收入 5017 亿元，比 2018 年的 4594 亿元增加 9.2%，连续 4 年保持增长。其中，水电增加 8.6%、火电增加 8.9%、送变电增加 13.4%。境外营业总收入 1028 亿元，比 2018 年的 950 亿元增加 8.2%。

2017—2019 年电力建设各类施工企业营业收入（含境外）见图 12－25。

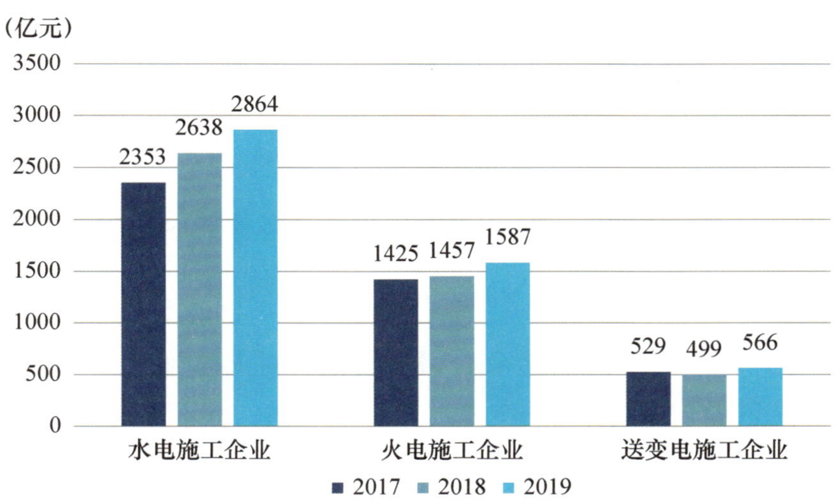

图 12－25　2017—2019 年电力建设各类施工企业营业收入（含境外）

2016—2019 年电力建设施工企业境外营业收入见图 12－26。

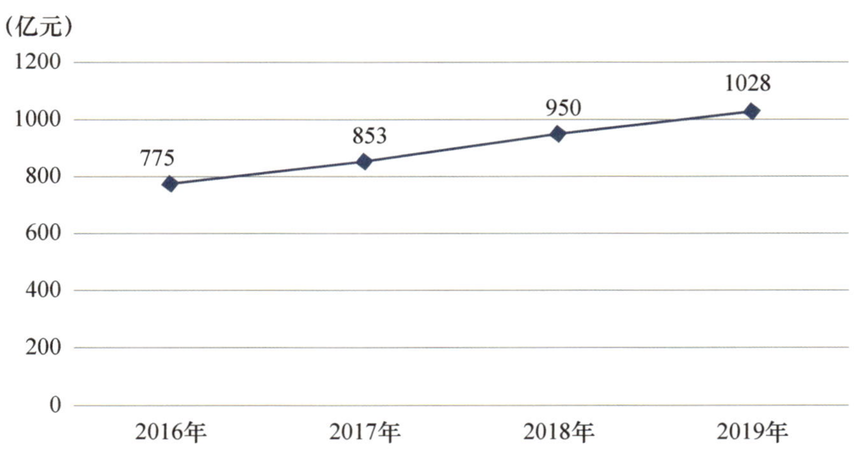

图 12－26　2016—2019 年电力建设施工企业境外营业收入

2. 利润总额

2019 年，电力建设施工企业利润总额 111 亿元，比 2018 年的 121 亿元减少 8.3%。其中，水电减少 12.1%、火电减少 5.5%、送变电增加 14.9%。

2017—2019 年电力建设各类施工企业利润总额见图 12－27。

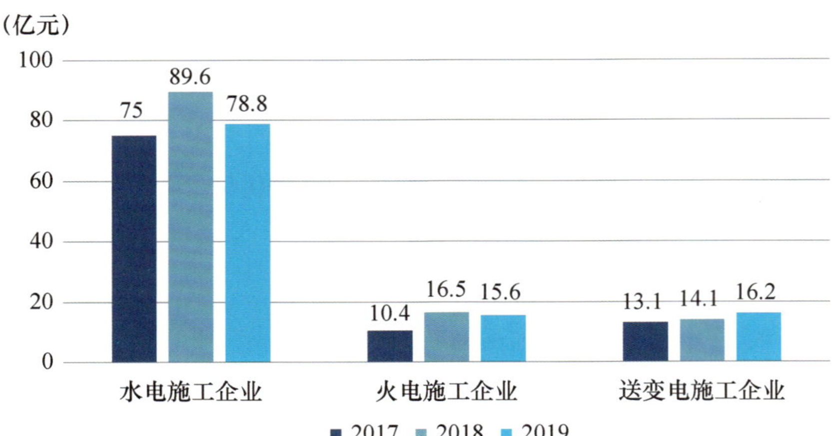

图 12－27　2017—2019 年电力建设各类施工企业利润总额

3. 负债率

近几年，中国电建和中国能建采取积极措施，对火电施工企业实施内部整合与调整，转变经营思路，强化内部管理。2019 年，电力建设施工企业总负债率为 78.6%，比 2018 年的 79.7% 降低 1.1 个百分点。

2017—2019 年电力建设各类施工企业负债率见图 12－28。

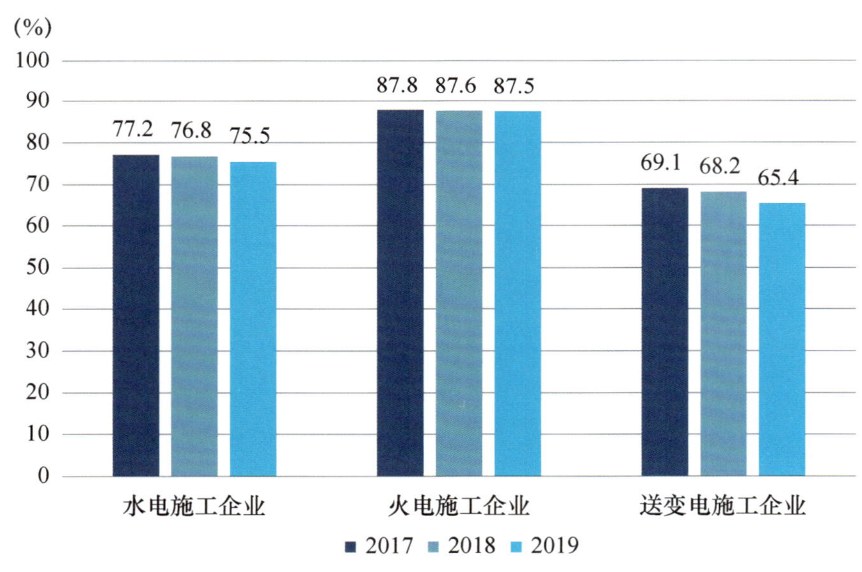

图 12－28　2017—2019 年电力建设各类施工企业负债率

4. 新签合同额

2019 年，电力建设施工企业新签合同额 6448 亿元，比 2018 年增长 25.4%。水电施工企业新签合同额 3760 亿元，比 2018 年增加 24.9%；火电施工企业新签合同额2034亿元，比2018年增加21.9%；送变电施工企业新签合同额654亿元，比2018年增加41.9%。

2016—2019年电力建设施工企业新签合同额情况见图12-29。

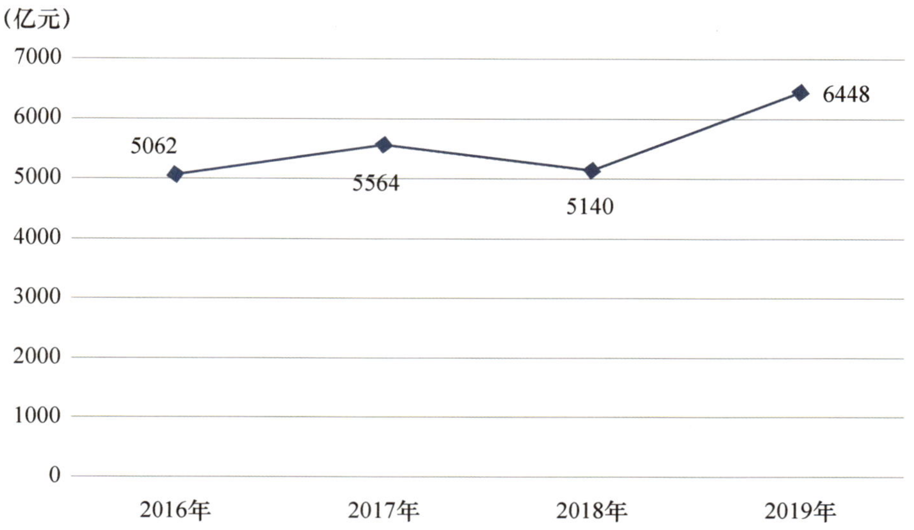

图12-29 2016—2019年电力建设施工企业新签合同额

（二）电力建设工程监理、调试企业

1. 电力监理企业经营情况

2019年，电力监理企业总营业收入269亿元，比2018年增加21.2%，其中，工程监理业务总收入89.6亿元，占企业总营业收入的33.3%；监理企业利润总额24.9亿元，比2018年增加14.7%；总负债率60.3%，比2018年下降0.8个百分点。

2017—2019年电力监理企业经营情况见图12-30。

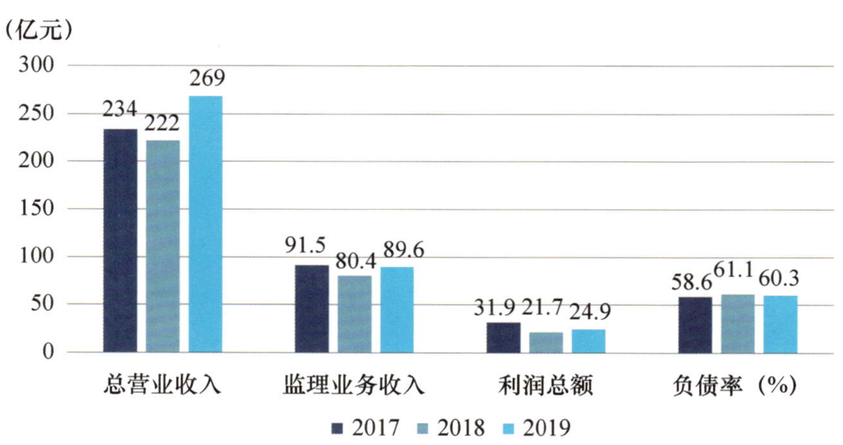

图12-30 2017—2019年电力监理企业经营情况

2. 电力调试企业经营情况

2019 年，电力调试企业总营业收入 227 亿元（注：不含合并报表的调试企业及营业收入较大但调试业务收入较低的企业数据），比 2018 年增加 9.1%，其中，工程调试业务总收入 26.8 亿元，占企业总营业收入的 11.8%；电力调试企业利润总额 16.2 亿元，比 2018 年增加 21.8%；总负债率 48.0%，比 2018 年下降 4.7 个百分点。

2017—2019 年电力调试企业经营情况见图 12－31。

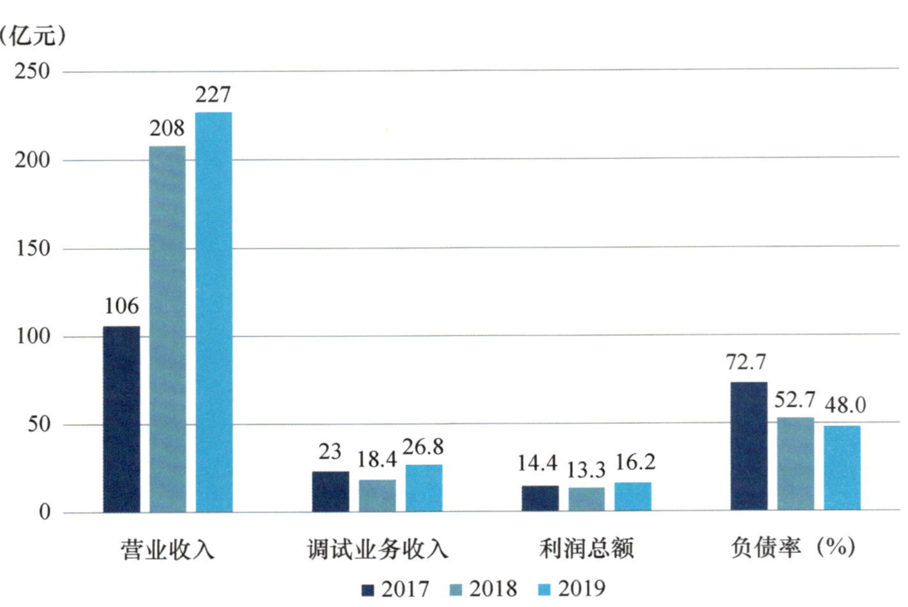

图 12－31　2017—2019 年电力调试企业经营情况

（本节主要撰稿人为中电联电力统计与数据中心米富丽、吴立强，中国电力建设企业协会于华鹏、葛泽军）

第三节　电力上市公司[①]

一、发电、供电企业

（一）总体情况

沪、深两市共有 59 家发电、供电企业上市公司。其中火电（含燃机、热电）企业 37 家，水电企业 10 家，电网企业 8 家。以 2019 年 12 月 31 日收盘价计算，电力板块总市值为 14486 亿元，比上年增加 6.3%；约占全市场总市值的 2.3%，比上年

① 指在沪、深两市上市的发电企业、供电企业和电力装备企业；在香港上市的新能源发电企业。

减少 0.6 个百分点；不含限售股的流通 A 股市值为 11649 亿元，比上年增长 16.5%；约占不含限售股的流通股市值的 2.4%，比上年减少 0.4 个百分点。

2019 年不同类型电力上市企业总市值占电力板块总市值的比重见图 12－32。

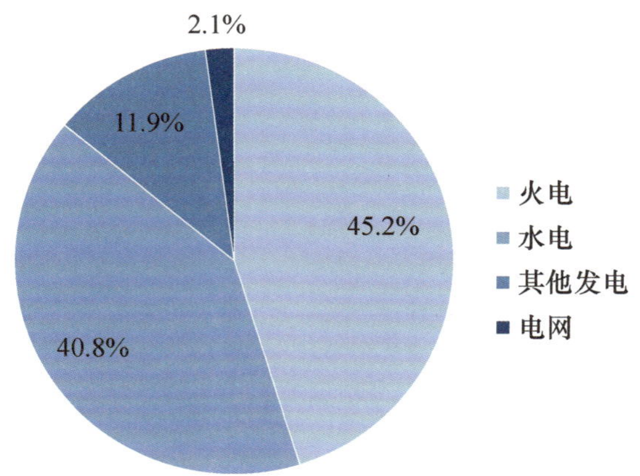

图 12－32　2019 年不同类型电力上市企业总市值占电力板块总市值的比重

注：上市公司情况的图、表资料来源均为 Wind 资讯、中信证券研究部。

（二）走势回顾

2019 年，受益于实体经济的较强韧性、全球降息环境下相对充裕的流动性以及市场乐观情绪的修复，全年股市呈现较为明显的上涨趋势，代表性的上证综指、深证成指及创业板指分别上涨 22.3%、45.2% 和 43.8%。从历史上看，电力作为典型的防守型行业，在市场整体乐观的情况下涨幅偏小，本次也不例外，2019 全年电力指数涨幅为 8.4%，较全年沪深 300 指数涨幅偏低 27.7 个百分点。

2019 年电力板块及大盘走势比较见图 12－33。

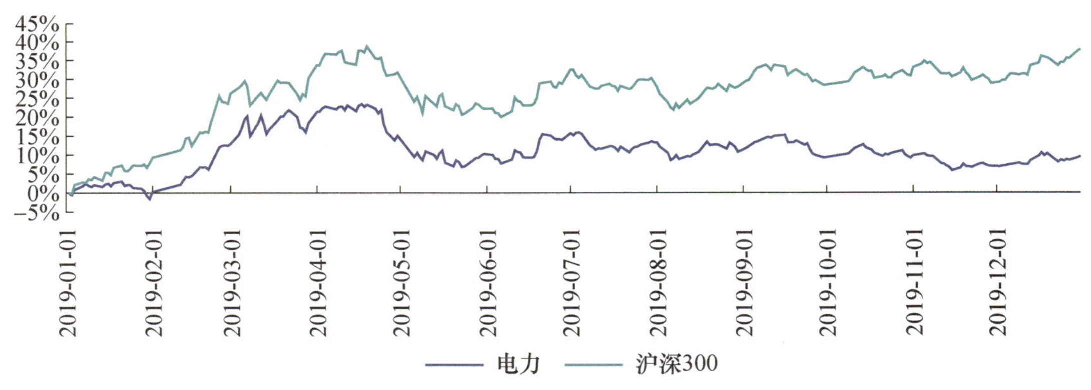

图 12－33　2019 年电力板块及大盘走势比较

2019 年，在电力板块内部，类债属性的水电受益利率下行而表现最为突出，国网内部改革和资源整合等带动电网子版块也有优异表现，火电受制于电力市场化持续推进而表现平淡。从全年涨幅看，火电子板块涨幅为 2.9%，水电子板块涨幅为 25.0%，电网子板块涨幅为 19.5%。

2019 年电力各子板块走势比较见图 12－34。

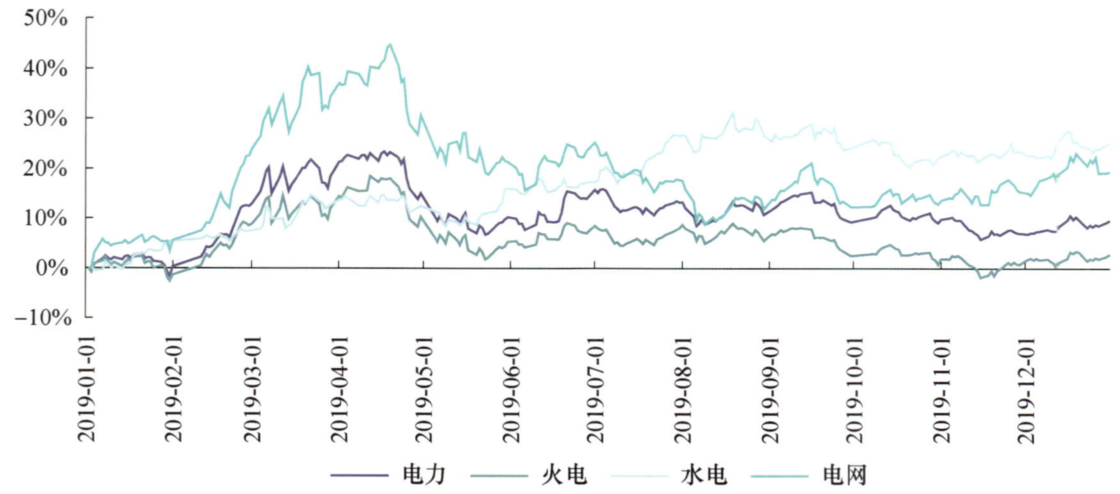

图 12－34 2019 年电力各子板块走势比较

（三）估值情况

2019 年，电力板块的动态市盈率（*P/E*）从年初的 21.90 倍（同期市场为 13.15 倍）下降至年底的 16.75 倍（同期市场为 17.50 倍）。

2019 年电力板块及大盘动态市盈率（*P/E*）比较见图 12－35。

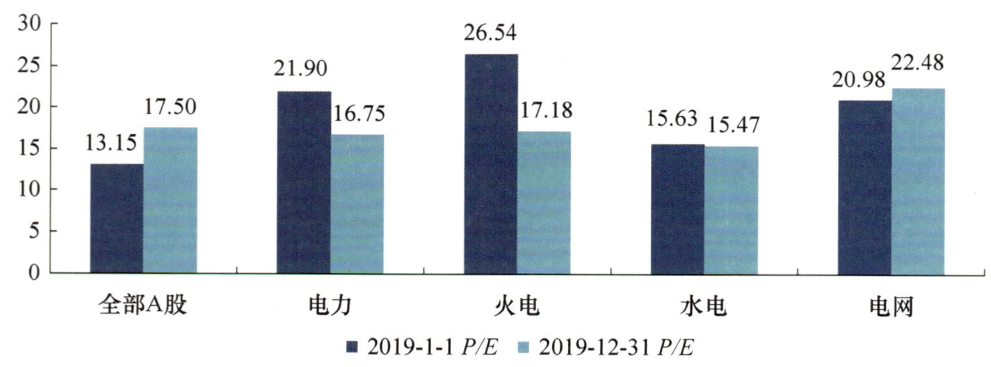

图 12－35 2019 年电力板块及大盘动态市盈率（P/E）比较

2019 年，电力板块的市净率（*P/B*）从年初的 1.42 倍（同期市场为 1.38 倍）下降至年底的 1.36 倍（同期市场为 1.59 倍）。

2019 年电力板块及大盘市净率（*P/B*）比较见图 12－36。

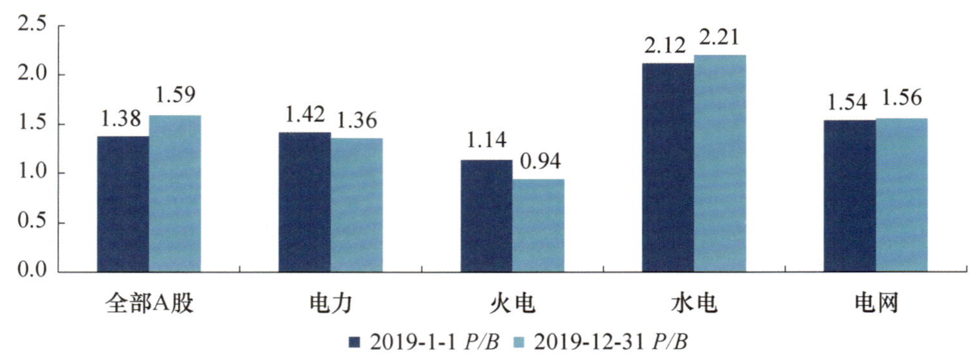

图 12 -36　2019 年电力板块及大盘市净率（P/B）比较

（四）业绩情况

2019 年，电力行业上市公司营业收入合计 10996.1 亿元，比上年增长 9.6%；受益于增值税率下调带来的不含税电价上升，以及煤价下行对火电成本端的节省，行业总体毛利率为 21.3%，比上年增长 1.8 个百分点；电力板块投资收益 273.2 亿元，比上年下降 16.6%，行业投资收益下滑主要为一次性收益带来的高基数所致，2018 年华能水电等公司处置部分长期股权投资带来较高的一次性收益。

2019 年电力板块营业收入、毛利率及投资收益见表 12 -3。

表 12 -3　2019 年电力板块营业收入、毛利率及投资收益

类别		2019 年营业收入（亿元）	2019 年营业收入增长率（%）	2019 年毛利率（%）	2018 年毛利率（%）	2019 年投资收益（亿元）	2019 年投资收益增长率（%）
电力合计		10996.1	9.6	21.3	19.5	273.2	-16.6
其中	火电	9040.8	8.3	16.8	14.7	192.9	-12.0
	水电	904.3	4.8	56.9	56.7	66.1	-35.2
	电网	401.0	40.9	10.5	15.3	1.1	-75.2

2019 年，电力板块销售费用率为 0.3%，比上年提高 0.01 个百分点；管理费用率为 2.8%，与上年持平；财务费用率为 7.2%，比上年减少 0.5 个百分点。

2018 年、2019 年电力板块三项费用率见表 12 -4。

表 12-4　2018 年、2019 年电力板块三项费用率

类别		销售费用率（%）		管理费用率（%）		财务费用率（%）	
		2019 年	2018 年	2019 年	2018 年	2019 年	2018 年
电力合计		0.3	0.2	2.8	2.8	7.2	7.7
其中	火电	0.2	0.2	2.6	2.6	6.2	6.6
	水电	0.2	0.2	2.4	2.3	13.6	14.8
	电网	1.8	1.5	2.3	5.0	1.6	2.5

2019 年电力板块盈利 1006.2 亿元，比上年增长 18.4%。其中火电子板块盈利 516.4 亿元，比上年增长 24.9%，煤价下行与不含税电价提升为业绩增长主因；水电子板块盈利 345.1 亿元，比上年减少 4.4%；电网子板块盈利 13.0 亿元，比上年减少 21.8%。电力板块总体净资产收益率为 7.6%，比上年增长 0.3 个百分点；除了火电增长 0.4 个百分点之外，其余板块净资产收益率普遍比上年下滑。

2018 年、2019 年电力板块净利润及净资产收益率情况见表 12-5。

表 12-5　2018 年、2019 年电力板块净利润及净资产收益率情况

类别		2019 年净利润（亿元）	2019 年净利润增长率（%）	净资产收益率（%）	
				2019 年	2018 年
电力合计		1006.2	18.4	7.6	7.3
其中	火电	516.4	24.9	5.4	5.0
	水电	345.1	-4.4	13.1	14.8
	电网	13.0	-21.8	6.3	7.6

二、电力装备企业

以 2019 年年报业务占比分类，沪、深两市共有 134 家电力设备上市公司。其中核电和新能源设备企业合计 30 家（包括核电设备企业 1 家，光伏设备企业 18 家，风电设备企业 11 家），输变电设备企业 88 家（包括一次设备企业 35 家，二次设备企业 53 家），电站设备企业 16 家。以 2019 年 12 月 31 日收盘价计算，电力设备板块总市值为 13163 亿元，比上年增长 26.0%，约占全市场总市值的比重为 2.1%，比上年降低 0.1 个百分点；电力设备板块不含限售股的流通 A 股市值为 11245 亿元，比上年增加 31.7%，约占不含限售股的流通 A 股市值的 2.3%，比上年降低 0.1 个百分点。从板块细分来看，核电和新能源设备企业总市值占比为 37.9%，输变电设备企业总市值占比为 48.3%，电站设备企业总市值占比为 13.8%。

2019年不同类型电力设备上市企业总市值占电力设备板块总市值的比重见图12－37。

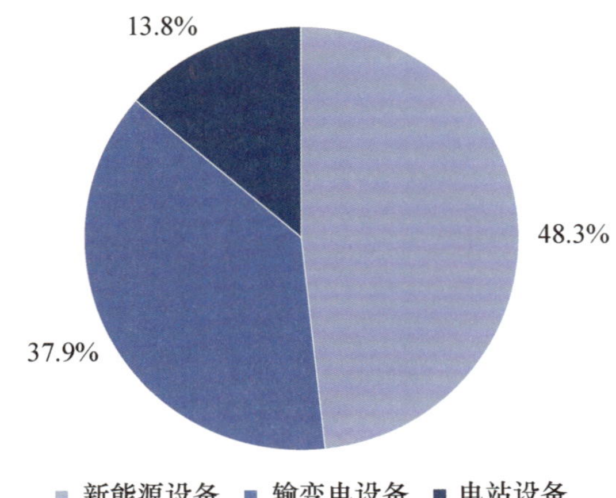

图12－37 2019年不同类型电力设备上市企业总市值占电力设备板块总市值的比重

2019年，电力设备指数涨幅为22.6%，走势略强于大盘。其中，新能源设备板块涨幅为26.7%，输变电设备板块涨幅为8.9%，电站设备板块涨幅为26.8%。

2019年电力设备板块及大盘走势比较见图12－38，电力设备各子板块走势比较见图12－39，电力设备上市公司市盈率（*P/E*）比较见图12－40，电力设备上市公司市净率（*P/B*）比较见图12－41。

图12－38 2019年电力设备板块及大盘走势比较

图 12－39　2019 年电力设备各子板块走势比较

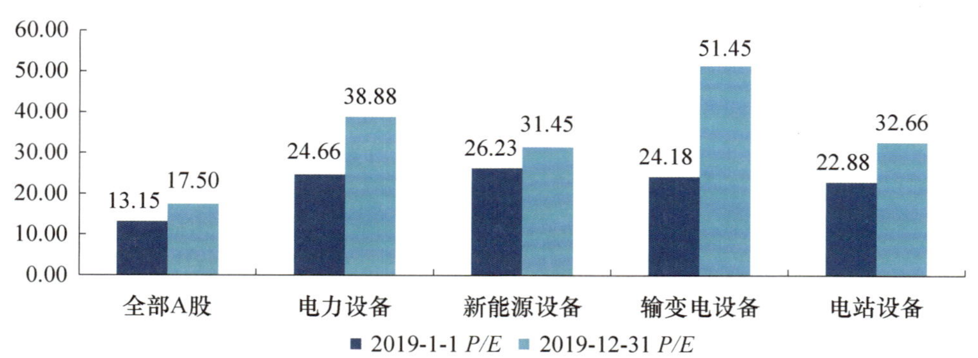

图 12－40　2019 年电力设备上市公司市盈率（*P/E*）比较

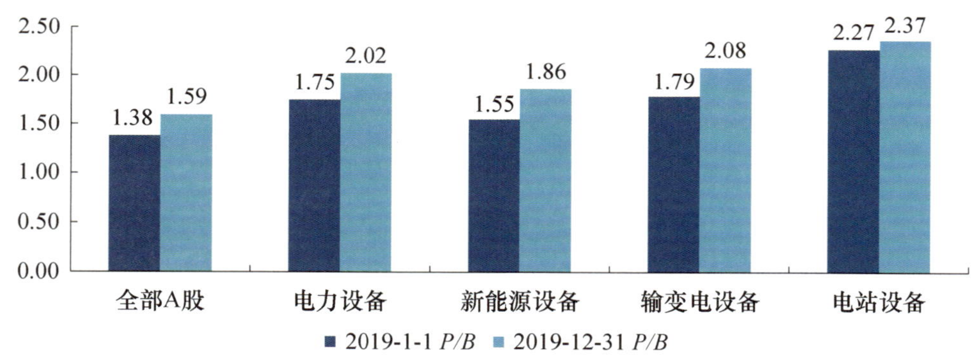

图 12－41　2019 年电力设备上市公司市净率（*P/B*）比较

2019 年，电力设备行业上市公司营业收入合计 8436.8 亿元，比上年增长 14.0%；行业总体毛利率为 22.1%，比上年降低 0.1 个百分点；电力设备板块投资收益 73.3 亿元，比上年减少 15.1%。

2019 年电力设备板块营业收入、毛利率及投资收益见表 12－6。

表 12－6　2019 年电力设备板块营业收入、毛利率及投资收益

类别		2019 年营业收入（亿元）	2019 年营业收入增长率（%）	毛利率（%）		2019 年投资收益（亿元）	2019 年投资收益增长率（%）
				2019 年	2018 年		
电力设备		8436.8	14.0	22.1	22.2	73.3	－15.1
其中	新能源	3648.6	21.3	21.0	21.1	38.0	－28.0
	输变电	3950.7	4.6	22.8	22.5	26.7	5.3
	电站	837.5	37.0	23.5	25.4	8.5	5.1

2019 年，电力设备板块销售费用率为 5.2%，比上年降低 0.3 个百分点；管理费用率为 5.0%，比上年降低 0.2 个百分点；财务费用率为 1.8%，比上年提高 0.1 个百分点。

2018 年、2019 年电力设备板块三项费用率见表 12－7。

表 12－7　2018 年、2019 年电力设备板块三项费用率

类别		销售费用率（%）		管理费用率（%）		财务费用率（%）	
		2019 年	2018 年	2019 年	2018 年	2019 年	2018 年
电力设备		5.2	5.5	5.0	5.2	1.8	1.7
其中	新能源	4.1	4.4	5.2	5.8	1.9	1.8
	输变电	6.5	6.5	4.8	4.8	2.0	1.8
	电站	3.9	5.1	5.1	5.2	1.2	0.7

2019 年电力设备板块盈利 332.9 亿元，比上年减少 5.8%。其中新能源设备板块盈利 200.8 亿元，比上年增长 23.7%；输变电设备板块盈利 65.8 亿元，比上年减少 51.6%；电站设备子版块盈利 66.4 亿元，比上年增长 19.6%。总体净资产收益率为 4.8%，比上年降低 0.8 百分点，其中新能源板块、输变电板块及电站设备板块净资产收益率分别增长 0.5、下滑 2.3、增长 0.1 个百分点。

2018 年、2019 年电力设备板块净利润及净资产收益率见表 12－8。

表 12－8　2018 年、2019 年电力设备板块净利润及净资产收益率

类别		2019 年净利润（亿元）	2019 年净利润增长率（%）	净资产收益率（%）	
				2019 年	2018 年
电力设备		332.9	－5.8	4.8	5.5
其中	新能源	200.8	23.7	6.7	6.2
	输变电	65.8	－51.6	2.0	4.3
	电站	66.4	19.6	8.8	8.7

三、新能源发电企业

目前的新能源发电企业主要以港股上市为主，A 股仅有太阳能、嘉泽新能、节能风电及江苏新能等数家上市公司。以 2019 年 12 月 31 日收盘价计算，新能源港股上市公司市值合计为 885 亿港元。其中，龙源电力、华电福新、京能清洁能源市值占比分别为 44.8%、15.1%、12.7%，A 股上市公司市值合计为 352 亿元，其中太阳能、节能风电、嘉泽新能和江苏新能市值占比分别为 31.2%、28.5%、22.5% 及 17.9%。

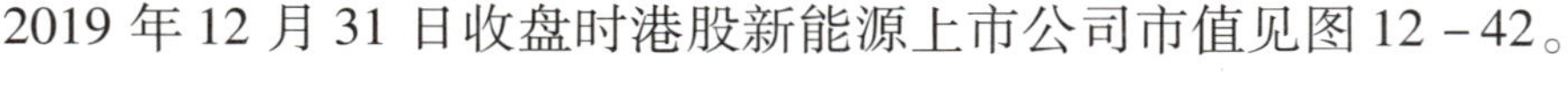
2019 年 12 月 31 日收盘时港股新能源上市公司市值见图 12－42。

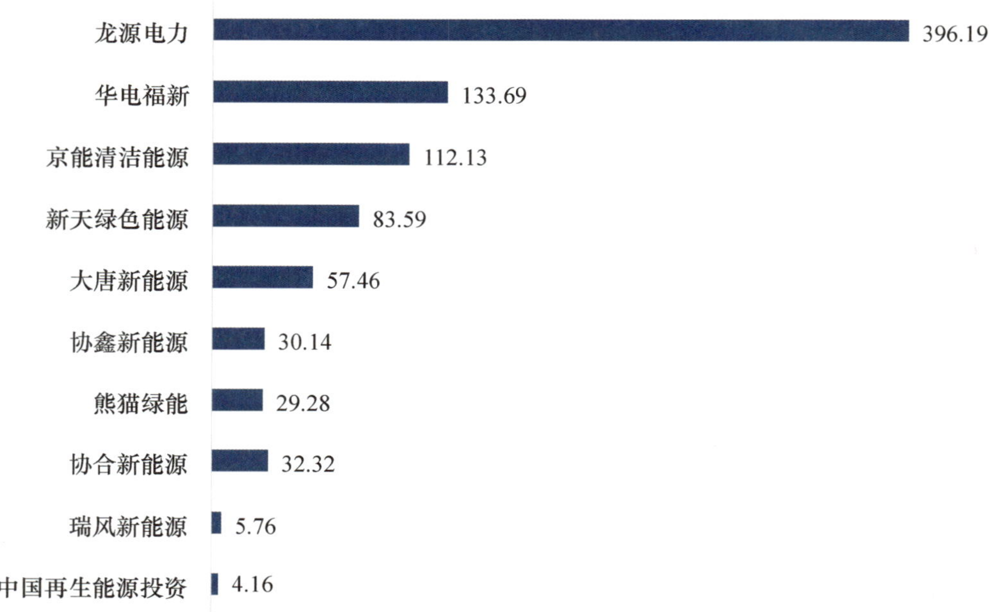

图 12－42　2019 年 12 月 31 日收盘时港股新能源上市公司市值（单位：亿元）

2019 年，港股反映综合走势的恒生指数涨幅为 9.1%，市值较大的龙源电力、华电福新、京能清洁能源全年变动幅度为－6.8%、－13.0% 和－24.0%；A 股沪深 300 指数全年涨幅为 36.1%，太阳能、节能风电、江苏新能和嘉泽新能全年变动幅度为 27.5%、5.7%、－25.0% 和－17.1%。

2019 年 A 股新能源类上市公司及大盘走势比较见图 12－43；港股新能源类上市公司及大盘走势比较见图 12－44；新能源类上市公司市盈率（*P/E*）比较见图 12－45；新能源上市公司市净率（*P/B*）比较见图 12－46。

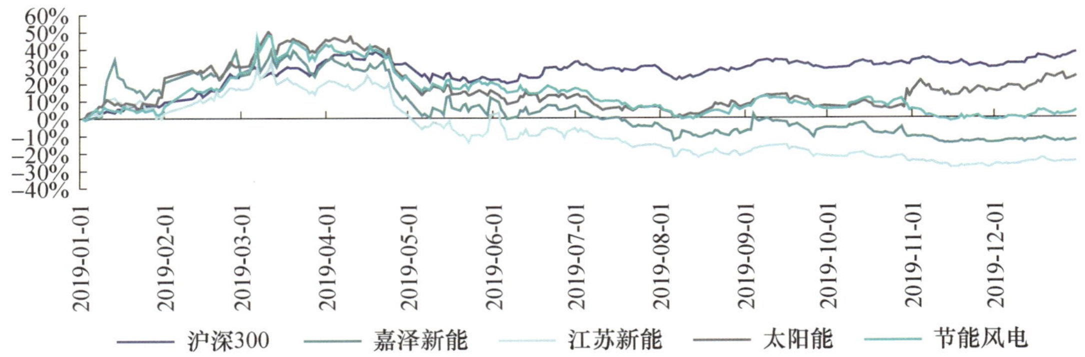

图 12－43 2019 年 A 股新能源类上市公司及大盘走势比较

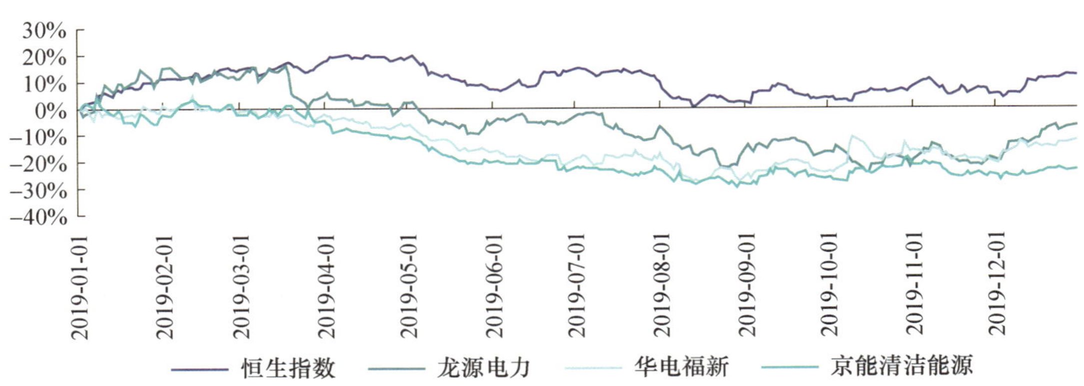

图 12－44 2019 年港股新能源类上市公司及大盘走势比较

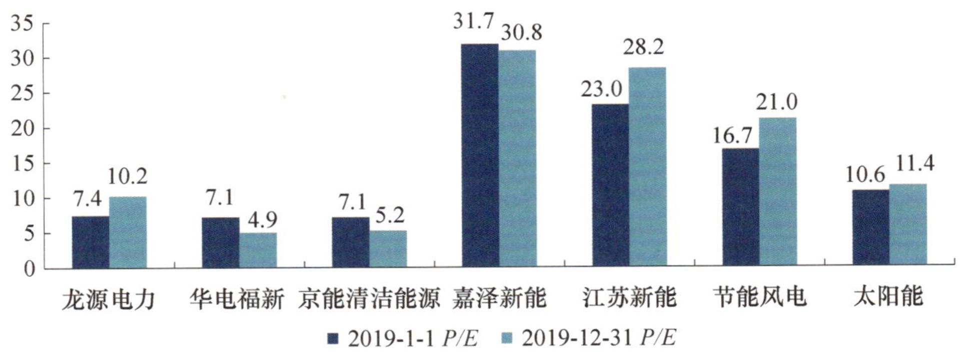

图 12－45 2019 年新能源类上市公司市盈率（*P/E*）比较

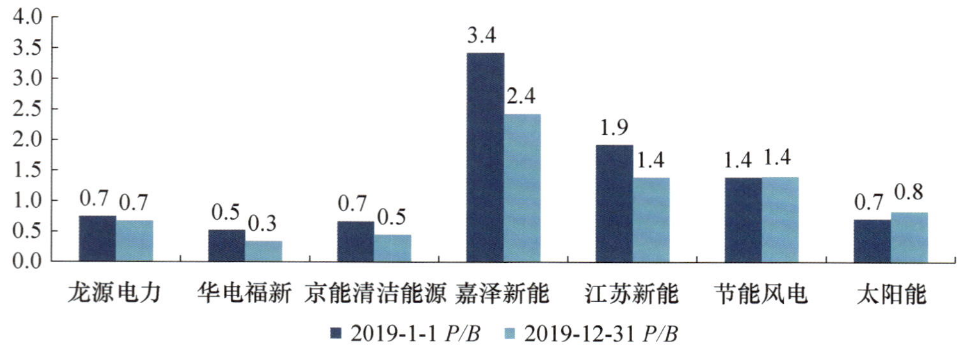

图 12－46　2019 年新能源上市公司市净率（P/B）比较

2019 年，新能源类港股上市公司营业收入合计 946 亿港元，比上年增长 6.4%；总体毛利率 42.0%，比上年减少 1.7 个百分点；A 股上市公司营业收入合计 85 亿元，比上年减少 13.6%；总体毛利率 48.8%，比上年提高 3.9 个百分点。

2019 年新能源类上市公司营业收入、毛利率及投资收益见表 12－9。

表 12－9　2019 年新能源类上市公司营业收入、毛利率及投资收益

公司名称	2019 年营业收入（亿港元/亿元）	2019 年营业收入增长率（%）	毛利率（%）		2019 年投资收益（亿港元/亿元）	2019 年投资收益增长率（%）
			2019 年	2018 年		
龙源电力	275.4	4.4	33.2	31.9	1.6	－13.4
华电福新	197.8	7.9	24.1	24.9	8.2	－17.4
京能清洁能源	163.9	0.9	16.7	18.4	1.4	25.6
新天绿色能源	119.4	19.7	27.7	28.7	2.2	－24.7
大唐新能源	83.3	0.1	37.9	42.1	0.7	12.5
协鑫新能源	60.5	7.5	65.3	66.5	0.0	0.0
熊猫绿能	21.7	2.9	11.3	55.8	0.0	0.0
协合新能源	18.4	29.8	61.1	61.3	0.0	0.0
瑞风新能源	3.6	0.1	32.2	39.8	0.0	0.0
中国再生能源投资	1.8	21.2	37.8	34.7	0.0	0.0
港股合计	945.8	6.4	42.0	43.7	14.1	－14.2
太阳能	49.5	－0.5	38.3	47.4	0.1	－68.5
节能风电	24.7	4.7	53.1	52.1	0.0	－41.8
江苏新能	14.8	1.0	41.1	38.7	0.1	－145.7
嘉泽新能	11.1	4.2	58.0	57.0	0.0	0.0
A 股合计	100.1	1.5	48.8	44.9	0.1	134.1

2019 年，新能源类港股上市公司其他营业费用合计费用率为 5.9%，比上年提高 1.5 个百分点。

2018 年、2019 年主要港股新能源类上市公司费用率见表 12－10。

表 12－10 2018 年、2019 年主要港股新能源类上市公司费用率

公司名称	其他营业费用合计费用率（%）	
	2019 年	2018 年
龙源电力	3.8	5.6
华电福新	9.4	4.3
京能清洁能源	4.6	4.5
新天绿色能源	0.4	2.2
大唐新能源	7.1	6.5
协鑫新能源	0.0	0.0
熊猫绿能	53.4	3.0
协合新能源	4.3	1.4
港股总计	5.9	4.3

2019 年，新能源类港股上市公司净利润 107.5 亿元，比上年减少 19.5%；A 股上市公司净利润 21.4 亿元，比上年增加 2.9%。

2019 年新能源类上市公司净利润及净资产收益率见表 12－11。

表 12－11 2019 年新能源类上市公司净利润及净资产收益率

公司名称	2019 年净利润（亿元）	2019 年净利润增长率（%）	净资产收益率（%）	
			2019 年	2018 年
龙源电力	43.3	10.2	9.4	8.7
华电福新	24.2	6.6	7.4	8.6
京能清洁能源	20.9	4.8	9.7	10.5
大唐新能源	9.4	－22.6	8.0	10.2
新天绿色能源	14.2	11.5	13.0	13.6
熊猫绿能	－33.8	649.2	－80.2	－8.1
协合新能源	6.0	20.3	10.5	9.4
中国再生能源投资	0.6	－7.8	3.3	3.6
瑞风新能源	－1.0	61.8	－17.8	－9.8
协鑫新能源	3.0	－37.3	4.7	8.0
港股合计	107.5	－19.5	4.7	6.8

续表

公司名称	2019年净利润（亿元）	2019年净利润增长率（%）	净资产收益率（%）	
			2019年	2018年
太阳能	9.1	5.7	6.8	6.8
节能风电	5.8	13.4	7.9	7.4
江苏新能	3.0	-17.7	8.1	6.5
嘉泽新能	2.9	8.9	8.8	10.2
A股合计	21.4	2.9	7.4	7.1

（本节主要撰稿人为中信证券研究部李想）

第十三章　国际交流与合作

第一节　全球电力现状

2018 年，全球发电装机容量及发电量均继续保持平稳增长，可再生能源在全球电源结构中的比重进一步提升，特别是非水可再生能源已连续多年占据全球新增发电装机容量的一半以上，全球电源结构加速向低碳、清洁化方向转型。

一、发电装机

（一）总体情况

国际能源署（IEA）有关报告显示，截至 2018 年年底全球发电装机容量达到 72.2 亿千瓦，比 2017 年增长 3.5%，虽增速比上年回落 0.8 个百分点，但依旧保持平稳增长。其中，中国发电装机容量约占全球装机容量的 1/4。2012—2018 年全球发电装机容量及增速见图 13 - 1。

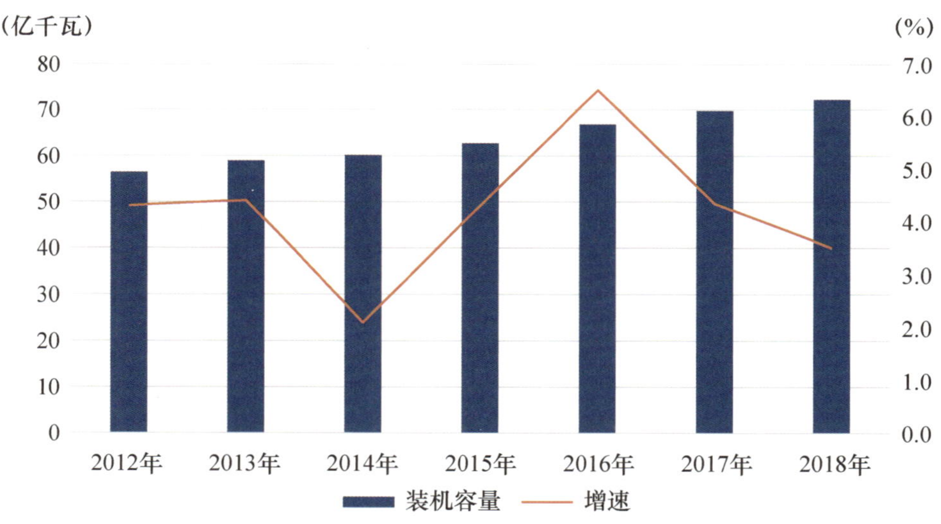

图 13 - 1　2012—2018 年全球发电装机容量及增速

（二）结构及变化情况

截至2018年年底，可再生能源发电装机容量（含水电）达到25.2亿千瓦，占全球发电装机总量的34.9%，比上年提升1.3个百分点；燃煤发电装机容量为20.8亿千瓦，占比28.8%，较上年减少0.9个百分点。燃气发电、燃油发电、核电装机占比与2017年基本持平：燃气发电装机容量为17.5亿千瓦，占比为24.2%；燃油发电装机容量为4.5亿千瓦，占比为6.2%；核电装机容量为4.19亿千瓦，占5.8%。2018年全球发电装机结构见图13－2。

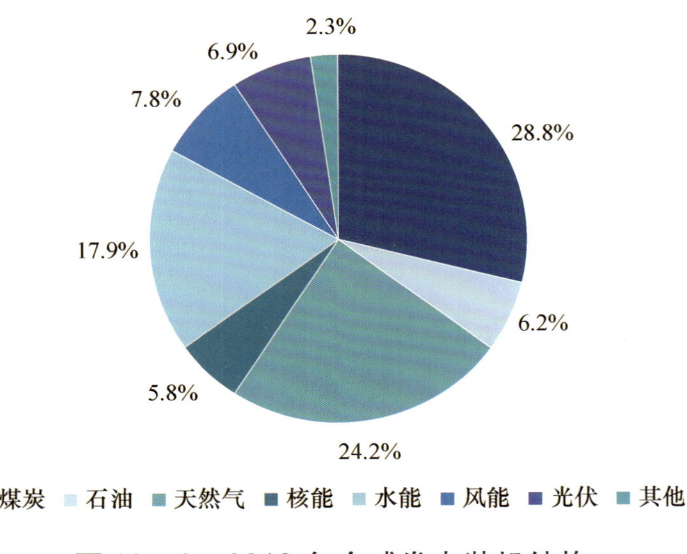

图13－2　2018年全球发电装机结构

可再生能源是驱动全球电力部门低碳转型的核心力量，特别是非水可再生能源发电装机容量近年来始终保持较快增长势头。2018年水电装机容量占全部可再生能源发电装机容量的51.2%，依旧是最主要的可再生能源发电形式，但增长相对缓慢，仅为1.65%；风电在可再生能源装机中占比22.5%，装机容量比上年增长9.9%；太阳能光伏发电占可再生能源发电装机容量的19.7%，但比上年增长最快，增速达24.06%。其他可再生能源，如生物质发电、地热发电等装机容量比重相对较小，但均呈现不同幅度增长。

燃煤发电的进一步萎缩以及非水可再生能源的加速发展体现了全球电源结构进一步向低碳、清洁化方向转型。

二、发电量

（一）总体情况

2018年，全球发电量约为26.6万亿千瓦时，比上年增长3.9%，比上年提升

0.8 个百分点，自 2015 年以来增长步伐明显加快。其中，中国 2018 年的发电量占全球的 27%，对全球发电量增长的贡献率达到近一半水平。2012—2018 年全球发电量及增速见图 13－3。

图 13－3　2012—2018 年全球发电量及增速

（二）结构及变化情况

从各类电源的发电情况看，2018 年全球燃煤发电量依然最多，达 10.1 万亿千瓦时，比上年增加 2600 亿千瓦时，比上年增长 2.6%，但在全球发电结构中的比重进一步萎缩，占全球发电总量的 38.1%，比上年下降 0.3 个百分点；燃气发电量为 6.1 万亿千瓦时，比上年增长 4.1%，占全球发电总量的 23%，比上年提升 0.2 个百分点；核电发电量为 2.7 万亿千瓦时，比上年增长 3.1%，占全球发电总量的 10.2%，与上年基本持平；燃油发电量为 0.8 万亿千瓦时，比上年下降 3.9%，占全球发电总量的 3%，比上年下降 0.7 个百分点。

全球可再生能源发电量持续保持较快增长。2018 年全球水电发电量达 4.2 万亿千瓦时，比上年增长 2.9%，增速比上年提高 1.5 个百分点，但其在全球发电总量的占比却略有下降，比上年下降 0.2 个百分点至 15.8%；2018 年全球风力发电量达 1.3 万亿千瓦时，比上年增长 12.2%，比上年回落 1.1 个百分点，其在全球发电总量的占比继续提升，比上年提高 0.6 个百分点至 4.8%。2018 年全球太阳能光伏发电量达到 5920 亿千瓦时，继续保持较大幅度增长，比上年增长 33.6%，比上年提高 1 个百分点，其在全球发电总量中的占比较上年提高 0.5 个百分点至 2.2%。2018 年生物质发电量达到 6360 亿千瓦时，比上年增长 7.1%，占比为 2.4%；其他电源发电量相对较少，总计 1400 亿千瓦时，占比约为 0.5%。

2018 年全球发电量构成情况见图 13－4。

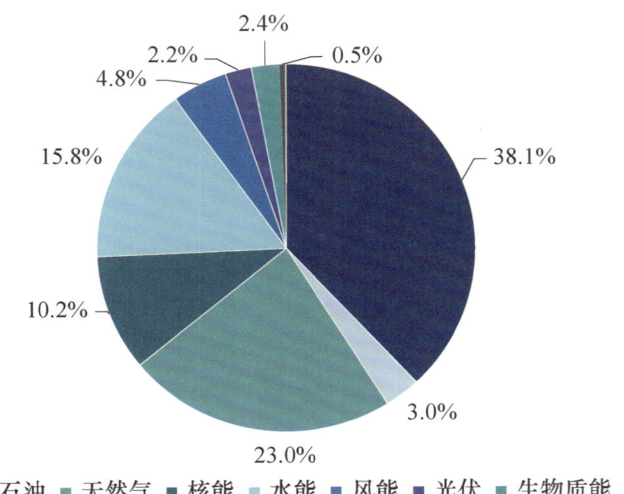

图 13－4　2018 年全球发电量构成情况

（本节主要撰稿人为中电联国际合作部刘坤）

第二节　全球能源互联网

一、全球能源互联网发展合作组织开展工作情况

（一）实现全球能源互联网研究新突破

截至 2019 年年底，全球能源互联网发展合作组织（以下简称合作组织）会员总数超过 756 家，覆盖 106 个国家，涉及能源、电力、信息、金融、咨询、科研、制造、环保等领域。

合作组织开展近百项全球能源互联网课题研究，面向全球发布 26 项有影响力的成果，完成了在理论、规划、技术等方面的研究突破。

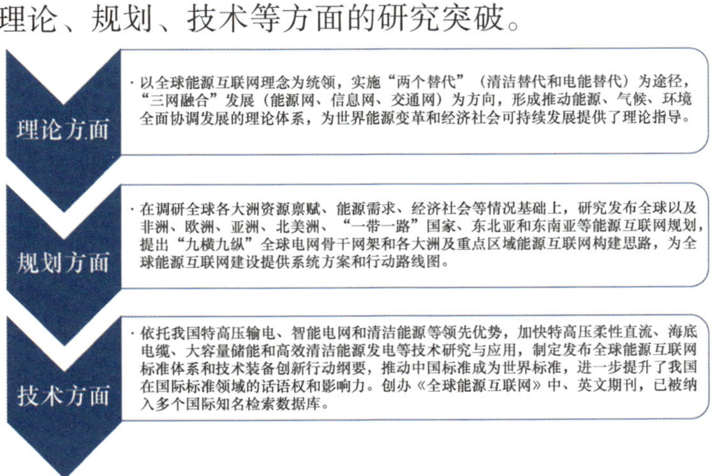

（二）助力“一带一路”国家能源转型和电力互联互通

2019 年 4 月 25 日，在第二届“一带一路”国际合作高峰论坛期间，合作组织发布《“一带一路”国家能源互联网研究报告》《全球能源互联网落实“一带一路”发展报告》等成果，提出建设包括新亚欧大陆桥、中蒙俄及东北亚、中国—中亚—西亚等七大电力走廊、共 67 个重点项目的“一带一路”沿线国家能源互联网方案，并与有关国家和联合国机构签署 10 多项合作协议。合作组织聚焦 6 大经济走廊与 3 条蓝色经济通道，重点对“6 + 3”通道的发展基础、发展思路和互联互通方案 3 个方面进行了研究，提出到 2050 年，“一带一路”国家能源互联网总输送路径达 12.6 万千米。

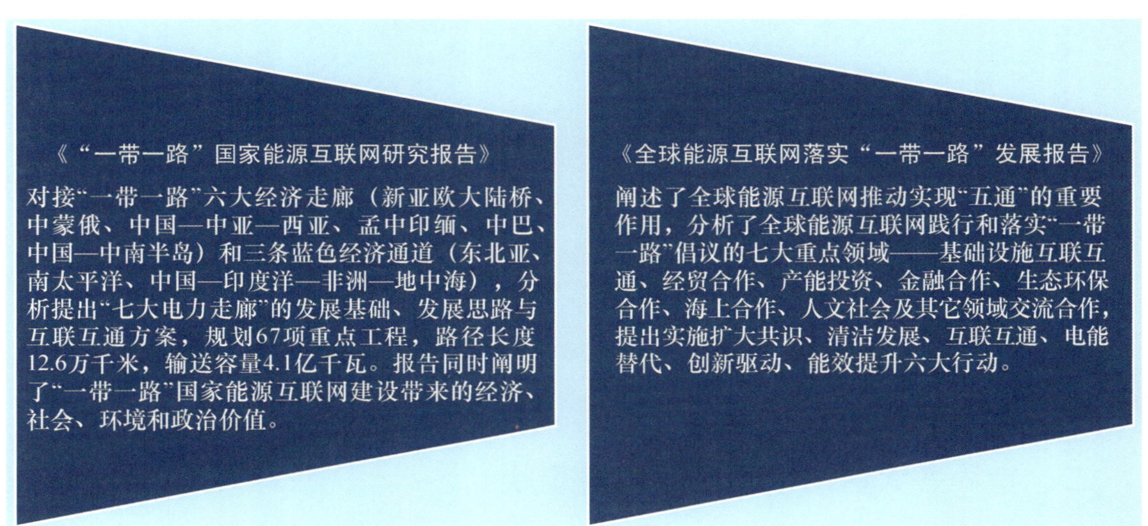

合作组织提出并推动了一批“一带一路”电力互联示范项目。目前，中—韩联网项目启动可行性研究，中—缅—孟联网项目成立政府间联合工作组，合作组织与埃塞俄比亚能源部、海湾合作委员会互联电网管理局签署了埃塞俄比亚与海湾国家联网项目三方合作协议，组成联合工作组推进埃塞-海湾地区电力联网工程建设。

（三）创新中非能源合作机制

2019 年 11 月，在首届中非能源电力大会上，合作组织在会上发布《非洲能源互联网研究》《刚果河水电开发与外送研究》《非洲“电—矿—冶—工—贸”联动发展新模式》等重要成果。

总体上看，全球能源互联网未来建设将按照国内互联、洲内互联和全球互联三个阶段推进，加快我国与周边国家互联互通，积极推进中—缅—孟、中—韩、中—日、中—蒙、中—哈、中—巴联网工程以及东北亚能源互联网建设，实现我国与周边国家能源开发合作共赢。加快“一带一路”沿线国家能源互联网建设，以非洲和亚洲水电，北非、西亚、中亚太阳能发电，埃塞俄比亚—海湾地区、北非—欧洲、西亚—欧洲以及南北美洲联网等项目为重点，建设一批跨国跨洲联网通道，实现清洁能源大范围高效配置。到 2025 年，各国全面加强国内电网互联，跨国联网实现重要突破；到 2035 年，基本实现各洲洲内电网互联，亚欧非率先实现跨洲联网；到 2050 年，基本建成全球能源互联网，形成绿色低碳、互联互通、开放共享、合作共赢的能源发展新格局。

《刚果河水电开发与外送研究》以刚果河流域水电大规模开发、广域优化配置与高效利用为研究目标，全面评估了刚果河流域水能资源，分析了刚果河下游水电梯级布置和电站开发方案，提出了电力消纳市场、送电方向和输电方案，开展了项目投资估算和经济性分析，同时提出了投融资模式和政策建议。

《非洲能源互联网研究》与《非洲"电-矿-冶-工-贸"联动发展新模式》基于非洲经济社会环境发展特征、清洁能源资源禀赋和技术发展趋势，系统分析了非洲能源需求、电力供需和电力流格局，提出了非洲电网互联方案及重点互联互通工程，阐释了"电-矿-冶-工-贸"联动发展新模式的发展思路与综合价值，分析了新模式框架下非洲整体及西非、南非、中非、东非、北非五大区域发展重点，旨在提升非洲国家基础设施和工业项目投资吸引力，变革经济、产业、能源电力发展方式，实现经济、社会、环境协调可持续发展。

二、世界各大区域电网互联发展现状

近年来，随着区域经济一体化的加速、能源资源的优化利用、供电可靠性的提高以及区域电力市场的不断开放，世界多个国家和地区不同程度地实现了电网互联互通。

亚洲

- 目前，亚洲电网局部地区已实现双边互联，多以低电压、小容量交流互联为主。中国与俄罗斯、蒙古、越南、老挝和缅甸实现电网互联互通。东北亚跨国联网处于起步阶段，除蒙古与中国和俄罗斯有少量 220 千伏及以下线路互联外，其他国家均未实现跨国联网。东南亚双边电力贸易已初具规模，但整体跨国联网较为薄弱，电压等级低；现有跨国联网线路中，除 7 回 500 千伏线路外，其他均为 230 千伏及以下电压等级线路。南亚跨国电网互联处于起步阶段，孟加拉国与印度主要通过直流背靠背互联，印度与不丹和尼泊尔则通过 400 千伏及以下电压等级线路互联，电力交换容量小。中亚塔吉克斯坦、吉尔吉斯斯坦和哈萨克斯坦 500 千伏电网同步运行，乌兹别克斯坦和土库曼斯坦电网为独立运行。西亚电网跨国互联发展迅速，海湾六国实现电网互联，中东北部主要国家通过 400 千伏线路同步互联，外高加索三国构成 500 千伏同步电网。

欧洲

- 欧洲互联电网除塞浦路斯和冰岛外，各国之间已全部实现联网，包括欧洲大陆、北欧、波罗的海、大不列颠岛和爱尔兰岛五个同步电网，同步电网之间主要通过 ±200 ~ ±500 千伏直流海底电缆互联。欧洲大陆同步电网与北欧同步电网通过 10 回直流联网，包括挪威-荷兰单回、挪威-丹麦 4 回、瑞典-丹麦 2 回、丹麦-德国 1 回、瑞典-德国 1 回和瑞典-波兰 1 回。英国电网与欧洲大陆同步电网通过英国-法国 2 回、英国-荷兰 2 回直流实现互联，大不列颠岛和爱尔兰岛电网通过 3 回直流互联。
- 波罗的海电网目前与俄罗斯及白俄罗斯电网同步运行，通过瑞典-立陶宛 1 回、芬兰-爱沙尼亚 2 回直流与北欧电网互联、与欧洲大陆电网通过立陶宛-波兰直流背靠背互联。欧洲大陆电网跨洲通过西班牙-摩洛哥双回 400 千伏交流线路与北非电网互联；通过保加利亚-土耳其双回、希腊-土耳其单回 400 千伏交流线路与西亚部分电网互联。

非洲

- 非洲尚未形成统一的互联电网，存在电网联系松散、电力交换容量小，互联通道电压等级繁多等问题，但各国普遍高度重视并积极推动电网互联互通。目前，非洲各子区域已成立区域电力池（电力联营组织）。由于政治和电力市场等因素，北部非洲（马格里布）和中部非洲电力池尚未正式运行，西部、东部和南部非洲电力池已正式运行，并对区域电网互联进行了总体规划。依托五大区域电力池，区域内电网互联已经积累了一定发展基础，32 个国家已经实现电网互联，其中北部和南部非洲电网互联程度较高，已互联国家占比分别达到了 100% 和 80%。中部非洲电力互联程度较低，仅有刚果（金）和刚果（布）两国实现了电网互联。

中南美洲

- 目前，南美洲与中美洲之间尚未实现电网联网，中美洲、南美洲内部跨国联网分别具备一定基础。其中，中美洲通过 230 千伏电压等级的 SIEPAC 电力互联工程，形成了从危地马拉至巴拿马贯穿六国的电力互联，工程总长达 1800 公里，容量 30 万千瓦。南美洲电网南、北部分为 50 赫兹、60 赫兹两大同步电网格局，南部玻利维亚、智利、阿根廷、巴拉圭、乌拉圭和法属圭亚那为 50 赫兹，其余巴西等 7 个国家为 60 赫兹。两大同步电网间主要通过 220 千伏和 500 千伏直流工程互联。

北美洲

- 北美洲包含加拿大、美国和墨西哥三国，电网总体发展程度较高，最高电压等级达 765 千伏。三国电网频率均为 60 赫兹，已实现充分跨国互联。目前，北美洲电网分为北美东部电网、北美西部电网、美国得州电网、美国阿拉斯加电网、加拿大魁北克电网和墨西哥电网六个同步电网运行。其中北美东部电网覆盖美国和加拿大东部地区，北美西部电网覆盖美国西部、加拿大西部和墨西哥下加利福尼亚州部分地区。各同步电网间通过直流背靠背系统或直流输电线路实现异步互联，北美东部电网和北美西部电网内部通过交流线路实现加拿大和美国电网间的跨国同步互联。

（本节主要撰稿人为中电联国际合作部刘坤、全球能源互联网发展合作组织向孟奇）

第三节　国际产能合作

一、境外投资

（一）总体情况

2019 年世界经济仍处于深刻调整期，保护主义、单边主义抬头，经济全球化遭遇波折，多边主义和自由贸易体制受到冲击，不稳定和不确定因素依然很多，风险挑战加剧。2019 年全球经济增速仅为 2.9%，这是自 2008 年全球金融危机爆发以来最低的增长水平。商务部数据显示，2019 年中国对外直接投资下降，降幅为 9.8%。过去几年，共建“一带一路”完成了总体布局，从“大写意”开始向“工笔画”过渡，向高质量发展转变。

在复杂的外部环境和行业高质量发展的背景下，中国主要电力企业对外投资更加趋于理性，截至 2019 年年底，中国主要电力企业境外累计实际投资总额为 878.5 亿美元。2019 年，中国主要电力企业对外直接投资项目共 32 个，投资金额 42.6 亿美元，比上年下降 26.4%，为项目所在地直接创造 1.5 万个就业岗位。

2019 年中国主要电力企业对外直接投资情况见图 13－5。

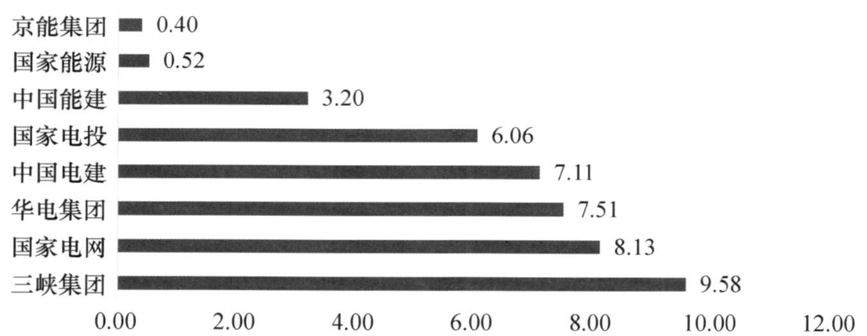

图 13－5　2019 年中国主要电力企业对外直接投资情况（单位：亿美元）

在火电领域，2019 年新签项目中煤电领域投资金额最大的项目为国家电投集团投资的土耳其胡努特鲁燃煤发电项目，该工程是中土两国建交以来中资企业在土耳其直接投资金额最大的项目，也是中国“一带一路”倡议和土耳其“中间走廊”倡议结合的重点项目。

在水电领域，2019 年投资金额最大项目为秘鲁查格亚水电站项目。该项目装机容量 45.6 万千瓦，装机规模在秘鲁水电项目中排名第三。2019 年 4 月 25 日，湖北能源、三峡国际参股的境外清洁能源基金 ACE、国新国际作为共同投资方，以

4∶4∶2 的股权比例，正式完成秘鲁查格亚水电站股权收购工作，交易总额按标的公司企业价值 13.9 亿美元确定。该项目具有永久特许经营权，并已与秘鲁国家电力公司签订了 15 年的长期购电协议。本次收购完成后，三峡集团在秘鲁拥有的装机规模达到 66.53 万千瓦，品牌与市场影响力显著提升。

在新能源领域，2019 年 11 月 11 日，在中国国家主席习近平和希腊总理米佐塔基斯的见证下，中国能建签署希腊 MINOS 50 兆瓦光热发电项目。希腊是首个与中国签署“一带一路”合作备忘录的欧洲国家。作为希腊首个塔式光热发电项目，该项目由中国工商银行牵头安排中、希及区域性多边金融机构融资，由中国企业联合希腊、英国等国企业开发、建设、运营，总投资约 2.9 亿欧元。该项目的联合开发，开创了中西方金融机构及企业在希腊第三方市场合作的范例，并作为国际多边友好合作机制典型项目，成功入选《中希两国三年合作计划》《中英两国合作开发第三方市场》等多个政府间框架合作协议。这是国际多边合作及中国-中东欧“17+1”能源合作的重要成果，将为推动共建“一带一路”高质量发展注入新动力。

在储能领域，中国华能香港公司与国新国际共同投资的英国门迪电池储能项目于 2019 年 12 月 5 日正式开工。该项目装机容量/能量为 100 兆瓦/100 兆瓦时，投资金额 350 万美元，采用磷酸铁锂/三元锂电池技术，计划于 2020 年底前投产，项目建成后将成为欧洲最大的电池储能项目。项目主要设备由中国企业制造和集成，国产率超过 80%，为推动中国储能技术和标准“走出去”提供了示范。该项目建成后，将有效提升英国西南部电网的灵活性和安全水平，缓解当地风力发电的间歇性导致的电力供需时间矛盾。

（二）投资领域

2019 年，中国主要电力企业对外投资主要涉及火电、新能源、水电、输变电、矿产资源及储能等领域。从投资金额来看，火电投资最多，共计 18.3 亿美元，占比约 43%；其次为水电投资 13.2 亿美元，输变电投资 7.8 亿美元，新能源投资 3 亿美元，矿产资源领域投资 0.3 亿美元。从项目数量来看，火电和新能源领域仍是对外投资项目数量和吸收投资最多的领域，占比分别为 40.6% 和 21.9%，较为稳定。储能领域的对外投资首次出现。储能有助于建立一个更绿色的电力系统，帮助平衡可再生发电的间歇性。中国华能门迪项目是英国电池储能领域的一个里程碑式的项目，是欧洲迄今为止最重要的电池储能项目。这也标志着我国电力企业在积极响应全球绿色电力低碳转型。

2018 年、2019 年中国主要电力企业对外直接投资领域分布（按项目数量）见图 13－6。

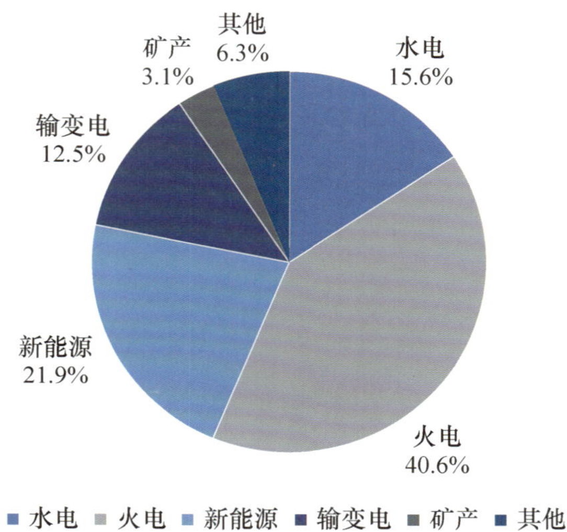

图 13－6　2018 年、2019 年中国主要电力企业对外直接投资领域分布（按项目数量）

（三）投资地区

2019 年，中国主要电力企业对亚洲直接投资项目数量依旧稳居前列，其中亚洲 15 个、欧洲 5 个、美洲 5 个、大洋洲 4 个、非洲 3 个。由于美国和欧洲等发达国家对外商投资实施更加严格的监管和限制，中国主要电力企业对外投资更多偏向东南亚、南亚、拉美等欠发达国家，与欧美和日韩等发达国家则更多以第三方合作的模式开展合作。

2019 年中国主要电力企业对外投资地区分布（按项目数量）见图 13－7。

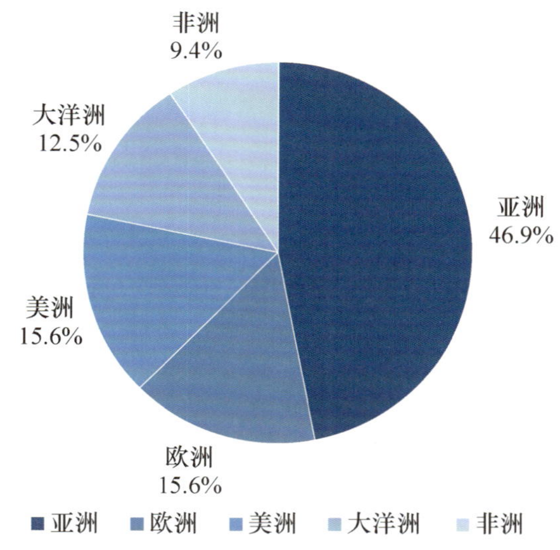

图 13－7　2019 年中国主要电力企业对外投资地区分布（按项目数量）

（四）投资方式

2019 年，中国主要电力企业境外投资方式仍以绿地投资为主，并购投资、BOOT、参股投资、BOO 和 BOT 等多种形式并存。其中，绿地投资 13 个，并购 5 个，参股 3 个，BOOT 5 个，BOT 2 个，BOO 4 个。

2019 年中国主要电力企业境外投资方式（按项目数量）见图 13－8。

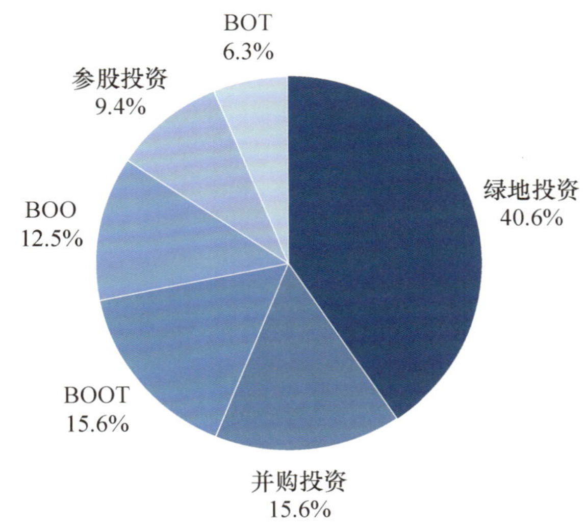

图 13－8　2019 年中国主要电力企业境外投资方式（按项目数量）

二、境外工程承包

（一）总体情况

根据美国《工程新闻纪录（ENR）》公布的 2019 年度全球最大 250 家国际承包商排名，共有 11 家中国电力企业承包商入围，数量比 2018 年增加 1 家，其中，山东电力工程咨询院有限公司和中机国能电力工程有限公司为新上榜企业；与 2018 年度相比，上升幅度最大的为中国东方电气集团有限公司，排名从第 155 位跃升至第 83 位。

入选 2019 年全球最大 250 家国际承包商的中国电力企业排名见表 13－1。

表 13－1　入选 2019 年全球最大 250 家国际承包商的中国电力企业排名

序号	单位名称	2019 年度排名	2018 年度排名
1	中国电力建设集团有限公司	7	10
2	中国能源建设股份有限公司	23	21

续表

序号	单位名称	2019 年度排名	2018 年度排名
3	中国中原对外工程有限公司	75	89
4	中国水利电力对外有限公司	78	90
5	特变电工股份有限公司	80	83
6	哈尔滨电气国际工程有限责任公司	81	65
7	中国东方电气集团有限公司	83	155
8	中国电力技术装备有限公司	101	80
9	江西省水利水电建设有限公司	158	174
10	山东电力工程咨询院有限公司	182	—
11	中机国能电力工程有限公司	226	—

截至2019年年底，中国主要电力企业对外工程承包新签合同额累计2848.5亿美元。2019年，中国主要电力企业年度新签合同项目129个，合同金额240.9亿美元，比上年减少20.2%。为当地创造就业岗位2.7万个。

2019年，中国主要电力企业新签合同金额5000万美元以上的大型对外承包工程项目共计61个，比2018年减少36个，合同总金额236.2亿美元，比上年减少17.2%。

近年来，在全球绿色低碳转型背景下，随着共建“一带一路”向高质量发展的不断推进，电力对外工程承包也将面临转型升级，中国主要电力企业对外承包模式逐渐从传统承包商转型为全产业链综合服务商。如国家电网其下属中国电力技术装备公司与沙特电力公司中标的沙特智能电表工程总承包项目，项目总金额约11亿美元。该项目是沙特节能减排目标实施的重点项目之一，也是沙特建设智能电网和智慧城市的重要组成部分，目前国家电网已经建成世界上规模最大的智能电网系统，而沙特智能电表项目是国家电网“用电信息采集系统”首次大规模进入海外市场。

（二）承包项目

2019年，中国主要电力企业新签境外工程承包项目涉及39个国家，其中亚洲和非洲项目占比最多，分别为52.7%和25.6%。

新签工程项目输变电领域最多，为33个，相较于2018年增幅明显，其他各领域新签项目数量有一定程度的下滑；煤电和太阳能领域新签项目个数仅次于输变电，占比依旧保持稳定。

2018年、2019年中国主要电力境外承包工程项目分布领域（按新签项目数量）见图13－9。

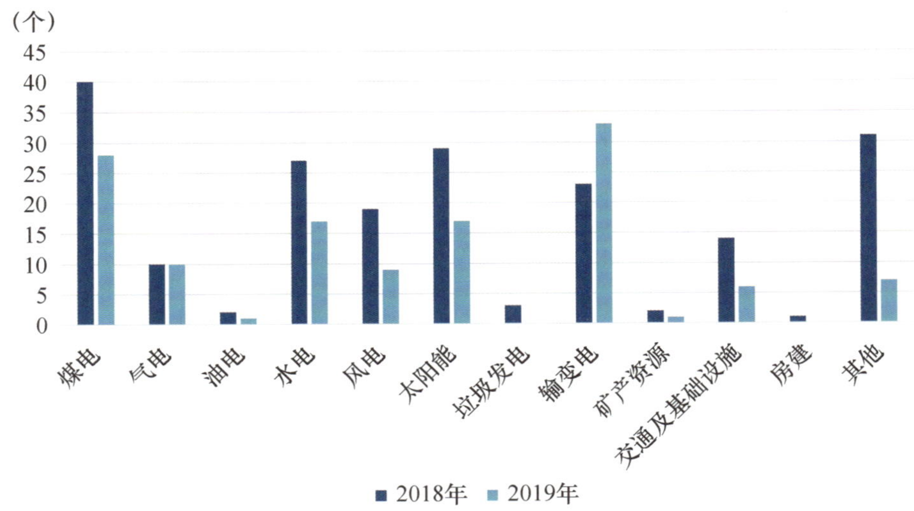

图 13－9　2018 年、2019 年中国主要电力境外承包工程项目分布领域（按新签项目数量）

2019 年，投产境外火电机组 34 台计 1124.45 万千瓦（其中，煤电机组 516.35 万千瓦、燃机 608.1 万千瓦），相比 2018 年境外投产火电机组 29 台计 717 万千瓦（其中，煤电机组 407 万千瓦、燃机 275 万千瓦），总台数增加 17.2%，总容量增加 56.8%；2019 年，境外施工投产水电机组 17 台计 121.47 万千瓦，相比 2018 年投产境外水电机组 23 台计 342 万千瓦，总台数减少 26.1%，总容量减少 64.5%。

（三）承包方式

2019 年，中国主要电力企业对外承包工程的承揽方式主要为 EPC 总承包，占总承包量的 52.7%，与 2018 年基本持平。

2018 年、2019 年中国主要电力企业境外承包方式（按新签项目数量）见图 13－10。

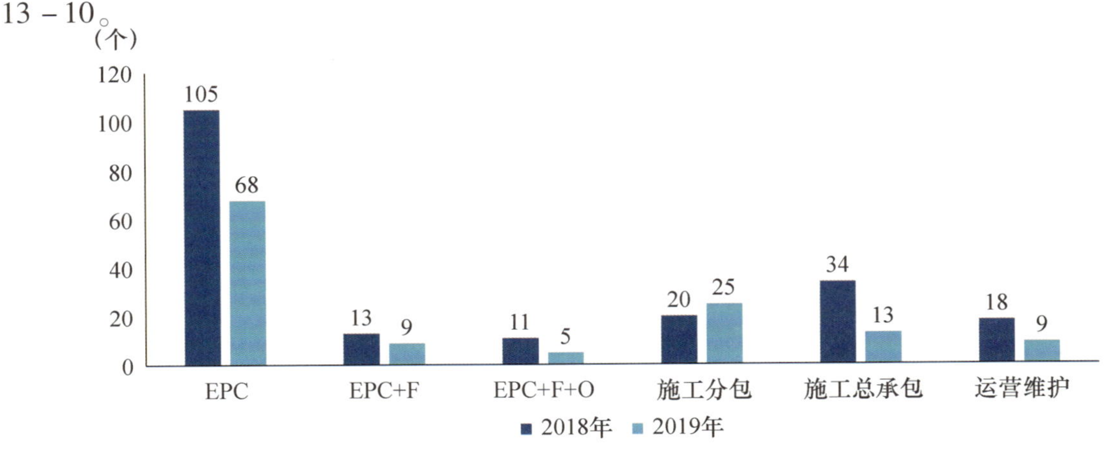

图 13－10　2018 年、2019 年中国主要电力企业境外承包方式（按新签项目数量）

三、电力装备及技术服务进出口

2019 年，中国主要电力企业年度出口电力装备总额 24.8 亿美元，比上年增加 30.2%。其中，设备直接出口总额 6.8 亿美元，境外工程带动装备出口总额 18.0 亿美元，境外工程带动装备出口占比较高。

2019 年，电力技术服务出口总额为 13.1 亿美元，比上年增加 32.1%。其中，直接出口技术服务为 3.7 亿美元，境外工程带动出口技术服务为 9.4 亿美元，境外工程带动出口技术服务相对于直接出口技术服务占比较高。电力企业为境外提供电力运营管理、项目建设管理等行业管理服务，涵盖电站维护、运行、基建、监理等领域。

2018 年、2019 年中国主要电力企业装备、技术服务出口金额见图 13－11。

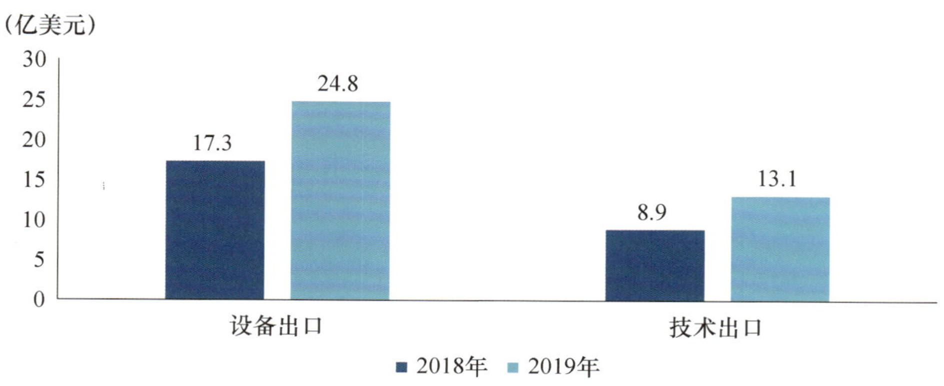

图 13－11　2018 年、2019 年中国主要电力企业装备、技术服务出口金额

2019 年，中国电力企业全年引进电力重要设备共涉及 7 个事项，合计金额约 297 万美元，主要应用于输变电、煤电和生物质领域。

（本节主要撰稿人为中国电力国际产能合作企业联盟祝慧萍、宋晓航）

第十四章　电力发展展望

第一节　2020 年电力供需形势预测

一、2020 年总体形势预测

2020 年是决战决胜脱贫攻坚目标任务、全面建成小康社会之年。新冠肺炎疫情在全球蔓延，世界经济下行风险加剧，不确定因素显著增多，全球经济及社会遭受全面冲击，世界多国经济大幅下滑，国际经贸往来大幅萎缩，外需明显走弱，货物出口、制造业投资以及就业都受到明显冲击，对我国经济、生产、生活产生较大影响。根据世界卫生组织判断，疫情在世界范围内的流行仍不乐观，因此国际经贸形势难以预测，增加了后续电力消费增长的不确定性。

中国疫情防控阶段性成效不断巩固。2020 年 4 月 17 日，中央政治局常务会议强调，要加大“六稳”工作力度，保居民就业、保基本民生、保市场主体、保粮食能源安全、保产业链（供应链）稳定、保基层运转，坚定实施扩大内需战略，维护经济发展和社会稳定大局，确保完成决战决胜脱贫攻坚目标任务，全面建成小康社会。为应对疫情冲击，国家出台覆盖金融、货币、固定资产投资、产业扶持等多方面的政策措施，帮助企业复工以及稳定就业，复工复产复商复市取得重要进展，经济社会运行逐步趋于正常，生产生活秩序加快恢复，经济展现出巨大韧性和回旋空间。

二、电力需求预测

通过评估今后一段时期国内外经济形势对全社会用电量的影响，采用中电联数据分析中心平台的多种预测方法，并结合电力供需形势分析预测专家的预判，预计 2020 年全年全社会用电量为 7.38 ~ 7.45 万亿千瓦时，增长 2% ~ 3%。2010 年以来各年全社会用电量增速情况见图 14 - 1。

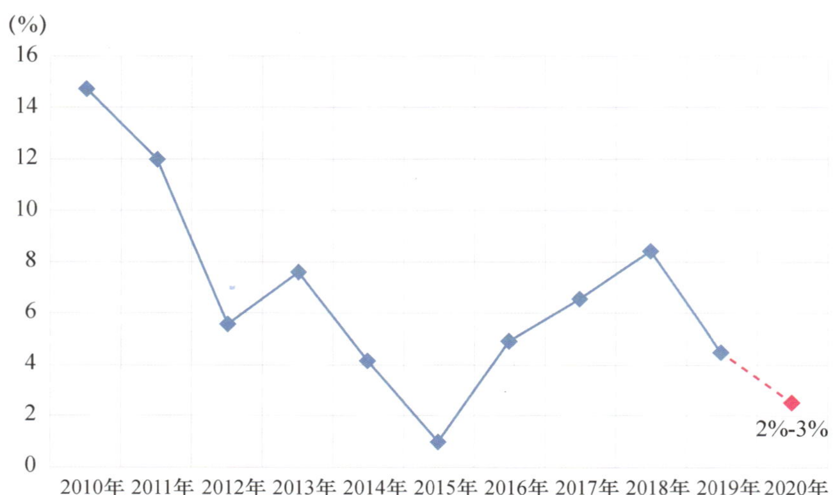

图 14－1　2010 年以来各年全社会用电量增速情况

注：2020 年为预测值。

三、电力供应预测

预计 2020 年全年全国基建新增发电装机容量 1.3 亿千瓦左右。预计 2020 年年底全国发电装机容量 21.3 亿千瓦，比上年增长 6% 左右；其中，煤电装机容量 10.7 亿千瓦、水电 3.7 亿千瓦、并网风电 2.5 亿千瓦、并网太阳能发电 2.4 亿千瓦、核电 5100 万千瓦、生物质发电 2700 万千瓦左右。非化石能源发电装机预计达到 9.3 亿千瓦左右、占总装机容量比重上升至 43.6% 左右，比 2019 年提高 1.6 个百分点左右。风电和太阳能发电装机比重提高至 22.6%，比上年提高 2 个百分点左右，对电力系统调峰能力的需求进一步增加。2020 年发电装机结构预计情况见图 14－2，2010—2020 年每年发电装机容量情况见图 14－3。

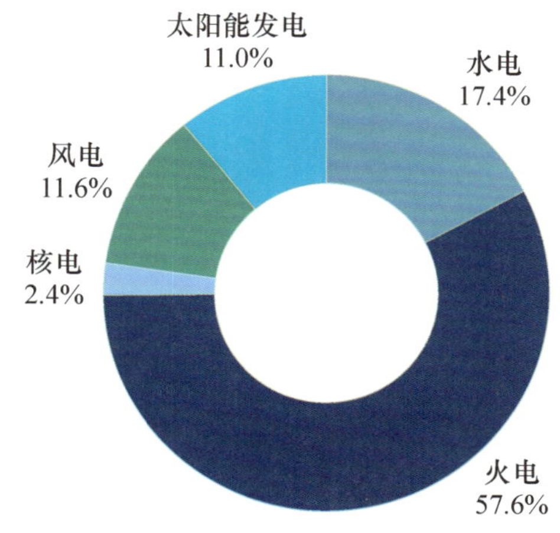

图 14－2　2020 年发电装机结构预计情况

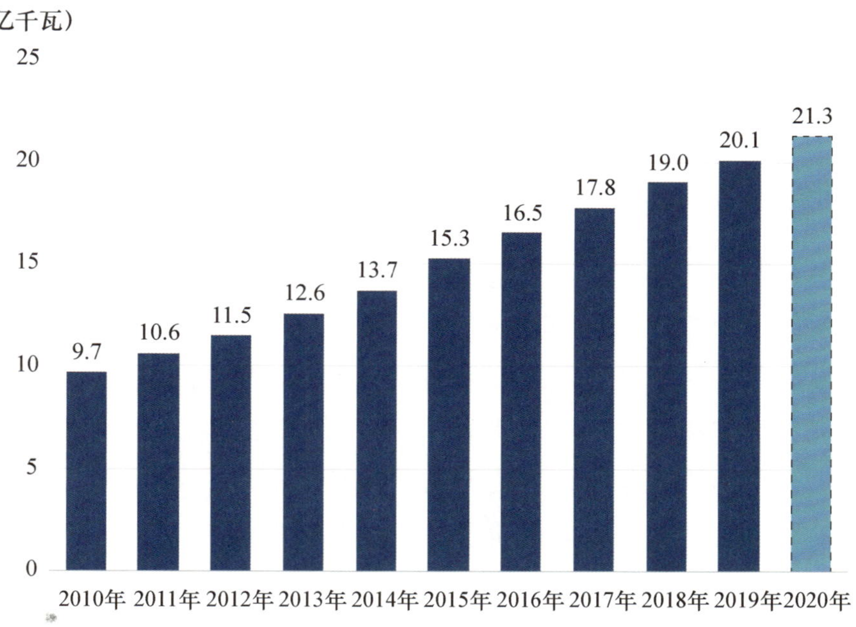

图 14－3　2010—2020 年每年发电装机容量情况

注：2020 年为预测值。

四、供需形势预测

2020 年，新能源发电装机比重进一步提升，第三产业和居民生活用电增长将拉大系统峰谷差，加剧时段性系统调峰能力不足的问题。在多重因素叠加、交互影响下，预计全国电力供需总体平衡、局部地区高峰时段电力供应偏紧。分区域看，预计华北区域主要是河北、蒙西电网高峰时段电力供需偏紧。东北区域电力供应能力富余。华东区域电力供需总体平衡。华中区域主要是湖北、湖南、江西等省（区、市）在用电高峰时段供需偏紧。西北区域电力供应能力富余。南方区域预计电力供需总体平衡，其中，广东在局部高峰时段处于紧平衡。

（本节主要撰稿人为中电联电力统计与数据中心吴立强、叶静）

第二节　中长期电力发展预测

2020—2035 年，是我国基本实现社会主义现代化时期，电气化进程加速发展。这一时期，我国经济长期向好的基本面和内在向上的趋势没有改变，经济内在韧性强劲，工业化、城镇化持续推进，电力行业服务经济、社会发展任务依然艰巨。通过对美国、英国、日本、韩国等发达国家在工业化、城市化推进时期的经济、能源、电力需求增长及其规律性进行分析，结合我国经济社会发展现状以及国民经济发展规划，研究认为，电力在未来能源系统中的作用更加突出，我国电力需求还处在增长期，人均用电量水平还有较大增长空间，增速将逐步放缓，电力消费结构还有较大优化空间，负荷特性将得到有效改善。

一、能源电力消费特征

电力弹性系数呈下降趋势 发达国家在工业化中后期，经济增速换档期前后电力消费弹性系数一般大于1，甚至超过2；完成工业化后，部分国家弹性系数逐渐降低。美国、日本、韩国等典型发达国家在换挡前10年，电力弹性系数均超过1.30；完成转型后至本世纪初，电力弹性系数有所下降，美国电力弹性系数下降为0.27，日本下降为-0.30，甚至出现电力负增长。2000年以来，我国平均电力弹性系数为0.79。我国正处于工业化快速推进阶段，工业仍然是经济增长的重要驱动力。随着战略性新兴产业、第三产业的较快发展以及居民生活水平的较快提升，电力弹性系数逐步回落，“十三五”以来，我国电力弹性系数为0.65，总体呈下降态势。

2000年以来我国电力弹性系数变化见图14-4。

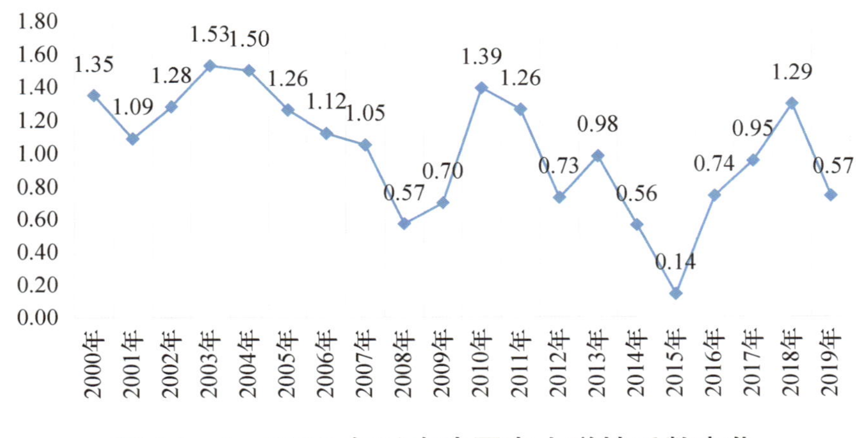

图14-4 2000年以来我国电力弹性系数变化

电力消费需求增速普遍高于能源消费需求增速 在工业化阶段，电力需求增速一般是能源消费增速的3倍左右；完成工业化后的电力消费增速有所降低，但仍高于能源消费增速。德国、美国、英国、法国、日本和意大利在工业化阶段的电力消费增速分别是能源消费增速的4.32、3.17、3.10、2.81、1.91和1.39倍。2005—2017年，典型发达国家一次能源消费出现负增长，美国、日本、德国一次能源年均消费增速分别为-0.76%、-1.72%、-0.69%；年均用电增速分别为0.55%、0.29%、0.34%。“十一五”“十二五”、2016—2018年，我国电力消费增速分别是能源消费增速的1.7、1.8、2.2倍。2019年，我国能源消费总量48.6亿吨标准煤，比2000年增长了3.2倍，年均增长6.6%；我国全社会用电量72486亿千瓦时，比

2000 年增长了 5.3 倍，年均增长 9.5%。随着经济增速换挡以及产业结构调整，能源电力需求增速波动下降。我国能源消费总量不断上升，电力消费需求增速普遍高于能源消费需求增速。

部分发达国家在工业化时期电力与能源消费增速关系见图 14－5。

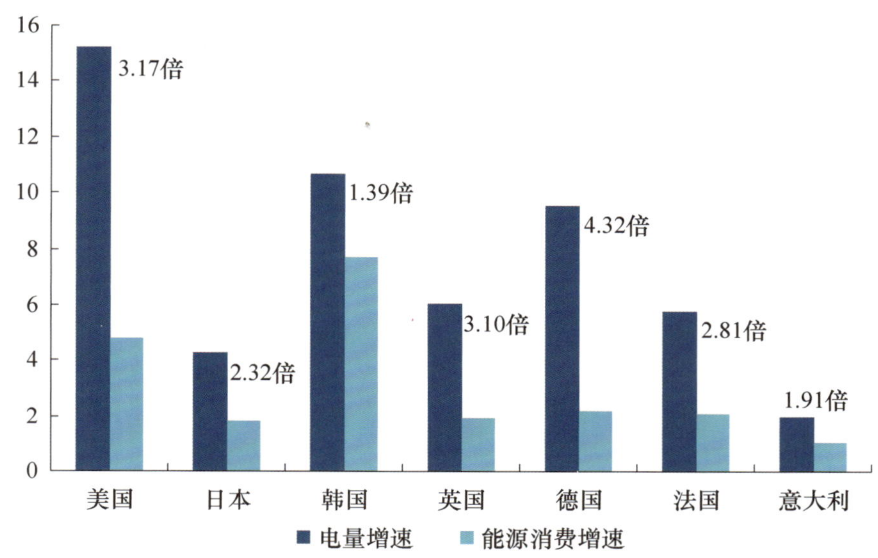

图 14－5　部分发达国家在工业化时期电力与能源消费增速关系

电能占终端能源消费比重稳步提升　国际上一般国家电能占终端能源消费比重稳步上升。自石油危机爆发后，美国、日本、韩国终端能源消费中电能比重稳步上升；2007 年，美国、日本电能占终端能源消费比重分别为 22.2%、28.7%，较 1973 年分别上升了 11.3、13.4 个百分点。2018 年，我国电能占终端能源消费比重为 25.5%，相比 2000 年上升 7.6 个百分点，年均上升 0.4 个百分点。由于能源资源禀赋不同，我国以煤炭为主的能源消费结构和以电煤占主体的煤炭利用结构，同时我国正在大力发展清洁能源，提高非化石能源比重，而绝大部分清洁能源的利用都需要转换为电能加以利用，推动电力消费增速快于能源消费增速、电能占终端能源消费比重不断提高。

电力消费结构还有较大优化空间　发达国家用电结构较为均衡，工业、商业、居民用电量基本相当。2015 年，OECD 国家工业、商业、居民用电占总用电量的比重分别为 31.6%、31.9%、31.1%，结构较为均衡；大部分国家商业、居民用电超过 50%。我国电力消费中第二产业占比较高，呈逐渐下降趋势，第三产业和城乡居民生活用电占比上升较快。2019 年，我国三次产业及城乡居民用电结构为 1.1：68.3：16.4：14.2，第二产业占比接近 70%，第三产业和城乡居民生活用电达到 30%，电力消费结构具有较大优化空间。

2015 年主要国家分部门用电结构（工业占比由小到大排序）见图 14 –6。

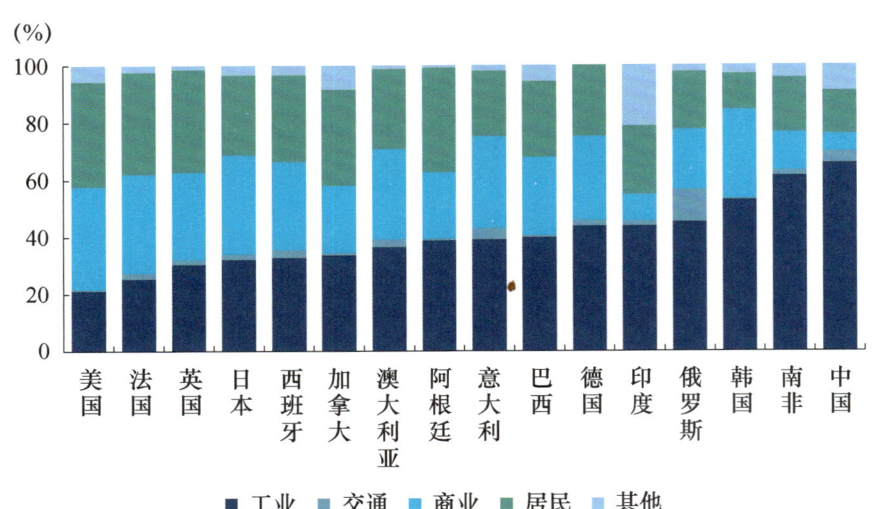

图 14 –6　2015 年主要国家分部门用电结构（工业占比由小到大排序）

人均用电量水平有较大增长空间　部分发达国家人均用电量趋于饱和。2015 年，德国、日本人均用电量在 7000—8000 千瓦时/人左右；英国人均用电量在 5000—6000 千瓦时/人左右；美国、韩国人均用电量在 10000 千瓦时/人以上。我国人均用电水平与主要发达国家相比还存在显著差距，未来增长空间较大。2019 年，我国人均用电量 5186 千瓦时/人，相当于 2015 年 OECD 国家平均水平（8012 千瓦时/人）的 65 + % 左右，仅分别相当于美国、日本的 40%、70%。我国人均生活用电量仍远低于发达国家平均水平。2019 年，全国人均生活用电量达到 733 千瓦时/人，仅相当于 OECD 国家 2015 年平均水平（2553 千瓦时/人）的 30%。

表 14 –1　2019 年我国和 2015 年世界人均用电量

国家/地区	全社会用电量	人均用电量	人均生活用电量	人均用电量比较	人均生活用电量比较
	万亿千瓦时	千瓦时/人	千瓦时/人	中国相对其他国家（%）	
中国	7.23	5186	733	—	—
美国	4.12	12888	4914	40.2	14.9
日本	0.97	7576	2127	68.5	34.5
德国	0.58	7087	1789	73.2	50.0
韩国	0.53	10484	1374	49.5	53.3
英国	0.33	5056	1850	102.6	39.6
OECD 国家	10.14	8012	2553	64.7	28.7
世界合计	22.34	3042	863	170.5	84.9

用电结构不断优化　随着经济社会发展和结构优化，部分发达国家电力平均负荷率基本稳定在80%以上。美国夏季平均负荷率81%，冬季为89%；德国夏季平均负荷率84%，冬季为87%；英国夏季平均负荷率83%，冬季为79%。最小负荷率基本稳定在50%—60%。美国夏季最小负荷率为50%—55%；英国冬季、夏季最小负荷率低于50%，美国冬季最小负荷率高于60%。最大峰谷差率在40%左右。美国最大峰谷差率为42%，德国为37%，英国为44%。我国历史用电特性也有相似的规律，2018年全国各区域电网平均负荷率基本上超过80%，各区域电网日峰谷差率在21.23%—50.91%，各区域电网最大负荷利用小时数在5625—7962小时。随着产业结构升级，用电结构不断优化。负荷率相对较高的高耗能行业将趋于饱和，负荷率相对较低的第三产业和居民生活用电占比将不断提高。电网呈现峰谷差增大、负荷率和最大负荷利用小时数下降的趋势，造成电力负荷增速快于电量增速。

尖峰负荷治理还有加大力度的空间　信息化技术进步和智能电网系统平台建设，为电力需求响应提供了技术支持，将有效改善电网负荷特性。一是加大尖峰负荷治理平抑用电负荷曲线。通过需求侧管理，削减尖峰负荷，改善电网的负荷特性，平抑峰谷差，减少系统调峰需求，利于新能源消纳，有效减少装机需求，节约厂网投资，提高设备利用效率。二是利用电动汽车智能平台充放电功能平抑用电负荷曲线。结合先进电力电子通信控制技术、合理的充放电设施布局及引导性的电价政策，电动汽车在平抑负荷曲线、降低峰谷差率等方面具有巨大应用潜力。据国家交通部门预计，到2030年，我国电动汽车将达到8000万辆，按照20%的同时率，相当于给系统增加6000万千瓦的调节能力。

二、电力需求增长影响因素分析

新旧动能转换，传统用电行业增速下降，高技术及装备制造业和现代服务业将成为用电增长的主要推动力量　进入工业化中后期阶段，我国工业经济增长逐步转向以质量提高为主，“十一五”以来，四大高载能行业用电年均增速明显下降，占工业用电比重也总体回落。到2030年前后，战略性新兴产业的整体创新能力和产业发展达到世界先进水平，为经济社会可持续发展提供强有力的支撑。高技术及装备制造业快速成长，带动用电持续较快增长，将成为中长期用电增长的主要动力。从中长期发展看，传统服务业将逐渐实现向现代服务业转型，带动第三产业持续快速增长，特别是研发、金融、保险、物流、信息等与生产、流通过程密切相关的服务业部门将得益于政策支持而快速增长。

新型城镇化建设，推动电力需求刚性增长，未来西部地区用电比重将有所提高，东中部地区仍是我国的用电负荷重心　根据我国经济社会发展目标和新型城镇化规划，预计2030年城镇化率将达到70%左右。借鉴联合国《世界城市化展望2018》预测，中国城市化率将在2030年达70.6%、即城镇人口达10.2亿；2047年城镇人口将达10.9亿的峰值、对应城市化率79.0%。新型城镇化以城市群发展为依托，以人的城镇化为重点，居民消费升级、城市群产业集聚均将对用电增长起到积极的促进作用。从中长期发展看，东部地区战略性新兴产业和现代服务业快速成长，以及人口集聚效应，将拉动用电持续增长。中部地区随着东部地区产业向中西部地区转移，将充分发挥“联东带西”的地理优势，承接部分产能，用电增速高于东部地区，用电比重逐步上升。西部地区在承接东部地区的转移产能中，西部地区可以充分发挥能源资源、环境承载力、电价等优势，用电比重会逐步上升。综合来看，未来西部地区用电比重将有所提高，东中部地区仍是我国的用电负荷重心。

能源转型发展，呈现明显的电气化趋势，电能替代潜力巨大 电能作为清洁、高效的二次能源，在能源变革大趋势下，将处于未来能源转型的核心位置，能源生产和消费呈现明显的电气化趋势。2000年以来，全球电能占终端能源消费比重由15.4%提高到19.0%左右，提升约4个百分点。我国由17.9%提高到25.5%左右，提升约7.6个百分点。当前，世界已经进入电气化进程。从能源生产环节看，体现为可再生能源的大规模开发和利用，清洁能源发电经济性的快速提升。从终端消费环节看，体现为电能对化石能源的深度替代。在工业、交通、居民生活领域，电炉钢、建材电窑炉大量投产拉动钢铁、建材行业用电量快速增长；铁路电气化、电动汽车快速发展拉动交通运输/仓储和邮政业用电增长；电采暖、家用电器发展拉动居民生活用电增长。我国电能替代潜力巨大，预计“十四五”期间电能替代规模超过5000亿千瓦时。

加快构建能源互联网，提高电网互济能力，共享备用资源，减缓最高负荷增速，可以带来巨大的经济社会效益 建设能源互联网，推动电网与互联网深度融合，强化智能电网系统平台建设的作用，拓展用电大数据采集范围，整合数据资源、集成先进的传感技术、信息技术、控制技术、储能技术等，形成的新一代电力系统，将具有高度信息化、自动化、互动化等特征，为深化电力需求响应提供了技术支持。将电力需求侧管理作为供需互动的重要手段，可以实现发电侧和需求侧资源的协调优化，使得电网调度从过去单一的电源侧调节转变为“网-源-荷”协调的调度模式，削峰与填谷并行，有效降低尖峰负荷需求，平抑电网负荷曲线，降低负荷峰谷差，节约电源投资，提高效率效益。未来电网的负荷特性能够发生根本转变，部分地区可能出现电力负荷增速低于电量增速的情况。

三、电力发展趋势

电力需求持续增长 中国经济长期向好、高质量增长的基本面没有改变，经济内在韧性增强，工业化、城镇化持续推进，决定了我国电力需求还处在增长期。

电源结构持续优化 通过有序发展水电、加快发展抽水蓄能、适度加快发展气电、安全发展先进核电、合理发展新能源发电，用好煤电托底保供和调节作用，预计2025年我国非化石能源发电装机比重接近50%；2035年我国非化石能源发电装机比重超过60%，发电能源占一次能源消费比重超过57%、电能占终端能源消费比重超过38%。

电力可持续保供能力不断提升 以市场方式降低社会总体用能成本，保障电网企业可持续安全保供和履行社会责任的能力。加快煤电传统产业改造升级和水电的智能化改造，运用市场化手段推动煤电企业转型发展，政策性支持保障煤电企业发挥系统调节兜底保供的基础作用。支持核电安全发展，加快三代和四代核电国产化。合理引导新能源产业健康发展，保持产业政策连续性，控制补贴退坡的节奏和速度，确保风电、光伏等产业链平稳运行发展。

电力系统能效不断提高 统筹源网荷储发展，推进发展集中式与分布式相结合的清洁能源供能方式，通过智能化电力设备及调节手段实现源网荷储的整体优化，进一步提高能源资源的配置能力。提高电力系统调节能力，破解风电、光伏等新能源大规模并网及电力输送问题，保障新能源消纳；通过建立完善配套政策和市场机制，推动气电、抽水蓄能等系统灵活性调节电源建设。加强电力需求侧管理，进一步完善峰谷分时电价机制以及居民阶梯电价等相关政策，不断提高电力占终端能源消费比重；进一步扩大电能替代范围和实施规模，全力推进电气化进程。

电力新业态加速发展 拓展综合能源服务，发展能源互联网新业态，重点加强特高压输电、柔性输电、大规模可再生能源并网与消纳、分布式能源以及能源互联网和大容量储能、能源微网等技术研发及应用。推进以核能技术、清洁能源高效利用技术以及氢能储能技术、人工智能、新材料等为代表的技术进步及跨界集成。进一步加大充电基础设施建设运营补贴支持力度，规范新产业、新业态相关标准体系建设，在财税、土地、运营等方面加大政策支持力度，促进新产业、新业态、新模式持续健康发展。

电力市场化改革继续深化 加强全国统一电力市场的顶层设计和统筹协调，加快推进电力辅助服务市场建设、现货市场试点建设和电力交易机构独立规范运行；继续深化电价改革，科学修订输配电价定价办法，理顺电价形成机制；继续深化配售电改革，充分发挥市场在电力资源配置中的决定性作用。

（本节主要撰稿人为中电联行业发展与环境资源部张琳、李艺）

附　录

附录 1

2019 年电力行业大事记

1 月 8 日，国家科学技术奖励大会在北京人民大会堂隆重举行并颁发 2018 年度国家科学技术奖。其中，“复杂电网自律-协同自动电压控制关键技术、系统研制与工程应用”项目获得国家科学技术进步一等奖，“电力系统接地基础理论、关键技术及工程应用”等 9 个电力项目获得国家科学技术进步二等奖，“水力式升船机关键技术及应用”“电网大范围山火灾害带电防治关键技术”荣获国家技术发明二等奖。

1 月 9 日，海阳核电 2 号机组顺利完成 168 小时满功率连续运行考验，正式具备投入商业运行条件，标志着海阳核电一期工程全面建成投产。

1 月 15 日，我国电力建设史上规模最大、技术难度最大的跨海联网输变电工程——舟山 500 千伏联网输变电工程投运，该项工程创造了建设世界最高输电高塔、敷设世界首条 500 千伏交联聚乙烯海缆等 14 项世界纪录。

1 月 17 日，国家电网 2019 年工作会议做出建设“三型两网”世界一流能源互联网企业的战略部署，提出通过电力物联网建设，促进电网升级，助推能源革命。

2 月 21 日，世界核电运营者协会（WANO）会员大会全票通过“上海中心项目”，WANO 上海中心正式落地。该项目将为世界核电安全可靠运行贡献更多中国智慧和中国力量。

3 月 5 日，国务院总理李克强在政府工作报告中提出，以改革推动降低涉企收费，深化电力市场化改革，清理电价附加收费，降低制造业用电成本，一般工商业平均电价再降低 10%。

3 月 9 日，《全球能源互联网促进全球环境治理行动计划》在第四届联合国环境大会上正式发布，标志着全球能源互联网纳入联合国环境治理工作框架。

3 月 18 日，南方电网在北京举办服务粤港澳大湾区发展电力合作倡议暨南方电网服务粤港澳大湾区发展举措发布会。会上，南方电网发布了服务粤港澳大湾区发展的26条重点举措。

3月23日，在国家主席习近平和意大利共和国总理孔特的共同见证下，国家电投与意大利安萨尔多能源公司在罗马签署重型燃气轮机技术合作协议。

3月30日，金沙江上游川藏段装机容量最大的水电站——叶巴滩水电站成功实现大江截流，标志着“西电东送”接续能源基地建设再次取得重大成果。

4月2日，国内离岸最远的海上风电场——中国华能大丰海上风电场7号风机成功并网发电，正式进入风机并网调试和试运阶段。4月28日，大丰海上风电场首回路5台机组顺利并网发电。9月29日，大丰一期30万千瓦海上风电场正式并网运行。

4月25日，华润电力曹妃甸电厂二期工程3号机组168小时满负荷试运行一次成功，标志着当时全球范围内设计能耗最低的煤电机组顺利投产。工程采用一次再热超超临界机组，设计供电煤耗低于263克/千瓦时。

4月30日，在国家主席习近平和老挝国家主席本扬·沃拉吉见证下，南方电网与老挝国家电力公司共同签署《中国南方电网有限责任公司与老挝国家电力公司关于老挝老中铁路供电项目的股东协议》。

5月8日，中国电力企业联合会在河北唐山曹妃甸区召开中国电煤采购价格指数（CECI）发布会暨2019首届曹妃甸能源论坛，会上首次发布了CECI曹妃甸指数及CECI进口指数。

5月10日，国家发展和改革委员会、国家能源局印发《关于建立健全可再生能源电力消纳保障机制的通知》（发改能源〔2019〕807号），明确了对电力消费设定可再生能源电力消纳责任权重，并由售电企业和电力用户协同承担消纳责任等政策措施。

5月13日至14日，全球能源互联网发展合作组织在法国巴黎与联合国教科文组织共同主办的首届联合国国际水资源大会上发布两项创新研究成果，为促进非洲水能资源高效开发利用、推动亚欧非能源电力互联互通提供“中国方案”。

5月19日，中国华能与江苏省政府签署《战略合作协议》。根据协议，双方将按照“平等互利、优势互补、长期合作、共同发展”的原则深化能源领域战略合作，以加快海上风电开发和加强装备制造产业建设为中心，投入1600亿元打造华能江苏千万千瓦级海上风电基地。

5月28日，经党中央、国务院批准，由武警水电部队转隶的第97家中央管理企业——中国安能建设集团有限公司正式挂牌，这标志着跨军地改革中唯一一支军转企单位转隶调整阶段任务圆满完成。

5月28日，国家能源局正式印发《关于2019年风电、光伏发电项目建设有关事项的通知》（国能发新能〔2019〕49号），优先推进平价上网项目建设，严格规范补贴项目竞争配置，全面落实电力送出消纳条件，优化建设投资营商环境。

5月30日，我国第二条500千伏超高压、长距离、大容量的跨海联网工程——南方主网与海南电网第二回联网工程建成投产运行，标志着海南岛与大陆实现电力双回线路联网。

6月5日，在中国国家主席习近平与俄罗斯总统普京共同见证下，中核集团与俄罗斯国家原子能公司在莫斯科交换了签署的《徐大堡3、4号机组总合同》，标志着中俄两国和平利用核能合作进入新的历史阶段。

6月25日，国家发展和改革委员会办公厅、科技部办公厅、工业和信息化部办公厅、能源局综合司四部委联合印发《贯彻落实〈关于促进储能技术与产业发展的指导意见〉2019—2020年行动计划》，要求加强先进储能技术研发，加大储能项目研发试验验证力度，继续推动储能产业智能升级和储能装备的首台（套）应用推广。

6月26日，随着内蒙古电力多边交易现货市场模拟试运行启动仪式的举行，国家发展和改革委员会、国家能源局确定的第一批8个电力现货市场建设试点全部进入试运行阶段，我国电力市场建设取得又一重大突破。

6月28日，由中国电建上海电建公司承建的全球最大垃圾焚烧机组——上海老港再生能源利用中心垃圾焚烧发电二期项目正式发电投运。

7月22日23时11分，中国共产党的优秀党员，久经考验的忠诚的共产主义战士，杰出的无产阶级革命家、政治家，党和国家的卓越领导人李鹏同志因病逝世，享年91岁。李鹏同志长期在电力行业工作，是我国电力工业的杰出领导人。他的电力思想和实践，对促进我国电力工业又好又快发展，有效支撑经济社会发展需要起到了重要引领作用。

7月22日，美国《财富》杂志公布了2019年世界500强排行榜，国家电网、国家能源集团、南方电网、中国电建、中国华能、国家电投、中国能建、中国华电、中国大唐分列第5位、第107位、第111位、第161位、第286位、第362位、第364位、第386位和第438位。

7月25日，中国电机工程学会第十一次会员代表大会在京召开。会议选举产生了中国电机工程学会第十一届理事会，中国华能集团有限公司党组书记、董事长舒印彪当选学会第十一届理事会理事长。

7月30日，南方电网与广西壮族自治区人民政府在南宁签订《新时代全面深化合作战略框架协议》，标志着广西电力体制一体化迈出关键性步伐，广西电力体制改革取得实质性成果。

7月31日，国家发展和改革委员会、国家能源局印发《关于深化电力现货市场建设试点工作的意见》，就合理设计电力现货市场建设方案等多个方面提出具体指导意见，如鼓励各地差异化探索、建立促进清洁能源消纳的现货交易机制等。

8 月 27 日，广西壮族自治区人民政府在广西电网公司举行广西新电力投资集团有限责任公司揭牌暨管理权移交仪式，新公司接收广西农投集团下属广西水利电业集团有限公司所辖原供电营业区 40 个县农电资产，标志着广西全区一张电网发展迈出了实质性的关键一步。

9 月 6 日，中国华能海上风电技术研发中心在江苏盐城正式成立，将为全国海上风电产业高质量发展发挥技术支撑及示范引领作用。

9 月 9 日，中国大唐正式开通并投入使用 400-166-7777 全国售电服务热线，这在中央发电企业集团中尚属首例。

9 月 19 日，“壮丽 70 年・奋进新时代”庆祝新中国成立 70 周年全国电力行业职工文艺汇演及系列展览活动在北京举行。电力职工用嘹亮的歌声、优美的舞姿、动人的旋律和澎湃的激情欢庆新中国华诞，以系列书法、美术、摄影、集邮作品展览讴歌新时代、礼赞新中国。

9 月 26 日，国务院常务会议决定，从 2020 年 1 月 1 日起，取消煤电价格联动机制，将标杆上网电价机制改为“基准价 + 上下浮动”的市场化机制。

9 月 26 日，国家电网两项领先世界的开创性工程——准东—皖南 ±1100 千伏特高压直流输电工程、苏通 1000 千伏特高压交流 GIL 综合管廊工程投运，以优异成绩向新中国成立 70 周年献礼。

10 月 9 日，我国首座铅铋合金零功率反应堆——启明星Ⅲ号，在中核集团中国原子能科学研究院实现首次临界，并正式启动我国铅铋堆芯核特性物理实验，标志着我国在铅铋快堆领域的研发跨出实质性一步。

10 月 24 日，世界银行发布《全球营商环境报告 2020》，中国营商环境全球排名从去年的第 46 位提升至第 31 位。其中，中国“获得电力”指数全球排名由去年第 14 位上升至第 12 位。

10 月 25 日，在国家主席习近平和巴西总统博尔索纳罗的共同见证下，国家电网与巴西矿产能源部在北京人民大会堂共同签署巴西美丽山水电特高压直流送出二期项目运行许可，标志着该项目正式投入商业运行。

11 月 6 日，由中电联、国家电网和南方电网联合主办的第十二届上海国际电力设备及技术展览会隆重开幕。本届展会总面积超过 50000 平方米，25 个国家和地区的超过 1000 家企业参展。

11 月 10 日，由中国电建所属山东电建三公司 EPC 总包承建的全球最大燃油电站项目——沙特延布三期 5 ×660 兆瓦燃油电站项目 4 号机机组并网一次成功。至此，项目1号、2号、3号、4号机组均已并网发电，圆满完成“一年四投”目标。

11月13日，在习近平主席和巴西总统博索纳罗共同见证下，国家电投、德国西门子股份公司和巴西PRUMO公司共同签署《关于投资、开发、建设和运营GNA燃气电站的合作意向协议》。

11月19日至20日，国家电网在北京产权交易所、上海联合产权交易所相继举办引入社会资本专场推介会，集中推介12个重点混改项目，标志着作为国家电网深化改革重要突破口的混合所有制改革再次提速。

12月13日，中国企业在海外投资建设的单机容量最大、拥有自主知识产权的火电机组——国家能源集团国华印尼爪哇7号2×105万千瓦燃煤发电工程1号机组签署商业运营日期证书及移交生产交接书，标志着印尼电力建设史上装机容量最大、参数最高、技术最先进、指标最优的高效环保型电站正式投产。

12月9日，中国华能与西藏自治区人民政府在北京签署《关于深化西藏清洁能源开发合作协议》。根据协议，双方将秉持“平等互利、优势互补、立足当前、着眼长远”的基本原则，加快推进澜沧江上游西藏段水光互补清洁能源基地、雅江中游水电项目开发。

12月16日，乌东德水电站工程7号机组发电机转子成功吊装。12月18日，乌东德水电站再次迎来重大节点——左岸地下电站首台85万千瓦水轮发电机组转子成功吊装，标志着乌东德水电站正式进入机组总装阶段，为实现2020年首批机组投产发电目标奠定了坚实基础。

12月26日，中国电建投资建设的中企首个海外全流域水电开发项目——老挝南欧江流域梯级水电站二期首机发电仪式隆重举行。

12月26日，广东省第一个开始风机基础施工、风机吊装的大兆瓦级海上风电项目——湛江外罗海上风电项目再次率先完成全部风机吊装，标志着广东省首个大兆瓦级海上风电项目全面并网发电。

（本附录主要撰稿人为中电联理事会工作部吴江、陈瑞卿）

附录 2

2019 年电力行业基本数据一览表

项目	单位	2019 年	2018 年	比上年增长	
				%	±
一、发电量	亿千瓦时	73269	69947	4. 75	
水电	亿千瓦时	13021	12321	5. 68	
其中：抽水蓄能	亿千瓦时	319	329	−2. 96	
火电	亿千瓦时	50465	49249	2. 47	
其中：燃煤	亿千瓦时	45538	44829	1. 58	
燃气	亿千瓦时	2325	2155	7. 89	
核电	亿千瓦时	3487	2950	18. 23	
风电	亿千瓦时	4053	3658	10. 82	
太阳能发电	亿千瓦时	2240	1769	26. 60	
二、全社会用电量	亿千瓦时	72486	69404	4. 44	
1. 全行业用电合计	亿千瓦时	62236	59708	4. 23	
第一产业	亿千瓦时	779	747	4. 42	
第二产业	亿千瓦时	49595	48123	3. 06	
其中：工业	亿千瓦时	48705	47343	2. 88	
第三产业	亿千瓦时	11861	10839	9. 44	
2. 城乡居民生活用电合计	亿千瓦时	10250	9697	5. 70	
城镇居民	亿千瓦时	5838	5533	5. 52	
乡村居民	亿千瓦时	4412	4164	5. 96	
三、发电装机容量	万千瓦	201006	190012	5. 79	
水电	万千瓦	35804	35259	1. 55	
其中：抽水蓄能	万千瓦	3029	2999	1. 00	
火电	万千瓦	118957	114408	3. 98	
其中：燃煤	万千瓦	104063	100835	3. 20	
燃气	万千瓦	9024	8375	7. 74	
核电	万千瓦	4874	4466	9. 15	
风电	万千瓦	20915	18427	13. 51	
太阳能发电	万千瓦	20418	17433	17. 12	

续表

项目	单位	2019 年	2018 年	比上年增长	
				%	±
四、220 千伏及以上输电线路回路长度	千米	754785	724788	4. 14	
1. 交流	千米	713064	683067	4. 39	
其中：1000 千伏	千米	11709	10396	12. 63	
750 千伏	千米	22198	20543	8. 06	
500 千伏	千米	193867	187158	3. 58	
330 千伏	千米	32493	30477	6. 62	
220 千伏	千米	452795	434493	4. 21	
2. 直流	千米	41721	41721		
其中：±1100 千伏	千米	608	608		
±800 千伏	千米	21954	21954		
±660 千伏	千米	2091	2091		
±500 千伏	千米	15428	15428		
±400 千伏	千米	1640	1640		
五、220 千伏及以上变电设备容量	万千伏安	426392	403509	5. 67	
1. 交流	万千伏安	390354	369671	5. 59	
其中：1000 千伏	万千伏安	16200	14700	10. 20	
750 千伏	万千伏安	17780	16820	5. 71	
500 千伏	万千伏安	143905	135159	6. 47	
330 千伏	万千伏安	11572	11293	2. 47	
220 千伏	万千伏安	200897	191699	4. 80	
2. 直流	万千伏安	36038	33838	6. 50	
其中：±1100 千伏	万千伏安	1800	600	200. 00	
±800 千伏	万千伏安	17824	17824		
±660 千伏	万千伏安	1920	1920		
±500 千伏	万千伏安	13353	13353		
±400 千伏	万千伏安	1141	141	708. 26	
六、新增发电装机容量	万千瓦	10500	12785		-2285
水电	万千瓦	445	859		-415
其中：抽水蓄能	万千瓦	30	130		-100
火电	万千瓦	4423	4380		43

续表

项目	单位	2019 年	2018 年	比上年增长	
				%	±
其中：燃煤	万千瓦	3236	3056		180
燃气	万千瓦	630	884		-253
核电	万千瓦	409	884		-475
风电	万千瓦	2572	2127		445
太阳能发电	万千瓦	2652	4525		-1874
七、年底主要发电企业电源项目在建规模	万千瓦	18192	17890		302
水电	万千瓦	8462	7940		522
火电	万千瓦	5409	6936		-1527
核电	万千瓦	1420	1345		74
风电	万千瓦	2736	1564		1173
八、新增直流输电线路长度及换流容量					
1. 线路长度	千米		3325	-100.00	
其中：±1100 千伏	千米		3325	-100.00	
±800 千伏	千米				
±660 千伏	千米				
±500 千伏	千米				
±400 千伏	千米				
2. 换流容量	万千瓦	2200	3200	-31.25	
其中：±1100 千伏	万千瓦	1200	1200		
±800 千伏	万千瓦		2000	-100.00	
±660 千伏	万千瓦				
±500 千伏	万千瓦				
±400 千伏	万千瓦	1000			
九、新增交流 110 千伏及以上输电线路长度及变电设备容量					
1. 线路长度	千米	57935	56973	1.69	
其中：1000 千伏	千米	2100	129	1527.91	
750 千伏	千米	4406	1573	180.10	
500 千伏	千米	5595	14540	-61.52	

续表

项目	单位	2019年	2018年	比上年增长	
				%	±
330千伏	千米	3989	828	381.76	
220千伏	千米	19822	20697	-4.23	
110千伏（含66千伏）	千米	22023	19206	14.67	
2. 变电设备容量	万千伏安	31915	31024	2.87	
其中：1000千伏	万千伏安	1500	900	66.67	
750千伏	万千伏安	3245	1140	184.65	
500千伏	万千伏安	8645	11160	-22.54	
330千伏	万千伏安	1263	612	106.37	
220千伏	万千伏安	9161	8402	9.03	
110千伏（含66千伏）	万千伏安	8100	8810	-8.06	
十、本年完成电力投资	亿元	8295	8161	1.64	
1. 电源投资	亿元	3283	2787	17.80	
水电	亿元	839	700	19.77	
火电	亿元	634	786	-19.41	
核电	亿元	382	447	-14.48	
风电	亿元	1244	646	92.57	
太阳能发电	亿元	184	207	-11.15	
2. 电网投资	亿元	5012	5374	-6.74	
送变电	亿元	4779	5133	-6.89	
其中：直流	亿元	249	520	-52.06	
交流	亿元	4411	4613	-4.37	
其他	亿元	227	241	-5.52	
十一、单机6000千瓦及以上机组平均单机容量					
水电	万千瓦/台	6.03	6.10		-0.07
火电	万千瓦/台	13.37	13.38		-0.01
十二、6000千瓦及以上电厂供电标准煤耗	克/千瓦时	306.4	307.6		-1.2
十三、6000千瓦及以上电厂厂用电率	%	4.67	4.69		-0.02
水电	%	0.24	0.25		-0.01

续表

项目	单位	2019 年	2018 年	比上年增长	
				%	±
火电	%	6.01	5.95		0.06
十四、6000 千瓦及以上电厂发电设备利用小时	小时	3828	3880		-52
水电	小时	3697	3607		90
其中：抽水蓄能	小时	1053	1102		-49
火电	小时	4307	4378		-71
核电	小时	7394	7543		-149
风电	小时	2083	2103		-20
太阳能发电	小时	1291	1230		61
十五、电网企业供、售电量及线损					
供电量	亿千瓦时	62835	59508	5.59	
售电量	亿千瓦时	59111	55777	5.98	
线损电量	亿千瓦时	3724	3731	-0.19	
线路损失率	%	5.93	6.27	-0.34	

注：220 千伏及以上输电线路回路长度和变电设备容量为《2019 年全国电力工业统计快报》中的数据。

附录 3

截至 2019 年年底已批复的省级电网输配电价情况

省级电网	电度电价						基本电价	
	<1 千伏	1～10 千伏	20 千伏	35 千伏	110 千伏	220 千伏	最大需量［元/（千瓦·月）］	变压器容量［元/（千伏安·月）］
北京	0. 3724	0. 3555		0. 3313	0. 2845	0. 2445		
		0. 1956		0. 1751	0. 1508	0. 1493	48. 0	32. 0
天津	0. 3165	0. 2979		0. 2746	0. 2273	0. 2123		
		0. 2052		0. 1774	0. 1772	0. 1723	25. 5	17. 0
河北	0. 1779	0. 1629		0. 1529				
		0. 1664		0. 1514	0. 1364	0. 1314	35. 0	23. 3
冀北	0. 1344	0. 1194		0. 1094				
		0. 1257		0. 1107	0. 0957	0. 0907	35. 0	23. 3
山西	0. 1456	0. 1256		0. 1106				
		0. 1188		0. 0888	0. 0688	0. 0588	36. 0	24. 0
山东	0. 1993	0. 1855		0. 1717				
		0. 1919		0. 1769	0. 1619	0. 1469	38. 0	28. 0
湖北	0. 3069	0. 2869		0. 2669				
		0. 1329		0. 1131	0. 0950	0. 0760	42. 0	28. 0
湖南	0. 25649	0. 23649		0. 21649	0. 19649			
		0. 19634		0. 16734	0. 13934	0. 11534	30. 0	20. 0
江西	0. 1806	0. 1656		0. 1506				
		0. 1735		0. 1585	0. 1435	0. 1335	39. 0	26. 0
河南	0. 2126	0. 1851		0. 1583	0. 1316			
		0. 2082		0. 1932	0. 1782	0. 1702	28. 0	20. 0
四川	0. 3067	0. 2852		0. 2638				
		0. 1998		0. 1727	0. 1350	0. 1090	39. 0	26. 0
重庆	0. 2583	0. 2383		0. 2183	0. 2033			
		0. 1859		0. 1632	0. 1459	0. 1309	36. 0	24. 0
上海	0. 3006	0. 2539		0. 2282	0. 2097	0. 2097		
	0. 3122	0. 2609		0. 2125	0. 1701	0. 1701	42. 0	28. 0
江苏	0. 2460	0. 2210	0. 2110	0. 1960				
		0. 2130	0. 2070	0. 1980	0. 1830	0. 1680	40. 0	30. 0
浙江	0. 2611	0. 2303	0. 2141	0. 2060				
	0. 2526	0. 2146	0. 1946	0. 1846	0. 1626	0. 1576	40. 0	30. 0

续表

省级电网	电度电价						基本电价	
	<1 千伏	1～10 千伏	20 千伏	35 千伏	110 千伏	220 千伏	最大需量［元/（千瓦·月）］	变压器容量［元/（千伏安·月）］
安徽	0. 2447	0. 2327		0. 2177				
		0. 1671		0. 1521	0. 1371	0. 1271	40. 0	30. 0
福建	0. 1750	0. 1550		0. 1350	0. 1150	0. 0950		
		0. 1593		0. 1393	0. 1193	0. 0993	36. 0	24. 0
陕西	0. 2281	0. 2081		0. 1881				
		0. 1484		0. 1284	0. 1084	0. 1034	31. 0	24. 0
甘肃	0. 3778	0. 3678		0. 3578				
		0. 1699		0. 1599	0. 1287	0. 1197	28. 5	19. 0
宁夏	0. 2196	0. 1996		0. 1796				
		0. 1369		0. 1069	0. 0869	0. 0669	33. 0	22. 0
青海	0. 1655	0. 1605		0. 1555				
		0. 1023		0. 0923	0. 0823		28. 5	19. 0
辽宁	0. 2574	0. 2474	0. 2454	0. 2374				
		0. 1327	0. 1297	0. 1197	0. 1067	0. 0967	33. 0	22. 0
吉林	0. 3330	0. 3180		0. 3030				
		0. 1686		0. 1536	0. 1386	0. 1236	33. 0	22. 0
广西	0. 3184	0. 3034		0. 2884				
		0. 2702		0. 1243	0. 0993	0. 0793	34. 0	27. 5
广东	0. 2344	0. 2094		0. 1844	0. 1844	0. 1844		
		0. 1371		0. 1121	0. 1121	0. 0871	32. 0	23. 0
云南	0. 1320	0. 1220		0. 1120				
		0. 1692		0. 1462	0. 0700	0. 0520	37. 0	27. 0
贵州	0. 3208	0. 2906		0. 2552				
		0. 1617		0. 1208	0. 0799	0. 0567	35. 0	26. 0
海南	0. 3062	0. 2831						
		0. 1867		0. 1332	0. 1315	0. 1217	38. 0	26. 0
蒙西	0. 18301	0. 14902		0. 12730				
		0. 12055		0. 10557	0. 09358	0. 08659	28. 0	19. 0
蒙东	0. 3784	0. 3414		0. 2556				
		0. 1534		0. 1464	0. 1000	0. 0810	28. 0	19. 0

注：1. 每个省级包含两行，第一行为一般工商业输配电价（单一制）/工商业及其他用电（单一制），第二行为大工业输配电价（两部制）/工商业及其他用电（两部制）；

2. 广东所列内容为珠三角五市（广州、珠海、佛山、中山和东莞市）输配电价。

附录 4

2019 年电源工程投产重点项目

序号	项目名称	建设地址	能源类型	台数（台）	总容量（万千瓦）	投产日期
一	水电工程					
1	丰满水电站	吉林省吉林市	水电	10	60	2019-12-1
2	安徽绩溪抽水蓄能电站	安徽省宣城市	水电	1	30	2019-12-31
3	乌弄龙水电站	云南省迪庆藏族自治州	水电	3	74	2019-4-6 2019-6-7 2019-7-13
二	火电工程					
1	天津军粮城六期燃煤	天津市东丽区	火电	1	35	2019-11-13
2	天津南疆燃机	天津市和平区	火电	3	93	2019-4-28
3	京能秦皇岛开发区 2 × 350 兆瓦热电联产项目	河北省秦皇岛市	火电	1	35	2019-12-27
4	华润（唐山曹妃甸）有限公司（曹妃岛电厂）	河北省唐山市	火电	1	100	2019-4-25
5	唐山北郊热电项目	河北省唐山市	火电	1	35	2019-12-26
6	蔚县发电厂工程	河北省张家口市	火电	1	60	2019-6-29
7	河北石家庄燃机	河北省石家庄市	火电	1	45	2019-1-9
8	山西临县低热值煤 2 × 350 兆瓦超临界发电机组新建工程	山西省吕梁市	火电	2	70	2019-10-2 2019-12-30
9	和林发电厂	内蒙古自治区呼和浩特市	火电	2	132	2019-8-21 2019-8-30
10	京能五间房电厂一期 2 × 660 兆瓦机组工程	内蒙古自治区锡林郭勒盟	火电	1	66	2019-1-24
11	内蒙古京能双欣 2 × 350 兆瓦低热值煤发电工程	内蒙古自治区鄂尔多斯市	火电	2	70	2019-9-17 2019-12-12
12	上海申能奉贤热电工程项	上海市奉贤区	火电	2	93	2019-6-1
13	东亚电力有限公司（东亚无锡燃机）	江苏省	火电	1	47	2019-4-22

续表

序号	项目名称	建设地址	能源类型	台数（台）	总容量（万千瓦）	投产日期
14	江苏金坛燃机热电联产项目	江苏省常州市	火电	1	46	2019-5-20
15	上能大屯热电	江苏省徐州市	火电	2	70	2019-4-1 2019-5-1
16	江苏句容二期	江苏省镇江市	火电	1	100	2019-9-23
17	江苏宿迁二期	江苏省宿迁市	火电	1	66	2019-6-4
18	安徽芜湖二期3号机	安徽省芜湖市	火电	1	100	2019-9-23
19	山钢日照钢铁精品基地电厂（应急调峰电源）	山东省日照市	火电	1	35	2019-11-1
20	莒南力源热电二期（应急调峰电源）	山东省莒南市	火电	2	70	2019-7-1 2019-12-1
21	洞林电厂（应急调峰储备电源项目）	河南省郑州市	火电	2	132	2019-4-1 2019-8-1
22	洛阳万众吉利热电有限公司	河南省洛阳市	火电	1	35	2019-5-1
23	大唐巩义 2×660 兆瓦火电工程	河南省巩义市	火电	1	66	2019-5-31
24	湖北江陵一期	湖北省荆州市	火电	1	66	2019-9-23
25	鄂州电厂三期扩建工程（2×1000 兆瓦）	湖北省鄂州市	火电	2	200	2019-6-14
26	京能十堰 2×350 兆瓦热电联产工程	湖北省十堰市	火电	1	35	2019-3-7
27	广东韶关南雄热电	广东省韶关市	火电	1	35	2019-9-23
28	惠州 LNG 电厂二期热电联产项目	广东省惠州市	火电	1	46	2019-1-15
29	中山三角天然气热电冷联产项目	广东省中山市	火电	2	92	2019-6-21
30	雷州 2×100 万千瓦“上大压小”工程	广东省湛江市	火电	1	100	2019-12-7
31	海南文昌 2×460 兆瓦级燃气-蒸汽联合循环电厂	海南省文昌市	火电	1	46	2019-12-19
32	贵州普安电厂项目	贵州省黔西南布依族苗族自治州	火电	1	66	2019-1-24

续表

序号	项目名称	建设地址	能源类型	台数（台）	总容量（万千瓦）	投产日期
33	陕西清水川能源股份有限公司二期	陕西省榆林市	火电	2	200	2019-9-23
34	陕西能源赵石畔煤电有限公司	陕西省榆林市	火电	1	100	2019-10-20
35	榆能横山煤电高兴庄电厂1号机组	陕西省榆林市	火电	1	100	2019-10-29
36	大坝四期	宁夏回族自治区吴忠市	火电	1	66	2019-4-30
37	宁夏方家庄	宁夏回族自治区银川市	火电	2	200	2019-7-8 2019-12-29
38	鸳鸯湖电厂二期	宁夏回族自治区灵武市	火电	1	100	2019-12-7
39	新疆信友能源投资有限公司	新疆维吾尔族自治区	火电	1	66	2019-2-1
40	生产建设兵团红星发电有限公司	新疆维吾尔族自治区	火电	1	66	2019-12-1
41	大唐准东五彩湾煤电一体化电厂一期项目	新疆维吾尔族自治区昌吉回族自治州	火电	2	132	2019-10-16
三	核电工程					
1	山东海阳核电项目1号、2号机	山东省烟台市	核电	1	125	2019-1-9
2	台山核电站一期工程	广东省江门市	核电	1	175	2019-9-7
3	阳江核电站项目	广东省阳江市	核电	1	109	2019-7-24
四	风电工程					
1	沙井子风电项目工程	天津市	风电		19	
2	河北围场棋新风电项目工程	河北省承德市	风电	50	10	
3	河北围场石人梁风电项目工程	河北省承德市	风电	100	20	
4	尚义东山三期风电项目工程	河北省	风电	100	20	2019-12-31
5	灿烂风电项目工程	河北省张家口市	风电		11	
6	盛水湖风电项目工程	河北省	风电		10	2019-7-1
7	南宫紫冢风电项目工程	河北省	风电		10	2019-9-1
8	仵龙堂风电项目工程	河北省	风电		10	2019-8-1 2019-9-1 2019-10-1

续表

序号	项目名称	建设地址	能源类型	台数（台）	总容量（万千瓦）	投产日期
9	临西万辉风电项目工程	河北省	风电		10	2019-12-1
10	张北新能源科技有限公司（中科霍玉坊风电）项目工程	河北省	风电		10	2019-12-6
11	灿烂风电项目工程	河北省	风电		11	
12	丰宁大滩200兆瓦项目工程	河北省承德市	风电	100	20	2019-12-6
13	朔州平鲁台子山风电项目工程	山西省	风电		10	
14	朔州平鲁鹰鹞山二期风电项目工程	山西省	风电		10	
15	利民三期风电项目工程	山西省朔州市	风电	67	10	2019-12-31
16	山西汾阳杨家庄风电项目工程	山西省吕梁市	风电	50	10	2019-9-1
17	晋中和顺麒麟沟风电项目工程	山西省	风电		18	
18	晋城陵川风岭山风电项目工程	山西省	风电		15	
19	双井子风电项目工程	内蒙古自治区	风电		25	2019-12-1
20	上地风电项目工程	内蒙古自治区	风电		10	
21	京能呼和马场风电项目工程	内蒙古自治区	风电		20	2019-12-1
22	中铝宁能巴兴图风电项目工程	内蒙古自治区	风电		12	2019-12-1
23	三峡新能源大连市庄河Ⅲ（300兆瓦）海上风电项目工程	辽宁省大连市	风电	59	23	201-12-29
24	临港海上风电一期项目工程	上海市浦东新区	风电	25	10	
25	大丰海上风电项目工程	江苏省盐城市	风电	68	30	2019-5-31 2019-10-9
26	江苏滨海海上风电项目工程	江苏省盐城市	风电	96	30	2019-12-25
27	江苏大丰H7海上风电项目工程	江苏省盐城市	风电	80	20	2019-5-1

续表

序号	项目名称	建设地址	能源类型	台数（台）	总容量（万千瓦）	投产日期
28	东台四期海上风电项目工程	江苏省盐城市	风电	60	25	2019-5-1 2019-6-1 2019-9-1 2019-11-1 2019-12-1
29	大丰30万千瓦海上风电项目工程	江苏省盐城市	风电	44	14	2019-10-31
30	江苏广洋湖风电项目工程	江苏省扬州市	风电	46	10	2019-12-31
31	国电浙江舟山普陀6号海上风电场2区项目工程	浙江省舟山市	风电	27	11	2019-3-1 2019-4-1 2019-5-1 2019-6-1
32	东至木塔（古桥）风电项目工程	安徽省	风电		10	2019-11-1
33	福建南日海上风电项目	福建省莆田市	风电	38	15	2019-4-26
34	国电电力山东德州夏津白马湖风电项目工程	山东省德州市	风电	50	10	
35	鄄城富春广顺风电项目工程	山东省	风电		15	2019-5-1 2019-7-1
36	润电风能（青岛）有限公司项目工程	山东省	风电		10	2019-5-1
37	东明三春乾德风电项目工程	山东省	风电		15	2019-8-1
38	滨海粤电风电项目工程	山东省	风电		12	2019-6-1 2019-9-27
39	叶县国博大石崖风力发电有限公司项目工程	河南省平顶山市	风电	15	30	2019-9-9
40	象山风电项目工程	河南省	风电		10	2019-3-21
41	曲庄风电项目工程	河南省	风电		10	2019-11-1
42	永丰风电项目工程	河南省	风电		10	2019-12-1
43	年丰风电项目工程	河南省	风电		10	2019-12-1
44	牛岭风电项目工程	河南省	风电		11	2019-12-1
45	沭阳风电项目工程	河南省	风电		10	

续表

序号	项目名称	建设地址	能源类型	台数（台）	总容量（万千瓦）	投产日期
46	河南滑县枣村风电项目工程	河南省安阳市	风电	125	25	2019-12-31
47	广东粤电湛江外罗海上风电场示范工程	广东省湛江市	风电	36	20	2019-12-26
48	广西桂林兴安县石板岭风电项目工程	广西壮族自治区桂林市	风电	133	20	
49	青天铺风电厂项目工程	四川省	风电		10	2019-12-1
50	四川盐源小高山风电项目工程	四川省凉山彝族自治州	风电	40	10	2019-12-29
51	四川剑阁摇铃风电项目工程	四川省广元市	风电	40	10	2019-6-1
52	四川凉山风电项目工程	四川省凉山彝族自治州	风电		15	2019-3-15
53	达棒山风电项目工程	贵州省	风电		11	
54	大唐油房庄风电项目工程	陕西省	风电		15	
55	华能谷梁风电项目工程	陕西省	风电		10	
56	陕西定边新庄风电项目工程	陕西省榆林市	风电	50	10	
57	陕西榆林哈镇风电项目工程	陕西省榆林市	风电	46	10	
58	黄河公司共和三期450兆瓦风电项目工程	青海省	风电		45	
59	华扬晟源新能源200兆瓦项目工程	青海省	风电		20	2019-12-1
60	风铎风电项目工程	青海省	风电		10	
61	那仁风电厂（100兆瓦）项目工程	青海省	风电		10	
62	龙博风电项目工程	青海省	风电		10	2019-5-1
63	同利第一风电项目工程（方元）	宁夏回族自治区	风电		15	
64	华严第一风电项目工程（卧龙）	宁夏回族自治区	风电		10	2019-10-1
65	宁夏青山三期项目工程	宁夏回族自治区吴忠市	风电	68	15	
66	宁夏红寺堡100兆瓦风电项目工程	宁夏回族自治区	风电	40	10	2019-12-30

续表

序号	项目名称	建设地址	能源类型	台数（台）	总容量（万千瓦）	投产日期
67	穆和第一风电项目工程（京能）	宁夏回族自治区	风电		15	2019-12-12
68	九彩第六风电项目工程（华电）	宁夏回族自治区	风电		10	2019-12-21
69	国投哈密风电项目工程（思甜北风电一场	新疆维吾尔族自治区哈密地区	风电		20	
70	国投哈密风电项目工程（庙尔沟风电一场	新疆维吾尔族自治区哈密地区	风电		10	
71	中机国能北塔山风电一场项目工程	新疆维吾尔族自治区塔山地区	风电		10	2019-12-31
72	鑫和信北塔山风电一场项目工程	新疆维吾尔族自治区塔山地区	风电		10	2019-12-30
73	鑫垣北塔山风电一场项目工程	新疆维吾尔族自治区塔山地区	风电		10	2019-12-31
五	太阳能发电工程					
1	领跑基地河北海兴4号110兆瓦光伏项目工程	河北省沧州市	太阳能发电		11	2019-10-1
2	曹庄光伏电站项目工程	河北省	太阳能发电		25	2019-5-1 2019-7-1
3	海兴东辛光伏电站项目工程	河北省	太阳能发电		15	2019-5-1 2019-6-1 2019-7-1 2019-12-1
4	海兴京兴光伏电站项目工程	河北省	太阳能发电		11	2019-12-1
5	晋中寿阳松扩光伏电站项目工程	山西省晋中市	太阳能发电		10	
6	晋中寿阳里思光伏电站项目工程	山西省晋中市	太阳能发电		10	
7	长治光伏发电技术领跑基地黎城县光伏项目工程	山西省长治市	太阳能发电		25	2019-6-30

续表

序号	项目名称	建设地址	能源类型	台数（台）	总容量（万千瓦）	投产日期
8	芮城县陌南光伏项目工程	山西省运城市	太阳能发电		15	2019-12-26
9	领跑基地山西大同100兆瓦光伏项目工程	山西省大同市	太阳能发电		10	2019-11-1
10	中广核朔方光伏电站项目工程	内蒙古自治区	太阳能发电		13	
11	内蒙古库布其光伏二期项目工程	内蒙古自治区鄂尔多斯市	太阳能发电		20	2019-12-31
12	（大庆）安达市兴电新能源有限公司光伏项目工程（升平光伏）	黑龙江省大庆市	太阳能发电		40	2019-12-13
13	（大庆）安达市同科新能源有限公司光伏项目工程（昌德光伏电站）	黑龙江省大庆市	太阳能发电		10	2019-12-3
14	慈溪百益新能源科技有限公司光伏项目工程	浙江省慈溪市	太阳能发电		11	
15	常山农业发展公司光伏项目工程（东阳光伏）	浙江省衢州市	太阳能发电		11	
16	慈溪正态新能源科技有限公司光伏项目工程	浙江省慈溪市	太阳能发电		12	2019-12-1
17	安徽当涂渔光互补光伏项目项目工程	安徽省马鞍山市	太阳能发电		26	2019-12-31
18	麻叶湖光伏电站项目工程【鄱阳】	江西省上饶市	太阳能发电		25	2019-12-1
19	八景光伏电站项目工程【高安】	江西省高阳市	太阳能发电		10	2019-12-1
20	上饶鄱阳光伏合作开发项目工程	江西省上饶市	太阳能发电		16	2019-12-7 2019-12-31
21	中节能监利离湖光伏项目工程	湖北省	太阳能发电		10	2019-12-29
22	益阳北港长河光伏项目工程	湖南省益阳市	太阳能发电		10	2019-12-31

续表

序号	项目名称	建设地址	能源类型	台数（台）	总容量（万千瓦）	投产日期
23	连州星子地面光伏项目工程	广东省清远市	太阳能发电		20	2019-12-30
24	巫山两坪光伏电站项目工程	重庆市	太阳能发电		20	2019-6-30
25	贵州岗乌纳卜光伏项目工程	贵州省安顺市	太阳能发电		10	2019-12-31
26	铜川刘家埝光伏电站项目工程（光伏领跑者）	陕西省铜川市	太阳能发电		25	
27	铜川西塔光伏电站项目工程（光伏领跑者）	陕西省铜川市	太阳能发电		14	
28	铜川榆舍光伏电站项目工程（光伏领跑者）	陕西省铜川市	太阳能发电		11	
29	铜川宜君250兆瓦光伏技术领跑者项目工程	陕西省铜川市	太阳能发电		28	2019-11-30
30	临夏（十三五第二批追加）村级光伏扶贫电站（143兆瓦）项目工程	甘肃省	太阳能发电		14	
31	寰宇光伏电站项目工程	青海省	太阳能发电		10	2019-5-1
32	黎彦光伏电站项目工程	青海省	太阳能发电		10	2019-5-1
33	明哲光伏电站项目工程	青海省	太阳能发电		10	2019-5-1
34	格尔木正道光伏电站项目工程	青海省格尔木市	太阳能发电		10	2019-6-1
35	格尔木志高光伏电站项目工程	青海省格尔木市	太阳能发电		10	2019-6-1
36	格尔木首湖光伏电站项目工程	青海省格尔木市	太阳能发电		10	2019-6-1
37	格尔木秋实光伏电站项目工程	青海省格尔木市	太阳能发电		10	2019-6-1

续表

序号	项目名称	建设地址	能源类型	台数（台）	总容量（万千瓦）	投产日期
38	格尔木攀云光伏电站项目工程	青海省格尔木市	太阳能发电		10	2019-6-29
39	格尔木光伏发电应用领跑者基地项目工程	青海省海西蒙古族藏族自治州	太阳能发电		25	2019-4-30
40	吴忠第三十四光伏电站项目工程（中核）	宁夏回族自治区	太阳能发电		10	2019-12-1
41	石嘴山第二十一光伏电站项目工程（阿特斯）	宁夏回族自治区	太阳能发电		19	2019-12-1
42	吴忠第三十七光伏电站项目工程（京能）	宁夏回族自治区	太阳能发电		18	2019-12-1
43	宁东第六光伏电站项目工程（中民）	宁夏回族自治区	太阳能发电		20	
44	天辉木垒光伏一电站项目工程	新疆维吾尔族自治区木垒县	太阳能发电		10	2019-3-27
45	木垒县采田丝路太阳能公司光伏一电站项目工程	新疆维吾尔族自治区	太阳能发电		10	2019-6-29
46	木垒县嘉瑞光晟发电公司光伏一电站项目工程	新疆维吾尔族自治区	太阳能发电		10	2019-6-29
47	木垒县昌盛日电太阳能公司光伏一电站项目工程	新疆维吾尔族自治区	太阳能发电		10	2019-6-29
48	新疆恒动风能公司光伏一电站项目工程	新疆维吾尔族自治区	太阳能发电		10	2019-6-29
49	木垒联合光伏发电公司光伏一电站项目工程	新疆维吾尔族自治区	太阳能发电		10	2019-6-29
50	木垒县凯升新能源公司光伏一电站项目工程	新疆维吾尔族自治区	太阳能发电		10	2019-6-30

附录 5

2019 年电源工程新开工重点项目

序号	项目名称	建设地址	能源类型	台数（台）	总容量（万千瓦）
一	水电工程				
1	硬梁包水电站	四川省甘孜藏族自治州	常规水电	5	112
2	金上叶巴滩水电	四川省甘孜藏族自治州	常规水电	5	224
3	云南以礼河四级电站复建	云南省曲靖市	常规水电	4	13
4	托巴水电站	云南省迪庆藏族自治州	常规水电	4	140
5	硬梁包水电站	四川省甘孜藏族自治州	常规水电	5	112
二	火电工程				
1	天津南港热电	天津市塘沽区	火电	3	51
2	内蒙古酸刺沟电厂二期 2×660 兆瓦机组工程	内蒙古鄂尔多斯	火电	2	132
3	广东清远英德燃机热电联产	广东省清远市	火电	2	92
4	东莞立沙岛燃机项目	广东省东莞市	火电	2	36
5	万宁燃机项目	海南省万宁县	火电	2	92
6	贵州普安电厂项目	贵州省黔西南布依族苗族自治州	火电	1	66
三	核电工程				
1	漳州核电一期工程	福建省漳州市	核电	1	121
四	风电工程				
1	河北故城项目工程	河北省衡水市	风电	33	10
2	尚义东山三期风电场项目工程	河北省张家口市	风电	100	20
3	康保卧龙山风电场项目工程	河北省张家口市	风电	46	10
4	康保永丰风电场项目工程	河北省张家口市	风电	91	20
5	河北白庙滩二期项目工程	河北省张家口市	风电	25	10
6	尚义二期项目工程	河北省张家口市	风电	67	20
7	河北尚义补龙湾风电项目工程	河北省张家口市	风电	34	10
8	河北衡水阜城一期 100 兆瓦风电项目工程	河北省衡水市	风电	50	10
9	山西岢岚 150 兆瓦风电项目工程	山西省忻州市	风电	35	11

续表

序号	项目名称	建设地址	能源类型	台数（台）	总容量（万千瓦）
10	山西平鲁东平太风电项目工程	山西省朔州市	风电	31	10
11	山西和顺横岭风电项目工程	山西省晋中市	风电	87	20
12	华北别力古台风电场一期项目工程	内蒙古自治区锡林郭勒盟	风电	58	17
13	内蒙古阿巴嘎旗风电项目工程	内蒙古自治区锡林郭勒盟	风电	67	20
14	内蒙古开鲁建华后 20 万千瓦风电项目工程	内蒙古自治区通辽市	风电	80	20
15	内蒙古乌达莱风电项目工程	内蒙古自治区锡林郭勒盟	风电	238	48
16	内蒙古镶黄旗巴音塔拉风电项目工程	内蒙古自治区锡林郭勒盟	风电	50	15
17	内蒙古苏尼特左旗风电项目工程	内蒙古自治区锡林郭勒盟	风电	50	15
18	多伦学田地风电项目工程	内蒙古自治区锡林郭勒盟	风电	59	18
19	内蒙古锡盟苏尼特左旗风电项目工程	内蒙古自治区锡林郭勒盟	风电	75	23
20	内蒙古苏尼特左旗特高压外送风电项目工程	内蒙古自治区锡林郭勒盟	风电	30	10
21	内蒙古正蓝旗特高压外送风电项目工程	内蒙古自治区锡林郭勒盟	风电	30	10
22	内蒙古正镶白旗特高压外送风电项目工程	内蒙古自治区锡林郭勒盟	风电	30	10
23	内蒙古霍林河循环经济示范项目——风电项目工程	内蒙古自治区通辽市	风电	29	105
24	呼和马场风电场三期 200 兆瓦风电项目工程	内蒙古自治区乌兰浩特市	风电	87	20
25	京能苏尼特 300 兆瓦风电项目工程	内蒙古自治区锡林郭勒盟	风电	132	30
26	瓦房店镇海风电项目工程	辽宁省阜新市	风电	50	10
27	萝北风电项目工程	黑龙江省鹤岗市	风电	64	20
28	大丰海上风电扩建项目工程	江苏省盐城市	风电	23	10
29	灌云海上风电项目工程	江苏省连云港市	风电	48	30
30	如东 H3 海上风电扩建项目工程	江苏省南通市	风电	20	10
31	射阳海上风电项目工程	江苏省盐城市	风电	67	30
32	大丰 30 万千瓦海上风电项目工程	江苏省盐城市	风电	44	14
33	江苏广洋湖风电项目工程	江苏省扬州市	风电	46	10

续表

序号	项目名称	建设地址	能源类型	台数（台）	总容量（万千瓦）
34	嘉兴2号海上风电项目工程	浙江省嘉兴市	风电	50	30
35	安徽蒙城小涧风电二期项目工程	安徽省亳州市	风电	31	10
36	平潭海上风电项目工程	福建省福州市	风电	37	19
37	福建福清海坛海峡海上风电项目工程	福建省福州市	风电	50	30
38	江西万安高山嶂风电项目工程	江西省吉安市	风电	65	13
39	江西定南云台山风电项目工程	江西省赣州市	风电	63	13
40	滨州阳信一期风电项目工程	山东省滨州市	风电	50	10
41	国瑞能源济南章丘九顶山100兆瓦风电场二期项目工程	山东省济南市	风电	18	10
42	德州丁庄风电项目工程	山东省德州市	风电	40	10
43	山东平邑二期项目工程	山东省临沂市	风电	40	10
44	新泰禹村风电项目工程	山东省泰安市	风电	37	10
45	叶县国博大石崖风力发电有限公司项目工程	河南省平顶山市	风电	15	30
46	濮阳二期风电项目工程	河南省濮阳市	风电	60	15
47	濮阳风电项目工程	河南省濮阳市	风电	200	50
48	临颍颍东风电项目工程	河南省漯河市	风电	40	10
49	湖南宁远梅岗风电项目工程	湖南省永州市	风电	60	12
50	广东徐闻下桥风电项目工程	广东省湛江市	风电	34	10
51	广东湛江雷州风电项目工程	广东省湛江市	风电	50	10
52	广东阳西沙扒300兆瓦海上风电场项目工程	广东省阳江市	风电	20	11
53	广西宾阳马王风电二期项目工程	广西壮族自治区南宁市	风电	40	10
54	广西柳州融水九元山风电项目工程	广西壮族自治区柳州市	风电	40	10
55	广西桂林兴安县石板岭风电项目工程	广西壮族自治区桂林市	风电	133	20
56	广西环江界子良风电项目工程	广西壮族自治区河池市	风电	40	12
57	广元罗圈岩风电项目工程	四川省广元市	风电	43	10
58	四川普格五期乌科梁子风电项目工程	四川省凉山州	风电	52	13
59	陕西定边谷梁风电项目工程	陕西省榆林市	风电	32	10

续表

序号	项目名称	建设地址	能源类型	台数（台）	总容量（万千瓦）
60	子长风电二期（东方红）项目工程	陕西省延安市	风电	32	10
61	子长李家岔风电场一期项目工程	陕西省延安市	风电	32	10
62	定边新安边 50 兆瓦风电项目工程	陕西省榆林市	风电	9	18
63	宁夏新庄集乡风电项目工程	宁夏回族自治区吴忠市	风电	75	15
64	宁夏南川二期风电项目工程	宁夏回族自治区吴忠市	风电	75	15
65	宁夏海原李俊堡一期风电项目工程	宁夏回族自治区中卫市	风电	48	10
66	京能宁夏喊叫水 150 兆瓦风电项目工程	宁夏回族自治区中卫市	风电	68	15
67	大唐木垒风电场 10 万千瓦项目工程	新疆维吾尔族自治区昌吉回族自治州	风电	55	10
五	太阳能发电工程				
1	长治光伏发电技术领跑基地黎城县光伏项目工程	山西省长治市	太阳能发电		25
2	芮城县陌南光伏项目工程	山西省运城市	太阳能发电		15
3	内蒙古库布其光伏项目二期项目工程	内蒙古自治区鄂尔多斯市	太阳能发电		20
4	白城光伏领跑基地 4 号项目工程	吉林省白城市	太阳能发电		11
5	安徽当涂渔光互补光伏项目工程	安徽省马鞍山市	太阳能发电		26
6	上饶鄱阳光伏合作开发项目工程	江西省上饶市	太阳能发电		25
7	新泰朝辉普通竞价光伏项目工程	山东省泰安市	太阳能发电		10
8	湖北枣阳农光互补光伏项目工程	湖北省枣阳市	太阳能发电		10
9	益阳北港长河光伏项目工程	湖南省益阳市	太阳能发电		10
10	连州星子地面光伏项目工程	广东省清远市	太阳能发电		20
11	湛江坡头光伏项目工程	广东省湛江市	太阳能发电		12
12	贵州岗乌纳卜光伏项目工程	贵州省安顺市	太阳能发电		17
13	贵州普安营山光伏项目工程	贵州省黔南布依族苗族自治州	太阳能发电		12
14	贵州贞丰陇塔光伏项目工程	贵州省黔南布依族苗族自治州	太阳能发电		10
15	宁夏京能太阳山 180 兆瓦光伏项目工程	宁夏回族自治区吴忠市	太阳能发电		18

附录 6

2019 年水电在建电源工程重点项目

序号	项目名称	建设地址	能源类型	台数（台）	总容量（万千瓦）
一	水电工程				
1	河北丰宁抽水蓄能电站	河北省承德市	抽水蓄能	6	180
2	河北丰宁抽水蓄能电站二期	河北省承德市	抽水蓄能	6	180
3	河北易县抽水蓄能电站	河北省保定市	抽水蓄能	4	120
4	河北抚宁抽水蓄能电站	河北省秦皇岛市	抽水蓄能	4	120
5	内蒙古芝瑞抽水蓄能电站	内蒙古自治区赤峰市	抽水蓄能	4	120
6	辽宁清原抽水蓄能电站	辽宁省抚顺市	抽水蓄能	6	180
7	丰满大坝全面治理工程	吉林省吉林市	水电	6	120
8	吉林敦化抽水蓄能电站	吉林省延边朝鲜族自治州	抽水蓄能	4	140
9	吉林蛟河抽水蓄能电站	吉林省蛟河市	抽水蓄能	4	120
10	黑龙江牡丹江抽水蓄能电站	黑龙江省牡丹江市	抽水蓄能	4	120
11	江苏句容抽水蓄能电站	江苏省镇江市	抽水蓄能	6	135
12	浙江宁海抽水蓄能电站	浙江省宁波市	抽水蓄能	4	140
13	浙江缙云抽水蓄能电站	浙江省丽水市	抽水蓄能	6	180
14	浙江衢江抽水蓄能电站	浙江省衢州市	抽水蓄能	4	120
15	长龙山抽水蓄能电站	浙江省湖州市	抽水蓄能	6	210
16	安徽绩溪抽水蓄能电站	安徽省宣城市	抽水蓄能	5	150
17	安徽金寨抽水蓄能电站	安徽省六安市	抽水蓄能	4	120
18	福建厦门抽水蓄能电站	福建省厦门市	抽水蓄能	4	140
19	福建周宁抽水蓄能电站	福建省宁德市	水电	4	120
20	山东沂蒙抽水蓄能电站	山东省临沂市	抽水蓄能	4	120
21	山东文登抽水蓄能电站	山东省威海市	抽水蓄能	6	180
22	山东潍坊抽水蓄能电站	山东省潍坊市	抽水蓄能	4	120
23	河南天池抽水蓄能电站	河南省南阳市	抽水蓄能	4	120
24	河南洛宁抽水蓄能电站	河南省洛阳市	抽水蓄能	4	140
25	湖北溇水江坪河水电站	湖北省恩施土家族苗族自治州	水电	2	45

续表

序号	项目名称	建设地址	能源类型	台数（台）	总容量（万千瓦）
26	湖南平江抽水蓄能电站	湖南省岳阳市	抽水蓄能	4	140
27	梅州抽水蓄能电站	广东省梅州市	抽水蓄能	4	120
28	阳江抽水蓄能电站	广东省阳江市	抽水蓄能	3	120
29	重庆蟠龙抽水蓄能电站	重庆市綦江区	抽水蓄能	4	120
30	硬梁包水电站	四川省甘孜藏族自治州	水电	5	112
31	川藏苏洼龙电站	四川省甘孜藏族自治州	水电	4	120
32	金上叶巴滩水电	四川省甘孜藏族自治州	水电	5	224
33	白鹤滩水电站	四川省凉山彝族自治州	水电	8	800
34	乌东德水电站	四川省凉山彝族自治州	水电	6	510
35	白鹤滩水电站	云南省昭通市	水电	8	800
36	乌东德水电站	云南省昆明市	水电	6	510
37	托巴水电站	云南省迪庆藏族自治州	水电	4	140
38	西藏内需电源重大项目工程	西藏自治区山南地区	水电	4	66
39	陕西镇安抽水蓄能电站	陕西省商洛市	抽水蓄能	4	140
40	新疆阜康抽水蓄能电站	新疆维吾尔族自治区昌吉回族自治州	抽水蓄能	4	120
41	新疆哈密抽水蓄能电站	新疆维吾尔族自治区哈密地区	抽水蓄能	4	120
42	恰木萨水电站	新疆维吾尔族自治区喀什地区	水电	3	199
43	新疆木扎提河三级水电站	新疆维吾尔族自治区阿克苏	水电	4	160
二	火电工程				
1	天津南港热电项目工程	天津市塘沽区	燃煤发电	3	51
2	天津军粮城六期燃机项目工程	天津市东丽区	燃气发电	1	65
3	运东电厂项目工程	河北省沧州市	燃煤发电	2	70
4	曹妃甸电厂二期项目工程	河北省唐山市	燃煤发电	1	100
5	京能秦皇岛开发区 2×350 兆瓦热电联产项目工程	河北省秦皇岛市	燃煤发电	1	35

续表

序号	项目名称	建设地址	能源类型	台数（台）	总容量（万千瓦）
6	河北建投遵化 2×350 兆瓦超临界热电联产项目工程	河北省唐山市	燃煤发电	2	35
7	唐山北郊热电项目工程	河北省唐山市	燃煤发电	1	35
8	河北石家庄燃机项目工程	河北省石家庄市	燃气发电	1	45
9	胜利电厂（锡林热电）项目工程	内蒙古自治区锡林郭勒盟	燃煤发电	2	132
10	内蒙古上海庙项目工程	内蒙古自治区鄂尔多斯市	燃煤发电	2	200
11	中国神华胜利发电厂一期项目工程	内蒙古自治区锡林郭勒盟	燃煤发电	2	132
12	五间房项目工程	内蒙古自治区锡林郭勒盟	燃煤发电	2	132
13	内蒙古酸刺沟电厂二期 2×660 兆瓦机组项目工程	内蒙古自治区鄂尔多斯市	燃煤发电	2	132
14	大连二热（纯凝）项目工程	辽宁省大连市	燃煤发电	1	35
15	辽宁葫芦岛热电项目工程	辽宁省葫芦岛市	燃煤发电	2	70
16	锦州电厂项目工程	辽宁省锦州市	燃煤发电	2	132
17	宝清电厂项目工程	黑龙江省双鸭山市	燃煤发电	2	132
18	江阴燃机项目工程	江苏省无锡市	燃气发电	2	80
19	江苏宿迁二期项目工程	江苏省宿迁市	燃煤发电	1	66
20	镇海电厂燃煤机组搬迁改造项目项目工程	浙江省宁波市	燃煤发电	2	132
21	罗源电厂项目工程	福建省福州市	燃煤发电	2	132
22	福建邵武三期项目工程	福建省南平市	燃煤发电	2	132
23	神华罗源湾港电一体化项目工程	福建省福州市	燃煤发电	2	200
24	东营火电项目工程	山东省东营市	燃煤发电	2	200
25	山东莱州二期项目工程	山东省烟台市	燃煤发电	2	200
26	烟台八角电厂上大压小项目工程	山东省烟台市	燃煤发电	2	134
27	河南京煤滑州热电有限责任公司 2×350 兆瓦热电联产项目工程	河南省安阳市	燃煤发电	2	70
28	河南焦作丹河电厂异地扩建项目工程	河南省焦作市	燃煤发电	2	100
29	永州电厂项目工程	湖南省永州市	燃煤发电	2	200
30	广东广州增城燃机项目工程	广东省广州市	燃气发电	2	134

续表

序号	项目名称	建设地址	能源类型	台数（台）	总容量（万千瓦）
31	广东清远英德燃机热电联产项目工程	广东省清远市	燃气发电	2	92
32	东莞立沙岛燃机项目工程	广东省东莞市	燃煤发电	2	36
33	珠海市钰海（燃气热电联产）924兆瓦项目工程	广东省珠海市	燃气发电	2	92
34	黄埔电厂天然气热电联产项目工程	广东省广州市	燃气发电	2	84
35	东莞燃机项目工程	广东省东莞市	燃气发电	2	95
36	雷州 2 × 100 万千瓦“上大压小”项目工程	广东省湛江市	燃煤发电	1	100
37	海南文昌 2 × 460 兆瓦级燃气-蒸汽联合循环电厂项目工程	海南省文昌市	燃气发电	1	46
38	万宁燃机项目工程	海南省万宁市	燃气发电	2	92
39	贵州普安电厂项目工程	贵州省黔西南布依族苗族自治州	燃煤发电	1	66
40	渭南热电项目工程	陕西省渭南市	燃煤发电	2	70
41	延安电厂项目工程	陕西省延安市	燃煤发电	2	132
42	锦界三期项目工程	陕西省榆林市	燃煤发电	2	132
43	府谷电厂二期项目工程	陕西省榆林市	燃煤发电	2	132
44	甘肃常乐电厂项目工程	甘肃省酒泉市	燃煤发电	2	200
45	宁夏平罗火电项目工程	宁夏回族自治区石嘴山市	燃煤发电	2	132
46	新疆高昌吐鲁番热电项目工程	新疆维吾尔自治区吐鲁番地区	燃煤发电	2	70
47	新疆哈密四期 2 号机项目工程	新疆维吾尔自治区哈密地区	燃煤发电	1	35
48	准东煤电基地五彩湾电厂项目工程	新疆维吾尔自治区昌吉回族自治州	燃煤发电	2	66
49	伊犁电厂上大压小项目工程	新疆维吾尔自治区伊犁地区	燃煤发电	2	70
50	五彩湾电厂二期项目工程	新疆维族自治区昌吉回族自治州	燃煤发电	2	132

续表

序号	项目名称	建设地址	能源类型	台数（台）	总容量（万千瓦）
三	核电工程				
1	辽宁红沿河核电厂二期项目工程	辽宁省大连市	核电	2	224
2	田湾核电站5号、6号机组项目工程	江苏省连云港市	核电	2	224
3	福清核电5号、6号机组项目工程	福建省福州市	核电	2	232
4	漳州核电一期项目工程	福建省漳州市	核电	2	242
5	石岛湾高温气冷堆示范项目工程	山东省威海市	核电	1	20
6	广西防城港核电二期项目工程	广西壮族自治区防城港市	核电	2	238
四	风电工程				
1	河北围场风电场二期	河北省承德市	风电	100	20
2	尚义大东山风电场项目	河北省张家口市	风电	72	15
3	唐山乐亭菩提岛海上风电场300兆瓦示范工程	河北省唐山市	风电	75	30
4	康保卧龙山风电场项目	河北省张家口市	风电	46	10
5	康保永丰风电场项目	河北省张家口市	风电	91	20
6	河北白庙滩二期项目	河北省张家口市	风电	25	10
7	河北朝阳湾风电项目	河北省承德市	风电	50	10
8	河北杨家湾风电项目	河北省承德市	风电	50	10
9	尚义二期项目	河北省张家口市	风电	67	20
10	河北尚义补龙湾风电项目	河北省张家口市	风电	34	10
11	河北康保卧虎石风电项目	河北省张家口市	风电	120	30
12	河北衡水阜城一期100兆瓦风电项目	河北省衡水市	风电	50	10
13	平鲁白玉山二期项目	山西省朔州市	风电	133	20
14	山西岢岚150兆瓦风电项目	山西省忻州市	风电	35	11
15	山西平鲁东平太风电项目	山西省朔州市	风电	31	10
16	山西和顺横岭风电项目	山西省晋中市	风电	86	18
17	华北别力古台风电场一期项目	内蒙古自治区锡林郭勒盟	风电	58	17
18	内蒙古阿巴嘎旗风电项目	内蒙古自治区锡林郭勒盟	风电	67	20
19	内蒙古开鲁建华后20万千瓦风电项目	内蒙古自治区通辽市	风电	68	17

续表

序号	项目名称	建设地址	能源类型	台数（台）	总容量（万千瓦）
20	内蒙古乌达莱风电项目	内蒙古自治区锡林郭勒盟	风电	238	48
21	内蒙古镶黄旗巴音塔拉风电工程	内蒙古自治区锡林郭勒盟	风电	50	15
22	内蒙古苏尼特左旗风电项目	内蒙古自治区锡林郭勒盟	风电	50	15
23	多伦学田地风电项目	内蒙古自治区锡林郭勒盟	风电	59	18
24	内蒙古锡盟苏尼特左旗风电项目	内蒙古自治区锡林郭勒盟	风电	75	23
25	内蒙古苏尼特左旗特高压外送风电项目	内蒙古自治区锡林郭勒盟	风电	30	10
26	内蒙古正蓝旗特高压外送风电项目	内蒙古自治区锡林郭勒盟	风电	30	10
27	内蒙古正镶白旗特高压外送风电项目	内蒙古自治区锡林郭勒盟	风电	30	10
28	内蒙古霍林河循环经济示范项目-风电项目	内蒙古自治区通辽市	风电	29	105
29	呼和马场风电场三期 200 兆瓦风电项目	内蒙古自治区乌兰浩特市	风电	87	20
30	京能苏尼特 300 兆瓦风电项目	内蒙古自治区锡林郭勒盟	风电	132	30
31	瓦房店镇海风电项目	辽宁省阜新市	风电	50	10
32	萝北风电项目	黑龙江省鹤岗市	风电	64	20
33	大丰海上风电扩建	江苏省盐城市	风电	23	10
34	灌云海上风电项目	江苏省连云港市	风电	48	30
35	如东 H3 海上风电项目	江苏省南通市	风电	75	30
36	如东 H3 海上风电扩建	江苏省南通市	风电	20	10
37	射阳海上风电项目	江苏省盐城市	风电	67	30
38	江苏竹根沙项目	江苏省盐城市	风电	67	30
39	嘉兴 2 号海上风电项目	浙江省嘉兴市	风电	50	30
40	岱山 4 号海上风电项目	浙江省舟山市	风电	46	22
41	嘉兴 1 号海上风电项目	浙江省嘉兴市	风电	74	30
42	安徽蒙城小涧风电二期	安徽省亳州市	风电	31	10
43	安徽公司安徽宿松新州渡风电场	安徽省安庆市	风电	50	10
44	平潭海上风电项目	福建省福州市	风电	37	19
45	福建福清海坛海峡海上风电项目	福建省福州市	风电	50	30

续表

序号	项目名称	建设地址	能源类型	台数（台）	总容量（万千瓦）
46	福清兴化湾海上风电场二期（首运试验风场）项目	福建省福州市	风电	45	28
47	平潭海上风电项目	福建省福州市	风电	50	30
48	江西瑞昌蜈蚣山风电场工程	江西省九江市	风电	55	11
49	江西全南乌梅山风电项目	江西省赣州市	风电	50	10
50	江西万安高山嶂风电项目	江西省吉安市	风电	65	13
51	江西定南云台山风电项目	江西省赣州市	风电	63	13
52	滨州阳信一期风电项目	山东省滨州市	风电	50	10
53	濮阳二期风电项目	河南省濮阳市	风电	60	15
54	濮阳风电项目	河南省濮阳市	风电	164	41
55	临颍颍东风电项目	河南省漯河市	风电	40	10
56	湖南宁远梅岗风电项目	湖南省永州市	风电	60	12
57	广东徐闻下桥风电项目	广东省湛江市	风电	34	10
58	广东湛江雷州风电项目	广东省湛江市	风电	50	10
59	广东阳西沙扒 300 兆瓦海上风电场项目	广东省阳江市	风电	52	28
60	阳江南鹏岛海上风电项目	广东省阳江市	风电	68	37
61	粤电珠海金湾海上风电工程项目	广东省珠海市	风电	55	30
62	阳江沙扒海上风电场工程项目	广东省阳江市	风电	55	30
63	广西宾阳马王风电二期项目	广西壮族自治区南宁市	风电	40	10
64	广西柳州融水九元山风电项目	广西壮族自治区柳州市	风电	40	10
65	广西天峨交连岭风电场	广西壮族自治区河池市	风电	40	10
66	广西环江界子良风电项目	广西壮族自治区河池市	风电	40	12
67	昭觉碗厂三期龙恩	四川省凉山彝族自治州	风电	50	10
68	广元罗圈岩风电项目	四川省广元市	风电	43	10
69	四川普格五期乌科梁子风电项目	四川省凉山州	风电	52	13
70	贵州从江达棒山风电项目	贵州省黔东南州	风电	65	14
71	陕西定边谷梁风电项目	陕西省榆林市	风电	32	10
72	陕西定边周台子北畔	陕西省榆林市	风电	50	10
73	子长风电二期（东方红）	陕西省延安市	风电	32	10

续表

序号	项目名称	建设地址	能源类型	台数（台）	总容量（万千瓦）
74	子长李家岔风电场一期	陕西省延安市	风电	32	10
75	定边新安边 50 兆瓦风电项目	陕西省榆林市	风电	23	50
76	青海共和 100 兆瓦风电项目	青海省海南藏族自治州	风电	40	10
77	宁夏新庄集乡风电项目	宁夏回族自治区吴忠市	风电	75	15
78	宁夏南川二期风电项目	宁夏回族自治区吴忠市	风电	75	15
79	宁夏海原李俊堡一期风电项目	宁夏回族自治区中卫市	风电	48	10
80	京能宁夏喊叫水 150 兆瓦风电项目	宁夏回族自治区中卫市	风电	68	15
81	大唐木垒风电场 10 万千瓦项目	新疆维吾尔自治区昌吉回族自治州	风电	55	10
82	三峡新能源兵团六师北塔山风电场 200 兆瓦项目	新疆维吾尔自治区昌吉回族自治州	风电	100	20
五	太阳能发电工程				
1	领跑基地山西寿阳 3 号 100 兆瓦光伏项目	山西省晋中市	太阳能发电		10
2	白城光伏领跑基地 4 号项目	吉林省白城市	太阳能发电		11
3	新泰朝辉普通竞价光伏项目	山东省泰安市	太阳能发电		10
4	湛江坡头光伏项目	广东省湛江市	太阳能发电		12
5	宁夏京能太阳山 180 兆瓦光伏项目	宁夏省吴忠市	太阳能发电		18

附录 7

2019 年 500 千伏及以上电压等级电网工程投产重点项目

序号	项目名称	建设规模		建设地址	竣工时间
		变电（万千伏安）/换流容量（万千瓦）	线路长度（千米）		
一	特高压输变电工程				
1	北京西—石家庄特高压交流工程［河北公司投资部分（北京西站、石家庄扩，及北京西—石家庄线路）］		456	河北省石家庄市	2019 年 6 月
2	淮南—南京—上海特高压交流苏通 GIL 管廊工程（上海部分）		5	上海市	2019 年 9 月
3	潍坊—临沂—枣庄—菏泽—石家庄特高压交流工程（山东公司投资）	1500	1639	山东省潍坊市	2019 年 12 月
二	750 千伏输变电工程				
1	甘肃张掖 750 千伏输变电工程	210	154	甘肃省张掖市	2019 年 12 月
2	河西走廊第三回线 750 千伏加强工程（总部投资）		1404	甘肃省酒泉市	2019 年 12 月
3	渭北（西安北）750 千伏输变电工程	420	28	陕西省西安市	2019 年 5 月
4	陕北风电基地 750 千伏集中送出工程（定靖）	420	1113	陕西省榆林市	2019 年 6 月
5	莎车—和田 750 千伏输变电工程	150	324	新疆喀什地区	2019 年 6 月
6	达坂城 750 千伏变电站主变扩建工程	150		新疆乌鲁木齐市	2019 年 6 月
7	喀什—莎车 750 千伏输变电工程		172	新疆喀什地区	2019 年 6 月
8	巴楚—莎车 750 千伏输变电工程	150	230	新疆喀什地区	2019 年 5 月
9	五家渠 750 千伏输变电工程	300	28	新疆乌鲁木齐市	2019 年 1 月

续表

序号	项目名称	建设规模		建设地址	竣工时间
		变电（万千伏安）/换流容量（万千瓦）	线路长度（千米）		
三	500千伏输变电工程				
1	河南邵阳长阳铺500千伏变电站第二台主变扩建工程	100		河南省邵阳市	2019年1月
2	张北可再生能源柔性直流送出与消纳示范工程（北京段交流部分）		51	北京市	2019年3月
3	昌平增容工程	480		北京市	2019年3月
4	河北张南—北京昌平500千伏送出第三回工程（北京段）		51	北京市	2019年1月
5	北京房山—天津南蔡500千伏送出工程（北京段）		134	北京市	2019年6月
6	天津吴庄至静海双回500千伏输变电工程		104	天津市	2019年9月
7	北京房山—天津南蔡输变电工程（天津段）		50	天津市	2019年6月
8	天津双青（西郊）500千伏输变电工程	240	1	天津市	2019年1月
9	天津渠阳（宝北）500千伏输变电工程	150	40	天津市	2019年10月
10	邢西500千伏输变电工程	200	185	河北省邢台市	2019年1月
11	山西同煤阳高2×350兆瓦低热值煤发电项目500千伏送出工程		79	山西省大同市	2019年1月
12	山西运城桐乡500千伏变电站2号主变扩建工程	100		山西省运城市	2019年1月
13	山阴低热值煤电厂二期500千伏送出工程		58	山西省朔州市	2019年3月
14	山西木瓜界电厂500千伏送出工程		45	山西省朔州市	2019年12月
15	山西朔州神泉电厂一期500千伏改接晋北直流换流站送出工程		36	山西省朔州市	2019年3月

续表

序号	项目名称	建设规模		建设地址	竣工时间
		变电（万千伏安）/换流容量（万千瓦）	线路长度（千米）		
16	张家口解放500千伏输变电工程	120	50	河北省张家口市	2019年12月
17	张南—昌平第三回500千伏线路工程		69	河北省张家口市	2019年1月
18	房山—南蔡500千伏输变电工程冀北段		23	河北省廊坊市	2019年6月
19	张家口张北换流站配套500千伏输变电工程		23	河北省张家口市	2019年11月
20	张家口康保换流站配套500千伏输变电工程		26	河北省张家口市	2019年11月
21	冀北承德丰宁抽水蓄能电厂送出500千伏输变电工程		253	河北省承德市	2019年12月
22	丰满电厂扩建送出500千伏输变电工程		91	吉林省吉林市	2019年3月
23	黑龙江宝清电厂500千伏送出工程		152	黑龙江省双鸭山市	2019年6月
24	内蒙古通辽奈曼500千伏输变电工程	75	296	内蒙古通辽市	2019年9月
25	泗泾500千伏变电站主变增容工程	240		上海市	2019年3月
26	上海南桥500千伏变电站主变扩建工程	120		上海市	2019年6月
27	江苏晨阳500千伏输变电工程	100	38	江苏省苏州市	2019年5月
28	江苏江都500千伏变电站增容扩建工程	50		江苏省扬州市	2019年8月
29	江苏苏州玉山500千伏变电站第四台主变扩建工程	100		江苏省苏州市	2019年6月
30	江苏镇江大港500千伏输变电工程	100	4	江苏省镇江市	2019年8月
31	沭阳500千伏输变电工程	100	14	江苏省宿迁市	2019年1月

续表

序号	项目名称	建设规模		建设地址	竣工时间
		变电（万千伏安）/换流容量（万千瓦）	线路长度（千米）		
32	江苏仲洋 500 千伏变电站第三台主变扩建工程	100		江苏省南通市	2019 年 8 月
33	苏州石牌 500 千伏变电站增容扩建工程	300		江苏省苏州市	2019 年 3 月
34	江苏田湾核电站三期配套 500 千伏送出工程		203	江苏省连云港市	2019 年 12 月
35	江苏石牌—玉山 500 千伏线路增容改造工程		38	江苏省苏州市	2019 年 12 月
36	江苏新海电厂扩建配套 500 千伏送出加强工程		2	江苏省连云港市	2019 年 4 月
37	浙江舟山舟山 500 千伏变电站 3 号主变扩建工程	100		浙江省舟山市	2019 年 9 月
38	浙江舟山 500 千伏联网北通道第 II 回输电线路工程		17	浙江省舟山市	2019 年 6 月
39	浙江舟山与大陆 500 千伏联网工程	300	235	浙江省舟山市	2019 年 10 月
40	浙江绍兴江滨 500 千伏变电站 3 号主变扩建工程	100		浙江省绍兴市	2019 年 4 月
41	浙江宁波明州 500 千伏变电站 2 号主变扩建工程	100		浙江省宁波市	2019 年 6 月
42	浙江嘉兴由拳 500 千伏变电站 4 号主变扩建工程	100		浙江省嘉兴市	2019 年 6 月
43	浙江台州回浦 500 千伏变电站 4 号主变扩建工程	100		浙江省台州市	2019 年 12 月
44	金华换流站配套调相机工程		1	浙江省金华市	2019 年 12 月
45	浙江绍兴江滨 500 千伏输变电工程	200	147	浙江省绍兴市	2019 年 4 月
46	苍南输变电工程	100	1	浙江省温州市	2019 年 3 月
47	黄山徽州 500 千伏开关站扩建主变工程	200	1	安徽省黄山市	2019 年 1 月

续表

序号	项目名称	建设规模		建设地址	竣工时间
		变电（万千伏安）/换流容量（万千瓦）	线路长度（千米）		
48	宣城绩溪抽蓄电站500千伏送出工程		153	安徽省宣城市	2019年5月
49	安庆三500千伏变电站输变电工程	150	175	安徽省安庆市	2019年5月
50	铜陵铜北500千伏输变电工程	100	22	安徽省铜陵市	2019年6月
51	安徽阜阳阜三500千伏输变电工程	200	142	安徽省阜阳市	2019年6月
52	宣城河沥500千伏开关站主变扩建工程	100		安徽省宣城市	2019年1月
53	安徽马鞍山昭关500千伏变电站3号主变扩建工程	75		安徽省马鞍山市	2019年1月
54	安徽蚌埠怀洪500千伏变电站2号主变扩建工程	100		安徽省蚌埠市	2019年9月
55	安徽亳州伯阳500千伏变电站2号主变扩建工程	100		安徽省亳州市	2019年3月
56	福建三明三阳500千伏变电站扩建工程	75		福建省三明市	2019年1月
57	福建泉州通港500千伏输变电工程	100	2	福建省泉州市	2019年7月
58	福建福州井门500千伏输变电工程	240	45	福建省福州市	2019年7月
59	生米500千伏输变电工程	200	58	江西省昌西南	2019年6月
60	山东青岛神山（即墨）500千伏输变电工程	100	7	山东省青岛市	2019年6月
61	山东济南特高压—惠民、天衍500千伏送出线路工程		199	山东省济南市	2019年12月
62	菏泽特高压变电站500千伏送出工程		21	山东省菏泽市	2019年10月
63	山东枣庄特高压变电站500千伏送出工程		3	山东省枣庄市	2019年10月

续表

序号	项目名称	建设规模		建设地址	竣工时间
		变电（万千伏安）/换流容量（万千瓦）	线路长度（千米）		
64	山东济宁儒林500千伏输变电工程	100	10	山东省济宁市	2019年3月
65	山东潍坊临朐500千伏输变电工程	100	32	山东省潍坊市	2019年1月
66	山东枣庄—金乡500千伏线路工程		192	山东省枣庄市	2019年6月
67	山东菏泽文亭500千伏变电站扩建工程	100		山东省菏泽市	2019年10月
68	山东莱阳500千伏变电站扩建输变电工程	100	130	山东省莱阳市	2019年6月
69	山东德州武城（贝州）500千伏输变电工程	100	70	山东省德州市	2019年9月
70	山东菏泽桂陵（菏泽III）500千伏输变电工程	100	146	山东省菏泽市	2019年4月
71	河南驻马店嵖岈500千伏变电站增容改造工程	200		河南省驻马店市	2019年6月
72	河南内乡电厂2×1000兆瓦机组500千伏送出工程		56	河南省南阳市	2019年7月
73	河南南阳南（奚贤）500千伏变电站第三台主变扩建工程	100		河南省南阳市	2019年4月
74	河南许昌西（涂会）500千伏变电站第二台主变扩建工程	100		河南省许昌市	2019年10月
75	河南郑州郑州北（惠济）500千伏变电站主变扩建工程	120		河南省郑州市	2019年6月
76	河南南阳中—南阳南500千伏线路工程		57	河南省南阳市	2019年4月
77	鄂州电厂三期500千伏送出工程		27	河南省鄂州市	2019年3月
78	湖北黄冈武穴500千伏输变电工程	100	94	湖北省黄冈市	2019年3月
79	铜梁500千伏输变电工程	200		重庆市	2019年5月

续表

序号	项目名称	建设规模		建设地址	竣工时间
		变电（万千伏安）/换流容量（万千瓦）	线路长度（千米）		
80	渝北明月山（两江）500千伏输变电工程	200	78	重庆市	2019年6月
81	圣泉500千伏变电站1号主变扩建工程	100		重庆市	2019年6月
82	重庆铜梁500千伏变电站改接工程		2	重庆市	2019年5月
83	四川蜀州至丹景第三回500千伏线路工程		66	四川省成都市	2019年6月
84	四川雅安送出加强500千伏线路工程		479	四川省雅安市	2019年9月
85	会东500千伏输变电工程	150	134	四川省凉山彝族自治州	2019年1月
86	江油500千伏输变电工程	75	5	四川省绵阳市	2019年1月
87	广东±800千伏侨乡换流站扩建第一台主变工程	100		广东省江门市	2019年11月
88	500千伏独山站扩建第二台主变工程	75		贵州省黔南布依族苗族自治州	2019年12月
89	金州500千伏变电站3号主变扩建工程（金州500千伏变扩建工程）	75		贵州省黔西南布依族苗族自治州	2019年9月
90	奢香500千伏变2号主变扩建工程	75		贵州省毕节市	2019年12月
91	威宁500千伏输变电工程	150	169	贵州省毕节市	2019年12月
92	500千伏荣兴（威信）输变电工程	75	3	云南省昭通市	2019年1月
93	500千伏永昌输变电工程	75	316	云南省保山市	2019年8月
94	钦州电厂二期500千伏送出工程		38	广西钦州市区	2019年4月
95	500千伏金陵输变电工程	75	80	广西南宁市	2019年10月

附录 8

2019 年 500 千伏及以上电压等级电网工程新开工重点项目

序号	项目名称	建设规模		建设地址	竣工时间
		变电（万千伏安）/换流容量（万千瓦）	线路长度（千米）		
一	特高压输变电工程				
1	驻马店—南阳特高压交流工程	600	380	河南省驻马店市	2019 年 3 月
2	张北—雄安 1000 千伏特高压交流输变电工程	600	640	河北省张家口市	2019 年 4 月
3	山西漳泽电厂 2×1000 兆瓦机组扩建项目 1000 千伏送出工程		66	山西省长治市	2019 年 9 月
4	长治特高压交流站配套 1000 千伏电源送出工程（山西公司投资）		42	山西省长治市	2019 年 9 月
5	张北—雄安 1000 千伏特高压交流输变电工程［冀北公司投资部分（张北站新建）］	600		河北省张家口市	2019 年 4 月
6	江苏东吴 1000 千伏变电站第五台主变扩建工程	300		江苏省南京市	2019 年 10 月
7	雅中—江西 ±800 千伏特高压直流输电工程	1600	909	江西省抚州市	2019 年 9 月
二	750 千伏输变电工程				
1	宝鸡 750 千伏变电站主变扩建工程	210	2	陕西省宝鸡市	2019 年 3 月
2	甘肃省常乐电厂 750 千伏送出工程		71	甘肃省酒泉市	2019 年 1 月
3	甘肃白银 750 千伏变电站 2 号主变扩建工程	150		甘肃省白银市	2019 年 6 月
4	青海省海南州西宁—合乐—塔拉第三回 750 千伏线路工程		156	青海省西宁市	2019 年 8 月
5	青海省海南州合乐（海南）750 千伏 3 号主变扩建工程	210		青海省海南藏族自治州	2019 年 9 月

续表

序号	项目名称	建设规模		建设地址	竣工时间
		变电（万千伏安）/换流容量（万千瓦）	线路长度（千米）		
6	青海省海南州塔拉750千伏3号主变扩建工程	210		青海省海南藏族自治州	2019年9月
7	吐鲁番—巴州—库车Ⅱ回750千伏输变电工程	150	633	新疆吐鲁番地区	2019年5月
8	鄯善750千伏输变电工程	300	24	新疆吐鲁番地区	2019年8月
9	新疆木垒750千伏输变电工程	300	3	新疆昌吉地区	2019年8月
10	新疆乌昌750千伏输变电工程	300	2	新疆昌吉地区	2019年10月
11	新疆库车—阿克苏—巴楚Ⅱ回750千伏输变电工程		488	新疆阿克苏地区	2019年11月
三	500千伏输变电工程				
1	湖南昆山500千伏变电站第二台主变扩建工程	100		河南省周口市	2019年6月
2	湖北凤凰山500千伏变电站主变扩建工程	100		湖北省丹江口市	2019年5月
3	河南开封祥符500千伏变电站扩建第三台主变工程	100	0	河南省开封市	2019年6月
4	北京通州北500千伏输变电工程	240	10	北京市	2019年3月
5	张北可再生能源柔性直流送出与消纳示范工程（北京段交流部分）		51	北京市	2019年1月
6	天津渠阳—芦台Ⅱ回500千伏输变电工程		51	天津市	2019年9月
7	天津双青—北郊Ⅱ回500千伏输变电工程		27	天津市	2019年6月
8	天津宝北—南蔡500千伏线路工程		129	天津市	2019年11月
9	天津板桥—滨海Ⅱ回500千伏输变电工程		63	天津市	2019年6月
10	衡沧500千伏输变电工程	200	235	河北省沧州市、衡水市	2019年3月

续表

序号	项目名称	建设规模		建设地址	竣工时间
		变电（万千伏安）/换流容量（万千瓦）	线路长度（千米）		
11	山西朔州平鲁500千伏变电站3号主变扩建工程	100		山西省朔州市	2019年3月
12	山西大同新荣500千伏输变电工程	200	192	山西省大同市	2019年8月
13	山西晋中介休崇光2×350兆瓦低热值煤热电项目500千伏送出工程		47	山西省晋中市	2019年10月
14	山西太原北500千伏输变电工程	200	76	山西省太原市	2019年3月
15	山西木瓜界电厂500千伏送出工程		45	山西省朔州市	2019年9月
16	河北廊坊大城500千伏输变电工程	150	142	河北省廊坊市	2019年3月
17	廊坊北500千伏输变电工程	150	33	河北省廊坊市	2019年12月
18	北京东特高压站—通州线路工程（冀北段）		63	河北省廊坊市	2019年12月
19	辽宁登台500千伏输变电工程	200	119	辽宁省大连市	2019年3月
20	牡丹江荒沟抽水蓄能电站500千伏送出工程		22	黑龙江省牡丹江市	2019年12月
21	蒙西朱家坪电厂500千伏送出工程		12	内蒙古鄂尔多斯市	2019年8月
22	蓝旗500千伏输变电工程	150	119	内蒙古正蓝旗	2019年11月
23	锡林浩特500千伏输变电工程	150	67	内蒙古锡林浩特市	2019年9月
24	白旗500千伏输变电工程	200	208	内蒙古正镶白旗	2019年11月
25	阿旗500千伏输变电工程	150	106	内蒙古锡林郭勒盟阿巴嘎旗	2019年9月
26	东苏旗500千伏输变电工程	150	203	内蒙古锡林郭勒盟苏尼特左旗	2019年11月
27	内蒙古神华国能查干淖尔电厂送出工程		454	内蒙古查干淖尔	2019年3月

续表

序号	项目名称	建设规模		建设地址	竣工时间
		变电（万千伏安）/换流容量（万千瓦）	线路长度（千米）		
28	上海三林500千伏变电站主变扩建工程	100		上海市	2019年3月
29	上海新余500千伏变电站主变扩建工程	100		上海市	2019年6月
30	江苏徐州任庄500千伏变电站改造工程	100	0	江苏省徐州市	2019年12月
31	江苏双草500千伏变电站第三台主变扩建工程	100		江苏省盐城市	2019年3月
32	连云港花果山500千伏输变电工程	200	2	江苏省连云港市	2019年10月
33	镇江上党500千伏变电站扩建工程	100		江苏省镇江市	2019年9月
34	南通三官殿500千伏变电站增容工程	200		江苏省南通市	2019年3月
35	江苏苏州昆南500千伏变电站（第2台主变）扩建工程	100		江苏省苏州市	2019年3月
36	苏州木渎500千伏变电站扩建工程	100		江苏省苏州市	2019年6月
37	南京三汊湾500千伏变电站增容工程	200		江苏省南京市	2019年6月
38	镇江句容仑山抽水蓄能电站500千伏配套送出工程		43	江苏省镇江市	2019年6月
39	江苏盐城龙口500千伏输变电工程	100	10	江苏省盐城市	2019年6月
40	徐州黄集500千伏输变电工程	200	214	江苏省徐州市	2019年9月
41	浙江舟山500千伏变电站3号主变扩建工程	100		浙江省舟山市	2019年3月
42	浙江西南部500千伏老旧线路增容改造工程		91	浙江省金华市	2019年2月

续表

序号	项目名称	建设规模		建设地址	竣工时间
		变电（万千伏安）/换流容量（万千瓦）	线路长度（千米）		
43	浙江长龙山抽水蓄能电站500千伏送出工程		125	浙江省湖州市	2019年5月
44	浙江宁波镇海电厂迁建500千伏送出工程		41	浙江省宁波市	2019年12月
45	浙江台州麦屿500千伏变电站3号主变扩建工程	100		浙江省台州市	2019年3月
46	浙江绍兴苍岩500千伏变电站第3台主变扩建工程	100		浙江省绍兴市	2019年6月
47	浙江宁波姚江500千伏变电站第3台主变扩建工程	120		浙江省宁波市	2019年11月
48	浙江金华吴宁500千伏变电站第3台主变扩建工程	100		浙江省金华市	2019年9月
49	安徽宿州埇桥500千伏开关站升压工程	200	8	安徽省宿州市	2019年6月
50	安徽安庆双岭500千伏变电站3号主变扩建工程	75		安徽省安庆市	2019年9月
51	安徽池州涓桥500千伏变电站2号主变扩建工程	100		安徽省池州市	2019年9月
52	安徽芜湖楚城500千伏变电站3号主变扩建工程	100		安徽省芜湖市	2019年6月
53	安徽阜阳沙河500千伏变电站3号主变扩建工程	100		安徽省阜阳市	2019年11月
54	福建福州特高压变电站—三阳500千伏线路工程		150	福建省福州市	2019年1月
55	福建漳州500千伏变电站扩建工程	100		福建省漳州市	2019年3月
56	厦门抽水蓄能电站500千伏送出工程		40	福建省厦门市	2019年3月
57	福建福州500千伏变电站主变扩建工程	100		福建省福州市	2019年6月

续表

序号	项目名称	建设规模		建设地址	竣工时间
		变电（万千伏安）/换流容量（万千瓦）	线路长度（千米）		
58	福建莆田园顶500千伏变电站二期扩建工程	100		福建省莆田市	2019年11月
59	江西省南昌市进贤500千伏3号主变扩建工程	75		江西省南昌市	2019年10月
60	江西南昌南昌东500千伏输变电工程	200	49	江西省南昌市	2019年6月
61	江西吉安文山500千伏变电站2号主变扩建工程	75		江西省吉安市	2019年10月
62	菏泽特高压变电站500千伏送出工程		21	山东省菏泽市	2019年1月
63	山东烟台牟平变电站500千伏4号主变扩建工程	100	23	山东省烟台市	2019年5月
64	莱州电厂二期送出工程		166	山东省莱州市	2019年7月
65	山东官亭（高密）—潍坊特高压变电站500千伏线路工程		197	山东省潍坊市	2019年10月
66	山东淄博管仲500千伏输变电工程	100	5	山东省淄博市	2019年6月
67	山东临沂兰陵500千伏变电站扩建工程	100		山东省临沂市	2019年6月
68	山东淄博高青500千伏变电站扩建工程	100		山东省淄博市	2019年8月
69	山东日照巨峰500千伏变电站扩建工程	100		山东省日照市	2019年3月
70	山东潍坊乔官500千伏输变电工程	100	8	山东省潍坊市	2019年3月
71	驻马店挚亭至信阳春申500千伏线路工程			河南省驻马店市	2019年7月
72	河南周口—驻马店东（挚亭）500千伏线路工程		260	河南省驻马店市	2019年6月

续表

序号	项目名称	建设规模		建设地址	竣工时间
		变电（万千伏安）/换流容量（万千瓦）	线路长度（千米）		
73	驻马店挚亭至信阳春申500千伏线路工程		190	河南省驻马店市	2019年7月
74	驻马店特高压站500千伏送出工程		30	河南省驻马店市	2019年9月
75	河南驻马店特高压直流500千伏送出工程		225	河南省驻马店市	2019年3月
76	河南周口周口西（迟营）500千伏变电站第二台主变扩建工程	100		河南省周口市	2019年3月
77	河南许昌西（涂会）500千伏变电站第二台主变扩建工程	100		河南省许昌市	2019年1月
78	河南南阳天池抽蓄机组500千伏送出工程		77	河南省南阳市	2019年11月
79	河南郑州郑州北（惠济）500千伏变电站主变扩建工程	120		河南省郑州市	2019年1月
80	黄冈大吉500千伏变电站扩建工程	100		湖北省黄冈市	2019年7月
81	武汉军山500千伏变电站扩建工程	100		湖北省武汉市	2019年7月
82	武汉柏泉500千伏输变电工程	120		湖北省武汉市	2019年9月
83	武汉光谷500千伏主变替换改造工程	100		湖北省武汉市	2019年3月
84	成都籍田500千伏输变电工程	240	255	四川省成都市	2019年11月
85	四川尖山500千伏变电站3号主变扩建工程	100		四川省成都市	2019年6月
86	绵阳南500千伏输变电工程	200	186	四川省绵阳市	2019年12月
87	四川绵阳天明电厂500千伏送出工程		40	四川省绵阳市	2019年11月
88	四川康定—蜀州500千伏线路串补站工程		12	四川省甘孜藏族自治州	2019年9月

续表

序号	项目名称	建设规模		建设地址	竣工时间
		变电（万千伏安）/换流容量（万千瓦）	线路长度（千米）		
89	新津500千伏输变电工程	240	10	四川省成都市	2019年7月
90	四川甘谷地—蜀州改接500千伏线路工程		200	四川省甘孜藏族自治州	2019年12月
91	四川沐溪—叙府500千伏线路工程		152	四川省乐山市	2019年12月
92	日喀则市吉隆（220千伏部分）500千伏输变电工程	24	644	西藏日喀则市	2019年9月
93	日喀则市查务（220千伏部分）500千伏输变电工程	24	300	西藏日喀则市	2019年9月
94	±800千伏穗东换流站扩建第一、二台主变工程	200		广东	2019年3月
95	500千伏独山站扩建第二台主变工程	75		贵州	2019年7月
96	500千伏白邑输变电工程	200	62	云南省昆明市	2019年9月
97	乌东德电站送电广东广西输电工程（特高压多端直流示范工程）送端电网侧500千伏交流配套工程		422	云南省禄劝县、永仁县、元谋县、武定县	2019年3月
98	乌东德电站送电广东广西输电工程（特高压多端直流示范工程）送端电站侧500千伏交流配套工程		790	云南省禄劝县、昆明市、寻甸县、嵩明县、宜良县、曲靖市、马龙县	2019年6月
99	云贵互联通道工程	300	386	云南、贵州	2019年7月

附录 9

2019 年 500 千伏及以上电压等级电网工程在建重点项目

序号	项目名称	建设规模		建设地址	开工时间
		变电（万千伏安）/换流容量（万千瓦）	线路长度（千米）		
一	特高压输变电工程				
1	蒙西—晋中特高压交流工程		18	内蒙古、山西省	2018 年 11 月
2	蒙西—晋中特高压交流工程［山西公司投资部分（晋中站扩建、蒙西—晋中线路山西段）］		590	山西省晋中市	2018 年 11 月
3	准东—皖南特高压直流工程		1768	安徽省、新疆	2016 年 1 月
4	青海—河南特高压直流工程	800	981	青海省	2018 年 11 月
5	青海—河南特高压直流工程（河南公司投资受端换流站及河南段线路）	1000	379	河南省	2018 年 11 月
6	青海—河南特高压直流工程（青海公司投资青海境内线路）		234	青海省海南藏族自治州	2018 年 11 月
7	乌东德电站送电广东广西（昆柳龙直流）输电工程（特高压多端直流示范工程）	1600	1489	云南、贵州、广西、广东	2018 年 12 月
二	750 千伏输变电工程				
1	渭北（西安北）750 千伏输变电工程	420	28	陕西省西安市	2016 年 11 月
2	神木 750 千伏输变电工程	420		陕西省榆林市	2016 年 5 月
3	信义—西安南—宝鸡Ⅱ回 750 千伏输变电工程		204	陕西省西安市	2017 年 8 月
4	西宁 750 千伏变电站第 3 台主变扩建工程	150		青海省西宁市	2018 年 9 月
5	青海省海南州海西—塔拉 750 千伏线路工程		459	青海省海南藏族自治州	2018 年 9 月

续表

序号	项目名称	建设规模		建设地址	开工时间
		变电（万千伏安）/换流容量（万千瓦）	线路长度（千米）		
6	海南750千伏输变电工程	420	164	青海省海南藏族自治州	2018年9月
7	西宁北750千伏输变电工程	420	164	青海省西宁市	2017年12月
8	青海省海南州羊曲水电站750千伏送出工程		176	青海省海南藏族自治州	2018年6月
9	新疆阿勒泰（布尔津）750千伏输变电工程	300	348	新疆阿勒泰	2018年9月
10	芨芨湖750千伏变电站主变扩建工程	150		新疆乌鲁木齐市	2018年8月
11	新疆博州750千伏输变电工程	150	6	新疆博州	2018年8月
三	500千伏输变电工程				
1	湖南常德（华中分部）岗市500千伏变电站第三台主变扩建工程	100		湖南省常德市	2017年7月
2	湖南益阳复兴500千伏变电站第二台主变扩建工程（总部投资）	100		湖南省益阳市	2018年9月
3	北京换流站—昌平500千伏联络线工程			北京市	2018年12月
4	天津双青—吴庄Ⅱ回500千伏输变电工程		44	天津市	2018年11月
5	房山—南蔡500千伏输变电工程冀北段		40	河北省廊坊市	2017年12月
6	承德东—阳乐双回500千伏线路工程		200	河北省唐山市	2017年6月
7	山西晋中东500千伏输变电工程	200	146	山西省晋中市	2018年6月
8	山西晋能保德电厂送出工程		127	山西省晋中市	2018年6月
9	山西北部电网完善工程和神二电厂3、4号机组接入朔州变工程		23	山西省朔州市	2018年6月
10	山西临汾西500千伏输变电工程	200	125	山西省临汾市	2017年6月

续表

序号	项目名称	建设规模		建设地址	开工时间
		变电（万千伏安）/换流容量（万千瓦）	线路长度（千米）		
11	山西朔州神头二电厂1、2号机组改接至晋北交流特高压站500千伏线路工程		124	山西省朔州市	2018年6月
12	山西长治潞城500千伏开关站主变扩建工程	200		山西省长治市	2017年12月
13	山东潍坊官亭500千伏输变电工程	100	81	山东省潍坊市	2018年6月
14	山东菏泽桂陵（菏泽III）500千伏输变电工程	100	146	山东省菏泽市	2016年12月
15	山东德州武城（贝州）500千伏输变电工程	100	70	山东省德州市	2017年12月
16	山东大唐东营电厂送出工程		81	山东省东营市	2018年12月
17	山东潍坊临朐500千伏输变电工程	100	32	山东省潍坊市	2016年12月
18	山东德州贝州（武城）—高唐500千伏线路工程		52	山东省德州市	2017年12月
19	丰满电厂扩建送出500千伏输变电工程		96	吉林省吉林市	2016年10月
20	敦化抽水蓄能送出500千伏输变电工程		126	吉林省延边州	2017年12月
21	内蒙古国电双维上海庙电厂送出工程		116	内蒙古上海庙	2018年9月
22	内蒙古盛鲁上海庙电厂送出工程		107	内蒙古上海庙	2018年9月
23	内蒙古通辽奈曼500千伏输变电工程	75	296	内蒙古通辽市	2018年6月
24	蒙东青山500千伏变电站三期扩建工程	75		内蒙古赤峰市	2018年9月
25	内蒙古赤峰紫城500千伏输变电工程	240	107	内蒙古赤峰市	2018年9月

续表

序号	项目名称	建设规模		建设地址	开工时间
		变电（万千伏安）/换流容量（万千瓦）	线路长度（千米）		
26	崇明500千伏输变电工程	150	97	上海市	2018年11月
27	练塘500千伏变电站扩建工程	100		上海市	2018年11月
28	黄渡500千伏变电站主变增容及配电装置改造工程	480	4	上海市	2018年6月
29	江苏田湾核电站三期配套500千伏送出工程		203	江苏省连云港市	2017年12月
30	江苏石牌—玉山500千伏线路增容改造工程		38	江苏省苏州市	2017年5月
31	500千伏句容—廻峰山—武南线路改造工程		283	江苏省镇江市	2016年3月
32	宿迁宿豫东500千伏输变电工程	100	54	江苏省宿迁市	2018年11月
33	江苏中吴500千伏输变电工程	200		江苏省常州市	2018年11月
34	江苏徐塘电厂扩建工程自建500千伏送出工程		75	江苏省邳州市	2017年12月
35	南通新丰500千伏输变电工程	100	5	江苏省南通市	2018年6月
36	岙坑500千伏输变电工程	100	17	浙江省台州市	2018年3月
37	浙江舟山与大陆500千伏联网工程	300	261	浙江省舟山市	2017年1月
38	浙江杭州萧东500千伏变电站2号主变扩建工程	120		浙江省杭州市	2018年3月
39	浙江金华永康500千伏变电站3号主变扩建工程	100		浙江省金华市	2018年9月
40	浙江宁波甬港500千伏输变电工程	100	23	浙江省宁波市	2018年11月
41	浙江杭州萧浦500千伏变电站3号主变扩建工程	120		浙江省杭州市	2018年9月
42	金华换流站配套调相机工程		1	浙江省金华市	2017年12月
43	浙江杭州萧东500千伏输变电工程	120	44	浙江省杭州市	2016年11月

续表

序号	项目名称	建设规模		建设地址	开工时间
		变电（万千伏安）/换流容量（万千瓦）	线路长度（千米）		
44	六安金寨500千伏输变电工程	360	140	安徽省六安市	2018年3月
45	安徽滁州同乐500千伏输变电工程	200	85	安徽省滁州市	2018年9月
46	安徽六安石店500千伏输变电工程	200	254	安徽省六安市	2018年9月
47	罗源湾电厂送出工程		97	福建省福州市	2015年10月
48	凤凰山500千伏变电站主变扩建输变电工程	100	9	湖北省武汉市	2017年6月
49	湖北鄂州500千伏输变电工程		40	湖北省鄂州市	2018年9月
50	恩施东500千伏输变电工程及樊城500千伏主变增容工程	100	10	湖北省恩施土家族苗族自治州	2017年12月
51	湖北恩施江坪河电厂500千伏送出工程		90	湖北省恩施土家族苗族自治州	2017年12月
52	鄂州电厂三期500千伏送出工程		28	湖北省鄂州市	2017年11月
53	湖北十堰—卧龙500千伏线路工程		225	湖北省十堰市	2018年12月
54	水洛500千伏变电站扩建工程	100		四川省凉山彝族自治州	2017年2月
55	资阳500千伏变电站扩建工程	75		四川省资阳市	2018年6月
56	遂宁500千伏变电站扩建工程	75		四川省遂宁市	2018年6月
57	马尔康500千伏输变电工程	200	298	四川省阿坝藏族羌族自治州	2018年1月
58	色尔古—茂县500千伏输变电工程		5	四川省阿坝藏族羌族自治州	2018年11月
59	赣州西500千伏输变电工程	100	221	江西省赣州市	2017年12月
60	九江西（瑞昌）500千伏输变电工程	100	138	江西省九江市	2017年8月
61	陕西锦界、府谷电厂扩建500千伏送出工程		103	陕西省榆林市	2016年12月

续表

序号	项目名称	建设规模		建设地址	开工时间
		变电（万千伏安）/换流容量（万千瓦）	线路长度（千米）		
62	广东±500千伏从西换流站扩建第一台主变工程	100		广东	2018年11月
63	500千伏庄乔（马金铺）输变电工程	150	32	云南省晋宁县	2017年7月
64	500千伏荣兴（威信）输变电工程	75	3	云南省镇雄县	2018年3月
65	500千伏永昌输变电工程	75	316	云南省龙陵县	2018年3月
66	500千伏仁和开关站扩建工程	75		云南省永仁县	2018年3月
67	500千伏黄坪变二期工程	75		云南省鹤庆县	2018年12月
68	遵义县八一（深溪）500千伏输变电工程	75	13	云南省遵义市	2015年10月
69	张北可再生能源柔性直流送出与消纳示范工程（冀北公司投资）	600	687	河北省张家口市	2018年2月

附录 10

2019 年电网企业生产经营数据

指标名称		单位	国家电网有限公司		中国南方电网有限责任公司		内蒙古电力（集团）有限公司		陕西省地方电力（集团）有限公司	
			2018 年	2019 年	2018 年	2019 年	2018 年	2019 年	2018 年	2019 年
资产总额		亿元	39293	41559	8150	9337	1068	990	310	346
主营业务收入		亿元	25380	26268	5304	5611	749	807	213	223
其中	国内主营业务收入	亿元	24321	25263			742	799	213	223
	国际主营业务收入	亿元	1058	1005			7	8		
电网建设完成投资		亿元	4892	4473	874	1060	160	151	42	40
公司利润总额		亿元	780	774	166	180	26.5	27.6	13	14.7
公司合并净利润		亿元	565	579	126	138	20	20	12	14
上缴税金		亿元	1710	1484	320		38	33	7	6
所有者权益		亿元	17017	18139	3225	3784	446	470	153	169
资产负债率		%	56.7	56.4	60.4	59.5	58.2	52.5	50.8	52.7
资本保值增值率		%	103.5		103.8		106.7	105.2	109.8	109.0
全员劳动生产率		万元/（人·年）	82	84	54	61	76	80	47	49
可控发电装机容量		万千瓦	3840	3921	1163	1188				

续表

指标名称			单位	国家电网有限公司		中国南方电网有限责任公司		内蒙古电力（集团）有限公司		陕西省地方电力（集团）有限公司	
				2018 年	2019 年	2018 年	2019 年	2018 年	2019 年	2018 年	2019 年
其中	1. 水电		万千瓦	3349	3409	1057	1057				
	其中：抽水蓄能		万千瓦	1916	1916	788	788				
	2. 火电		万千瓦	192	192	28	31				
	其中：气电		万千瓦			16	16				
	生物质能发电		万千瓦	98	98	3	6				
	3. 风电		万千瓦	244	254	13	13				
	4. 太阳能发电		万千瓦	50	61	65	87				
可控发电装机的发电量			亿千瓦时	720	789	221	201				
年售电量			亿千瓦时	42351	44686	9703	10521	1953	2176	434	463
跨区送电能力			万千瓦	9342	11312	5017	5017	400	400		
综合电压合格率		城市	%	99.995	99.995	99.751	99.794	99.230	99.550	97.860	97.870
		农村	%	99.752	99.802	98.870	98.949	98.490	99.380	97.270	97.240
供电线路损失率			%	6.47	6.25	6.31	5.80	3.50	2.92	5.12	4.72
供电可靠率（RS-1）		城市	%	99.952	99.952	99.937	99.955	99.897	99.905	99.890	99.900
		农村	%	99.787	99.814	99.771	99.831	99.772	99.757	99.700	99.710

附录 11

2019 年主要发电企业生产经营数据

单位名称	主要指标	资产总额（亿元）	收入		利润总额				公司合并净利润（亿元）	上缴税金（亿元）	所有者权益（亿元）	所有者权益收益率（%）	资产负债率（%）	资本保值增值率（%）	全员劳动生产率［万元/（人·年）］
			综合业务收入（亿元）	电力业务收入（亿元）	综合利润总额（亿元）	电力业务利润总额（亿元）	火电业务利润总额（亿元）	煤电业务利润总额（亿元）							
中国华能集团有限公司	2018 年	10733	2786	2345	144	92	-39	-49	88	255	2471	3.8	77.0	98.3	68.9
	2019 年	11243	3030	2487	168	59	-83	-91	102	286	2934	3.8	73.9		
中国大唐集团有限公司	2018 年	7458	1895	1727	96	30	-61	-72	62	170	1758	3.8	76.4	117.8	79.0
	2019 年	7642	1922	1737	121	59	-18	-27	74	179	2077	3.8	72.8		84.9
中国华电集团有限公司	2018 年	8156	2347	1804	82	60	-41	-40	60	221	1829	3.6	77.6	110.9	67.2
	2019 年	8224	2145	1951	113	103	20	14	68	231	2234	3.4	72.8		
国家能源集团	2018 年	17826	5423	5300	735	191	76	76	509	895	6991	7.3	60.8		71.6
	2019 年	17500	5575	5464	781	218	107	107	556	924	7059	7.9	59.7		
国家电力投资集团有限公司	2018 年	10813	2267	1691	108	69	-41	-25	66	237	2313	3.0	78.6		60.7
	2019 年	11834	2725	1946	162	119	-33	-20	108	237	2903	4.1	75.5		70.9

续表

单位名称	主要指标	资产总额（亿元）	收入		利润总额				公司合并净利润（亿元）	上缴税金（亿元）	所有者权益（亿元）	所有者权益收益率（%）	资产负债率（%）	资本保值增值率（%）	全员劳动生产率［万元/（人·年）］
			综合业务收入（亿元）	电力业务收入（亿元）	综合利润总额（亿元）	电力业务利润总额（亿元）	火电业务利润总额（亿元）	煤电业务利润总额（亿元）							
中国核工业集团公司	2018年	6943.6	1520.3	406.5	158	101			126	145.1	1969	6.4	71.6	108.4	35.1
	2019年	8317	1794	494	176	105			142	138	2371	6.6	71.5	110.3	45.2
中国三峡集团公司	2018年	7504	939	783	424	280	1	1	353	221	3957	9.2	47.3	106.2	299.1
	2019年	8356	985	806	441	282	9	9	362	202	4235	8.6	49.3	108.5	307.0
中国广核集团有限公司	2018年	6701	979		166				139	105	1882	7.8	71.9	104.7	
	2019年	7495	1097		186				156	119	2219	7.7	70.3	100.0	
广东省能源集团有限公司	2018年	1450	457	430						39	696	5.0	52.0	104.3	323.1
	2019年	1458	492	464						40	720	5.5	50.6	106.4	346.0
浙江省能源集团有限公司	2018年	2069	942	445	62	16	13	15	47	51	1060	4.5	42.4	100.6	393.1
	2019年	2415	1118	456	92	31	23	23	72	53	1220	5.9	49.5	115.1	421.7
华润电力控股有限公司	2018年	1824	648	592	62				42	70	677	5.6	62.9	100.3	
	2019年	1933	597	589	85				64	63	777	8.5	59.8	114.7	

续表

单位名称	主要指标	资产总额（亿元）	收入		利润总额				公司合并净利润（亿元）	上缴税金（亿元）	所有者权益（亿元）	所有者权益收益率（%）	资产负债率（%）	资本保值增值率（%）	全员劳动生产率［万元/（人·年）］
			综合业务收入（亿元）	电力业务收入（亿元）	综合利润总额（亿元）	电力业务利润总额（亿元）	火电业务利润总额（亿元）	煤电业务利润总额（亿元）							
北京能源投资（集团）有限公司	2018 年	2753	666	319	44	35	29	9	30	59	1004	2.9	63.6		
	2019 年	3050	633	360	51	42	32	17	38	59	1100	3.6	63.9		
河北省建设投资集团有限责任公司	2018 年	335	335	1728	42	28	10	10	37	19	748	5.2	56.7	110.8	78.5
	2019 年	344	344	1871	47	24	12	12	38	21	836	4.8	55.3	117.8	96.1
甘肃省电力投资集团公司	2018 年	776	60	55	2	4	-2	-2	1	6	348	0.2	55.2	91.7	116.3
	2019 年	790	64	57	0	6	1	1	-1	6	354	-0.2	55.2	101.8	120.8
国投电力控股股份有限公司	2018 年	2207	410	404	97	102			84	58	702	12.8	68.2	114.7	
	2019 年	2247	424	417	103	103			87	64	744	12.1	66.9	114.5	
晋能集团有限公司	2018 年	478	118	82	-6	-4	-6	-7	-6	4	71	-8.3	85.7	75.3	41.2
	2019 年	489	133	100	0	3	-3	-3	0	3	89	-0.3	81.2	126.3	51.1

续表

单位名称	主要指标	资产总额（亿元）	收入		利润总额				公司合并净利润（亿元）	上缴税金（亿元）	所有者权益（亿元）	所有者权益收益率（%）	资产负债率（%）	资本保值增值率（%）	全员劳动生产率［万元/（人·年）］
			综合业务收入（亿元）	电力业务收入（亿元）	综合利润总额（亿元）	电力业务利润总额（亿元）	火电业务利润总额（亿元）	煤电业务利润总额（亿元）							
安徽省能源集团有限公司	2018年	289	134	95	7	1	1	1	6	6	144	4.5	50.2		
	2019年	329	161	115	13	6	6	6	11	8	182	6.0	44.5		
广州发展集团有限公司	2018年	385	262	69	10	2	3	0	8	10	195	4.3	49.2	104.4	75.2
	2019年	424	296	70	12	6	6	3	10	9	205	4.8	51.6	104.9	75.8
新力能源开发有限公司	2018年	111	69	63	9	7	7	7	6	7	53	12.1	52.4	104.4	266.2
	2019年	106	65	58	8	6	6	6	6	5	52	11.3	51.2	97.7	323.3
申能股份有限公司	2018年	597	362	111	28				18	14	343		42.5		
	2019年	679	388	122	33				23	12	379		4.3		
江苏省国信集团有限公司	2018年	1635	566	339	73	27	15	9	63	39	911	6.9	45.2		410.7
	2019年	1945	562	339	77	18	7	5	66	40	1011	6.5	48.0		377.5
深圳能源集团股份有限公司	2018年	851	208	155	23	19	7	−0.2	7	12	275	2.7	67.7	111.1	302.2
	2019年	961	209	170	22	17	5	0.3	18	21	336	6	65.1	122.2	298.7

附录 12

2019 年主要电力建设集团生产经营数据

指标名称		单位	中国电力建设集团有限公司		中国能源建设集团有限公司	
			2018	2019	2018	2019
资产总额		亿元	8500.78	9778.14	3977.07	4263.97
总收入		亿元	4049.78	4650.02	2260.67	2468.00
其中	国内业务营业收入	亿元	3086.30	3513.85	1953.97	2145.12
	国际业务营业收入	亿元	963.48	1136.17	389.46	415.09
当年签订的合同额		亿元	6406	7433	4639.75	5210.21
年底合同存量		亿元	1176	13498	10750.67	12091.05
利润总额		亿元	137.88	157.94	115.92	123.31
其中	国内业务利润	亿元	89.14	98.22	85.80	96.66
	国际业务利润	亿元	48.74	59.72	38.10	40.51
公司合并净利润		亿元	105.40	122.29	88.11	92.55
上缴税金		亿元	216.01	201.84	123.86	110.92
所有者权益		亿元	1815.30	2324.01	992.21	1164.01
所有者权益收益率		%	6.36	5.91	8.88	7.95
资产负债率		%	78.65	76.23	75.05	72.70
资本保值增值率		%	108.4		116.49	117.31
全员劳动生产率		万元/（人·年）	37.57		34.44	37.47
可控发电装机容量		万千瓦	1483.64	1570.28	142.11	153.28
其中	水电	万千瓦	626.69	631.46	79.56	78.76
	火电	万千瓦	293	316	4.87	7.87
	风电	万千瓦	463.2	502.97	33.55	38.35
	太阳能发电	万千瓦	100.75	119.85	24.13	28.30
可控发电装机的发电量		亿千瓦时	471.3	510.67	38.23	39.16
权益发电装机容量		万千瓦	1483.64	1570.28	184.24	195.14
其中	水电	万千瓦	227.7	235.55	100.80	100.12
	火电	万千瓦	138.38	157.65	42.51	45.27
	风电	万千瓦	91.2	101.98	19.98	24.80
	太阳能发电	万千瓦	14	15.5	20.95	24.95
权益发电装机的发电量		亿千瓦时	471.3	510.67	30.80	31.55

注：年底合同存量指企业已签订但未进行或未完成的合同额。

附录 13

部分国外电力企业经营效益

一、德国莱茵公司

德国莱茵公司（RWE Group）于1872年成立，是欧洲五大公用事业公司、德国三大能源公司之一。作为拥有百年历史的欧洲大型能源企业，其业务范围涉及发电、输配电、电力贸易、煤炭、石油、天然气、自来水等多个领域。近年来，德国莱茵公司注重向绿色低碳转型发展，致力于为用户提供更加低耗能、清洁可持续的电力，并提出在2040年实现“零碳排放”的目标。2012—2018年期间，该公司共减少二氧化碳排放量约6000万吨。此外，作为全球领先的可再生能源供应商之一，德国莱茵公司还在风能、太阳能以及储能技术方面投入了大量资金和研究力量。

2018年，德国莱茵公司资产总额为6286.32亿美元，实现营业收入1061.66亿美元（海外收入占比66.20%），净利润为84.20亿美元，在“《财富》世界五百强”排行榜中排名第214位，见下表。

2018年德国莱茵公司经营效益情况

指标	单位	2018年
资产总额	亿美元	6286.32
营业收入		1061.66
净利润		84.20
海外收入占比	%	66.20
《财富》世界五百强排名	位	214

二、意大利国家电力公司

意大利国家电力公司（Enel Group）于1962年组建，采用发、输、配电垂直一体化管理体制，是意大利国内最大的电力供应商。该公司业务分为五个板块，分别为：全球发电、全球基础设施和网络、可再生能源、全球贸易以及上游天然气。意大利国家电力公司及其子公司的电力和天然气业务遍布欧洲、北美洲、南美洲、亚洲和非洲的三十多个国家，在全球拥有超过6000万客户（电力市场5600万，天然气市场600万)。面对世界能源转型，以及能源技术快速发展的形势，该公司提出名为“Open Power”的战略方案，旨在通过更加公开透明的方式，实现各利益相关方的交流，充分利用人才，广泛听取意见。

2018年，意大利国家电力公司资产总额为1961.69亿美元，实现营业收入897.36亿美元（海外收入占比49.26%），净利润为75.30亿美元，在“《财富》世界五百强”排行榜中排名第83位，见下表。

2018年意大利国家电力公司经营效益情况

指标	单位	2018年
资产总额	亿美元	1961.69
营业收入		897.36
净利润		75.30
海外收入占比	%	49.26
《财富》世界五百强排名	位	83

三、西班牙伊维尔德罗拉公司

西班牙伊维尔德罗拉公司（Iberdrola）主营水电、风电和天然气供应业务，是西班牙第二大电力公司和全球最大的风电营运商，也是全球循环、清洁能源领域的最大企业之一。该公司海外市场主要分布于西班牙、英国、美国、巴西、墨西哥、德国、葡萄牙、意大利和法国，海外用户达1亿多个。伊维尔德罗拉公司通过对可再生能源、智能电网、大规模储能和数字化转型的投资，逐步向能源可持续、智能化方向转变。该公司的单位电力生产二氧化碳释放量已成为西班牙最低的公司之一。

2018年，伊维尔德罗拉公司资产总额为1340.47亿美元，实现营业收入415.95亿美元（海外收入占比59.28%），净利润为40.18亿美元，在“《财富》世界五百强”排行榜中排名第330位，见下表。

2018年西班牙伊维尔德拉公司经营效益情况

指标	单位	2018年
资产总额	亿美元	1340.47
营业收入		415.95
净利润		40.18
海外收入占比	%	59.28
《财富》世界五百强排名	位	330

四、法国电力公司

法国电力公司（Électricité de France）成立于1946年，其主营业务涵盖发电、售电及电网维护等电力全产业链，同时，该公司在天然气市场占据着重要的地位。法国电力公司根据自身的业务板块，对未来研发方向制定了三大战略：一是持续开展核电和可再生能源发电，巩固并发展有竞争力的低碳发电技术；二是提升在法国本土及全球能源系统的竞争力，准备下一代电力系统；三是关注用户群体，为用户开发、测试新能源服务解决方案。2017年，由于法国阿海珐公司的财务和技术问题，法国政府资助重组，法国电力公司接管了阿海珐的大多数核反应堆业务。2018年年末，法国巴黎爆发“黄马甲”运动，法国电力公司的营业收入受到一定的影响。

2018年，法国电力公司资产总额为3357.98亿美元，实现营业收入817.96亿美元（海外收入占比40.64%），净利润为14.12亿美元，在“《财富》世界五百强”排行榜中排名第94位，见下表。

2018年法国电力公司经营效益情况

指标	单位	2018年
资产总额	亿美元	3357.98
营业收入		817.96
净利润		14.12
海外收入占比	%	40.64
《财富》世界五百强排名	位	94

五、美国杜克能源公司

杜克能源公司（Duke Energy）成立于1899年，主营业务包括电力供应、能源服务、能源运输、风险投资等。该公司一直坚持用符合可持续发展理念的方式为用户提供价廉、可靠、清洁的天然气及电力服务，积极投身于清洁能源的发展。杜克能源公司与谷歌合作提出了“可再生能源费率”概念，即定位用电终端大客户，根据客户需求制定不同的可再生能源价格和服务，采集客户数据，扩大可再生能源终端市场，并使交易成本降至最低。该公司的投资重点关注于公用事业、天然气基础设施和可再生能源工程，并将其作为企业创造长期价值的核心业务。

2018年，杜克能源公司资产总额为1509.05亿美元，实现营业收入254.51亿美元（海外收入占比0.22%），净利润为27.44亿美元，见下表。

2018 年美国杜克能源公司经营效益情况

指标	单位	2018 年
资产总额	亿美元	1509.05
营业收入		254.51
净利润		27.44
海外收入占比	%	0.22
《财富》世界五百强排名	位	—

六、韩国电力公司

韩国电力公司（Korea Electric Power Corporation）成立于1898年，1982年转为国有公司，是韩国目前唯一的电力公司。该公司主营业务为电力及煤气供应，包括发电、输电、配电与电力销售等业务，服务区域不仅覆盖整个韩国，还在北京、香港、巴黎、纽约等地设立了海外办公机构。该公司在能源绿色发展方面，通过持续增加天然气装机容量，减小燃油燃煤电站占比，促进替代能源资源和清洁煤技术发展等措施逐步实现能源清洁发展的目标。2018年，韩国电力价格进行调整，该公司部分发电资产被剥离，同时，受到半导体、显示器等电子产品价格下跌、行业下行压力逐步加大等影响，公司全年净利润为负。

2018年，韩国电力公司资产总额为1910.61亿美元，实现营业收入625.30亿美元（海外收入占比3.68%），净利润为-12.11亿美元，在“《财富》世界五百强”排行榜中排名第188位，见下表。

2018 年韩国电力公司经营效益情况

指标	单位	2018 年
资产总额	亿美元	1910.61
营业收入		625.30
净利润		-12.11
海外收入占比	%	3.68
《财富》世界五百强排名	位	188

七、日本东京电力公司

东京电力公司（Tokyo Electric Power Company）于1951年成立，是日本一家集发电、输电和配电于一体的大型电力企业。业务范围涉及设备维护、燃料供应、设备材料供应、环保、不动产、运输、信息通信等行业。该公司旗下发电厂以火力发电为主，水力与再生能源为辅，此外还拥有2座核能发电厂，但均在2011年日本大震灾后全部停止运转。在发电业务方面，东京电力公司积极对从上游运营到终端发电的整个产业链进行深度整合，努力转型为全球领先的能源企业。关停核电机组后，火电成为该公司最重要的电源。

2018年，东京电力公司资产总额为1173.43亿美元，实现营业收入583.01亿美元，净利润为23.78亿美元，在“《财富》世界五百强”排行榜中排名第186位，见下表。

2018年东京电力公司经营效益情况

指标	单位	2018年
资产总额	亿美元	1173.43
营业收入		583.01
净利润		23.78
海外收入占比	%	0.00
《财富》世界五百强排名	位	186

八、巴西电力公司

巴西电力公司（Electriobras）成立于1962年，业务范围涵盖发电、输电和配电等。该公司发电装机约占巴西境内总装机量的35%，230千伏以上的传输容量约占总传输量的53%。巴西电力公司在圣保罗、马德里和纽约证券交易所均挂牌上市。巴西联邦政府持有该公司54.46%的股份，为公司大股东。该公司主要有以下六个子公司：巴西塞弗电力、巴西福纳斯电力、巴西伊莱特苏勒电力、巴西伊莱特诺特电力、巴西CGTEE电力和巴西核电公司。

2018年，巴西电力公司资产总额为486.04亿美元，实现营业收入66.96亿美元（海外收入占比11.51%），净利润为35.79亿美元，见下表。

2018年巴西电力公司经营效益情况

指标	单位	2018年
资产总额	亿美元	486.04
营业收入		66.96
净利润		35.79
海外收入占比	%	11.51
《财富》世界五百强排名	位	—

九、印度国家火电公司

印度国家火电公司（National Thermal Power Corporation）是印度最大的能源集团，于2010年成为印度核心央企公司，是仅有的四家获此殊荣的公司之一。该公司装机容量为5365.1万千瓦，占全国总装机容量的15.56%。拥有21个煤基热电站，7个燃气电站，2个水电站和1个风电站。另外，还拥有9个合资燃煤电站与11个太阳能光伏项目。印度国家火电公司提倡高效率发电，其发电量占印度总发电量的22.74%。同时，该公司注重对非化能源的利用，预计到2032年，非化石燃料发电能力将占总装机容量的近30%。2004年10月，该公司推出首次公开募股，并于同年成为上市公司，政府持有89.5%的股权。通过近年的持股比率调整，目前，印度政府持有的该公司股权份额为56.41%。

2018年，印度国家火电公司资产总额为466.71亿美元，实现营业收入140.78亿美元，净利润为18.58亿美元，见下表。

2018年印度国家火电公司经营效益情况

指标	单位	2018年
资产总额	亿美元	466.71
营业收入		140.78
净利润		18.58
海外收入占比	%	0.00
《财富》世界五百强排名	位	—

十、俄罗斯Inter RAO公司

俄罗斯Inter RAO公司，成立于1997年，是原俄罗斯统一电力系统集团（RAO UES）的子公司，负责电力的出口和进口。俄罗斯电力体制改革后，该公司发电装机容量为3371.4万千瓦，是俄罗斯目前装机容量最大的传统发电企业。同时，该公司正在向多元化的能源控股公司发展，目前在俄罗斯、欧洲和独联体国家开展业务，包括发电、供热、电力输配、国际电力交易、电力工业工程、电力工业设备出口等。该公司是俄罗斯领先的能源出口和进口运营商，与阿塞拜疆、白俄罗斯、中国、芬兰、格鲁吉亚、哈萨克斯坦、立陶宛、蒙古等国家都有电力直接贸易。

2018年，俄罗斯Inter RAO公司资产总额为115.54亿美元，实现营业收入152.41亿美元（海外收入占比2.82%），净利润为18.60亿美元，见下表。

2018 年俄罗斯 Inter RAO 公司经营效益情况

指标	单位	2018 年
资产总额	亿美元	115.54
营业收入		152.41
净利润		18.60
海外收入占比	%	2.82
《财富》世界五百强排名	位	—

十一、南非国家电力公司

南非国家电力公司（ESKOM）是南非最大的国有企业，供应南非 95% 和全非洲 45% 的用电量。该公司分为发电、输电和配电部门，公司运营的西开普省的 Koeberg 核电站是非洲唯一的核电站。南非国家电力公司共有化石燃料发电装机 4018 万千瓦，绝大部分为燃煤机组；共有可再生能源 347.6 万千瓦及核电 186 万千瓦。2019 年，由于巨额债务和供电可靠性差，南非总统拉马福萨宣布将该公司拆分为三个不同的国有实体，分别专注于发电、输电和配电。

2018 年，南非国家电力公司资产总额为 593.35 亿美元，实现营业收入 142.42 亿美元（海外收入占比 5.37%），净利润为 -1.88 亿美元，见下表。

2018 年南非国家电力公司经营效益情况

指标	单位	2018 年
资产总额	亿美元	593.35
营业收入		142.42
净利润		-1.88
海外收入占比	%	5.37
《财富》世界五百强排名	位	—

（本附录主要撰稿人为中电联电力发展研究院刘禹含）

附录 14

2019 年境外投产火电项目

2019 年，投产境外火电机组 34 台计 1124.45 万千瓦（其中，煤电机组 516.35 万千瓦、燃机 608.1 万千瓦），比 2018 年境外投产火电机组 29 台计 717 万千瓦（其中，煤电机组 407 万千瓦、燃机 275 万千瓦），总台数增加 17.2%，总容量增加 56.8%，见下表。

序号	境外工程项目名称	境外火电项目		其中：煤电项目		其中：燃机项目		完成机组试运日期
		台	总容量（万千瓦）	台	总容量（万千瓦）	台	总容量（万千瓦）	
	合计	34	1124.45	10	516.35	24	608.1	—
	中国电力建设集团有限公司	21	724.95	5	149.35	16	575.6	—
1	巴基斯坦塔尔煤田 II 区 2×330 兆瓦燃煤电站项目 1 号机组及公用系统建筑安装工程施工合同	1	33	1	33	—	—	2019-7-9
2	安哥拉 SOYO I 联合循环电站建筑安装工程 B 标段土建监督和安装工程合同	1	38.85	1	38.85			2019-5-19
3	阿曼益贝利燃气联合循环电站项目燃机	4	98.4			4	98.4	2019-4-27
4	阿曼益贝利燃气联合循环电站项目汽轮机	2	53.2	—	—	2	53.2	2019-4-27
5	阿曼苏赫联合循环独立电站燃机	4	108	—	—	4	108	2019-4-16 2019-4-21
6	阿曼苏赫联合循环独立电站汽轮机	2	64			2	64	2019-4-16 2019-4-21
7	沙特延布三期 5×660 兆瓦燃油电站项目	4	252	—	—	4	252	2019-3-24 2019-3-13 2019-6-6 2019-11-10

续表

序号	境外工程项目名称	境外火电项目		其中：煤电项目		其中：燃机项目		完成机组试运日期
		台	总容量（万千瓦）	台	总容量（万千瓦）	台	总容量（万千瓦）	
8	印尼庞卡兰苏苏（2×200兆瓦）燃煤发电工程	2	40	2	40			2019-8-28
9	安哥拉SOYO I联合循环电站建筑安装工程A标段	1	37.5	1	37.5	—	—	2019-1-23
	中国能源建设集团有限公司	13	399.5	5	367	8	32.5	
10	孟加拉希拉甘杰3期225兆瓦联合循环发电工程	2	22.5	—	—	2	22.5	2019-2-11
11	莫图莫迪100兆瓦重油发电项目	6	10	—	—	6	10	2019-4-18
12	巴基斯坦中电胡布2×660兆瓦燃煤电站工程项目	2	132	2	132	—	—	2019-8-14
13	马来西亚巴林基安2×300兆瓦燃煤电站	1	30	1	30			2019-5-12
14	印尼芝拉扎三期1×1000兆瓦燃煤电站项目	1	100	1	100			2019-11-8
15	神华国华印尼爪哇7号2×1050兆瓦燃煤发电工程	1	105	1	105			2019-12-12

附录 15

2019 年境外投产水电项目

2019 年，境外施工投产水电机组 17 台计 115.47 万千瓦，比 2018 年 23 台计 342 万千瓦，总台数减少 26.1%，总容量减少 64.5%，见下表。

序号	境外工程项目名称	工程所在地	境外水电项目		完成机组试运时间
			台	总容量（万千瓦）	
			17	115.47	—
	中国水利水电建设股份有限公司		15	109.47	—
1	乌干达共和国伊辛巴水电站及相关输变电线路工程机电设备及金属结构安装合同	乌干达	4	18.32	2019-3-21
2	老挝 NAMNGIEP1 水电站机电设备安装	老挝	1	1.8	
3	印尼庞卡兰苏苏 3 号 4 号项目	印度尼西亚	2	42	
4	印尼明古鲁项目 1 号机组	印度尼西亚	1	10	
5	老挝 Nam Lik1 水电站机电、金属结构设备安装工程	老挝万象	2	6.45	
6	东萨宏水电站机电及金属结构设备安装工程	老挝占巴塞省	4	26	
7	塔吉克斯坦格拉夫纳亚水电站技改项目 6 号机组（第二台机组）	塔吉克斯坦	1	4.9	2019-9-1
	中国葛洲坝集团公司		2	6	
8	尼泊尔上崔树里 3A 水电站机电设备成套和安装项目	尼泊尔	2	6	2019-5-16 2019-8-3

后 记

在《中国电力行业年度发展报告2020》编撰过程中，有关政府部门给予了大力支持和帮助。国家电网有限公司、中国南方电网有限责任公司、中国华能集团有限公司、中国大唐集团有限公司、中国华电集团有限公司、国家能源投资集团有限责任公司、国家电力投资集团有限公司、中国长江三峡集团有限公司、中国核工业集团有限公司、中国广核集团有限公司、中国电力建设集团有限公司、中国能源建设集团有限公司、广东省能源集团有限公司、浙江省能源集团有限公司、全球能源互联网发展合作组织、内蒙古电力（集团）有限责任公司、北京能源集团有限责任公司、申能股份有限公司、陕西省地方电力（集团）有限公司、河北省建设投资集团有限责任公司、华润电力控股有限公司、国投电力控股股份有限公司、晋能集团有限公司、新力能源开发有限公司、甘肃省电力投资集团有限责任公司、安徽省皖能股份有限公司、江苏省国信集团有限公司、广州发展集团股份有限公司、深圳能源集团股份有限公司等中电联理事单位及有关大型电力企业为报告提供了详实的资料；中信证券李想同志整理并提供了电力上市公司数据。中电联相关理事单位和有关电力企业的王海、王波、王晓茜、包自伟、朱文俊、孙承晨、李洁、刘海峰、刘碧文、刘锡海、苏会文、吴海明、沈俊花、张科叶、张宪丽、张鹏、陈丽、范蕊、罗莉、郑海茹、郜俊秀、侯振、顾青、胡海亮、徐小炜、徐光耀、高坚、潘洁、魏华山等同志为本单位资料的整理、汇总、提供做了大量的协调工作。冉莹、薛静、陈宗法、王冬容、王鹏等资深专家审核了报告。在此一并表示衷心感谢！

中电联本部王茁、王艳召、李志杰、李建锋、汪萍、杨迪、陈旦、陈庚、顾爽、梁良等同志也承担了部分章节的撰稿及文稿资料整理任务；中电联行业发展与环境资源部牵头负责报告的组织编制、统稿等工作。

受编撰时间、资料收集和编者水平所限，报告难免存在疏漏，恳请读者谅解并批评指正。我们将不断总结经验，进一步提高编撰质量，使报告成为研究、了解、记录中国电力行业发展的重要工具，在立足行业、联系政府、服务企业、沟通社会中发挥更大的作用。